Martin Haug

The Aitareya Brahmanam of the Rigveda

Martin Haug

The Aitareya Brahmanam of the Rigveda

ISBN/EAN: 9783741130335

Manufactured in Europe, USA, Canada, Australia, Japa

Cover: Foto ©Thomas Meinert / pixelio.de

Manufactured and distributed by brebook publishing software
(www.brebook.com)

Martin Haug

The Aitareya Brahmanam of the Rigveda

THE

AITAREYA BRAHMANAM OF THE RIGVEDA,

CONTAINING THE

EARLIEST SPECULATIONS OF THE BRAHMANS ON THE
MEANING OF THE SACRIFICIAL PRAYERS,

AND ON

THE ORIGIN, PERFORMANCE, AND SENSE OF THE

RITES OF THE VEDIC RELIGION.

EDITED, TRANSLATED AND EXPLAINED BY

MARTIN HAUG, Ph.D.,

SUPERINTENDENT OF SANSCRIT STUDIES IN THE POONA COLLEGE, &c. &c.

VOL. 1.

SANSCRIT TEXT, WITH PREFACE, INTRODUCTORY ESSAY, AND A
MAP OF THE SACRIFICIAL COMPOUND AT THE
SOMA SACRIFICE.

PUBLISHED BY THE DIRECTOR OF PUBLIC INSTRUCTION IN
BEHALF OF GOVERNMENT.

BOMBAY:

GOVERNMENT CENTRAL BOOK DEPÔT.

LONDON: TRÜBNER AND Co., 60, PATERNOSTER ROW.

1863.

BOMBAY :

PRINTED AT THE EDUCATION SOCIETY'S PRESS, BYCULLA.

PREFACE.

The present work is the first edition, and first translation of one of the most important works of the Brâhmaṇa literature. The text has been prepared from three manuscripts, two of which are in my own possession. The third was a copy made by a Pandit from another manuscript. This copy was sent to the press, and corrected from the two other manuscripts. Besides I used the text which is in Sâyaṇa's Commentary on the work, in the copy belonging to the Sanscrit library of the Poona College. Though it would not have been difficult for me to procure ten manuscripts of the text, I saw nowhere any need for it. For those two which were purchased from priestly families, with whom the learning by heart of the Rigveda was hereditary for many centuries, proved so correct, that there was no need for comparing a larger number. Actual difference of readings can be hardly spoken of. For the text of the Brâhmaṇam is as well preserved as that of the Saṁhitâ.

In order to facilitate the reading of the text, I have introduced the European method of punctuation. One of my manuscripts has regular stops, marked with vertical strokes in red ink above the line; they do not, however, point out the end of sentences and phrases, but only the place where the repeater of the Brâhmaṇam used to stop, when called to some house to read it.

The editing of the text and the translation of the numerous stories contained in the work was a comparatively easy task, and might have been carried out as well in Europe by any respectable Sanscrit scholar in possession of the necessary materials obtainable there. But the case stands different with the translation of the technical parts of the work and principally the numerous explanatory notes which are indispensable for an actual understanding of the book. Though Sâyaṇa's excellent Commentary, which I have used throughout, is a great help for making out the proper meaning of many an obscure word, or phrase, it is not sufficient for obtaining a complete insight into the real meaning of many terms and passages occurring in the work. Besides, a good many passages in the Commentary itself, though they may convey a correct meaning, are hardly intelligible to European Sanscrit scholars who have no access to oral sources of information. The difficulties mainly lie in the large number of technical terms of the sacrificial art, which occur in all Brâhmaṇas, and are, to those uninitiated into the mysteries of this certainly ancient craft, for the most part unintelligible. It is, therefore, not surprising, that no Sanscrit scholar as yet ever attempted the translation of the whole of a Brâhmaṇa; for the attempt would, in many essential points, have proved a failure.

What might be expected in the explanation of sacrificial terms from scholars unaided by oral information, may be learnt from the three volumes hitherto published of the great Sanscrit Dictionary, compiled by Boehtlingk and Roth. The explanations of these terms there given (as well as those of many words of the Saṁhitâ) are nothing but guesses, having no other foundation than the individual opinion of a scholar who never made himself familiar with the sacrificial art, even as far as it would be possible in Europe, by a careful study of the commentaries on the Sûtras and Brâhmaṇas, and who appears to have thought his own conjectures to be superior to the opinions of the greatest divines of Hindostan, who were especially trained for the sacrificial profession from times immemorial. These defects of a work which is in other respects a monument of gigantic toil and labour, and on account of its containing numerous references and quotations extremely useful to the small number of Sanscrit scholars who are able to make independent researches, have been already repeatedly pointed out by Professor Theodor Goldstücker, one of the most accurate Sanscrit scholars in Europe. Although his remarks excited the wrath principally of some savans at Berlin, who had tried to praise up the work as a masterpiece of perfection and ingenuity almost unparalleled in the history of lexicography, they are, nevertheless, though in some points too severe, not quite so undeserved and unjust, as the defenders of the Dictionary made them to appear. Goldstücker justly does not only find fault with its explanation of ritual terms, but with the meanings given to many words in the Saṁhitâ. Though I am far from defending even the greater majority of Sâyaṇa's explanations of the more difficult words and sentences of the Saṁhitâ, it would have been at any rate advisable for the compilers of a Sanscrit Dictionary, which includes the Vedic words, to give Sâyaṇa's explanations along with their own. Even granted that all Sâyaṇa's explanations are only either guesses of his own, or of the great Bhaṭṭâchâryas* before him, whose labours he principally used, they nevertheless deserve all attention as the opinions and observations of men who had a much deeper knowledge of the Sanscrit language in general, and the rites of the Vedic religion, than any European scholar has ever attained to. It is quite erroneous to presuppose, as the editors of the Dictionary appear to do, that Sâyaṇa himself made the majority of explanations in his Commentary. All Pandits who have any knowledge of the subject unanimously assert that he used a good many predecessors, and that comparatively few explanations are entirely his own. The so-called Kâus'ika Bhâshya is said to be more ancient than that of Sâyaṇa, and also the Râvana Bhâshya. Both are said to be still extant, but I have not yet been able to obtain copies of them.

* This is the name of those Hindu scholars who not only learn, as the Bhaṭṭas do, one of the Vedas completely by heart, but who study the meaning of each verse and word, so as to be able to give orally the explanation of any passage required. The number of this class of scholars who represent the Doctors of Hindu theology, is now very small. In this part of India, though there are many hundreds of parrot-like repeaters of the sacred texts, there is not a single one to be found: Some (three or four) are said to be at Benares. They are highly respected, and, as incarnations of Bṛihaspati—the Pandit of the Gods, at certain occasions regularly worshipped.

Seeing the great difficulties, nay, impossibility of attaining to anything like a real understanding of the sacrificial art from all the numerous books I had collected, I made the greatest efforts to obtain oral information from some of those few Brahmans who are known by the name of Shrotriyas, or Shrâutis, and who alone are the preservers of the sacrificial mysteries as they descended from the remotest times. The task was no easy one, and no European scholar in this country before me ever succeeded in it. This is not to be wondered at; for the proper knowledge of the ritual is everywhere in India now rapidly dying out, and in many parts, chiefly in those under British rule, it has already died out. Besides, the communication of these mysteries to foreigners is regarded by old devout Brahmans (and they alone have the knowledge) as such a monstrous profanation of their sacred creed, and fraught with the most serious consequences to their position, that they can only, after long efforts, and under payment of very handsome sums, be prevailed upon to give information. Notwithstanding, at length I succeeded in procuring the assistance of a Shrâuti, who not only had performed the small sacrifices, such as the Dars'apûrṇamâsa Ishṭi, but who had even officiated as one of the Hotars, or Udgâtars, at several Soma sacrifices, which are now very rarely brought. In order to obtain a thorough understanding of the whole course of an Ishṭi, and a Soma sacrifice, I induced him (about 18 months ago) to show me in some secluded place in my premises, the prin-

cipal ceremonies. After the place had been properly
arranged, and the necessary implements brought to the
spot, the performance began. I noted carefully every-
thing I saw during about five days, and always asked
for explanation if I did not properly comprehend it.
I was always referred to the Sûtras and the Prayogas
or pocket books of the sacrificial priest, so that no
deception could take place. All information was
conveyed to me by means of the Marathi language,
of which I had by that time already acquired a suf-
ficient knowledge for carrying on any conversation.
In this way I obtained some sort of rough knowledge
of the principal ceremonies (for they were generally
only partially, in order to save time, and rapidly
performed), which I completed afterwards by oral
instruction, derived from 'the same and some other
sacrificial priests, and Agnihotris, who had the sacri-
ficial operations performed on themselves and in their
behalf. Thus I was enabled to understand the
various Sûtras, and consequently the technicalities of
the Brâhmaṇas. Therefore the explanations of sacri-
ficial terms, as given in the notes, can be relied
upon as certain; for they are neither guesses of my
own, nor of any other Hindu or European scholar,
but proceed from what I have myself witnessed, and
been taught by the only men who have inherited
the . knowledge from the most ancient times. My
notes are therefore, for the most part, independent of
Sâyaṇa, for I had almost as good sources as he himself
had. He, however, does not appear to have troubled
himself much with a minute study of the actual

operations of the sacrificial priests, but derived all his knowledge almost entirely from the Sútras only.

It had been easy for me to swell by accumulation of notes the work to double the size which it is now; but I confined myself to give only what was necessary. The remainder I may publish at some other occasion.

I have to acknowledge with many thanks the willingness with which E. I. Howard, Esq., Director of Public Instruction of this Presidency, who is ever ready to promote literary pursuits and learned researches into Indian and Iranian antiquities, undertook the publication of the whole of this work for Government. He will be entitled to the gratitude of all those who may profit by the new sources of information opened up for the first time in it.

I have also to render my thanks to Professor E. B. Cowell, at Calcutta, for the kindness to have allowed me the use of his copy of the Kâushîtaki Brâhmaṇam, and to Professor Bühler at Bombay, for his copy of the whole Tândya Brâhmaṇam, of which I have hitherto been able to procure a fragment only.

MARTIN HAUG.

Poona, 22nd November 1863.

INTRODUCTION.

I.

On the Mantras, Brâhmaṇas, and Sûtras, and their mutual relationship. Probable origin and age of the Mantras and Brâhmaṇas.

The Veda, or Scripture of the Brâhmans, consists, according to the opinion of the most eminent divines of Hindostan, of two principal parts, viz. *Mantra* and *Brâhmaṇam*. All that is regarded as revelation must be brought under these two heads. What of the revealed word is no Mantra, that is a Brâhmaṇam; and what is no Brâhmaṇam, must be a Mantra. This is the line of argument followed by the Brahmanic theologians. But this does neither make clear what a Mantra is, nor what we have to understand by a Brâhmaṇam. Both terms are technical, and their full bearing, and characteristic difference from one another, is to be comprehended only from a careful study of those works which bear either of these titles. The Brahmanical divines have, of course, not failed to give definitions of both, and shown what topics fall under the head of either. But, as Sâyaṇa (in his preface to his Commentary on the Aitareya Brâhmaṇam) justly remarks, all definitions of either term which were attempted, are unsatisfactory.

We have here nothing to do with the theological
definitions of these two terms; we are only con-
cerned with their meaning, from a literary point of
view. And this we can state without reference to
Brahmanic authorities.

Each of the four Vedas (Rik, Yajus, Sâman, and
Atharvan) has a Mantra, as well as a Brâhmaṇa por-
tion. The difference between both may be briefly
stated as follows: That part which contains the
sacred prayers, the invocations of the different
deities, the sacred verses for chanting at the sacri-
fices, the sacrificial formulas, blessings and curses,
pronounced by priests is called *mantra,*[1] *i. e.* the pro-
duce of thinking. This word is of a very early date;
for we find it in the Zend-Avesta in the form of
mañthra also. Its meaning there is that of a sacred
prayer, or formula, to which a magical effect was
ascribed, just as to the Vedic mantras. Zoroaster
is called a *mañthran, i. e.* a speaker of mantras, and
one of the earliest names of the Scriptures of the
Parsis, is *mañthra s'peñta, i. e.* the holy prayer
(now corrupted to *mansar spent*).

This fact clearly shows, that the term *mantra* in
its proper meaning was already known at that early
period of Aryan history when the ancestors of the
Brahmans and those of the Parsis (the ancient
Iranians) lived as brother tribes peacefully toge-
ther. This time was anterior to the combats of

[1] See more about it in Goldstücker, "Pâṇini, his Place in Sanscrit
Literature," page 68.

the Devas and Asuras, which are so frequently mentioned in the Brâhmaṇas, the former representing the Hindus, the latter the Iranians.[1]

At this time the whole sacred knowledge was, no doubt, comprised by the term *mantra*. The Brâhmaṇam was unknown; and there is actually nowhere in the whole Zend-Avesta a word to be found which conveys the same or a similar meaning which has been attached to the word "Brâhmaṇam" in the Indian Literature.

The Brâhmaṇam always presupposes the Mantra; for without the latter it would have no meaning, nay, its very existence would be impossible. By "Brâhmaṇam" we have always to understand that part of the Veda (Brahmanical revelation) which contains speculations on the meaning of the mantras, gives precepts for their application, relates stories of their origin in connection with that of sacrificial rites, and explains the secret meaning of the latter. It is, to say it in short, a kind of primitive theology and philosophy of the Brahmans. The objects for these theological, philosophical, grammatical, etymological, and metrical speculations were the Mantras, and the sacrifices, principally the great ones, for the performance of which the Brahmans were actually trained, a custom which has obtained almost up to the present day in some parts of India (such as Mahârâshṭra).

---

[1] See my Essays on the Sacred Language, Writings, and Religion of the Parsis, pp. 225-29.

Etymologically the word is derived from *brahmán*[1] which properly signifies the Brahma priest who must

---

[1] *Brahmán* is derived from *brahma*. This is an abstract noun, in the neuter gender, of a root *brih* (original form *barh*), to which the two meanings "to raise," and "to grow" are given by the Indian grammarians. The latter thought both meanings so irreconcileable that they substituted two roots *brih*. But there is certainly no necessity for that. What grows, becomes bigger, and higher, and thus "rising in height," is a necessary consequence of growth. It is, however, very doubtful whether the root *brih* without a preposition (such as *ud*) can convey the meaning "to raise." The meaning "to grow" is at any rate the original one. Thus derived *brahma* means originally "growth." That this was the *original* sense of the word can be proved from other reasons also. *Brahma* is the same word, in every respect, as the *bares'ma* of the Zend-Avesta, the *h* of Sanscrit being changed according to the phonetical laws of the Zend grammar, into a sibilant. This means a bunch of twigs tied together by a reed which is used up to the present day by the Parsi priests when performing the Homa ceremony. The Brâhmans use at all their sacrifices a bunch of kus'a grass which is also tied together. They call it *Veda* (see As'v. S'r. 8. 1, 11 *vedam patnyâi pradâya vâchayet* i. e. after having handed over to the wife of the sacrificer that bunch of kus'a grass, which is called Veda, he should make her repeat this mantra, &c). *Veda* is a synonymous word for *brahma*; for the latter term is often explained by *veda* (so does Kaiyata in his notes on Patañjali's explanation of Pâṇini's Sûtra 6, 3, 86, in the Mahâbhâshya), and thus identified with the designation of the whole body of sacred knowledge of the Brahmans. In the Nighaṇṭavas, the ancient collection of Vedic words, *brahma* occurs twice, once as a name for "food" (2, 7), and another time as that for "wealth." Both these meanings, principally the former, can easily be connected with that of "growth." They appear to be founded on passages of the Brâhmaṇas, where is said, that the Brahma is food. In the Samhitâ, however, these meanings are never to be met with; but from this circumstance it certainly does not follow that they never existed. The meaning attached to the word in the Samhitâ appears to be that of "sacred hymn, chant." Sâyaṇa explains it often by *stotra*, i. e. the performance of the Sâma chanters (see his Commentary on Rigveda, 7, 22, 9) or by *stotrâṇi havîmshicha* (7, 23, 1) i. e. chants and offerings. This meaning is, however, not the original one, and does even in the Samhitâ hardly express its proper sense. It cannot be an equivalent either for *mantra*, or *sâman*, or *stotram*, or *havis*, and if it appear to be used in one of these senses, it means their common source; for the hymn, repeated by the Hotar, as well as the chant of the Sâma singers, and the oblations given to the fire by the Adhvaryu, are all equally made sacred by means of their

know all Vedas, and understand the whole course and meaning of the sacrifice. He is supposed to be a perfect master of divinity, and has in this capacity to direct and superintend the sacrificial ceremonies. The most eminent of this class of priests laid down rules for the proper performance of sacrificial rites, explained them, and defended their own opinions, on such topics against those of their antagonists; moreover they delighted in speculations on matters of a more universal character, on this life, and that life, on the best means of securing wealth, progeny, fame, heaven, &c., on mind, soul, salvation, the Supreme Being; the dictum of such a Brahma priest who passed as a great authority, was called a *Brâhmaṇam*.

---

participation in the *brahma*. Such expressions as, "to make the brahma," "to stir up the brahma," (*brahma jinvati*) throw some light on its nature. They show (as one may clearly see from such passages as Taittiriya Brâhmaṇam 1, 1) that it was regarded as a latent power, like electricity, which was to be stirred up at the time of the performance of a ceremony. The apparatus were the sacred vessels, or the hymns, or chants. So, at a certain ceremony at the morning libation of the Soma feast, the Adhvaryu and Pratiprasthâtar put the two Grahas (Soma cups), called S'ukra and Manthi (see Ait. Br. 3, 1) together, and address them in the following way, "Put, ye two (Grahas)! together the Brahma; may ye stir it up for me," &c. (Taittir. Br. 1, 1). This evidently means, that these two Grahas are put together for the purpose of eliciting the Brahma-power, and all the other powers, dependent upon it, such as the *Kshattram*, &c. The presence of the *brahma* at every sacrifice is necessary; for it is the invisible link connecting the ceremony performed with the fruits wished for, such as sovereignty, leadership, cattle, food, &c.

It is, as we have seen, symbolically represented by a bunch of kus'a grass, which is always wandering from one person to another, as long as the sacrifice lasts. It expresses the productive power in nature, which manifests itself in the growth of plants, and all other creatures. The sacrificer wishes by means of the mystical process of the sacrifice to get hold of it; for only then he is sure of obtaining anything he might wish for.

Strictly speaking, only the rule regarding the performance of a particular rite,[4] or the authoritative opinion on a certain point of speculative theology went by this name, and we have accordingly in the works called Brâhmaṇas, nothing more or less than collections of the dicta of those Brahma priests on the topics mentioned. Afterwards the term Brâhmaṇam, which originally signified only a single dictum, was applied to the whole collection.

In a still more comprehensive sense we have to understand by "Brâhmaṇa," a whole kind of literature, including the so-called Aranyakas and Upanishads.

Each Veda has a Brâhmaṇam, or collection of the dicta of Brahma priests, of its own. But they also show in style, expression, line of argument, and object and tendency of their speculations, such a close affinity, and even identity, that the common origin of all Brâhmaṇas is indisputable. They owe mainly their origin to those Brahmans who constituted themselves into regular sacrificial congregations, in order to perform the so-called *Sattras* or sacrificial sessions, some of which could last for many years. The legendary history of India knows of such sessions which are said to have lasted for one hundred, and even one thousand years.[5] Though these reports

---

[4] So are, for instance, the rules given for the repetition of the *Dûrohaṇam* (4, 10) quoted as a "Brâhmaṇam" (in 6, 25). See also 8, 2.

[5] See Mahâbhârata 3, 10513, where a Sattra, *Ishṭikṛita* by name, is mentioned as lasting for one thousand years.

are extravagant, they undoubtedly show that there was a time in Hindostan when large bodies of Brahmans spent almost their whole lives in sacrificing. This time is to be sought for at a very early period of Indian history; for the Brâhmaṇas with their frequent allusions and references to the Sattras of the Rishis on the banks of the Sarasvatî, and those held by the half mythical Añgiras, and by the Adityas (a class of gods), or even by the cows, trees, snakes, &c., presuppose their existence from times immemorial. Likewise we find in the Mahâbhârata frequent mention made of these sacrificial sessions which constitute one of the characteristic features of the earliest Brahmanic settlements in the northwest of Hindostan. It is chiefly at these Sattras that we have to look for the development and refinement of the sacrificial art, and the establishment of certain rules regarding the performance of sacrificial ceremonies.

When the Brâhmaṇas were brought into that form, in which we possess them now, not only the whole *kalpa* (*i. e.* the way of performing the sacrificial ceremonies) was settled, save some minor points, but even the symbolical and mystical meaning of the majority of rites. It took, no doubt, many centuries before the almost endless number of rites and ceremonies, and their bewildering complications could form themselves into such a regular system of sacrificial rules, as we find already exhibited in the Brâhmaṇas. For the Sûtras which belong to each class of Brâhmaṇas generally contain nothing novel, no innovation in the sacrificial art; they supply only the *external* form to a system which is already complete in the Bráhmaṇas, and serve as text books to the sacrificial priests. And even in their arrangement they follow often their Brâhmaṇas to which they belong. So for instance the fourth, fifth, and sixth Adhyâyas of the As'valâyana Sûtras, which treat of the Agnishṭoma, Soma sacrifice, and its modifications, Ukthya, Sholas'i, and Atirâtra, closely correspond to the three first books, and the two first chapters of the fourth, of the Aitareya Brâhmaṇam; and the seventh and eighth Adhyâya of those Sûtras treat exactly of the same subjects, as the three last chapters of the fourth book, and the fifth and sixth books of our Brâhmaṇam, viz. on the various parts of the Sattras, or sacrificial sessions, and the numerous recitations required for their performance. In many passages, the Aitareya Brâhmaṇam and the As'valâyana Sûtras even literally agree. The latter could, from their very nature as a "string of rules" for the guidance of the sacrificial priests, dispense with almost all the numerous speculations of the meaning and effect of certain verses and rites, and all points of controversy in which some of the Brâhmaṇas abound; but as regards the actual performance of rites, what mantras were required at certain occasions, and in what way they were to be repeated, the Sûtras must give much more detail and be far more complete than the Brâhmaṇas. From this nature of both classes of works, and the relation in which they stand to one another, it would not be difficult to show, that both might have originated at the same time. Pâṇini distinguishes between old and new Brâhmaṇas as well as between old and new Kalpa works (Sûtras). The strict distinction between a Brâhmaṇa and Sûtra period is, on a closer inquiry, hardly tenable. The Brâhmaṇas were only more complete collections of the same traditional stock which was in existence on the sacrificial art and its meaning than the Sûtras, which were compiled for practical purposes only.

We may safely conclude from the complicated nature and the multitude of the Brahminicul sacrifices which were already developed and almost complete at the time of the composition of the Vedic hymns, not only at that of the Brâhmaṇas, that the compilation of sacrificial manuals containing all the rules for the actual performance of the duties of a certain class of priests (such as the Hotṛis or repeaters of the Rik verses, the Udgâtṛis, the chanters of the Rik verses, and the Adhvaryus, the manual labourers and sacred cooks), was quite necessary at a very early time, certainly not posterior to the collection of the Mantras and the dicta of the Brahma priests into separate works.

The Sûtras contain many special rules which will be in vain sought for in the Brâhmaṇas, but which are there simply presupposed. So we do not find, for instance, the description of the Dars'apûrṇama ishṭi (the New and Full Moon sacrifice), or that of the Châturmâsya-ishṭi, in the Aitareya Brâhmaṇam, though their names are occasionally mentioned, but we find them in the As'valâyana Sûtras. The recital of the Sâmidhenî verses (required when kindling the fire at the commencement of any sacrificial rite) is briefly mentioned in the Brâhmaṇas, but minutely described in the Sûtras (1, 2). That they were left out in the Brâhmaṇam cannot be accounted for by assuming that their exposition was alien to the purpose of its author, or that they were unknown to him, but only by believing, that they were regarded as too trivial matters, too commonly known to deserve any special notice on his part. Certain modifications in repeating mantras (required at the great Soma sacrifices), such as the *Dúrohaṇam*, the *Nyúñkha*, the peculiar construction and repetition of the *Shoḍas'i* and *Vâlakhilya* Shastras, &c. are in the Brâhmaṇam almost as minutely and accurately described, as we find them in the Sûtras (compare, for instance, Ait. Br. 4, 19 with As'v. S'r. S. 8, 2). This clearly shows that the authors of the Brâhmaṇas knew as well all the details of the sacrificial art, as the compilers of the Sútras. The circumstance that many such things, as the recital of the Sâmidhenî verses, &c. were left out in the Brâhmanam, though they are neither very simple to comprehend, nor were they unknown, entitles us to assume that they were taught in separate treatises, which could be nothing else than works like the present Sútras.

The Sûtras which we possess at present are, no doubt, posterior to the Brâhmaṇas to which they belong; but there is every reason to believe that there were Sûtras more ancient, and simple in their style, which served the authors of the present ones as sources of information, and these works may have been coeval with the majority of our Brâhmaṇas.

Although we cannot discover any material difference between the Brâhmaṇas and the Sûtras so as to regard the latter as developing and systematizing the ideas contained in the former, as is the case with the Vedânta philosophy in reference to the Upanishads, yet there exists one between the Brâhmaṇas, and the Mantras and hymns. This difference is, however, not very great, and can be accounted for partially from other causes than that of age. Already the hymns presuppose a settled ritual, and contain many speculative ideas similar to those of the Brâhmaṇas.

Some scholars hold that the occurrence of sacrificial terms, or of philosophical and mystical ideas are suggestive of the late date of the hymn in which they are found. But these circumstances do by no means afford any sure test as to the relative age of the Vedic hymns. One has even drawn a strict line of distinction between a Mantra and Chhandas period, assigning to the former all the sacrificial hymns, to the latter those expressive of religious and devotional feelings in general, without any reference to sacrificial rites. But I have grave doubts whether this distinction will prove tenable on further inquiries, chiefly if this question as to the age of a certain hymn is made entirely to depend upon what period (the Mantra or Chhandas period) it might belong to. There are sacrificial hymns which, to judge from their style and their general ideas, must be as ancient as any which have been assigned to the Chhandas period.

I may instance here the hymn required at the horse sacrifice (Rigveda, 1, 162) and the Nâbhânedishṭha Sûkta (10, 61; on its origin, see Ait. Br. 5, 14). The former is assigned by Max Müller* to the Mantra period (between 1000-800) on no other ground but because of its containing technical terms of the sacrificial art. But this reason is certainly not sufficient to make it late. On the contrary its rather unpolished style, its poor imagery, its beginning with the invocation of the most ancient triad of Indian gods, *Mitra*, *Varuṇa*, and *Aryaman*, the very names of which deities are even to be met with kindred nations, such as the Iranians and Greeks, the mentioning of several sacrificial priests by obsolete and uncommon names,—all these circumstances combined tend to show, that it is rather one of the earliest than one of the latest productions of Vedic poetry. We find in it the sacrificial art, if compared with its description in the Brâhmaṇas, in its infancy, yet containing all the germs of the later system. Because of almost all incidents attendant upon a sacrifice being mentioned in this hymn, it affords us the best means for investigating into the extent and development of the sacrificial art at the time of its composition. Let us point out some of the most remarkable facts which may be elicited from it.

* History of Ancient Sanscrit Literature, page 553.

In the fifth verse the names of the performing priests are mentioned. They are only six in number, viz. *Hotar*, *Adhvaryu*, *Avayâj*, *Agnimindha*, *Grâvagrâbha*, and *S'amstar*. Four of these names are quite uncommon or obsolete. Avayâj is the Pratiprasthâtar, Agnimindha (the fire-kindler) the Agnîdhra, Grâvagrâbha the Grâvastut, and S'amstar the Maitrâvaruṇa of the Brâhmaṇas. The small number of priests at the horse sacrifice (*as'vamedha*), which was at later times, as we may learn from descriptions given of it in the epic poems, the greatest, most complicated and costly which the Brahmans used to perform, must surprise, principally if we consider, that the Agnishṭoma, which was the most simple Soma sacrifice, required for its performance already at the time of the Brâhmaṇas, and even anterior to it, sixteen officiating priests.

There can be no doubt that in the most ancient times a comparatively small number of priests was sufficient for the performance of a simple animal or Soma sacrifice. The two most ancient offices were those of the Hotar and Adhvaryu; they were known already when the ancient Iranians separated from the ancestors of the Hindus; for we easily recognise them by the names *Zota* and *Rathwi* (now corrupted to Raspi) in the Zend-Avesta.

The Pratiprasthâtar appears to have been an assistant of the Adhvaryu from a very remote time; for we find the two As'vins called the two Adhvaryus (Ait. Br. 1, 18), by which expression we can only understand the Adhvaryu and

14 INTRODUCTION.

his constant assistant the Pratiprasthâtar. That there was a plurality of Adhvaryus already at the time of the Rishis, we may learn from several passages of the Saṁhitâ of the Rigveda (2, 37, 2; 8, 2, 4).

The fourth priest here mentioned is the Agnîdhra; for by the term *Agnimindha* we can only understand him. His office appears to be very old and he is once mentioned by his very name *Agnîdhra* in a Vedic song (2, 36, 4). Besides we meet with the well known formula which he has, as the protector of the sacrifice, to repeat as often as the Adhvaryu commences a set of oblations accompanied by the Anuvâkyâ and Yâjyâ mantras of the Hotar. This is *astu s'raushaṭ* (1, 139, 1), which he has to repeat when the Adhvaryu calls upon him to do so, by the formula *ô s'râvaya.*[7] Before he repeats it, he takes a wooden sword, called *sphya*[8] into his hand, and ties round it twelve stalks of kus'a grass, called *idhmasannahanâni* (what is tied round the wood) making three knots (*trisandhana*). He must hold it up as long as the principal offerings last, from

[7] This formula is repeated just before the commencement of the so-called Prayâjas. As'val. S'r. 8. 1, 4, gives the following rules: *Adhvaryur âs'râvayati pratyâs'râvayed âgnidhraḥ*, i. e. the Adhvaryu calls, *ô s'râvaya*, to which the Agnidhra responds by *astu s'raushaṭ*. Both formulas are mentioned or alluded to in two Sûtras of Pâṇini (8, 2, 91-92), who teaches that the first vowel in *s'raushaṭ*, and the first and second in *ô s'râvaya* are to be pronounced in the *pluta* way, i. e. with three moras. Regarding *s'raushaṭ* As'val. gives the same rule (*astu s'raushaṭ iti aukâram plâvayan*); but the pronunciation of *ô s'râvaya* he does not particularly mention.

[8] Other interpretations have been given of this word by European scholars. But being myself in possession of a sphya, and having seen its use at the sacrifice, I can prove beyond any doubt, that it is a wooden sword.

the time of the beginning of the Prayâjas till the Svishṭakrit is over. The purpose of this act as explained by the Shrotriyas (sacrificial priests) of the present day is to keep the Rakshas and evil spirits away from the sacrifice. Now the whole ceremony, along with the formulas used, resembles so closely what is recorded in the Zend-Avesta of the angel *S'raosha* (now called *Serosh*), that we can fairly conclude that the office, or at any rate the duties, of the Agnîdhra priests were already known to the Aryas before the Iranians separated from the Indians. Serosh, as may be seen from the Serosh Yasht (Yas'na 57), holds in his hand a sword (*s'naithis*) in order to fight against the Devas, and to keep them away from the creation of Ormazd. He first spread the sacred grass or twigs; he first repeated (*fras'râvayat*) the sacred prayers. His very name *S'raosha* reminds of the call *s'râushaṭ*. One of the duties of the Agnîdhra, or Agnît, was to kindle the fire. Such an office is known also to the Parsi ritual. It is that of the *Atarevaksho*, *i. e.* who feeds the fire, a name often applied to the Rathwi, in which we have recognised the Adhvaryu.

The fifth priest is the *Grâvagrâbha*, a name no further mentioned in other Vedic books. Sâyaṇa identifies him with the Grâvastut[9] of the ceremonial of the Brâhmaṇas. The office of the latter is to repeat the Pâvamânya verses when the Soma juice is being prepared. But the name *Grâvagrâbha*

[9] On his office, see 6, 1-2, pp. 370-80.

implies more, for it means, one who holds, or seizes the Grâvaṇas [10] (Soma squeezing stones). This is done by the Adhvaryu himself. In ancient times the Soma juice was very likely extracted by that priest who had to repeat the mantras for the purification of the Soma juice, that is, by the Grâvastut. Such a priest who was engaged in the preparation of the Soma (Homa) juice is also known in the Zend-Avesta. His name there is *havanan*, [11] *i. e.* one who makes or prepares the *havana* = *savana* "libation."

The sixth priest mentioned in the As'vamedha hymn is the *S'aṁstar*, *i. e.* the repeater of Shastras. This is no doubt the Maitrâvaruṇa of the later ritual, who is several times mentioned by the name of *Pras'âstar* in other passages of the Saṁhitâ (1, 94, 6) and in the Brâhmaṇas. Sâyaṇa takes the same view.

Besides the names of the officiating priests, we have to examine some of the technical terms of the sacrificial art. In the 15th verse we find the expres-

---

[10] See the note on the preparation of the *Soma* to 7, 32 pp. 488-90.

[11] See Vis'parad 3, 1. The term *havana* occurs in the Gâthâs for Homa (Yas'na, 10). That it means the same as the Vedic *savana* with which it is identical follows unmistakeably from the context. A *fratarem havanem* and an *uparem havanem*, that is, a first and second libation, are even distinguished (Yas'na 10. 2 ed. Westergaard). The *fratarem havanem* is the *prâtaḥ savanam*, *i. e.* morning libation of the ritual books; the *uparem*, *i. e.* latter, following, corresponds to the *mâdhyandina savanam*. The Parsi priests prepare up to the present day actually the Homa juice *twice* when performing the Homa ceremony. The first preparation takes place before the *Zota* (the Hotar of the Brahmans) appears; the second commences at the beginning of the proper ceremony, and is finished along with it. The Zota drinks the Homa which was prepared first by the Raspi (Adhvaryu); that one prepared during the ceremony is thrown into a well as a kind of offering.

sions, *ishṭam, vitam, abhigúrtam, vashaṭkṛitam*, which
all refer to the repetition of the Yâjyâ mantra by
the Hotar when the Adhvaryu is ready to throw the
offering into the fire. *Ishṭam* is the technical term
for pronouncing the Yâjyâ mantra itself; *abhigúrtam*,
which is the same as *áyúrtam*, signifies the formula
ye yajámahe (generally called *águr*) which always
precedes the Yâjyâ verse; *vashaṭkṛitam* is the pro-
nunciation of the formula *ráushaṭ* at the end of the
Yâjyâ verse; *vitam* refers to the formula *Agne víhi*,
which follows the *vashaṭkára*, and is itself followed
by another *vashaṭkára* (the so-called Anuvashaṭkára).

Let us now sum up the evidence furnished by
this sacrificial hymn as bearing upon the history of
the sacrificial art in its relationship to the mass of
other Vedic songs on the one, and to the Brùhmaṇas
on the other side.

In examining the names of the officiating priests,
we can here discover only two classes instead of the
four, known to other Vedic hymns, and principally
to the Brâhmaṇas. We have only Adhvaryus and
Hotris, but no Brahma priests, and no Udgâtris
(chanters). Without the two latter classes no solemn
sacrifice at which Soma was used could be per-
formed even at a time far anterior to the Brâhmaṇas.
There is no doubt, the introduction of each of these
two classes marks a new epoch in the history of
the sacrificial art, just as the separation of the
offices of Adhvaryu and Hotar in the ante-Vedic
times, indicates the first step in the development of
the art of sacrificing. At that early time when the

c *

Iranians left their Indian brethren on account of a bitter religious contest, which is known in the Brâhmaṇas as the struggle between the Devas and Asuras, already the offices of an Adhvaryu and Hotar were distinct, as we may learn from the Zend-Avesta, which exhibits the religion of the Asuras (Ahura religion, its professors calling themselves *ahuro-ṭkéshô=asura-dîksha, i. e.* initiated into the Asura rites).

But the offices of Udgâtṛis and that of the Brahma priests were not known to the Aryas at that time; they were introduced subsequently after the separation. In many Vedic hymns we find, however, the duties principally of the former class (the chanters) mentioned. They are often juxtaposed with those of the Hotars. The term for the performance of the Hotṛi-priests is *s'aṁs*, to praise, recite; that for that of the Udgâtṛis *stu* or *gâi* to sing (see, for instance, Rigveda Saṁh. 8, 1, 1; 6, 62, 5; 6, 69, 2-3); besides the technical names *uktha=Shastra* and *Stoma, sâma*, are frequently to be met with (see 8, 1, 15; 3, 3. 6; 6, 3; 16, 9; 14, 11; 6, 24, 7 &c.) Now the absence of all such terms, indicatory of the functions of the Udgâtṛis (chanters) in the As'vamedha hymn is certainly remarkable. Their not occurring might, perhaps, be accounted for by the supposition, that the chanters were not required at the horse sacrifice. It is true several smaller sacrifices, such as the Dars'apûrnamâsa, the Châturmâsya Ishṭis and the animal sacrifice (if performed apart without forming part of a Soma sacrifice) are performed without any chanting;

but for Soma sacrifices of whatever description, the chanters are as indispensable as the Hotars. That the As'vamedha was connected with a Soma sacrifice[19] already at the time of the composition of the hymn in question, undoubtedly follows from the office of *Grâvagrâbha* being mentioned in it; for this priest is only required for the extracting of the Soma juice, and has nothing whatever to do with any other sacrificial rite. The mentioning of the S'añstar (Maitrâvaruṇa) is another indication that the As'vamedha already at that early time was accompanied by a Soma sacrifice. For one of the principal duties of the Maitrâvaruṇa, who may be called the first assistant of the Hotar, is to repeat Shastras, which are only required at Soma sacrifices as the necessary accompaniments of all chants.

Besides the Udgâtṛis we miss the class of the Brahma priests, viz. Brahmâ, Brâhmaṇâchamsî, and Subrahmaṇyâ, whose services are required at all great sacrifices. The Brahmâ can not, even at small sacrifices, such as the Dars'apûrnamâsa Ishṭi, be dispensed with. The Brâhmaṇâchamsî and Subrahmaṇyâ are at Soma sacrifices as indispensable as the Maitrâvaruṇa; the first has to repeat also Shastras for the chants, the latter to invite every day Indra to the Soma feast (see the note to 6, 3, pp. 382-84).

The introduction of the Brahmâ priest marks no doubt a new era in the history of the sacrificial art;

---

[19] According to As'val. S'r. Sûtras (10, 8) there are three Soma days (*sutyâni*) required for the horse sacrifice.

for to judge from the nature of his duties as superintendent of the sacrifical ceremonies, he was only necessary at a time when the sacrifice had become already very complicated, and was liable to many mistakes. The origin of the office dates earlier than the Brâhmaṇas. Unmistakeable traces of it are to be found already in the Saṁhitâ of the Rigveda. In one passage 1, 10, 1, the Brahmâ priests (*brahmâṇas*) are juxtaposed with the Hotṛis (*arkinaḥ*) and Udgâtṛis (*gâyatriṇaḥ*). They are there said to "raise Indra just as (one raises) a reed." Similarly we find together *gâyata* chant, *s'aṁs'ata* praise, and *brahma kriṇuta* make the Brahma (8, 32, 17). In 10, 91, 10 the Brahmâ is mentioned along with other priests also, such as the Potar, Neshṭar, &c. The little work done by the Brahmâ priests, or rather their idleness, is mentioned, 8, 92, 30, "do not be as lazy as a Brahmâ priest" (*mo shu brahmeva tandrayur bhuvaḥ*). That the Brahmâ priests were thus reproached may clearly be seen from Ait. Brâhm. 5, 34. The Brahmâ priest is the speaker or expounder of religious matters (10, 71, 11; 117, 8), in which capacity they became the authors of the Brâhmaṇas. That the Brahmâ was expected to know all secret things may be inferred from several passages (10, 85, 3; 16; 35; 36). Bṛihaspati, the teacher of the gods, is also called *brahmâ* (10, 143, 3), and Agni is honoured with the same name (7, 7, 5), as well as his pious worshippers of old, the so-called Añgirasaḥ (7, 42, 1). Sometimes the name signifies the Brahman as distinguished from the Kshattriya (*brahmaṇi râjani vâ* 1, 108, 7).

It is certainly remarkable, that none of the Brahmâ
priests is to be found among the priests enumerated
in the Aśvamedha hymn, and we may safely con-
clude, that their offices were not known at that time.
The word *brahma* (neuter) itself occurs in it (in the
seventeenth verse), " If any one in order to make
thee sit did thee harm by kicking thee with his heels,
or striking thee with a whip violently so that thou
didst snort, I cause all to go off from thee by means
of the Brahma, just as I make flow (the drops of
melted butter) by means of a Sruch (sacrificial spoon)
over the piece which is among the ready-made offer-
ings . (*adhvareshu*)." Brahma has here very likely
its original meaning, " the sacrificial grass" or a cer-
tain bunch of it (see the note on pages 4, 5). For the
meaning "prayer," which is here given to it by Sûyaṇa,
does not suit the simile. In order to understand it
fully, one has to bear in mind that the Adhvaryu after
having cooked and made ready any offering (Purodâśa
or flesh, or Charu, &c.) generally pours from a Sruch
some drops of melted butter over it. Now the
brahma by means of which the priest is to soothe all
injury which the sacrificial horse may have received
from kicking or striking, is compared with this Sruch ;
the drops of melted butter are then the several stalks
of the bunch of the sacrificial grass, required at all sa-
crifices and their taking out, and throwing away (as
is done at all sacrifices, see note 8 to page 79) is
compared to the flowing of the drops from the
sacrificial spoon.

Not only is the number of priests less, but the

ceremonies are also more simple. It appears from verse 15th, that there was no Puronuvâkyâ or introductory mantra required, but the Yâjyâ alone was sufficient. The latter consisted already of the same parts as in the Brâhmaṇas, viz. the Agur, the Yâjyâ mantra, the Vashaṭkâra and Anuvashaṭkâra (see note 32 to page 95, page 126, and note 11 to page 133-34). The Agur or the introductory formula *ye yajâmahe* *i. e.* " what (gods are), those we worship by sacrificing," is very ancient, and seems to go back even beyond the properly so-called Vedic times; for we meet it even with the same name already in the Zend-Avesta (see note 11 to page 134); even a large number of the Parsi prayer formulas commence with it up to this day, viz. *yazâmaidê*. The Vashaṭkâra or the call *vâushaṭ*, and the Anuvashaṭkâra, or the second call *vâushaṭ* preceded by *Agne vîhi*, *i. e.* " Agni eat (the food)" must be also very old, though we do not find any trace of them in the Parsi ritual, which circumstance can be, however, easily accounted for. The first call *vâushaṭ* being required in the very moment of the offering being thrown into the fire, and the second at once after it, there was no occasion for them at the Zoroastrian sacrifices; for the priests are not allowed to throw flesh, or Homa, or even cakes into the fire; they have only to show their offerings to the sacred element. In the Samhitâ itself, the Vashaṭkâra is frequently mentioned, and in hymns which show by no means a modern origin (see 1, 14, 8; 120, 4; 21, 5; 7, 14, 3; 15, 6; 99, 7 &c); some of them apparently allude to the

Anuvashaṭkara, (so, for instance, 7, 156, *semám vetu vashaṭkṛitim*, may he eat this piece offered by the call *váushaṭ! vi* (in *vihi*) being one of the characteristic terms of the *Anuvashaṭkâra*).

From all we have seen as yet it clearly follows that the As'vamedha hymn is by no means a late, but a very early production of Vedic poetry, and that consequently a strict distinction between a Chhandas and Mantra period, making the former by about two hundred years older than the latter, is hardly admissible.

The same result is to be gained from a more close examination of other pre-eminently sacrificial hymns, which all would fall under the Mantra period. There being here no occasion to investigate into all hymns of that character, I will only here make some remarks on the Nábhânedishṭha hymns (10, 61-62). Their history is given in the Ait. Brâhm. itself (5, 14). They are traced to Manu, the progenitor of the human race, who gave them to his son Nâbhânedishṭha. He should communicate them to the Añgiras, for enabling them to perform successfully the ceremonies of the sixth day (in the Shaḷaha, see note 9 to page 279), and receive all their property as a sacrificial reward.

This whole story appears to have no other foundation[13] but the two hymns themselves, principally the

[13] It is to be found also with little difference in the Taittirîya Saṁhitâ 3, 1, 9, 4-6. Instead of the two Sûktas (hymns) Manu there is said to have given his son a Brâhmaṇam on a certain rite concerning the share of Rudra in the Soma libation, to help the

latter. The first is very difficult to understand, the second is on the whole simple. Both are by tradition ascribed to Nâbhânedishṭha, the son of Manu, whose existence is very doubtful. They differ so much in style, that they cannot have the same author. Several traits of the legend, however, are to be found in them. The refrain of the first four verses of 10, 62 which is addressed to the Añgiras, "receive the son of Manu" re-occurs in the legend; also the gift of a thousand. In a verse of the former (10, 61, 18) the word *nâbhânedishṭha* occurs, but it does not mean there a human, but some divine being. I give the 18th and 19th verses in translation.

(18) "His relative, the wealthy Nâbhânedishṭha who, directing his thoughts towards thee, speaks on looking forward (as follows) 'this our navel is the highest; as often as required I was behind him (the Nâbhânedishṭha on earth).' "

(19) "This is my navel, here is what resides with me; these gods are mine; I am everything. Those who are first born, and those who are born for a second time (by reproduction),—the cow milked that (seed) from the truth, (and) they are born."[14]

From these two verses as well as from several others in it (principally 2 and 5-8 describing Prajâpati's illicit intercourse with his

---

Añgiras to heaven. The "sixth day" is not mentioned in it. The man in a "blackish dress" of the Aitareya Br. is here called *Rudra*.

[14] The explanation given by Sâyaṇa of these difficult verses is very artificial. He tries to get out of the hymn everywhere the story told of Nâbhânedishṭha in the Ait. Br. 5, 14.

daughter, see Ait. Br. 3, 33) we may clearly perceive that Nâbhânedishṭha and the hymn in question refer to generation. This view is fully corroborated by the application of it at the sacrifice, as expounded by the Brâhmaṇam, and as even presupposed in the hymn itself.

We know from various passages of the Brâhmaṇas, that one of the principal acts of the sacrificial priests was to make a new body to the sacrificer, and produce him anew by mantras, and various rites, by making him mystically undergo the same process to which he owed his natural life. So, for instance, the whole Pravargya ceremony (see note 1 to pages 41-43), the Ajya and Pra-uga Shastras (see Ait. Br. 2, 35-38; 3, 2) of the morning libation, and the so-called Shilpa Shastras (6, 27-31) of the Hotṛi-priests are intended for this purpose. Of the latter the two Nâbhânedishṭha hymns form the two first parts, representing the seed effused, and its transformation to an embryo in its rudest state (see 6, 27). Nâbhânedishṭha is the sperm when effused; after having undergone some change in the womb, it is called Narâs'aṁsa.[15] That the hymn originally had such a mystical sense, is evident from the two first verses:

[15] This idea must be very old; for we find an unmistakeable trace of it in the Zoroastrian tradition. So we read in the Bundehesh (page 80 in Westergaard's edition of the Pehlevi text) that the angel Neriosseng (*neriosseng yazd* = *narâs'aṁsa yajata* in Sanscrit) intercepted the three particles of sperm which Zoroaster is said to have once lost, and out of which the three great prophets, *Ushadar* (*bâmi*), *Ushadar máh*, and *Sosiosh* are expected to spring at the end of the world.

(1) "May this awful Brahma, which he (Prajâpati) thus skilfully pronounced in words at the congregation, at the assembly, fill the seven Hotars on the day of cooking (the sacrificial food), when his (the sacrificer's) parents (and other) liberal men (the priests) are making (his body)."

(2) "He established (as place) for the reception of his gift the altar (*vedi*), destroying and ejecting the enemy with his weapons. (After having thus made the place safe) he then hastily under a very loud cry poured forth his sperm in one continuous (stream)."

The meaning of these two verses can only be the following: the poet who was no doubt a sacrificial priest himself wishes, that the hymn which he regards as a revelation from Prajâpati, who repeated it at the great sacrificial session which he is so frequently said to have held, may fill the seven Hotṛi-priests when they, with the same liberality as Prajâpati (when he poured forth his sperm) are like parents making by their hymns the new celestial body to the sacrificer. The place for reception of the seed poured out mystically in prayer by the Hotars, is the altar; for standing near it (and even touching it with their feet) they repeat the mantras. The reason that they have to regard the Vedi as the safe receptacle of the seed, is to be sought for in the antecedent of Prajâpati, who prepared it for the purpose, defending

Nerioseng clothed the said sperms with lustre and strength (*mânas Zor*), and handed them over to *Anâhit* (the Persian Venus) to look at them. They are guarded against the attacks of the Devas (the Indian gods) by 999,999 Frohars (a kind of angels).

it against the attacks of enemies. After having made it safe, he poured out his seed whence then all creatures sprang (see Ait. Br. 3, 34).

Nâbhânedishṭha is, according to the verses above quoted, the heavenly guardian of all germs of generation; all, gods, men, beasts, &c. come from him. His assistance is required when the sacrificial priests are producing the new celestial body of the sacrificer. He looks down from heaven at his relative, that is, the seeds containing the germ of new life poured out mystically by the Hotars in their prayers. His navel is the centre of all births in the universe; as being nearest ('nearest to the navel' is the literal meaning of *nâbhânedishṭha*) he is the guardian of all seeds. Every seed on earth has only effect as far as he participates in it. We have here the Zoroastrian idea of the Fravashis (Frohars) who are the prototypes of all things existing.[16] The word *nâbhânedishṭha* must be very old; for we find it several times in the form *nabânazdista* in the Zend Avesta. It is an epithet of the Fravashis (Yas'na 1, 18. Yashts 13, 156), and signifies the lineal descendants in future generations[17] (Vend. 4, 5-10 Westergaard).

---

[16] See my Essays on the Sacred Language, Writings and Religion of the Parsis, page 180.

[17] This is the sense of *narâm nabânâzdistanâm*, in the fourth Fargard of the Vendidâd. In the passage in question the punishment consequent on the breach of a promise is said to extend to so and so many *narâm nabânazdistanâm*, literally men who are nearest the navel of the offender, that is, his lineal descendants. The Pehlevi translation gives in its notes about the same meaning to it. So it has for instance to 4, 5 the note: 300 *sanat bim dâreen* "for three hundred years there will be danger (for the *nabânazdistas*)." This is also the opinion of many Desturs.

Although the Nâbhânedishṭha hymn (10, 61) is purely sacrificial, and composed at a time when the Rishis already indulged in speculations on the mystical meaning of sacrificial rites, no trace can be found, to show that it is a modern composition. The circumstance, that it is already in the Aitareya Brâhmaṇam traced to Manu, the progenitor of the human race, shows, that its origin is entirely lost in the depths of antiquity. The mentioning of *Kakshîvan* in verse 16, and the occurrence of the "seven Hotars" (in the 1st verse) are no proofs of a late origin. For Kakshîvan appears as a celebrated Rishi, who was distinguished as a great chanter and Soma drinker in many other passages, principally in the first book (see Rigveda Saṁh. 1, 18, 1-2; 51, 13; 116, 7; 117, 6; 4, 26, 1) who enjoyed the special favour of the As'vins. He is to the majority of the Vedic Rishis whose hymns are kept, a personage of as remote an antiquity as *Kâvya Us'anâs*, the *Añgiras*, &c. The "seven Hotars"[18] occur several times besides (3, 29, 14; 8, 49, 16), most of them with their very names, viz. Potar, Neshṭar, Agnîd, Pras'âstar, &c. (1, 15, 2-5; 9; 1, 94, 6; 10, 91, 10).

The second Nâbhânedishṭha hymn is certainly later than the first, and contains the germs of the later legend on Nâbhânedishṭha. The reason that it was also referred to him, is certainly to be sought

[18] They are, according to the Brâhmaṇas (see Ait. Br. 6, 10-12), Hotar, Maitrâvaruṇa, Brâhmaṇâchhaṁsi, Achhâvâka, Potar, Neshṭar and Agnîdhra.

for in the 4th verse, where is said, "This one (*i. e.* I) speaks through the navel[19] (*nâbhâ*), hails you, in your residence; hear, O sons of the gods, ye Rishis (to my speech)." The song is addressed to the Añgiras, who are requested to receive the poet. The gift of thousand is also mentioned.

Let us, after this discussion regarding the antiquity of the As'vamedha and Nâbhânedishṭha hymns, return to the general question on the relationship between the pre-eminently sacrificial mantras, and the other production of Vedic poetry.

If we look at the history of poetry with other nations, we nowhere find profane songs precede religious poetry. The latter owes its origin entirely to the practical worship of beings of a higher order, and must, as every art does, go through many phases before it can arrive at any state of perfection and refinement. Now in the collection of the hymns of the Rigveda, we find the religious poetry already so highly developed, the language so polished, the metres already so artificially composed, as to justify the assumption, that the songs which have reached our time, are not the earliest productions of the poetical genius, and the devout mind of the ancient Indians. Generations of poets and many family

[19] This expression appears to be strange. It implies a very ancient idea, which must have been current with the Iranians and Indians alike. The navel was regarded as the seat of an internal light, by means of which the seers received what they called revelation. It is up to the present day a belief of the Parsi priests, that the Desturs or High-priests have a fire in their navel, by means of which they can see things which are hidden. This reminds us of some phenomena in modern somnambulism.

schools in which sacred poetry was regularly taught,
just as the art of the bards and scalds with the Celtic
and Scandinavian nations, must have preceded that
period to which we owe the present collection.   If
an old song was replaced by a new one, which
appeared more beautiful and finished, the former was
in most cases, irrecoverably lost.   Old and new poets
are frequently mentioned in the hymns of the Rigveda;
but the more modern Rishis of the Vedic period
appear not to have regarded the productions of their
predecessors with any particular reverence which
might have induced them to keep their early relics.

Now the question arises, are the finished and
polished hymns of the Rigveda with their artificial
metres the most ancient relics of the whole religious
literature of the Brahmans, or are still more ancient
pieces in the other Vedic writings to be found ?   It
is hardly credible, that the Brahmanical priests em-
ployed at their sacrifices in the earliest times hymns
similar to those which were used when the ritual
became settled.   The first sacrifices were no doubt
simple offerings performed without much ceremonial.
A few appropriate solemn words, indicating the
giver, the nature of the offering, the deity to
which as well as the purpose for which it was offered,
and addresses to the objects that were offered,
were sufficient.   All this could be embodied in the
sacrificial formulas known in later times principally
by the name of *Yajus*, whilst the older one appears
to have been *Yája* (preserved in *pra-yája, anu-yája,*
&c).   The invocation of the deity by different names,

and its invitation to enjoy the meal prepared, may be equally old. It was justly regarded only as a kind of Yajus, and called *Nigada*[20] or *Nivid*. The latter term was principally applied to the enumeration of the titles, qualities, &c. of a particular deity, accompanied with an invitation. At the most ancient times it appears that all sacrificial formulas were spoken by the Hotar alone; the Adhvaryu was only his assistant, who arranged the sacrificial compound, provided the implements, and performed all manual labour. It was only at the time when regular metrical verses and hymns were introduced into the ritual, that a part of the duties of the Hotar devolved on the Adhvaryu. There are in the present ritual, traces to be found, that the Hotar actually must have performed part of the duties of the Adhvaryu.

According to the ritual which appears to have been in force for the last three thousand years without undergoing any considerable change, it is one of the principal duties of the Adhvaryu to give orders (*praisha*) to most of the officiating priests, to perform their respective duties. Now at several occasions, especially at the more solemn sacrifices, the order is to be given either by the Hotar himself, or his principal assistant, the Maitrâvaruṇa. So for instance, the order to the slaughterers of the sacrificial animal,

[20] See Madhusûdana's Prasthânabheda in Weber's *Indische Studien*, I. page 14, and the Bhâgavata Purâṇa 12, 6, 52 (in the Bombay edition) where the *yajurgaṇa*, *i. e.* the series of Yajus mantras is called *nigada*. Madhusûdana comprises by this name, as it appears, principally the Praishas or orders by the Adhvaryu to the other priests to do their respective duties.

which is known by the name of Adhrigu-Praisha-mantra (see Ait. Br. 2, 6-7) is given by the Hotar himself, though the formulas of which it is composed have all characteristics of what was termed in the ritual *Yajus*, and consequently assigned to the Adhvaryu. At the Soma sacrifice all orders to the Hotar to repeat the Yâjyâ mantra, before the libations are thrown into the fire, are to be given by the Maitrâvaruṇa, and not by the Adhvaryu. The formulas by which the gods are called to appear, the address to the fire when it is kindled are repeated by the Hotar, not by the Adhvaryu, though they cannot be termed *ṛik*, the repetition of which alone was in later times regarded as incumbent upon the Hotar. The later rule, "The Hotar performs his duties with the Rigveda" (in the introductory chapter to the Hiraṇyakes'i and Apastamba S'râuta Sûtras) is therefore not quite correct. The Hotar himself even sacrifices on certain occasions what is, according to the later ritual, to be done by the Adhvaryu alone, or, when the offering is given as penance, by the Brahmâ. So, for instance, he sacrifices melted butter before repeating the As'vina Shastra (see the note to 4, 7, page 268), which is, as far as its principal parts are concerned, certainly very ancient.

Now if we compare the sacrificial formulas as contained in the Yajurveda, and principally the so-called Nigadas, and Nivids, preserved in the Brâhmaṇas and Sûtras with the bulk of the Rigveda hymns, we come to the conclusion, that the former are more ancient, and served the Rishis as a kind of sacred text, just as passages of the Bible suggest ideas to religious poets among Christians. That Vedic poets were perfectly acquainted with several of such formulas and addresses which are still extant, can be proved beyond any doubt.

Reserving a more detailed treatment of this important question to a future occasion, I here instance only some of the most striking proofs.

On reference to the Nivid inserted in the Vais'vadeva hymn at the Vais'vadeva Shastra, and my remarks on it (see pages 212-13), the reader will find, that the great Rishi Vis'vâmitra, who with some of his sons are the poets of many hymns which we now possess (as, for instance, of the whole third Maṇḍala), knew this ancient sacrificial formula very well; for one of its sentences setting forth the number of deities is alluded to by him.

Certain stereotyped formulas which occur in every Nivid, to whatever deity it might be addressed, occur in hymns and even commence them. I instance the hymn *predam brahma* (8, 37), which is certainly an allusion to the sentence which occurs in all Nivids, *predam brahma predam kshattram* (see note 25 on page 189). That the coincidence is no mere chance follows from some other characteristic Nivid terms made use of in the hymn in question; compare *âvitha pra sunvataḥ* with *predam sunvantam yajamânam avatu* in all Nivids, and *kshattriya tvam avasi* with *predam kshattram (avatu)*.

The Subrahmaṇyâ formula, which is generally called a Nigada (see on it the note to 6, 3 on pages

383-84) is unmistakeably alluded to in the hymn, 1, 51, principally in the first and thirteenth verses. In both, Indra is called *mesha* a ram, and *vrishaṇas'vasya menâ*.

The call of the *Agnîdhra, astu s'raushaṭ*, as well as the Agur addressed to the Hotar, *hotâ yakshat*, were known to the Rishis, as we learn from 1, 139, 1. 10.

The so-called Rituyâjas which are extant in a particular collection of sacrificial formulas, called *praisha sûkta* or *praishâdhyaya*, occur even with their very words in several hymns, such as 1, 15; 2, 37. (On the Rituyâjas, see note 35 on pages 135-36.)

The so-called Aprî hymns are nothing but a poetical development of the more ancient Prayâjas, and Anuyâjas (Compare the notes 12 on page 18; 14 on pages 81-82; and 25 on page 110.)

Many hymns were directly composed not only for sacrificial purposes in general, but even for particular rites. This is principally the case with several hymns of Vis'vâmitra. So, for instance, the whole of hymn 3, 8 *anjanti tvâm adhvare* (see about it, Ait. Br. 2, 2) refers only to the anointing, erecting, and decorating of the sacrificial post; 3, 21 is evidently made for addressing the drops of melted butter which drip from the omentum, over which they were poured (see Ait. Br. 2, 12); 3, 52 celebrates the offering of the Purodâs'a consisting of fried grains, pap, &c. which belongs to each Soma libation (see Ait. Br. 2, 23).

The first ten hymns of the first book of the Rigveda Saṁhitâ contain, as it appears, the Soma ritual of Madhuchhandûs, the son of Vis'vâmitra. It provides, however, only for two libations, viz. the morning and midday. The first hymn has exactly the nature of an Ajya hymn, which forms the principal part of the first Shastra, the so-called Ajya. The second and third hymns contain the Pra-uga Shastra, which is the second at the morning libation, in all its particulars. The following seven hymns (4-10) all celebrate Indra, and it appears from some remarks in the Ait. Br. (3, 20, page 192), that in ancient times the midday libation belonged exclusively to Indra. The ritual for the evening libation is of so peculiar a nature, and so complicated, that we must ascribe to it quite a different origin than to the two other libations.

The hymns 12-23 appear to contain a more comprehensive ritual of the Kaṇva family, which is ancient. The 12th hymn (the first in this collection) is addressed to the Agni of the ancestors, the *pravara*, who must be invoked at the commencement of every sacrifice; it contains three parts of the later ritual—*a*) the *pravara*, *b*) the invocation of Agni by the Nigada, and *c*) the request to Agni to bring the gods (the so-called *devâvahanam*). The 13th is an Aprî Sûkta containing the Prayâjas, which accompany the very first offerings at every sacrifice.

These three hymns were, it appears, appropriate to a simple Ishṭi, as it precedes every greater sacrifice. The following hymns refer to the Soma sacrifice. The 15th is a Rituyâja hymn; the Rituyâjas always precede the Ajya Shastra. The hymns from

16-19 contain a ritual for the midday libation, and in 20-22 we find the principal deities of the Shastras of the evening libation.

The hymns from 44-50 in the first book by Praskaṇva, the son of Kaṇva, contain, if the Indra hymn (51) is also reckoned, all the principal deities, and metres of the As'vina Shastra, the former even in their proper order, viz. Agni, Ushâs, the As'vins, Sûrya, Indra (see Ait. Br. 4, 7-11).

These instances, which could be easily greatly enlarged, will, I think, suffice to show that the ritual of the Brâhmaṇas in its main features, was almost complete at the time when the principal Rishis, such as the Kaṇvas, Vis'vâmitra, Vasishṭha, &c. lived.

I must lay particular stress on the Nivids which I believe to be more ancient than almost all the hymns contained in the Rigveda. The principal ones (nine in number) are all to be found in the notes to my translation of the 3rd Pañchikâ (book). That no attention has been paid as yet to these important documents by the few Vedic scholars in Europe, is principally owing to the circumstance of their not having been known to them. It being now generally believed, that the earliest relics of Vedic literature are to be found only in the Rigveda Samhitâ, it is of course incumbent on me to state briefly the reasons why I refer the so-called Nivids to a still more remote antiquity.

The word *nivid* frequently occurs in the hymns, and even with the epithet *pûrva* or *pûrvya* old (see

1, 89, 3; 96, 2; 2, 36, 6.) The Marutvatîya Nivid[31] is, as it appears, even referred to by Vâmadeva (4, 18, 7, compared with note 25 on page 189); the repetition of the Nivids is juxtaposed with the performance of the chanters, and the recital of the Shastras (6, 67, 10). The Brâhmaṇam regards the Nivids, particularly that one adressed to Agni, as those words of Prajâpati, by means of which he created all beings (see Ait. Br. 2, 33-34). That such an idea, which entirely coincides with the Zoroastrian of Ahuramazda (Ormazd) having created the world through the *yathâ-ahû-vairyô* prayer (see the 19th chapter of the Yas'na), must be more ancient than the Brâhmaṇas, we learn from a hymn of the old Rishi Kutsa, who is already in many Vedic songs looked upon as a sage of the remote past. He says (1, 96, 2) that Agni created by means of the "first Nivid" the creatures of the Manus (see page 143). In 1, 89, 3-4, an old Nivid appears to be quoted. For the words which follow the sentence "we call them with the old Nivid" bear quite the stamp of such a piece.

Many Nivids, even the majority of them, are certainly lost. But the few pieces of this kind of religious literature which are still extant, are sufficient to show that they must be very ancient, and are not to be regarded as fabrications of the sacrificial priests at the times when the Brâhmaṇas were composed.

---

[31] When the word *nivid* appears often in the plural, then the several pâdas, of which the Nivid consists, are to be understood.

Their style is, in the main, just the same in which the hymns are composed, and far more ancient than that of the Brâhmaṇas. They contain in short sentences the principal names, epithets, and feats of the deity invoked. They have no regular metre, but a kind of rhythmus; or even a parallelismus membrorum as the ancient Hebrew poetry.

The circumstance that in the ritual such a paramount importance is attached to such half poetical, half prose pieces as the Nivids are (see particularly Ait. Br. 2, 33; 3, 10-11), clearly tends to prove, that they must have been regarded as very efficacious. This could be hardly accounted for at a time when beautiful and finished songs were forthcoming in abundance to serve the same purpose, had they not been very ancient, and their employment been sanctioned by the example of the most ancient Rishis.

We have already seen, that several of those Nivid formulas which we have now were known to some Vedic poets. I will give here a few more instances. The hymn to the Marutas by Vis'vâmitra (3, 47) is evidently based on the Marutvatîya Nivids (see them on page 189); the verse to Savitar (3, 54, 11) alludes to the Savitṛi Nivids (see them on page 208); the hymn to Dyâvâpṛithivî (1, 160) is a poetical imitation of the Dyâvâpṛithivî Nivids (page 209); the Ribhu hymn (4, 33) resembles very much the Ribhu Nivids (page 210), &c.

Another proof of the high antiquity of the Nivids is furnished by the Zend-Avesta. The many prayer formulas in the Yas'na which commence with *niraê-ahayêmi, i. e.* I invite, are exactly of the same nature as the Nivids.

The Nivids along with many so-called Yajus formulas, which are preserved in the Yajurvêda, the Nigadas, such as the Subrahmaṇyâ and the so-called Japa formulas, (such as Ait. Br. 2, 38), which are muttered with a low voice only, are doubtless the most ancient pieces of Vedic poetry. The Rishis tried their poetical talent first in the composition of Yâjyâs or verses recited at the occasion of an offering being thrown into the fire. Thence we meet so many verses requesting the deity to accept the offering, and taste it. These Yâjyâs were extended into little songs, which on account of their finished form were called *sûktam, i. e.* well, beautifully spoken. The principal ideas for the Yâjyâs were furnished by the sacrificial formulas in which the Yajurveda abounds, and those of the hymns were suggested by the Nigadas and Nivids. There can be hardly any doubt, that the oldest hymns which we possess, are purely sacrificial, and made only for sacrificial purposes. Those which express more general ideas, or philosophical thoughts, or confessions of sins, such as many of those addressed to Varuṇa, are comparatively late.

In order to illustrate that the development of the sacrificial and religious poetry of the ancient Brahmans took such a course as here described, I may adduce the similar one which we find with the Hebrews. The sacrificial ritual of Moses as laid down in the Leviticus knows no rythmical sentences, nor hymns which accompanied the oblations offered to Jehovah. It describes only such manual labour, as found with the Brahmans its place in the Yajur-veda, and mentions but very few and simple formulas which the officiating priest appears to have spoken when throwing the offering into the fire of the altar. They differed according to the occasion, but very little. The principal formula was אִשֵּׁה רֵיחַ נִיחוֹחַ לַיהוה "a fire offering of pleasant smell for Jehovah," which exactly corresponds with the Vedic *agnaye, indrâya,* &c. *svâhâ !*[92] *i.e.* a good offering to Agni, Indra, &c. If it was the solemn holocaustum, then the word עֹלָה *i. e.* holocaustum, was used in addition (Leviticus 1, 9-13); if it was the so-called *zebakh shlâmim* or sacrifice for continued welfare, the word לֶחֶם food, bread, was added (Levit. 3, 11); if it was a penance the words אָשָׁם הוּא (Levit. 7, 5) "this is a penance" were required. When the priest absolved a sacrificer who brought an offering as a penance, he appears to have used a formula also, which is preserved in the so-frequently occurring sentence: וְכִפֶּר עָלָיו מֵחַטָּאתוֹ אֲשֶׁר חָטָא וְנִסְלַח לוֹ (Lev. iv, 25, 31: v. 6, 10.) "and he (the priest) shall annul the sin which he has committed, so that he will be pardoned."[93]

---

[92] The term *svâhâ* is to be traced to the root *dhâ* to put, with *â* to put in, into, and stands for *svâdhâ* (*su* + *âdhâ*). It means the gift which is thrown into the fire.

[93] The priest appears to have addressed these words to the sinner who was to be absolved in this manner, "I annul the sin which thou hast committed, and thou shalt be pardoned."

If we compare these formulas with the psalms,
which were composed and used for the worship of
Jehovah, then we find exactly the same difference
between both, as we discover between the Yajus for-
mulas, Nivids, &c. and the finished hymns of the
Rigveda Saṁhitâ. In the same way as there is a
considerable interval of time between the establish-
ment of the Mosaic ritual and the composition of the
psalms, we are completely justified in supposing that
a similar space of time intervened between the
Brahmanical ritual with its sacrificial formulas, and
the composition of the majority of the Vedic hymns.
Between Moses and David there is an interval of
five hundred years, and if we assume a similar one
between the simple Yajus formulas, and such
finished hymns as those addressed to Varuṇa which
M. Müller ascribes to his Chhandas period, we shall
not be in the wrong.

Another proof that the purely sacrificial poetry is
more ancient than either profane songs or hymns of
a more general religious character, is furnished by the
Shi-king or Book of Odes, of the Chinese. Of its
four divisions, viz. *kúo-fung, i. e.* popular songs of the
different territories of ancient China, *ta-ya* and *siao ya,
i. e.* imperial songs, to be used with music at the im-
perial festivals, and *sung, i. e.* hymns in honour of
deceased emperors, and vassal kings, the latter, which
are of a purely sacrificial character, are the most
ancient pieces. The three last odes in this fourth
division go back as far as the commencement of the
Shang dynasty, which ascended the dragon seat in

e *

the year 1766 B.C., whilst almost all other pieces in the collection are composed from the earlier part of the reign of the Chou dynasty down almost to Confucius' time (from 1120 B.C. till about 600 B.C.)

If we consider that the difference of time between the purely sacrificial and non-sacrificial hymns of the Chinese thus amounts to about 1,000 years, we would not be very wrong in presuming similar intervals to exist between the different hymns of the Rigveda. Rishis like Kâvya Us'anâs, Kakshîvat, Hiraṇyastûpa, to whom several hymns are traced, were for the Kaṇvas, Vis'vâmitra, Vasishṭha, &c. as ancient personages, as the emperors Tang (1765 B.C.) and Wuwang (1120 B.C.) to Confucius (born 551 B.C.)

On account of the utter want of Indian chronology for the Vedic and post-Vedic times, it will be of course for ever impossible to fix exactly the age of the several hymns of the Rigveda, as can be done with most of the psalms and many of the odes of the Shi-king. But happily we possess at least one astronomical date which furnishes at any rate the external proof of the high antiquity of Vedic literature, which considerably tends to strengthen the internal evidence of the same fact. I here mean the well known passage in the Jyotisham, or Vedic calendar, about the position of the solstitial points. The position there given carries us back to the year 1181 according to Archdeacon Pratt's, and to 1186

B.C. according to the Rev. R. Main's calculations.[24] The questions on the age of this little treatise and the origin of the Nakshatra[25] system, about which

---

[24] See the Journal of the Asiatic Society of Bengal of the year 1862, pages 49–50. Max Müller's Preface to the 4th volume of his edition of the Rigveda Saṁhitâ, page lxxxv.

[25] There can be hardly any doubt, that the Nakshatra system of the Indians, Chinese, Persians and Arabs is of a common origin, but it is very difficult to determine with what nation it originated. The original number was twenty-eight. I do not intend fully to discuss here the important question, but I wish only to direct attention to the circumstance overlooked as yet by all the writers on the subject, that the terms which the Indians, Arabs, and Chinese use for expressing the idea "constellation" have in all the three languages, Sanscrit, Chinese, and Arabic, precisely the same meaning, viz. a place where to pass the night, a station. This is certainly no mere chance, but can only be accounted for by the supposition, that the framers of the Nakshatra system regarded the several Nakshatras as heavenly stations, or night quarters, where the travelling moon was believed to put up on his journey through the heavens. Let us examine these terms.

The Chinese expression for *Nakshatra* is *Siu* (spelt by Morrison *sŭh* and *sew*, by Medhurst *sew* with the third or departing tone). The character representing it which is to be found under the 40th radical, strokes 8 (see Morrison's Chinese Dictionary, vol. 1. page 847) is composed of three signs, viz. that for a *roof*, that for *man*, and that for a *hundred*. Its original meaning therefore is "a place where a hundred men find shelter, a station or night quarters for a company of soldiers." The word is, as is the case with most of the Chinese words, used as a substantive, adjective, and verb.

As a substantive it denotes "a resting place to pass the night at" with a road-house (*lu shih*) i.e. an inn, or a halting place in general: such places were situated at the distance of every thirty Li. Thence it is metaphorically employed to express the stations on the heavens where the travelling moon is supposed to put up. In this sense the Chinese speak of *ŏlh shih pă siu* "the twenty-eight halting places" (on the heavens).

As an adjective it means *past, former*, i.e. the night-quarters which were just left.

In the sense of a verb, but never in that of a substantive, we find it frequently used in two of the so-called Sse-shu or four Classical books of the Chinese, viz. the *Lun-yu* (the Confucian Analects) and in *Meng-tse*.

In order to show the use of this important word in the Classical writings, I here quote some instances:

a) Intrans. *to pass the night, to stop over night*. Lun-yu 14, 41; *tse lu siu yu Shih-man*, i.e. Tse-lu (one of the most ardent and

there has been of late so much wrangling among the few Sanscrit scholars of Europe and America, are of

---

zealous disciples of Confucius) passed the night at Shih-man; 18, 7, 3 ibidem: *chih Tse-lu siu*, i.e. he detained Tse-lu to pass the night (with him). Meng-tse 2, 2, 11, 1: *Meng-tse kiu Tsi siu yu Chow*, i.e. Meng-tse after having left Tsi, passed the night at Chow; 2, 2, 12, 4, ibidem: *yu san siu erh heu ch'uh Chow, yu yu sin i wei suh*, i.e. When I after having stopped for three nights left Chow, I thought in my mind my departure to be speedy still.

b) trans. *to make pass the night, to keep over night.* Lun-yu 10, 8, 8: *tse yu kung pŭ siu jŏ*, when he (Confucius) sacrificed at the Duke's (assisted the Duke in sacrificing) he did not keep the (sacrificial) flesh over night. In this sense it is several times metaphorically used; so Lun-yu 12, 2, 2: *Tse-lu wu siu no*, i.e. Tse-lu never kept a promise over night (he carried it out at once, before he went to rest).

c) *to have taken up his quarters, to be at rest.* Lun-yu 7, 26: *yih pŭ shê siu*, he (Confucius) shot, but not with an arrow and string at (animals) which were at rest (asleep).

The Arabic word for the Nakshatras is منزل *manzil*, plur. منازل *manâzil*, "a place where to put up, quarters," from the root نزل to make a journey, to put up at a place as a guest.

This name for the constellations must be very ancient with the Semitic nations, for we find it already in the Old Testament (Book of the Kings ii. 23, 5) in the form מַזָּלוֹת *mazzaloth*; it has no proper etymology in Hebrew (for the root נָזַל *nazal*, to which alone it could be traced, means *to flow*), and is apparently introduced as a foreign word from some other Semitic nation, probably the Babylonians. The Jewish commentators had no clear conception of the proper meaning of the word; they take it to mean *star* in general, and then the twelve signs of the Zodiac. But from the context of the passage in the Book of the Kings, just quoted, where it stands together with the *moon and the whole host of the heavens* ("for the moon and the mazzaloth and the whole host of the heavens") it undoubtedly follows, that its meaning cannot be "star" in general, which idea is expressed by the "whole host of the heavens," but something particular in the heavens connected with the moon. The use of the same word in Arabic for expressing the idea of constellation, heavenly mansions of the moon, proves beyond any doubt, that the *mazzaloth* mean the same.

Now the Sanscrit word *nakshatra* has originally no other meaning than either *siu* or *manzil* have. The arrangement of the meanings of this word which is made in Boehtlingk and Roth's Sanscrit Dictionary is insufficient and treated with the same superficiality as the majority of the more difficult Vedic words in that much-lauded work. They make it to mean *star* in general (sidus), the *stars*, and then *constellation*,

minor importance compared with the fact and the age of the observation itself. That an astronomical observation was taken by the Brahmans as early as the 12th century before Christ is proved beyond any doubt by the date to be elicited from the observation itself. If astronomical calculations of past events are of any worth, we must accept as settled the date of the position of the solstitial

---

station of the moon. But the very formation of the word by means of the suffix *atra* indicates, that something particular must be attached to its meaning; compare *patatra* a wing, literally a means for flying, *vadhatra* a weapon, literally a means for striking, *yajatram* the keeping of a sacrificial fire, literally the means or place for sacrificing; *amatra* a drinking vessel, literally a place to which a thing goes which holds it. According to all analogy we can derive the word only from *naksh*, which is a purely Vedic root, and means to "arrive at." Thus *nakshatra* etymologically means, either the means by which one arrives, or the place where one arrives, a station. This expresses most adequately the idea attached by the Indians to the Nakshatras as mansions for the travelling moon. But even if we waive this derivation, and make it a compound of *nak* (instead of *naktá*, see Rigveda 7, 71, 1) and *satra*=*sattra* a session for the night, night quarters, we arrive at the same meaning. The latter derivation is, I think, even preferable to the former. The meanings of the word are to be classed as follows: 1) *station*, quarters where to pass the night. In this sense it is out of use; 2) especially the *stations on the heavens* where the travelling moon is supposed to put up, the twenty-eight constellations; 3) metonymically *stars* in general, *the starry sphere* (Rigveda 7, 86, 1: *nakshatram paprathachcha bhûma*, he spread the starry sphere, and the earth). The latter use is pre-eminently poetical, as poets always can use *pars pro toto*. The *nakshatras* as stations of the moon were perfectly known to the Rishis, as every one can convince himself from the many passages in the Taittirîya Brâhmaṇam, and the Atharvaveda. That these books are throughout much later than the songs of the Rigveda is just what I have strong reasons to doubt. The arrangement of the meanings of *nakshatra* as given here entirely coincides with all we know of the history of either the word *siu* in Chinese, or *manzil*, *mazzaloth* in the Semitic languages. The Chinese, especially poets, used the word *siu* in the sense of *star*, or *stars* in general, and so did the Rabbis in the Mishnah and the Talmud according to the testimony of Juda ben Karish (see Gesenii Thesaurus Linguæ Hebrææ, et Chaldææ ii. page 860).

points as recorded in the Jyotisham. To believe that such an observation was imported from some foreign country, Babylon or China, would be absurd, for there is nothing in it to show, that it cannot have been made in the north-western part of India, or a closely adjacent country. A regulation of the calendar by such observations was an absolute necessity for the Brahmans; for the proper time of commencing and ending their sacrifices, principally the so-called Sattras or sacrificial sessions could not be known without an accurate knowledge of the time of the sun's northern and southern progress. The knowledge of the calendar forms such an essential part of the ritual, that many important conditions of the latter cannot be carried out without the former. The sacrifices are allowed to commence only at certain lucky constellations, and in certain months. So, for instance, as a rule, no great sacrifice can commence during the sun's southern progress (*dakshiṇâyana*); for this is regarded up to the present day as an unlucky period by the Brahmans, in which even to die is believed to be a misfortune. The great sacrifices take place generally in spring in the months *Chaitra* and *Vais'âkha* (April and May). The Sattras which lasted for one year were, as one may learn from a careful perusal of the 4th book of the Aitareya Brâhmaṇam, nothing but an imitation of the sun's yearly course. They were divided into two distinct parts, each consisting of six months of thirty days each; in the midst of both was the *Vishuvan*, *i. e.* equator or central day, cutting the whole Sattra into two halves. The ceremonies were in both the halves exactly the same; but they were in the latter half performed in an inverted order. This represents the increase of the days in the northern, and their decrease in the southern progress; for both, increase and decrease, take place exactly in the same proportions.

In consideration that these Sattras were already at the time of the compilation of the Brâhmaṇas an old institution, we certainly can find nothing surprising in the circumstance, that the Indian astronomers made the observation above mentioned so early as the 12th century B.C. For the Sattras are certainly as early, if not earlier than this time. Sattras lasting for sixty years appear even to have been known already to the authors of the Brâhmaṇas (see page 287).

Now that observation proves two things beyond doubt. (1) That the Indians had made already such a considerable progress in astronomical science, early in the 12th century, as to enable them to take such observations; (2) That by that time the whole ritual in its main features as laid down in the Brâhmaṇas was complete.

We do not hesitate therefore to assign the composition of the bulk of the Brâhmaṇas to the years 1400-1200 B.C.; for the Saṁhitâ we require a period of *at least* 500-600 years, with an interval of about two hundred years between the end of the proper Brâhmaṇa period. Thus we obtain for the bulk of the Saṁhitâ the space from 1400-2000; the oldest hymns and sacrificial formulas may be a few hundred years more ancient still, so that we would fix the very commencement of Vedic Literature between 2400-2000 B.c. If we consider the completely authenticated antiquity of several of the sacred books of the Chinese, such as the original documents, of which the Shu-king, or Book of History, is composed, and the antiquity of the sacrificial songs of the Shi-king, which all carry us back to 1700-2200 B.c., it will certainly not be surprising that we assign a similar antiquity to the most ancient parts of the Vedas. For there is nowhere any reason to show, that the Vedas must be less ancient than the earliest parts of the sacred books of the Chinese, but there is on the contrary much ground to believe, that they can fully lay claim to the same antiquity. Already at the time of the composition of the Brâhmaṇas, which as we have seen, cannot be later than about 1200 B.c., the three principal Vedas, i. e. their respective Saṁhitâs, were believed to have proceeded directly from the mouth of Prajâpati, the lord of the creatures, who occupies in the early Vedic mythology the same place which is, in the later writings, held by Brahma-deva. This could not have been the case, had they not been very ancient. In a similar way the Chinese ascribe the ground text of their most ancient and most sacred book, the Y-king, i. e. Book of Changes, to a kind of revelation too, which was made to Fuhi, the Adam of the Chinese, by a Dragon horse, called Lung-ma.

Speculations on the nature of the sacrificial rites,

and cognate topics of a mystical character which
form the proper sphere of the Brâhmaṇas, com-
menced already during the Saṁhitâ period, as one
may learn from such hymns as Rigveda 1, 95, and
the so-called Vâmana Sûkta 1, 164. Even at the
time of the composition of the present Brâhmaṇas,
there existed already some time-hallowed sayings,
which resemble in every respect those dicta of the
Brahmâ priests, of which the bulk of the Brâhmaṇas
consists. I instance here the *Brahmodyam* (Ait. Br.
5, 25), which was used already at that time at the
conclusion of the tenth day's performance of the
Dvâdas'âha sacrifice. It is, therefore, very difficult
to draw a strict line of separation between the
period during which the hymns were composed,
and that one which brought forward the speculations
known by the name of Brâhmaṇas. On a more
close comparison of the mystical parts of the Saṁhitâ
with the Brâhmaṇas, one must come to the conclu-
sion, that the latter were commenced already during
period of the former.

Let us say a few words on the division made of
the contents of the Brâhmaṇas by the Indian divines
and philosophers. According to the introductory
chapters to the Hiraṇyakes'î (and Apastamba Sûtras)
the Brâhmaṇas contain the following topics :—

(1) *Karmavidhânam*, or *vidhi, i. e.* rules on the
performance of particular rites. To this class all
those sentences in the Brâhmaṇas are referred which
contain an order expressed in the potential mood,
such as *yajeta*, he ought to sacrifice ; *s'aṁset*, he ought

f

to repeat (such and such a verse); *kuryát*, he ought to proceed (in such or such a way), &c. This is the principal part of the Bráhmaṇas, and has for the Brahmans about the same significance as in the Talmudic Literature the *halakah* has for the Jews; it is simply authoritative.

(2) *Arthavâda.* This term comprises the numerous explanatory remarks on the meaning of mantras and particular rites, the reasons why a certain rite must be performed in a certain way. This is the speculative part, and is on account of its containing the germs of all Hindu philosophy, and even of grammar, of the greatest importance. There is nowhere anything like an approach to a regular system perceptible, but only occasional remarks bearing on philosophical and grammatical topics. For the history of grammar, the fifth Pañchikâ of the Aitareya Brâhmaṇam is of a particular interest. We learn from it, that at that time not only numerous attempts were made to explain the meaning of words by etymology, but that the Brahmans even had already commenced to analyse the forms of speech by making distinctions between singular and plural, present, past, and future tenses, &c. The idea of *mukti* or final absorption in the Supreme Being, as taught in the later Vedânta philosophy, is even with most of its particulars spoken out in several of those explanatory remarks. I allude here to the frequently occurring terms, *sayujyatá* junction, *surúpatá* identity of form, *salokatâ* identity of place, which mark in the later times different stages of the final beatitude.

The principal tendency of this part is, to show the close connection of the visible and invisible worlds, between things on earth, and their counterparts or prototypes in heaven. Pantheistic ideas pervade all the Brâhmaṇas, and are already traceable in hymns of the Saṁhitâ.

(3) *Nindâ*, censure. This refers principally to the controversial remarks contained in all Brâhmaṇas. There was amongst these ancient divines and metaphysicians often difference of opinion as to the performance of a certain rite, or the choice of a particular mantra, or their meaning. One criticised the practice of the other, and condemned its application often in the strongest terms. The censure is generally introduced by the expression " but this opinion is not to be attended to." The sacrificers are often cautioned from adopting such a malpractice, by the assertion that if a priest would proceed in such or such a way, the sacrificer would lose his life, be burned by the sacrificial fire, &c.

(4) *S'aṁsâ*, i. e. praise, recommendation. This part comprises principally those phrases which express that the performance of such or such a rite, with the proper knowledge, produces the effect desired. They almost invariably contain the expression, *ya evam veda*, i. e. who has such a knowledge. The extreme frequency of this phrase in the Brâhmaṇas, and Upanishads, is probably the reason, that the whole sacred knowledge was comprised afterwards only by the general term *veda*. Originally

it appears to have applied to Brâhmaṇa like sentences and explanations only.

(5) *Purâkalpa, i. e.* performance of sacrificial rites in former times. Under this head come the numerous stories of the fights of the Devas and Asuras, to which the origin of many rites is attributed, as also all legends on the sacrifices performed by the gods. This very interesting part forms the historical (or rather legendary) background of the whole sacrificial art. All rites were traced to the gods as their originators, or even to Prajâpati, the Supreme Being, the Lord of creatures. We can derive one important historical fact from the legends on the fight between the Devas and Asuras, viz. that the religious contest between the ancient Indians (represented by the Devas), and the Iranians (represented by the Asuras, contained in the name Ahuramazda=Ormazd) took place long before the time of the composition of the Brâhmaṇas, that is, before the 12th century B.C. This is another proof corroborative of the high antiquity ascribed by Grecian writers to Zarathustra (Zoroaster), the prophet of the Asura nation (Iranians) who did manfully battle against idolatry and the worship of the Devas, branded by him as "devils." That contest which must have been lasting for many years appeared to the writers of the Brâhmaṇas as old as the feats of King Arthur appear to English writers of the nineteenth century.

(6) *Parakṛiti, i. e.* the achievement or feat of another. This head comprises the stories of certain performances of renowned Shrotriyas, or sacrificial

priests, of gifts presented by kings to Brahmans, the successes they achieved. The last book of the Aitareya particularly is full of this class of topics.

These six heads are often, however, brought only under two principal ones, viz. *vidhi*, and *arthaváda·* The latter then comprises all that is not injunction, that is, all topics from 2 to 6. This philosophical division exactly corresponds to the division of the contents of the Talmûd by the Jewish Rabbis into two principal parts, viz: *halakah*, *i. e.* rule of conduct, which is as authoritative as the *thorah* (law of Moses), and *haggadah*, *i. e.* story, parable, and in fact everything illustrative of the former.

II.

The Aitareya Bráhmaṇam in particular.

The Aitareya Brâhmaṇam is one of the collections of the sayings of ancient Brahmâ priests (divines and philosophers) illustrative and explanatory of the duties of the so-called Hotṛi-priests. The latter performing the principal part of their duties by means of the mantras, termed *ṛik*, and contained in the so-called Rigveda Saṁhitâ, the Aitareya is therefore one of the Brâhmaṇas belonging to the Rigveda. There must have been, as we may learn from Pâṇini and Patañjalis Mahâbhâshya, a much larger number of Brâhmaṇas belonging to each Veda ; and even Sâyaṇa, who lived only about four hundred years ago, was acquainted with more than we have now. To the Rigveda we know at present besides the

f *

Aitareya, only the Kâushîtaki Brâhmaṇam, which is also called Sâñkhâyana. Both appear to have been known to the grammarian Pâṇini,[1] as one may gather from the rule (v. 1, 62) which he gives regarding the formation of names of Brâhmaṇas consisting of thirty and forty Adhyâyas; for the Kaushîtaki actually consists of thirty and the Aitareya of forty Adhyâyas, which were afterwards divided into eight Pañchikâs, each of which comprises five Adhyâyas.

The name "Aitareya" is by Indian tradition traced to *Itarâ*. Sâyaṇa tells regarding the origin of the name and of the Brâhmaṇa itself, in his introduction to the Aitareya Brâhmaṇam, the following story, on the authority of the *sampradâya-vidaḥ*, *i. e.* men versed in traditional stories. An ancient Rishi had among his many wives one who was called *Itarâ*. She had a son *Mahidâsa* by name, who is mentioned in the Aitareya Araṇyaka as Mahidâsa Aitareya. The Rishi perferred the sons of his other wives to Mahidâsa, and went even so far as to insult him once by placing all his other children in his lap to his exclusion. His mother, grieved at this ill treatment of her son, prayed to her family deity (*kuladevatâ*), the Earth (*bhûmi*), who appeared in her celestial form in the midst of the assembly, placed him on a throne (*siṃhâsana*), and gave him as a token of honour for his surpassing all other children in learning a boon

[1] The attention of Sanscrit scholars was first directed by Professor Weber at Berlin to this circumstance.

(*vara*) which had the appearance of a Brâhmaṇa. After having received this gift, a Brâhmaṇam consisting of forty Adhyâyas, which commenced with the words *agnir vâi devânâm avamo* (the first sentence of the Aitareya), and ended with *striṇute striṇute* (the two last words of the Aitareya) came forth through the mind of Mahidâsa. Afterwards the Brâhmaṇam, commencing with *atha mahâvratam* (the beginning words of the first Aitareya Araṇyaka) and ending with *âchârya âchârya* (the two last words of the third Araṇyaka)[2] was also revealed in the shape of the vow of an hermit[3] (*âranyakavratarûpam*).

The Aitareya Brâhmaṇam, as well as the Kâushîtaki, do not treat of all the sacrifices and sacrificial rites which are mentioned and described in the books of Yajurveda, which may be (principally the Sûtras) regarded as the proper sacrificial encyclopediæ. They were, however, perfectly well known to the authors of these Brâhmaṇas, as we may learn from the fact, that the names of several sacrifices, such as Vâjapeya, Aptoryâma (see 3, 41) are mentioned without the description of the rituals belonging to them. Several things concerning

---

[2] This remark throws some light on the relationship in which the five treatises, of which the present Aitareya Araṇyaka consists, and each of which bears the name *âraṇyaka*, stand to one another. Only the three first Araṇyakas were according to this notice regarded as a divine revelation to the Aitareya Rishi; the two others are then later additions, and did not form originally part of the Aitareya Araṇyaka.

[3] According to Brahmanical ideas, a vow, a curse, a blessing, &c. can assume a visible form, and so become manifest to the mental eyes of men.

the Hotṛis whose duties principally are treated at every Soma sacrifice are left out. So the ceremony of choosing the sacrificial priests (*ṛitvig-varaṇam*) by the sacrificer, including the Hotars, is left out, as Sâyaṇa has already observed. But every ***Hâutra-prayoga***, *i. e.* practical hand-book for the Hotṛi-priests (for each sacrifice there are separate *prayogas* for each set of priests required), commences with it; the topic is generally treated in the Sûtras belonging to the Yajurveda; the principal mantras required at that occasion are to be found in the first chapter of the Tâṇḍya Brâhmaṇam of the Sâmaveda. The dialogue used at this occasion is interesting, and throws some light on the nature and character of some sacrifices; therefore I give here some account of it.

The person who wishes to perform the Agnishṭoma sacrifice, for instance, sends a delegate called *Somapravâka* to all S'rotriyas (sacrificial priests) whose services he wishes to engage for his forthcoming Soma sacrifice, to ask whether they would be willing to officiate at this occasion. The dialogue between the Somapravâka and the Hotar is as follows: S. "There will be a Soma sacrifice of such and such one; you are respectfully requested to act as Hotar at it." H. "What sacrifice is it?" S. "The *Jyotishṭoma-Agnishṭoma-Soma* sacrifice." H. "What priests (*ṛitvijaḥ*) will officiate?" S. "Vishṇu, Mitra,[4]" &c. H. "What is the reward for the priests?" S. "One hundred and twelve cows."

---

[4] The priests represent the gods.

If the priests have accepted the invitation, then the sacrificer has actually to appoint them to their respective offices. This is the *varaṇam* or selection (of the priests).

The sacrificer first mentions the gods who are to act as his priests, "Agni (the fire) is my Hotar, Aditya (the sun) my Adhvaryu, the Moon my Brahmâ, Parjanya (the god of rain) my Udgâtar, the Sky (*âkâs'a*) is my Sadasya (superintendent), the waters are my Hotrâs'aṁsis (all the minor Hotṛi-priests); the rays my Chamasa Adhvaryus (cup-bearers). These divine priests I choose (for my sacrifice)." After having thus appointed the gods, who are to act as his divine priests, he now proceeds to appoint the "human" (*mânusha*) priests. This is at the Agnishṭoma done with the following formula, "I (the name) of such and such a Gotra, will bring the Jyotishṭoma sacrifice by means of its Agnishṭoma part, with the Rathantara-Pṛishṭha, four Stomas (the nine, fifteen, seventeen and twenty-one-fold), for which ten things, cows and so on are required, and for which as fee one hundred and twelve cows must be given. At this sacrifice be thou my Hotar." The Hotar then accepts the appointment by the following formula: "May the great thing thou spokest of (unto me), the splendour thou spokest of, the glory thou spokest of, the Stoma thou spokest of, the way of performance thou spokest of, the enjoyment thou spokest of, the satisfaction thou spokest of; may all that thou spokest of come to me; may it enter me; may I have enjoyment through it. Agni is thy Hotar. He is thy (divine) Hotar. I am thy (human) Hotar." All priests are appointed in the same way, and by the same formulas.

After this disgression let us discuss the contents of the Aitareya Brâhmaṇam. It treats in its eight books, or forty chapters, each of which is subdivided into a certain number of *kaṇḍikâs, i. e.* small sections, paragraphs, as we have seen, almost exclusively of the duties of the seven Hotṛi-priests at the great Soma sacrifices, and the different royal inauguration ceremonies. All minor sacrifices and Ishṭis, although they require the services of a Hotar, are excluded. The Hotṛi-priests are to be divided into three distinct classes: 1) The *Hotar*, the chief of all Hotṛi-priests. 2) The *Hotrakas, i. e.* the little Hotras; these are, Maitrâvaruṇa (Pras'âstar) Brâmaṇâchhaṁsî, and Achhâvâka. 3) The *Hotrâs'aṁsinaḥ, i. e.* the repeaters of the Hotṛi verses; they are, Potar, Neshṭar, and Agnidhra.

The first thirteen chapters (the two first books, and the three first chapters of the third) treat of the duties of the chief Hotar at the Agnishṭoma Soma sacrifice only; for this is the model (*prakṛiti*) of all Soma sacrifices which last for one day only (the so-called *aihâhikas*); all other Soma sacrifices of the same duration are mere modifications (*vikṛiti*) of it. It is regarded as an integral part of the Jyotishṭoma, and said to consist of the following seven sacrifices: 1) Agnishṭoma, 2) Atyagnishṭoma, 3) Ukthya, 4) Shoḍas'i, 5) Atirâtra, 6) Vâjapeya, 7) Aptoryâma (As'v. S'r. S. 6, 11). In many places, however, the term Jyotishṭoma is equivalent to Agnishṭoma. The Aitareya does not know these seven parts, as belonging together, but simply remarks, that they follow the Agnishṭoma as their *prakṛiti* (3, 41). The Atyagnishṭoma is not even mentioned in it at all.

All the duties of the Hotar at the Agnishṭoma are mentioned almost in the exact order in which they are required. It lasts generally for five days. The ceremonies are then divided as follows :

First day.—Preliminary ceremonies, such as the election of the priests, giving them presents (*madhuparka*), the Dikshaṇiya Ishṭi, and the Dikshâ itself.

Second day.—The Prâyaṇiya or opening Ishṭi ; the buying of the Soma ; the Atithya Ishṭi, Pravargya, and Upasad twice (once in the forenoon, and once in the afternoon).

Third day.—Pravargya and Upasad twice again.

Fourth day.—Agnipraṇayanam, Agni-Soma-praṇayanam, Havirdhâna praṇayanam. The animal sacrifice.

Fifth day.—The squeezing, offering, and drinking of the Soma juice at the three great Libations, viz. the morning, midday, and evening Libations. The concluding Ishṭi (*udayaniya*). Ablution (*avabhṛita*).

The ceremonies of the four first days are only introductory, but absolutely necessary ; for without them no one is allowed to sacrifice and drink the Soma juice. The Soma ceremony is the holiest rite in the whole Brahmanical service, just as the Homa ceremony of the Parsi priests is regarded by them as the most sacred performance. No Parsi priest is allowed to perform it, if he does not very frequently undergo the great purification ceremony, called the Barashnom of nine nights. In the same way every Brahman has, as often as he brings a Soma sacrifice, to undergo the Dîkshâ (see 1, 3; 4, 26). One such ceremony is even not considered sufficient. For the sacrifice has, besides the Dîkshâ, to undergo the Pravargya, which is a similar preparation for the great Soma day. Even the animal sacrifice must precede the solemn Soma festival; for it is of minor importance. The animal is instead of the sacrificer himself. The animal when sacrified in the fire, goes to the gods, and so does the sacrificer in the shape of the animal (see page 80 of the translation). The animal sacrifice is vicarious. Being thus received among the gods, the sacrificer is deemed worthy to enjoy the divine beverage, the Soma, and participate in the heavenly king, who is Soma. The drinking of the Soma juice makes him a new man; though a new celestial body had been prepared for him at the Pravargya ceremony, the enjoyment of the Soma beverage transforms him again; for the nectar of the gods flows for the first time in his veins, purifying and sanctifying him. This last birth to the complete enjoyment of all divine rights is symbolically indicated in the rites of the morning libation (see 32, 35; 38; 3, 2).

The principal features of this Agnishṭoma sacrifice must be very ancient. For we discover them almost complete with the Parsis. They also do not prepare the corresponding Homa (Soma) juice alone, but it must always be accompanied with other offerings. The Purodâs'a of the Brahmans, which always belongs to a Soma libation, is represented by the Dârûn (holy bread), the animal offering indicated by the ring of hair (*varas'a*) taken from an ox, to be placed on the same table with the Homa. The Homa shoots are treated in the same way, when brought to the spot, as the Brahmans treat them. The Parsi priest sprinkles them with water,[5] which is exactly the *âpyâyana* ceremony of the Brahmans. He must go round the fire with the Homa just as the Brahmans carry the Soma round the sacrificial compound (see I, 14). The ceremonies of preparing and drinking both the Homa and Soma juice are quite similar.[6] The water required for it must be consecrated, which exactly corresponds to the Vasativaris and Ekadhanâs of the Brahmanical Soma service (2, 20). The Zota of the Parsis drinks his cup filled with Homa in three turns, so does the Hotar also from the Graha. After the libation has been poured from the Grahas into the fire, and drunk by the Hotar, the Stotras are chanted, and then the Shastras belonging to them recited. In a similar way the Zota priest repeats, shortly after having enjoyed the Homa, the *Gâthâs* of Zarathustra Spitama (Zoroaster), which

[5] The mantra repeated at that occasion is Yas'na 10, 1, "May the water-drops (sprinkled over the Homa) fall to the destruction of the Devas, and Devis."

[6] Compare notes 8 on page 118, 5 on page 131, 14 on page 137, and my Essays on the Sacred Language, &c. of the Parsis, pages 132-33, 167.

are metrical compositions, and represent the Shastras
of the Brahmanical Soma service. He must repeat
five such Gâthâs, just as there are five Shastras, at
the morning and midday libations, and at the Ukthya
Soma sacrifice at the evening libations also.

These are only a few of the points of comparison
which I could easily enlarge; but they will be
sufficient to show, that the Agnishṭoma Soma
sacrifice was originally the same ceremony as the
Homa rite of the Parsi priests. The opinions of
both the Brahmans and Parsis on the effect of the
drinking of the Soma (Homa) juice are besides
exactly the same. The Brahmans believe that it
leads to heaven; so do the Parsi priests. They say,
that Homa is a plant, and a great angel. Any one
who has drunk the Homa juice becomes united
with this angel, and after his death an inhabitant of
paradise. For the juice which is in the body of the
priest who has drunk him, goes to heaven, and
connects him mystically with the angel.

With particular care are the so-called Shastras or
recitations of the Hotṛi priests treated in the
Aitareya Brâhmaṇam. The fifth chapter of the se-
cond, and the three first chapters of the third book are
entirely taken up with the exposition of the Shastras
of the Hotar at the morning, midday, and evening
libations. As the reader may learn from a perusal
principally of the third book, the Shastras always
belong to Stotras or performances by the Sâma
singers, viz. the Udgâtar or chief singer, the Pras-
totar who chants the prelude, and the Pratihartar

who chants the response. Their recitations must be very ancient, as we have seen; for they are by the name *uktha* (exactly corresponding to *ukhdhem* in the Zend language) frequently mentioned in the Saṁhitâ. A closer examination of them will throw much light on the history of the composition of the Vedic hymns. As ancient as the Shastras are the Stomas, the exposition of which forms one of the topics of the Sâmaveda Brâhmaṇas (see note 18 on page 237-38). The word *stoma* is in the form *stoma* also known in the Zend-Avesta. The Parsi priests understand by it a particular sacrificial ceremony of minor importance, which consists in consecrating a meal (meat is at this occasion indispensable) in the honour of an angel or a deceased person, to be enjoyed afterwards by the whole party assembled. That the idea of "sacrificial rite" was attached also by the Brahmans to the word, clearly follows from the terms, *Agnishṭoma* and *Jyotishṭoma*. The musical performance which was originally alone called a Stoma, formed a necessary part of certain sacrifices, and was then, as *pars pro toto*, applied to the whole rite.

The universal character of the Agnishṭoma and its meaning is treated especially in the fourth chapter of the third book. In its last chapter, and in the two first of the fourth, the principal modifications of the Agnishṭoma are mentioned, and briefly described, viz. the Ukthya, Shoḷas'i, and Atirâtra, along with the As'vina Shastra.

The Atirâtra sacrifice introduces, however, the

Sattras or sacrificial sessions, the principal rules for
the Hotri performances of which are laid down in
the third chapter of the fourth book. They are ap-
plicable for Sattras which last for a whole year.
The two last chapters of the fourth, and the first four
chapters of the fifth book describe very minutely
the duties of the Hotar during the ten prinicpal
days of the Dvâdasâha, which may be performed as a
Sattra, or as a Ahîna (a Soma sacrifice lasting for
more than one, and less than thirteen days).

The last chapter of the fifth book is taken up with
miscellaneous matter, such as the penances required
of an Agnihotri when he becomes guilty of some
fault, or if some misfortune should befal him regard-
ing his duties towards his sacred fires, and the ques-
tion, whether the Agnihotram (daily-burnt offering) is
to be offered before or after sunrise; it further treats
of the duties of the Brahmâ priest, how he has to
perform the penances for mistakes committed by any
one of the performing priests.

The whole sixth book treats, after some remarks
on the offices of the Grâvastut and Subrahmanyâ,
almost exclusively of the duties of the six minor
Hotri-priests, principally at the great Soma sacrifices,
which last for one week at least, or for a series of
weeks (shalaha). We find in it descriptions of the
so-called Shilpa Shastras, or "skilful (rather very
artificial) recitations" of the minor Hotars. These
Shastras, principally the Vâlakhilyas, the Vrishâkapi,
Evayâmarut, and the so-called Kuntâpa hymns, are
no doubt the latest additions, looking like decora-

tions, to the ritual of the Hotri-priests. The whole book has the appearance of a supplement to the fourth and fifth.

The seventh and eighth books treat principally of the sacrifices of the Kshattriyas and the relationship in which the princes stand to the Brahmans. They are, from an historical point of view, the most important part of the whole Brâhmaṇam.

The seventh book describes first the division of the sacrificial animal into thirty-six single pieces, and their distribution among the officiating priests, the sacrificer, his wife, and other persons connected with the performance of the sacrifice.

Then follows a chapter of penances for neglects on the part of an Agnihotri, or mishaps which might befal him. This is a continuation of the fifth chapter in the fifth book.

In the third chapter we are introduced to the rites of the princely inauguration ceremonies connected with a sacrifice, by the story of *S'unaḥs'epa*. On account of its containing Rik verses, as well as Gâthâs (stanzas) it was to be told to the king on the day of its inauguration by the Hotar. The story is highly interesting; for it proves beyond doubt the existence of human sacrifices among the ancient Brahmans, and shows that they were in a half savage state; for we find here a Brahman selling his son to a prince to be immolated.

Now three kinds of such inauguratory sacrifices for the king, called *Râjasûyas*, are described, viz.

Abhisheka, *Punarabhisheka*, and *Mahâbhisheka*. The principal part of all these ceremonies consists in the sprinkling of holy water over the head of the kings, which is called *abhisheka*. It corresponds to the ceremony of anointing the kings with the Jews. It is of particular interest to observe that the Brahmans at this occasion did not allow the king to drink the proper Soma juice, but that he had to drink instead of it, a beverage prepared from the roots and leaves of several trees. The enjoyment of the Soma juice was a privilege reserved by the Brahmans to themselves alone. The king was, properly speaking, even not entitled to bring a sacrifice at all. It was only for the sake of the most extravagant gifts which the shrewd Brahmans extorted from kings for their offices, that they allowed him to bring a sacrifice. But before he could do so, he was to be made first a Brahman himself; at the conclusion of the ceremony he had, however, to resign his Brahmanship, and return to his former caste.

The last chapter of the Brâhmaṇam is taken up with the appointment by the king of a duly qualified Brahman to the office of a house-priest, who is called *purohita*, i. e. president, superintendent. The word, as well as the office, must be very ancient; for we find it not only in the Sanhitâ of the Rigveda, but even in the Zend-Avesta. It is, as to etymology, the same word as *paradhâta*,[1] which is generally

---

[1] The word *purohita* is composed of *puras* before, and *hita* placed (from the root *dhâ*); so *paradhâta* also; *para* is the Zend form of *purâ* before, which is equivalent to *puras*, and *dhâta* is the Zend participle of the root *dhâ*.

the epithet of one of the most ancient Iranian heroes, of *Haoshyangha* (see Yashts 5, 20; 9, 3; 15, 7; 17, 24 ed. Westergaard) the Hosheng of the Shâhnâmah. The later Iranian legends, as preserved in the Shâhnâmah, made of the *paradhâtas* a whole dynasty of kings, which they call *Peshdadians* (the modern Persian corruption of the primitive *paradhâta*) who then precede the *Kayanians* (the Kavis of the Vedas). This shows that the institution of a Purohita, who was not only a mere house-priest, but a political functionary, goes back to that early period of history when the Iranians and Indians lived peacefully together as one nation. The Paradhâtas of the Iranian kings appear however not to have been as successful in making the Shahs of Iran their slaves, as the Indian Purohitas were in enslaving the Indian Râjas in the bonds of a spiritual thraldom. How far the Brahmans must have succeeded in carrying out their designs of a spiritual supremacy over the royal caste, every reader may learn from this last chapter, and convince himself at the same time that hierarchical rule was known in the world more than a thousand years before the foundation of the See of St. Peter.

The ceremonial part of the last book is much enlivened by short stories of kings who were said to have performed the "great inauguration ceremony," and of course attained to supreme rule over the whole earth (that is to say, of three or four Indian principalities). It is an imitation of the ceremony by which the gods are said to have installed Indra to the sovereignty over them. The whole concludes with the description of a magical performance (they are called *krityá*) by means of which a king can destroy secretly all his enemies.

After this summary statement of the contents of the Aitareya Bráhmaṇam, the question arises whether the work in its present form is the composition of one author or of several. Although there is, as we have seen, a certain plan perceptible, in the arrangement of the subject matter, we may easily distinguish some repetitions, discrepancies, and interpolations, which are hardly explicable if the book had only one author. So we find the Ajya hymn at the morning libation twice explained in 2, 40 and 41, but with slight differences; the origin of the formula, *agnir devedd'haḥ* is mentioned twice 2, 33 and 39, but in the former passage it is called Nivid, whilst in the latter the name "Puroruk" is given to it. The four last kaṇḍikâs in the second book 38-41 appear to be a kind of appendix taken from some other source. The piece 5, 27 is identical with 7, 3; 6, 5 and 17 treat in the main of the same topic, the relation between Stotriya and Anurûpa at the Ahîna sacrifices. There are several repetitions in the 8th book; so the 13th kaṇḍikâ is identical with the 18th and the 14th with the 19th. The 10th and 11th kaṇḍikâs in the seventh book are evidently interpolations, interrupting the context, and exhibiting a different style. The latter is very remarkable on account of its mentioning two other Vedic Sâkhâs by their names, viz. *Paingya* and *Káushítaki*; it appears to have appertained to an old treatise on astronomy

The style of the Brâhmaṇam is on the whole uniform. There are certain phrases which constantly re-occur in the work, as for instance, "what is at the sacrifice appropriate, that is successful, when the verse (which is repeated) alludes to the ceremony which is being performed;" "(he who should observe a Hotar do so contrary to the precept) should tell him[8] that the sacrificer would die; thus it always happens;" "This is done for production (*prajâtyâi*)," &c. The language is, of course, like that of all Brâhmaṇas, more recent than that of the Saṁhitâ; but it is, however, not the classical Sanscrit. Purely Vedic forms occur, such as the infinitive forms in *tos*, *e. g. karttos*, *arttos*, *roddhos*, *mathitos* (see 1, 10; 2, 20) generally dependent on *is'vara*, *i. e.* able, who has the power, (*is'varaḥ karttoḥ*, he has the power to do; *is'varo roddhoḥ*, he has the power to obstruct, &c.), *startavâi* (from *stṛi*); *stomebhir* instead of *stomâir* (4, 15) &c.

The bulk of the work appears to have proceeded from one author; some additions were made afterwards. As regards the materials which our author, whom we may (with Sâyaṇa in various places of his commentary) call the Aitareya Rishi, that is, the Rishi of the Aitareya Sâkhâ of the Rigveda, used for the compilation of his work, we can principally distinguish four kinds, viz. 1) *Sacred texts* and *formulas*, such as the Adhrigu Praisha mantra (2, 6, 7), the Nivid (2, 34) &c.

[8] The phrase is always elliptical; it is only *ya enam brûyât*, if any one should tell him; but the meaning of the whole phrase is only that one which is here (and in the translation) given.

which are, as we have seen, more ancient than the majority of the hymns; 2) *Gâthâ*, *i. e.* stanzas, principally impromptus on sacrificial things, and topics of a more worldly nature, and *Itihâsas*, *i. e.* stories; 3) *Rules on the performance of the duties of the Hotripriests*; 4) *Theological expositions* of the meaning of mantras, sacred rites, &c. according to the teaching of the most eminent Brahmâ priests who preceded our author.

These materials were worked together by him, but not without many additions of his own, and with the view to present to the followers of his S'âkhâ a kind of encyclopedia of theological learning, and a supplement to their Veda. The theology of his S'âkhâ being founded on the hymns of the Rishis, and the latter being repeated by the Hotṛi-priests only at the sacrifices, he confined himself for the most part to the speculations of the Hotṛis and their duties. The aim of our author was like that of all other Brâhmaṇa compilers, a double one, viz. to serve practical as well as theoretical ends. From a practical point of view it was to be a guide to the repeaters of the mantras of the Rigveda in some of their most important performances; but as regards the theoretical one, the author intended to instruct them on the real ends of their profession, viz. to make the sacrificer, by means of the mystical power ascribed to the mantras, either attain to anything he might wish for, or if the Hotar should from some reason or other choose to do so, to deprive him through the same power of his property, children, and life

The Hotṛis could learn from such a book how great their power was as the preservers of the sacred Rik verses. Every one who wished to perform a sacrifice as the only means for obtaining the favour of the gods, was entirely given up to the hands of the Hotṛi-priests, who could do with him what they pleased.

The mantras referred to are, for the most part, to be found in the Rigveda Samhitâ which we have at present. There are, however, several quoted, which are not to be met with in it, whence we must conclude, that the Sanhitâ of the Aitareyins belonged to a S'âkhâ different from that one (the Sâkala S'âkhâ) which is at present only known to us. As'valâyana, in his S'rauta Sûtras, which are, as we have seen, founded on the Aitareya Brâhmaṇam, generally supplies the text of those mantras which are wanting in the Samhitâ. Several of them are in the Atharvaveda Samhitâ, but they generally show different readings. In comparing both, those in the A'svalâyana Sûtras, and those in the Atharvaveda Samhitâ, we find that, if there is any difference, the text of the Atharva is then always incorrect. It is remarkable that we do not only discover some relationship between the supposed Sâkhâ of the Aitareyins and the Atharvaveda Samhitâ, but also between the Aitareya and Gopatha Brâhmaṇam. Whole kaṇḍikâs of the Aitareya, such as those on the Vashaṭkâra (3, 7-8) on Atirâtra (4, 5) are almost literally to be found in the Gopatha Brâhmaṇam of the Atharvaveda.

The author's own additions consisted principally

in critical remarks, recommending certain practices, and rejecting others, statement of reasons, why a particular rite must be performed in a particular way, and explanations of apparent anomalies in the ritual. The author does never, however, speak in the first person; for the whole has the appearance of a tradition having descended from him. He is referred to only in the third person by the words, *taddha smâha*, "this he told." The theologians whose opinions are either accepted or rejected, are generally mentioned in the third person plural by the words "they say." Now and then they are called *mahâvadâh*, i. e. the speakers of great things. But their real name appears to have been *Brahmavadins*, i. e. the speakers on Brahma (theologians, divines), which term we frequently meet in the Taittirîya Veda (Black Yajurveda).

The work was, like the other Brâhmaṇas, no doubt, like the Samhitâ, orally handed down. Some external mark is still visible. At the end of each Adhyâya the last word, or phrase, is put twice. The same fact we observe in all other Brâhmaṇas as well as in the Sûtras. This was evidently a mark for the repeater as well as the hearer by which to recognise the end of a chapter, each of which formed a little treatise for itself.

Regarding the repetition of the Brâhmaṇam we have to remark, that it is done in a very slow tone, but quite monotonously, whilst the Brâhmaṇas of the Yajurveda are recited with the proper accents, like the Samhitâs. Of very frequent occurrence in it is the *Pluti*, i. e. the lengthening of a vowel to three moras marked by ३. This Pluti is used in three cases, (1) to ask a question, (2) to deliberate or consider whether a thing should be done or not, and (3) to give some emphasis to a certain word. In the two first cases it expresses exactly the idea of our sign of interrogation, in the latter that of our underlining or italicising of certain important words.

Let us make before we conclude some remarks on the principal sacrificial and theological ideas (as far as they have not been touched already) which pervade the Aitareya Brâhmaṇam.

The sacrifice is regarded as the means for obtaining power over this and the other world, over visible as well as invisible beings, animate as well as inanimate creatures. Who knows its proper application, and has it duly performed, is in fact looked upon as the real master of the world; for any desire he may entertain, if it be even the most ambitious, can be gratified, any object he has in view can be obtained by means of it. The *Yajna* (sacrifice) taken as a whole is conceived to be a kind of machinery, in which every piece must tally with the other, or a sort of large chain in which no link is allowed to be wanting, or a staircase, by which one may ascend to heaven, or as a personage, endowed with all the characteristics of a human body. It exists from eternity, and proceeded from the Supreme Being (Prajâpati or Brahma) along with the *Traividyâ*, *i. e.* the three-fold sacred science (the Rik verses, the Sâmans or chants, and the Yajus or sacrificial formulas). The creation of the world itself was even regarded as the fruit of a sacrifice performed by the Supreme Being. The Yajna exists as an invisible thing at all times, it is like the latent power of electricity in an electrifying machine, requiring only the operation of a suitable apparatus in order to be elicited. It is supposed to extend, when unrolled, from the Âhavanîya or sacrificial fire into which all oblations are thrown, to heaven, forming thus a bridge or ladder, by means of which the sacrificer can communicate with the world of gods and spirits, and even ascend when alive to their abodes. The term for beginning the sacrificial operations is "to spread the sacrifice;" this means that the invisible thing, representing the ideal sacrifice which was lying dormant, as it were, is set into motion, in consequence of which its several parts or limbs are unfolding themselves, and thus the whole becomes extended. This ideal sacrifice stands in the closest relationship with all the sacrificial implements, the sacrificial place, and all the sacred verses and words spoken during its actual performance. The sacrifice being often represented as a kind of being with a body like that of men, certain ceremonies form his head, others his neck, others his eyes, &c. The most important thing at a sacrifice is, that all its several parts should tally together, and that consequently there should neither anything be in excess, nor deficient in it. This agreeing of the several parts of the sacrifice constitutes its *rûpa*, i. e. form. The proper form is obtained, when the mantras which are repeated are in strictest accordance with the ceremony for which they are repeated, or (if the sacrifice lasts for several or many days) when they have the characteristics of the respective days. If the form is vitiated, the whole sacrifice is lost. Mistakes being, on account of the so extremely complicated ritual, unavoidable, the sacrificial being was to be attended by a physician in the person of the Brahma priest (5, 34). Each mistake must be made good by a *prâyas'chitta*, *i. e.* penance, or propitiatory offering.

The power and significance of the Hotri-priests at a sacrifice consists in their being the masters of the sacred word, which is frequently personified by *Vâch*, *i. e.* Speech, who is identical with Sarasvatî, the goddess of learning in the later Hindu Pantheon. Speech has, according to the opinion of the earliest Hindu divines, the power of vivifying and killing. The sacred words pronounced by the Hotar effect, by dint of the innate power of Vâch, the spiritual birth of the sacrificer, form his body, raise him up to heaven, connect him with the prototypes of those things which he wishes to obtain (such as children, cattle, &c.) and make him attain to his full life term, which is a hundred years; but they are at the same time a weapon by means of which the sacrificer's enemies, or he himself (if the Hotar have any evil designs against him) can be killed, and all evil consequences of sin (this is termed *pâpman*) be destroyed. The power and effect of Speech as regards the obtaining of any particular thing wished for, mainly lies in the form in which it is uttered. Thence the great importance of the metres, and the choice of words and terms. Each metre is the invisible master of something obtainable in this world; it is, as it were, its exponent, and ideal. This great significance of the metrical speech is derived from the number of syllables of which it consists; for each thing has, (just as in the Pythogorean system) a certain numerical proportion. The Gâyatrî metre, which consists of three times eight syllables, is the most sacred, and is the proper metre for Agni, the god of fire, and chaplain of the gods. It expresses the idea of Brahma; therefore the sacrificer must use it when he wishes for anything closely connected with the Brahma, such as acquirement of sacred knowledge, and the thorough understanding of all problems of theology. The Trishṭubh, which consists of four times eleven syllables, expresses the idea of strength, and royal power; thence it is the proper metre by which Indra, the king of the gods, is to be invoked. Any one wishing to obtain strength and royal power, principally a Kshattriya, must use it. A variety of it, the Ushṇih metre of twenty-eight syllables, is to be employed by a sacrificer who aspires for longevity, for twenty-eight is the symbol of life. The Jagatî, a metre of forty-eight syllables, expresses the idea of cattle. Any one who wishes for wealth in cattle, must use it. The same idea (or that of the sacrifice) is expressed by the Pañkti metre (five times eight syllables). The Bṛihati, which consists of thirty-six syllables, is to be used when a sacrificer is aspiring to fame and renown; for this metre is the exponent of those ideas. The Anushtubh metre, of thirty-two syllables, is the symbol of the celestial world; thence a candidate for a place in heaven has to use it. The Virâj of thirty syllables, is food and satisfaction; thence one who wishes for plenty of food, must employ it.

The words contained in these different metrical forms must always be appropriate to the occasion. If the oblation is given to Agni, the verse repeated must contain his name, or an allusion to it; were it to contain the name of Indra, or one of his characteristics, the offering would be thrown away. Every act, even the most trifling one, is at the sacrificial performance accompanied with mantras, and always such a verse is to be chosen as contains (or is made to contain by interpretation) an allusion to it. This will all be clear to the reader on reference, for instance, to 2, 2, where the mantras connected with every particular act of the ceremony of anointing and erecting the sacrificial post is given.

Of almost equal importance with the metres are the so-called Stomas, based also on numerical proportions. Each Stoma contains a certain number of verses, chanted according to one and the same tune. The number is very often obtained only by frequent repetion of the same triplet of verses (see about the particulars of the Stomas note 18 on pages 237-38 of the translation). Each has, just as the metres, its peculiar symbolical meaning. The Trivrit (nine-fold) Stoma, is, for instance, the symbol of Brahma, and theological wisdom, and has Agni, the house-priest of the gods, for its deity: the Panchadas'a (fifteen-fold) is the symbol of royal power and thence appropriate to Indra, and the Kshattriyas: the Saptadas'a (seventeen-fold) is the exponent of wealth in cattle; thence a Vais'ya should use it, or any other sacrificer who wishes to obtain wealth: the Ekavimsa'a-(twenty-one-fold) is the symbol of generation: thence it is principally to be used at the third libation, many rites of which refer to the propagation of progeny. The other Stomas, such as the *Trinava* (twenty-seven fold), *Trayastriṃs'a* (thirty-three-fold) &c. have a similarly symbolical meaning.

Besides the Stomas, the so-called Prishthas (the name of certain Sâmans and their combinations) are a necessary requisite at all the Soma sacrifices. They form the centre of all the ceremonies, and the principal one of them is always regarded as the womb (*yoni*) of the sacrificial being. They are generally only used at the midday libation. The two principal Prishthas are the Rathantara and Brihat Sâmans (*abhi tvâ sûra nonuma*, and *tvâmiddhi havâmahe*). They can be used singly, or along with one of their kindred (see notes 29 on page 193, 14 on page 282, and 4, 28). The name Prishtha means "back," for they are regarded on the whole as the back of the sacrifice.

All these things, metres (*chhandas*), Stomas and Prishthas, are believed to be as eternal and divine, as the words themselves they contain. The earliest Hindu divines did not only believe in a primitive revelation of the words of the sacred texts, but even in that of the various forms, which might be used for their repetition or chanting. These forms along with their contents, the everlasting Vêda words, are symbols expressive of things of the invisible world, and in several respects comparable to the Platonic ideas. They are, in the hands of the sacrificial priests the instruments for accomplishing anything they might wish for in behalf of the sacrificer. But a great deal depends upon the way of using those spiritual instruments. It is a matter of importance whether a mantra is repeated without stopping, or pâda by pâda (quarter by quarter), or half verse by half verse. The four feet (pâdas), of which many metres are composed, represent the four feet of animals. The repetition of such a verse, half verse by half verse, that is, with two stops only, represents the sacrificer who as a human being, has two legs. By thus combining the ideas of four and two-footed beings, the sacrificer is mystically placed amidst cattle, and obtains them, in future, in the largest quantity. Another important point is, whether the mantra is repeated *upâms'u*, *i. e.* with an almost inaudible voice, or *túshṇím*, *i. e.* silently, or with a low and slow voice (*mandrasvara*), or with a middle tone (*madhyama*), or very loud (*uttama*). (See 3, 44).

Among the large number of the sacred words, there are always some which have a destructive quality, and must, therefore, be used with great caution. In order to protect the sacrificer, as well as himself, from the dangerous effects of such words, the repeater must, by means of certain other words, or formulas, deprive them of their destructive power, and thus propitiate them. This is generally called *s'ânti* (propitiation, appeasing). Such dangerous words are for instance, *vâushaṭ* (see 3, 8) and *rudra*, the name of S'iva, the god of destruction (3, 34).

The sacrificer, who is the object of all these mystical operations on the part of the priests by means of their mantras, chants, and manual labour, is not allowed to remain inactive, but he himself has to repeat certain mantras, expressive of his desires. When, for instance, the Hotar is performing the mystical operation of placing him among cattle, he must say, "May I become rich in cattle!" When the same priest makes a firm standing place (a *pratisṭhâ*) for him, he must say, "May I go to my place!" Thus he obtains the fulfilment of any desire which might be obtainable by means of a particular verse, or mode of repeating, or chant, or performance of a particular rite, when he repeats the appropriate formula at the right time and occasion. For what he himself speaks, connects him with the ideals of his wishes, which are brought within his grasp by the priest.

The objects sacrificed for are manifold, viz. offspring, cattle, wealth, fame, theological learning, skill for performance of sacrifices, and heaven. For gaining heaven a Soma sacrifice is indispensable. For the sacred Soma juice has, according to the opinions of the ancient Hindu theologians, pre-eminently the power of uniting the sacrificer on this earth with the celestial king Soma, and make him thus one of his subjects, and consequently an associate of the gods, and an inhabitant of the celestial world.

ओ

अथ

ऋग्वेदस्य ऐतरेयब्राह्मणं

जर्मन्यविषयोद्भव पुणेंपत्तनविद्यालयस्थसंस्कृतमुख्यगुरुणा

हौग्नाम्ना

शोधितमिदम्.

मुंबय्यां
ज्ञानप्रसारणसाहित्यस्य मुद्रायंत्रे मुद्राकृत्य प्रकटीकृतं.

सन् १८६३ इसवी.
शके १७८५.

|

ऐतरेयब्राह्मणे प्रथमपंचिका.

श्रीगणेशाय नमः ॥ ओं ॥ अग्निर्वै देवानामवमो विष्णुः परमस्तदंतरेण सर्वा अन्या देवता. आग्नावैष्णवं पुरोळाशं निर्वपंति दीक्षणीयमेकादशकपालं. सर्वाभ्य एवैनं तद्देवताभ्यो ऽनंतरायं निर्वपंत्यग्निर्वै सर्वा देवता विष्णुः सर्वा देवता एते वै यज्ञस्यांत्ये तन्वौ यदग्निश्च विष्णुश्च. तद्यदाग्नावैष्णवं पुरोळाशं निर्वपंत्यंतत एव तद्देवानृध्नुवंति. तदाहुर्यदेकादशकपालः पुरोळाशो द्वावग्नाविष्णू कैनयोस्तत्र कॢप्तिः का विभक्तिरित्यष्टाकपाल आग्नेयो, ऽष्टाक्षरा वै गायत्री गायत्रमग्नेश्छंदस्त्रिकपालो वैष्णवस्त्रिर्हीदं विष्णुर्व्यक्रमत. सैनयोस्तत्र कॢप्तिः सा विभक्तिर्घृते चरुं निर्वपेत यो ऽप्रतिष्ठितो मन्येतास्यां वाव स न प्रतितिष्ठति यो न प्रतितिष्ठति. तद्यद् घृतं तत्स्त्रियै पयो ये तंडुलास्ते पुंसस्तन्मिथुनं मिथुनेनैवैनं तत्प्रजया पशुभिः प्रजनयति प्रजात्यै. प्रजायते प्रजया पशुभिर्य एवं वेद. आरब्धयज्ञो वा एष आरब्धदेवतो यो दर्शपूर्णमासाभ्यां यजत आमावास्येन वा हविषेष्ट्वा पौर्णमासेन वा, तस्मिन्नेव हविषि तस्मिन् बर्हिषि दीक्षेतैषो एका दीक्षा. सप्तदश सामिधेनीरनुब्रूयात्. सप्तदशो वै प्रजापतिर्द्वादश मासाः पंचर्तवो हेमंतशिशिरयोः समासेन तावान्संवत्सरः; संवत्सरः प्रजापतिः. प्राजापत्यायतनाभिरेवाभी राध्नोति य एवं वेद ॥ १ ॥

यज्ञो वै देवेभ्य उदक्रामत्तमिष्टिभिः प्रैषमैच्छन्यदिष्टिभिः प्रैषमैच्छंस्तदिष्टीनामिष्टित्वं. तमन्वविंदन्; अनुवित्तयज्ञो राध्नोति य एवं

वेद. आहूतयो वै नामैता यदाहुतय; एताभिर्वै देवान् यजमानो ह्वयति तदाहुतीनामाहूतित्वम्. ऊतयः खलु वै ता नाम याभिर्देवा यजमानस्य हवमायंति. ये वै पंथानो या स्रुतयस्ता वा ऊतयस्त उ एवैतत्स्वर्गयाणा यजमानस्य भवंति. तदाहुर्यदन्यो जुहोत्यथ यो ऽनुचाह यजति च कस्मात्तं होतेत्याचक्षत इति? यद्वाव स तत्र यथाभाजनं देवता अमुमावहामुमावहेत्यावाहयति. तदेव होतुर्होतृत्वं होता भवति होतेत्येनमाचक्षते य एवं वेद ॥ २ ॥

पुनर्वा एतमृत्विजो गर्भं कुर्वंति यं दीक्षयंत्यद्भिरभिषिंचंति. रेतो वा आपः सरेतसमेवैनं तत्कृत्वा दीक्षयंति. नवनीतेनाभ्यंजंत्याज्यं वै देवानां सुरभि घृतं मनुष्याणामायुतं पितृणां नवनीतं गर्भाणा. तद्यन्नवनीतेनाभ्यंजंति स्वेनैवैनं तद्भागधेयेन समर्धयंत्यांजंत्येनं तेजो वा एतदक्ष्योर्यदाञ्जनं; सतेजसमेवैनं तत्कृत्वा दीक्षयंत्येकविंशत्या दर्भपिंजूलैः पावयंति. शुद्धमेवैनं तत्पूतं दीक्षयंति दीक्षितविमितं मपादयंति. योनिर्वा एषा दीक्षितस्य यद्दीक्षितविमितं; योनिमेवैनं तत्स्वां मपादयंति. तस्माद्ध्रुवाद्योनेरास्ते च चरति च. तस्माद् ध्रुवाद्योनेर्गर्भा धीयंते च प्र च जायंते. तस्माद्दीक्षितं नान्यत्र दीक्षितविमितादादित्यो ऽभ्युदियाद्वाभ्यस्तमियाद्वापि वाभ्याश्रावयेयु, र्वाससा प्रोर्णुवंत्युल्बं वा एतद्दीक्षितस्य यद्वास उल्बेनैवैनं तत्प्रोर्णुवंति. कृष्णाजिनमुत्तरं भवत्युत्तरं वा उल्बाज्जरायु. जरायुणैवैनं तत्प्रोर्णुवंति. मुष्टीकुरुते मुष्टी वै कृत्वा गर्भोंतः शेते मुष्टीकृत्वा कुमारो जायते. तद्यन्मुष्टीकुरुते यज्ञंचैव तत्सर्वाश्च देवता मुष्ट्योः कुरुते. तदाहुर्न पूर्वदीक्षिणः संसवो ऽस्ति परिगृहीतो वा एतस्य यज्ञः परिगृहीता देवता. नैतस्यार्तिरस्त्यपरदीक्षिण एव यथा तथेत्युन्मुच्य कृष्णाजिनमवभृथमभ्यवैति. तस्मान्मुक्ता गर्भा जरायोर्जायंते सहैव वाससाभ्यवैति. तस्मात्सहैवोल्बेन कुमारो जायते ॥ ३ ॥

त्वमग्ने सप्रथा असि; सोम यास्ते मयोभुव इत्याज्यभागयोः पुरोनुवाक्ये अनुब्रूयाद्यः पूर्वमनीजानः स्यात्तस्मै. त्वया यज्ञं वितन्वत इति यज्ञमेवास्मा एतद्वितनोति. अग्निः प्रत्नेन मन्मना; सोमगीर्भिष्ट्वा वयमिति यः पूर्वमीजानः स्यात्तस्मै. प्रत्नमिति पूर्वं कर्माभिवदति तत्तत्रादृत्यम्. अग्निर्वृत्राणि जंघनत्; त्वं सोमासि सत्पतिरिति वार्त्रघ्नावेव कुर्याद्वृत्रं वा एष हंति यं यज्ञमुपनमति. तस्माद् वार्त्रघ्नावेव कर्तव्यौ. अग्निर्मुखं प्रथमो देवतानाम्; अग्निश्च विष्णो तप उत्तमं मह इत्याग्नावैष्णवस्य हविषो याज्यानुवाक्ये भवतः. आग्नावैष्णव्यौ रूपसमृद्धे एतद्वै यज्ञस्य समृद्धं यद्रूपसमृद्धं यत्कर्म क्रियमाणमृगभिवदत्यग्निश्च ह वै विष्णुश्च देवानां दीक्षापाली तौ दीक्षाया ईशाते. तद्यदाग्नावैष्णवं हविर्भवति यौ दीक्षाया ईशाते तौ प्रीतौ दीक्षां प्रयच्छतां यौ दीक्षयितारौ तौ दीक्षयेतामिति त्रिष्टुभौ भवतः सेंद्रियत्वाय ॥ ४ ॥

गायत्र्यौ स्विष्टकृतः संयाज्ये कुर्वीत तेजस्कामो ब्रम्हवर्चसकामस्तेजो वै ब्रम्हवर्चसं गायत्री तेजस्वी ब्रम्हवर्चसी भवति य एवं विद्वान् गायत्र्यौ कुरुते. उष्णिहावायुष्कामः कुर्वीतायुर्वा उष्णिक् सर्वमायुरेति य एवंविद्वानुष्णिहौ कुरुते. अनुष्टुभौ स्वर्गकामः कुर्वीत द्वयोर्वा अनुष्टुभोश्चतुःषष्टिरक्षराणि त्रय इमा ऊर्ध्वा एकविंशा लोका एकविंशत्यैकविंशत्यैवेमाल्लोकान्रोहति स्वर्ग एव लोके चतुःषष्टितमेन प्रतितिष्ठति प्रतितिष्ठति य एवंविद्वाननुष्टुभौ कुरुते. बृहत्यौ श्रीकामो यशस्कामः कुर्वीत श्रीर्वै यशश्छंदसां बृहती श्रियमेव यश आत्मन् धत्ते य एवंविद्वान् बृहत्यौ कुरुते. पंक्ती यज्ञकामः कुर्वीत पांक्तो वै यज्ञ उपैनं यज्ञो नमति य एवंविद्वान् पंक्ती कुरुते. त्रिष्टुभौ वीर्यकामः कुर्वीतौजो वा इंद्रियं वीर्यं त्रिष्टुबोजस्वींद्रियवान् वीर्यवान् भवति य एवंविद्वांस्त्रिष्टुभौ कुरुते. जगत्यौ पशुकामः

कुर्वीत; जागता वै पशवः पशुमान् भवति य एवंविद्वान् जगत्यौ कुरुते. विराजावन्नाद्यकामः कुर्वीतान्नं वै विराट्; तस्माद्यस्यैवेह भूयिष्ठमन्नं भवति स एव भूयिष्ठं लोके विराजति तद्विराजो विराट्त्वं वि स्वेषु राजति श्रेष्ठः स्वानां भवति य एवं वेद ॥ ५ ॥

अथो पंचवीर्यं वा एतच्छंदो यद्विराड् यत्त्रिपदा तेनोष्णिहा गायत्र्यौ यदस्या एकादशाक्षराणि पदानि, तेन त्रिष्टुब्यत् त्रयस्त्रिंशदक्षरा तेनानुष्टुभ्, न वा एकेनाक्षरेण छंदांसि वियंति न द्वाभ्यां. यद्विराट् तत्पंचमं सर्वेषां छंदसां वीर्यमवरुंधे, सर्वेषां छंदसां वीर्यमश्नुते सर्वेषां छंदसां सायुज्यं सरूपतां सलोकतामश्नुते ऽन्नादो ऽन्नपतिर्भवत्यश्नुते प्रजयान्नाद्यं य एवंविद्वान् विराजौ कुरुते. तस्माद्विराजावेव कर्तव्ये; प्रेद्धो अग्न, इमो अग्न इत्येते. ऋतं वाव दीक्षा सत्यं दीक्षा तस्माद्दीक्षितेन सत्यमेव वदितव्यमथो खल्वाहुः को ऽर्हति मनुष्यः सर्वं सत्यं वदितुं सत्यसंहिता वै देवा अनृतसंहिता वै मनुष्या इति. विचक्षणवतीं वाचं वदेच्चक्षुर्वै विचक्षणं. वि ह्येनेन पश्यतीत्येतद्ध वै मनुष्येषु सत्यं निहितं यच्चक्षुस्तस्मादाचक्षाणमाहुरद्रागिति स यद्यदर्शमित्याहाथास्य श्रद्दधाति. यद्यु वै स्वयं पश्यति न बहूनां च नान्येषां श्रद्दधाति. तस्माद्विचक्षणवतीमेव वाचं वदेत् सत्योत्तरा हैवास्य वागुदिता भवति भवति ॥ ६ ॥

इत्यैतरेयब्राह्मणे प्रथमपंचिकायां प्रथमो ऽध्यायः ॥ १ ॥

स्वर्गं वा एतेन लोकमुपप्रयंति यत्प्रायणीयस्तत्प्रायणीयस्य प्रायणीयत्वं. प्राणो वै प्रायणीय उदान उदयनीयः समानो होता भवति; समानौ हि प्राणोदानौ प्राणानां क्लृप्त्यै प्राणानां प्रतिप्रज्ञात्यै. यज्ञो वै देवेभ्य उदक्रामत्ते देवा न किंचनाशक्नुवन् कर्तुं न प्राजानंस्ते ऽब्रुवन्नदितिं त्वयेमं यज्ञं प्रजानामेति सा तथेत्यब्रवीत्सा वै

वो वरं वृणा इति; वृणीष्वेति सैतमेव वरमवृणीत मत्प्रायणा यज्ञाः संतु मदुदयना इति तथेति. तस्मादादित्यश्चरुःप्रायणीयो भवत्यादित्य उदयनीयो वरवृतो ह्यस्या अथो एतं वरमवृणीत. मयैव प्राचीं दिशं प्रजानाथाग्निना दक्षिणां सोमेन प्रतीचीं सवित्रोदीचीमिति. पथ्यां यजति यत्पथ्यां यजति तस्मादसौ पुर उदेति पश्चास्तमेति पथ्यां ह्येषो ऽनुसंचरति. अग्निं यजति यदग्निं यजति तस्माद्दक्षिणतो ऽग्र ओ॰ षधयः पच्यमाना आयंत्याग्नेय्यो ह्योषधयः. सोमं यजति यत्सोमं यजति तस्मात् प्रतीच्यो ऽप्यापो बह्व्यः स्यंदंते सौम्या ह्यापः. सवितारं यजति यत्सवितारं यजति तस्मादुत्तरतः पश्चादयं भूयिष्ठं पवमानः पवते सवितृप्रसूतो ह्येष एतत्पवत. उत्तमामदितिं यजति यदुत्तमामदितिं यजति तस्मादसाविमां वृष्ट्याभ्युनत्त्यभिजिघ्रति. पंच देवता यजति पांक्तो यज्ञः सर्वा दिशः कल्पंते; कल्पते यज्ञो ऽपि. तस्यै जनतायै कल्पते यत्रैवंविद्वान् होता भवति ॥ ७ ॥

यस्तेजो ब्रम्हवर्चसमिच्छेत् प्रयाजाहुतिभिः प्राङ् स इयात्; तेजो वै ब्रम्हवर्चसं प्राची दिक् तेजस्वी ब्रम्हवर्चसी भवति य एवंविद्वान् प्राङेति. यो ऽन्नाद्यमिच्छेत् प्रयाजाहुतिभिर्दक्षिणा स इयादन्नादो वा एषो ऽन्नपतिर्यदग्निरन्नादो ऽन्नपतिर्भवत्यश्नुते प्रजयान्नाद्यं य एवं॰ विद्वान् दक्षिणैति. यः पशूनिच्छेत् प्रयाजाहुतिभिः प्रत्यङ् स इयात्; पशवो वा एते यदापः पशुमान् भवति य एवंविद्वान् प्रत्यङेति. यः सोमपीथमिच्छेत् प्रयाजाहुतिभिरुदङ् स इयादुत्तरा ह वै सोमो राजा प्र सोमपीथमाप्नोति य एवंविद्वानुदङेति. स्वर्ग्यैवोर्ध्वा दिक् सर्वासु दिक्षु राध्नोति सम्यंचो वा इमे लोकाः सम्यंचो ऽस्मा इमे लोकाः श्रियै दीध्यति य एवं वेद. पथ्यां यजति यत्पथ्यां यजति वाचमेव तद्यज्ञमुखे संभरति. प्राणापानावग्नीषोमौ प्रसवाय सविता

प्रतिष्ठित्या अदितिः. पथ्यामेव यजति. यत्पथ्यामेव यजति वाचेव तद्यज्ञं पंथामपि नयति. चक्षुषी एवाग्नीषोमौ प्रसवाय सविता प्रतिष्ठित्या अदितिश्चक्षुषा वै देवा यज्ञं प्राजानंश्चक्षुषा वा एतत् प्रज्ञायते यदप्रज्ञेयं. तस्मादपि मुग्धश्चरित्वा यदैवानुष्ठया चक्षुषा प्रजानात्यथ प्रजानाति यद्वै तद्देवा यज्ञं प्राजानन्नस्यां वाव तत्प्राजानन्नस्यां समभरन्नस्यै वै यज्ञस्तायते ऽस्यै क्रियते ऽस्यै संभ्रियत इयं ह्यदितिस्तदुत्तमामदितिं यजति यदुत्तमामदितिं यजति यज्ञस्य प्रज्ञात्यै स्वर्गस्य लोकस्यानुख्यात्यै. ॥ ८ ॥

देवविशः कल्पयितव्या इत्याहुस्ताः कल्पमाना अनु मनुष्यविशः कल्पंत इति सर्वा विशः कल्पंते कल्पते यज्ञोऽपि. तस्यै जनतायै कल्पंते यत्रैवंविद्वान् होता भवति. स्वस्ति नः पथ्यासु धन्वस्वित्यन्वाह; स्वस्त्यप्सु वृजने स्वर्वतीति; स्वस्ति नः पुत्रकृथेषु योनिषु स्वस्ति राये मरुतो दधातनेति. मरुतो वै देवानां विशस्ता एवैतद्यज्ञमुखे ऽचीकॢपत् सर्वैश्छंदोभिर्यजेदित्याहुः. सर्वैर्वै छंदोभिरिष्ट्वा देवाः स्वर्गं लोकमजयंस्तथैवैतद्यजमानः सर्वैश्छंदोभिरिष्ट्वा[1] स्वर्गं लोकं जयति. स्वस्ति नः पथ्यासु धन्वसु; स्वस्तिरिद्धि प्रपथे श्रेष्ठेति. पथ्याया स्वस्तेस्त्रिष्टुभौ. अग्ने नय सुपथा राये अस्मान्; आ देवानामपि पंथामगन्मेत्यग्नेस्त्रिष्टुभौ. त्वं सोम प्रचिकितो मनीषा; या ते धामानि दिवि या पृथिव्यामिति सोमस्य त्रिष्टुभौ. आ विश्वदेवं सत्पतिं; य इमा विश्वा जातानीति सवितुर्गायत्र्यौ. सुत्रामाणं पृथिवीं द्यामनेहसं; महीमू षु मातरं सुव्रतानामित्यदितेर्जगत्यौ. एतानि वाव सर्वाणि छंदांसि गायत्रं त्रैष्टुभं जागतमन्वन्यान्येतानि हि यज्ञे प्रतमामिव क्रियंते. एतैर्ह वा अस्य छंदोभिर्यजतः सर्वैश्छंदोभिरिष्टं भवति य एवं वेद ॥ ९ ॥

ता वा एताः प्रवत्यो नेतृमत्यः पथिमत्यः स्वस्तिमत्य एतस्य

हविषो याज्यानुवाक्या· एताभिर्वा इष्ट्वा देवाः स्वर्गं लोकमजयंस्तथैव तद्यजमान एताभिरिष्ट्वा स्वर्गं लोकं जयति· तासु पदमास्ति, स्वस्ति राये मरुतो दधातनेति· मरुतो ह वै देवविशोंतरिक्षभाजनास्तेभ्यो ह यो निवेद्यः स्वर्गं लोकमेतीश्वरा हैनं नि वा रोद्धोर्वि वा मथितोः स यदाह स्वस्ति राये मरुतो दधातनेति तं मरुद्भ्यो देवविड्भ्यो यजमानं निवेदयति न ह वा एनं मरुतो देवविशः स्वर्गं लोकं यंतं निरुंधते न विमथ्नंते· स्वस्ति हैनमत्यर्जंति स्वर्गं लोकमभि य एवं वेद. विराजावेनस्य हविषः स्विष्टकृतः संयाज्ये स्यातां ये त्रयस्त्रिंशदक्षरे. सेदग्निरग्नींरत्यस्त्वन्यान्, सेदग्निर्यो वनुष्यतो निपातीत्येते. विराड्भ्यां वा इष्ट्वा देवाः स्वर्गं लोकमजयंस्; तथैवैतद्यजमानो विराड्भ्यामिष्ट्वा स्वर्गं लोकं जयति. ते त्रयस्त्रिंशदक्षरे भवतस्त्रयस्त्रिंशद्वै देवा अष्टौ वसव एकादश रुद्रा द्वादशादित्याः प्रजापतिश्च वषट्कारश्च. तत्प्रथमे यज्ञमुखे देवता अक्षरभाजः करोत्यक्षरेणाक्षरेणैव तद्देवता प्रीणाति देवपात्रेणैव तद्देवतास्तर्पयति ॥ १० ॥

प्रयाजवदननुयाजं कर्तव्यं प्रायणीयमित्याहुर्हीनमिव वा एतदीखितमिव यत्प्रायणीयस्यानुयाजा इति· तत्तन्नादृत्यं प्रयाजवदेवानुयाजवत्कर्तव्यं.प्राणा वै प्रयाजाः प्रजानुयाजा यत्प्रयाजानंतरियात्प्राणांस्तद्यजमानस्यांतरियाद्यदनुयाजानंतरियात्प्रजां तद्यजमानस्यांतरियात्.तस्मात्प्रयाजवदेवानुयाजवत्कर्तव्यं.पत्नीर्न संयाजयेत्,संस्थितयजुर्न जुहुयात्तावतैव यज्ञः संस्थितः प्रायणीयस्य निष्कासं निदध्यात्तमुदयनीयेनाभिनिर्वपेद्यज्ञस्य संतत्यै यज्ञस्याव्यवच्छेदायाथो खलु यस्यामेव स्थाल्यां प्रायणीयं निर्वपेत्तस्यामुदयनीयं निर्वपेत्तावतैव यज्ञः संततो व्यवच्छिन्नो भवत्यमुष्मिन्वा एतेन लोके राध्नुवंति नास्मिन्नित्याहुर्यत्प्रायणीयमिति प्रायणीयमिति निर्वपंति प्रायणीयमिति

चरंति प्रयंत्येवास्माल्लोकाद्यजमाना इत्यनियेयैव तदाहुर्व्यतिषजेद्या-ज्यानुवाक्या याः प्रायणीयस्य पुरोनुवाक्यास्ता उदयनीयस्य याज्याः कुर्याद्या उदयनीयस्य पुरोनुवाक्यास्ताः प्रायणीयस्य याज्याः कुर्यात् तद् व्यतिषजत्युभयोर्लोकयोर्ऋध्या उभयोर्लोकयोः प्रतिष्ठित्या उभयोर्लोकयोर्ऋध्नोत्युभयोर्लोकयोः प्रतितिष्ठति. प्रतितिष्ठति य एवं वेद. आदित्यश्चरुः प्रायणीयो भवत्यादित्य उदयनीयो यज्ञस्य धृत्यै यज्ञस्य बल्शनध्यै यज्ञस्याप्रस्रंसाय. तद्यथैवाद इति ह स्माह तेजन्या उभयतो-स्तयोरप्रस्रंसाय बल्शौ नह्यत्येवमेवैतद्यज्ञस्योभयतोस्तयोरप्रस्रंसाय बल्शौ नह्यति यदादित्यश्चरुःप्रायणीयो भवत्यादित्य उदयनीयः. पथ्ययैवेतः स्वस्त्या प्रयंति पथ्यां स्वस्तिमभ्युद्यंति. स्वस्त्येवेतः प्रयंति स्वस्त्युद्यंति स्वस्त्युद्यंति ॥ ११ ॥ ॥ इत्यैतरेयब्राह्मणे प्रथमपंचिकायां द्वितीयोऽध्यायः ॥ २ ॥

प्राच्यां वै दिशि देवाः सोमं राजानमक्रीणंस्तस्मात्प्राच्यां दिशि क्रीयते. तं त्रयोदशान्मासादक्रीणंस्तस्मात् त्रयोदशो मासो नानुविद्यते; न वै सोमविक्रय्यनुविद्यते. पापो हि सोमविक्रयी. तस्य क्रीतस्य मनुष्यानभ्युपावर्तमानस्य दिशो वीर्याणींद्रियाणि व्युदसीदंस्तान्येकयर्चावारुरुत्संत. तानि नाशक्नुवंस्तानि द्वाभ्यां तानि तिसृभिस्तानि चतसृभिस्तानि पंचभिस्तानि षड्भिस्तानि सप्तभिर्नैवावारुंधत. तान्यष्टाभिरवारुंधताष्टाभिराश्नुवत. यदष्टाभिरवारुंधताष्टाभिराश्नुवत, तदष्टानामष्टत्वमश्नुते यद्यत्कामयते य एवं वेद. तस्मादेतेषु कर्मस्वष्टावष्टावनूच्यंत इंद्रियाणां वीर्याणामवरुध्यै ॥ १२ ॥

सोमाय क्रीताय प्रोह्यमाणायानुब्रूहीत्याहाध्वर्युः, भद्रादभि श्रेयः प्रेहीत्यन्वाहायं वाव लोको भद्रस्तस्मादसावेव लोकः श्रेयान्त्स्वर्गमेव तं लोकं यजमानं गमयति. बृहस्पतिः पुर एता ते अस्त्विति ब्रह्म वै बृहस-

तिर्यग्हैवास्मा एतत्पुरोगवमकर्णं वै ब्रम्हण्वद्दिष्यति. अथेमवस्य वर आ पृथिव्या इति देवयजनं वै वरं पृथिव्यै देवयजन एवैनं तदवसाययति. आरे शत्रून् कृणुहि सर्ववीर इति द्विषंतमेवास्मै तत्पाप्मानं भ्रातृव्यमपबाधते ऽधरं पादयति. सोम यास्ते मयोभुव इति तृचं सौम्यं गायत्रमन्वाह. सोमे राजनि प्रोह्यमाणे स्वयैवैनं तद्देवतया स्वेन छंदसा समर्धयति. सर्वे नंदंति यशसागतेनेत्यन्वाह. यशो वै सोमो राजा सर्वो ह वा एतेन क्रीयमाणेन नंदति, यश्च यज्ञे लप्स्यमानो भवति यश्च न. सभासाहेन सख्या सखाय इत्येष वै ब्राम्हणानां सभासाहः सखा यत् सोमो राजा. किल्बिषस्पृदित्येष उ एव किल्बिषस्पृद्यो वै भवति यः श्रेष्ठतामश्नुते स किल्बिषं भवति. तस्मादाहुर्मानुवोचो मा प्रचारीः किल्बिषन्नु मा यातयन्निति. पितुषणिरित्यन्नं वै पितु दक्षिणा वै पितु तामेवेन सनोत्यन्नसनिमेवैनं तत्करोत्यरंहितो भवति वाजिनायेतीन्द्रियं वै वीर्यं वाजिनमाजरसं हास्मै वाजिनं नापछिद्यते य एवं वेद. आगन्देव इत्यन्वाहागतो हि स तर्हि भवत्यृतुभिर्वर्धतु क्षयमित्यृतवो वै सोमस्य राज्ञो राजभ्रातरो यथा मनुष्यस्य; तैरेवैनं तत्सहागमयति. दधातु नः सविता सुप्रजामिषमित्याशिषमाशास्ते. स नः क्षपाभिरहभिश्च जिन्वत्वित्यहानि वा अहानि रात्रयः क्षपा, अहोरात्रैरेवास्मा एतामाशिषमाशास्ते. प्रजावंतं रयिमस्मे समिन्वत्वित्याशिषमेवाशास्ते. या ते धामानि हविषा यजंतीत्यन्वाह ता ते विश्वा परिभूरस्तु यज्ञं गयस्फानः प्रतरणः सुवीर इति. गवां नः स्फावयिता प्रतारयितैधीत्येव तदाह. अवीरहा प्रचरा सोम दुर्यानिति गृहा वै दुर्या बिभ्यति वै सोमाद्राज्ञ आयतो यजमानस्य गृहाः. स यदेतामन्वाह शान्त्यैवैनं तच्छमयति सो ऽस्य शांतो न प्रजां न पशून् हिनस्ति. इमां धियं शिक्षमाणस्य देवेति वारुण्या परिदधाति. वरुणदेवत्यो वा एष तावद्यावदुपनद्धो यावत्परि-

श्रितानि प्रपद्यते, स्वयैवैनं तद्देवतया स्वेन छंदसा समर्धयति. शिक्षमाणस्य देवेति शिक्षते वा एष यो यजते. क्रतुं दक्षं वरुण संशिशाधीति वीर्यं प्रज्ञानं वरुण संशिशाधीत्येव तदाह. ययाति विश्वा दुरिता तरेम सुतर्माणमधि नावं रुहेमेति यज्ञो वै सुतर्मा नौः; कृष्णाजिनं वै सुतर्मा नौर्वाग्वै सुतर्मा नौः, वाचमेव तदारुह्य तया स्वर्गं लोकमभि संतरति. ता एता अष्टावन्वाह रूपसमृद्धा. एतद्वै यज्ञस्य समृद्धं यद्रूपसमृद्धं यत्कर्म क्रियमाणमृगभिवदति. तासां त्रिः प्रथमामन्वाह; त्रिरुत्तमां, ता द्वादश संपद्यंते. द्वादश वै मासाः संवत्सरः; संवत्सरः प्रजापतिः; प्रजापत्यायतनाभिरेवाभी राध्नोति य एवं वेद. त्रिः प्रथमां त्रिरुत्तमामन्वाह, यज्ञस्यैव तद्बर्सौ नह्यति स्थेम्ने बलायाविस्रंसाय ॥ १३ ॥

अन्यतरोऽनड्वान्युक्तः स्यादन्यतरो विमुक्तोऽथ राजानमुपावहरेयुर्यदुभयोर्विमुक्तयोरुपावहरेयुः पितृदेवत्यं राजानं कुर्युर्यद्युक्तयोरयोगक्षेमः, प्रजा विंदेत् ताः प्रजा परिप्लवेरन्. योऽनड्वान्विमुक्तस्तच्छालासदां प्रजानां रूपं, योऽयुक्तस्तच्चक्रियाणां. ते ये युक्तेऽन्ये विमुक्तेऽन्य उपावहरंत्युभावेव ते क्षेमयोगौ कल्पयंति. देवासुरा वा एषु लोकेषु समयतंत. तत एतस्यां प्राच्यां दिश्ययतंत; तास्ततोऽसुरा अजयंस्ते दक्षिणस्यां दिश्ययतंत. तास्ततोऽसुरा अजयंस्ते प्रतीच्यां दिश्ययतंत तास्ततोऽसुरा अजयंस्त उदीच्यां दिश्ययतंत. तास्ततोऽसुरा अजयंस्त उदीच्यां प्राच्यां दिश्ययतंत; ते ततो न पराजयंत; सैषा दिगपराजिता तस्मादेतस्यां दिशि यतेत वा यातयेद्वेश्वरो ह्यनृणा कर्तोस्ते देवा अब्रुवन्नराजतया वै नो जयंति राजानं करवामहा इति तथेति ते सोमं राजानमकुर्वंस्ते सोमेन राज्ञा सर्वा दिशो जयन्. एष वै सोमो राजा यो यजते प्राचि तिष्ठत्यादधाति, तेन प्राचीं दिशं जयति तं दक्षिणा

परिवहंति, तेन दक्षिणां दिशं जयति. तं मत्यंचमावर्तयंति, तेन मतीचीं दिशं जयति. तमुदीचस्तिष्ठत उपावहरंति, तेनोदीचीं दिशं जयति. सोमेन राज्ञा सर्वा दिशो जयति य एवं वेद ॥ १४ ॥

हविरातिथ्यं निरुप्यते सोमे राजन्यागते. सोमो वै राजा यजमानस्य गृहानागच्छति, तस्मादेतध्दविरातिथ्यं निरुप्यते तदातिथ्यस्यातिथ्यत्वं. नवकपालो भवति नवं वै माणाः माणानां क्लृप्त्यै माणानां मतिमज्ञात्यै. वैष्णवो भवति विष्णुर्वै यज्ञः स्वयैवैनं तद्देवतया स्वेन छंदसा समर्धयति. सर्वाणि वाव छंदांसि स पृष्ठानि च सोमं राजानं क्रीतमन्वायंति यावंतः खलु वै राजानमनुयंति तेभ्यः सर्वेभ्य आतिथ्यं क्रियते. अग्निं मंथंति सोमे राजन्यागते तद्यथैवादो मनुष्यराजन्यागते ऽन्यस्मिन्वार्हत्युक्षाणं वा वेहतं क्षदंत एवास्मा एतत्क्षदंते यदग्निं मंथंत्यग्निर्हि देवानां पशुः ॥ १५ ॥

अग्नये मथ्यमानायानुब्रूहीत्याहाध्वर्युः अभि त्वा देव सवितारिति सावित्रीमन्वाह. तदाहुर्यदग्नये मथ्यमानायानुवाचाहाथ कस्मात्सावित्रीमन्वाहेति ? सविता वै मसवानामीशे, सवितृप्रसूता एवैनं तन्मंथंति तस्मात्सावित्रीमन्वाह. मही द्यौः पृथिवीच न इति द्यावापृथिवीयामन्वाह. तदाहुर्यदग्नये मथ्यमानायानुवाचाहाथ कस्माद् द्यावापृथिवीयामन्वाहेति? द्यावापृथिवीभ्यां वा एतं जातं देवाः पर्यगृण्हंस्ताभ्यामेवाद्यापि परिगृहीतस्तस्माद् द्यावापृथिवीयामन्वाह. त्वामग्ने पुष्करादधीति तृचमाग्नेयं गायत्रमन्वाहाग्नौ मथ्यमाने स्वयैवैनं तद्देवतया स्वेन छंदसा समर्धयति; अथर्वा निरमंथतेति रूपसमृध्दमेतद्वै यज्ञस्य समृध्दं, यद्रूपसमृध्दं यत्कर्म क्रियमाणमृगभिवदति. स यदि न जायेत यदि चिरं जायेत राक्षोघ्न्यो गायत्र्यो ऽनूच्याः अग्ने हंसि न्यत्रिणमित्येता रक्षसामपहत्यै रक्षांसि वा एनं तर्ह्यालभंते यर्हि न

जायते यार्हि चिरं जायतेऽस यद्येकस्यामेवानूक्तायां जायेत यदि द्वयोरथ, उत ब्रुवंतु जन्तव इति जाताय जातवतीमभिरूपामनुब्रूयाद्यद्यज्ञेऽभिरूपं तत्समृद्धम्. आयं हस्तेन खादिनमिति हस्ताभ्यां ह्येनं मंथंति; शिशुं जातमिति शिशुरिव वा एष प्रथमजातो यदग्निर्; न विभ्रति विशामग्निं स्वध्वरमिति यद्वै देवाना नेति तदेषामो३मिति. प्र देवं देववीतये भरता वसुवित्तममिति प्रह्रियमाणायाभिरूपा यद्यज्ञेऽभिरूपं तत्समृद्धम्. आ स्वे योनौ निषीदत्वित्येष ह वा अस्य स्वो योनिर्यदग्निरग्नेर्. आ जातं जातवेदसीति जात इतरो जातवेदा इतरः; प्रियं शिशीतातिथिमित्येष ह वा अस्य प्रियोऽतिथिर्यदग्निरग्नेः; स्योन आ गृहपतिमिति शांत्यामेवैनं तद्दधाति. अग्निनाग्निः समिध्यते कविर्गृहपतिर्युवा हव्यवाड् जुह्वास्य इत्यभिरूपा यद्यज्ञेऽभिरूपं तत्समृद्धं. त्वं ह्यग्ने अग्निना विप्रो विप्रेण संत्सतेति विप्र इतरो विप्र इतरः संनितरः संनितरः; सखा सख्या समिध्यस इत्येष ह वा अस्य स्वः सखा यदग्निरग्नेस्. तं मर्जयंत सुक्रतुं पुरोयावानमाजिषु स्वेषु क्षयेषु वाजिनमित्येष ह वा अस्य स्वः क्षयो यदग्निरग्नेर्. यज्ञेन यज्ञमयजंत देवा इत्युत्तमया परिदधाति. यज्ञेन वै तद्देवा यज्ञमयजंत यदग्निनाग्निमयजंत ते स्वर्गं लोकमायंस्; तानि धर्माणि प्रथमान्यासन् ते ह नाकं महिमानः सचंत यत्र पूर्वे साध्याः संति देवा इति छंदांसि वै साध्या देवास्तेऽग्रेऽग्निनाग्निमयजंत ते स्वर्गं लोकमायन्नादित्याश्चैवेहासन्नंगिरसश्च तेऽग्रेऽग्निनाग्निमयजंत ते स्वर्गं लोकमायन् सैषा स्वर्ग्याहुतिर्यदग्न्याहुतिर्यदि ह वा अप्यब्राह्मणोक्तो यदि दुरुक्तोक्तो यजतेऽथ हैषाहुतिर्गच्छत्येव देवान्न पाप्मना संसृज्यते गच्छत्यस्याहुतिर्देवान्नास्याहुतिः पाप्मना संसृज्यते य एवं वेद. ता एतास्त्रयोदशान्वाह रूपसमृद्धा एतद्वै यज्ञस्य समृद्धं यद्रूपसमृद्धं यत्कर्म क्रियमाणमृगभिवदति. तासां त्रिः प्रथमामन्वाह

त्रिरुत्तमां ताः सप्तदश संपद्यंते. सप्तदशो वै प्रजापतिः द्वादश मासाः पंचर्तवस्तावान्संवत्सरः संवत्सरः प्रजापतिः प्रजापत्यायतनाभिरेवाभी राध्नोति य एवं वेद. त्रिः प्रथमां त्रिरुत्तमामन्वाह यज्ञस्यैव तद्बर्सौ नह्यति स्थेम्ने बलायाविस्रंसाय ॥ १६ ॥

समिधाग्निं दुवस्यत; आप्यायस्व समेतु त इत्याज्यभागयोः पुरोनुवाक्ये भवत आतिथ्यवत्यौ रूपसमृद्धे. एतद्वै यज्ञस्य समृद्धं यद्रूपसमृद्धं यत्कर्म क्रियमाणमृगभिवदति. सैषाग्नेय्यातिथिमती न सौम्यातिथिमत्यस्ति, यत्सौम्यातिथिमती स्याच्छश्वत्सा स्यादेतत्त्वेवैषातिथिमती यदाग्नीनवती. यदा वा अतिथिं परिवेविषत्यापीन इव वै स तर्हि भवति तयोर्जुषाणेनैव यजति. इदं विष्णुर्विचक्रमे, तदस्य प्रियमभिपाथो अश्यामिति वैष्णव्यौ त्रिपदामनूच्य चतुष्पदया यजति. सप्त पदानि भवंति. शिरो वा एतद्यज्ञस्य यदातिथ्यं. सप्त वै शीर्षन्प्राणाः शीर्षन्नेव तत्प्राणान् दधाति. होतारं चित्ररथमध्वरस्य, प्र प्रायमग्निर्भरतस्य शृण्व इति स्विष्टकृतः संयाज्ये भवत आतिथ्यवत्यौ रूपसमृद्धे एतद्वै यज्ञस्य समृद्धं यद्रूपसमृद्धं यत्कर्म क्रियमाणमृगभिवदति. त्रिष्टुभौ भवतः सेंद्रियत्वायेळांतं भवतीळांतेन वा एतेन देवा आराध्नुवन्यदातिथ्यं तस्मादिळांतमेव कर्तव्यं. प्रयाजानेवात्र यजंति नानुयाजान् प्राणा वै प्रयाजानुयाजास्ते य इमे शीर्षन्प्राणास्ते प्रयाजा, ये ऽवांचस्ते ऽनुयाजाः. स यो ऽत्रानुयाजान्यजेद्यथेमान्प्राणानालुप्य शीर्षन्धित्सेत् तादृक्तदतिरिक्तं तत्सम्मु वा इमे प्राणा विद्रे ये चेमे ये चेमे तद्यदेवात्र प्रयाजान्यजंति नानुयाजास्तत्र स काम उपाप्तो यो ऽनुयाजेषु यो ऽनुयाजेषु ॥ १७ ॥ इत्यैतरेयब्राम्हणे प्रथमपंचिकायां तृतीयो ऽध्यायः ॥ ३ ॥

॥ ओं ॥ यज्ञो वै देवेभ्य उदक्रामन्न वो ऽहमन्नं भविष्यामीति नेति देवा अब्रुवन्नन्नमेव नो भविष्यसीति. तं देवा विमेथिरे. स हैभ्यो

विद्धतो न प्रबभूव तेहोचुर्देवा न वै न इत्थं विद्धतो ऽलं भविष्यति. हंतेमं यज्ञं संभरामेति तथेति. तं संजभ्रुस्तं संभृत्योचुरश्विनाविमं भिषज्यतमित्यश्विनौ वै देवानां भिषजावश्विनावध्वर्यू. तस्मादध्वर्यू घर्मं संभरतस्तं संभृत्याहतुर्ब्रह्मन् प्रवर्ग्येण प्रचरिष्यामो, होतरभिष्टुहीति ॥ १८ ॥

ब्रह्म जज्ञानं प्रथमं पुरस्तादिति प्रतिपद्यते. ब्रह्म वै बृहस्पतिर्ब्रह्मणैवैनं तद्भिषज्यति. इयं पित्रे राष्ट्र्येत्यग्र इति वाग्वै राष्ट्री वाचमेवास्मिंस्तद्दधाति. महान्मही अस्तभायद्वि जात इति ब्राह्मणस्पत्या. ब्रह्म वै बृहस्पतिर्ब्रह्मणैवैनं तद्भिषज्यति. अभि त्यं देवं सवितारमोण्योरिति सावित्री. प्राणो वै सविता प्राणमेवास्मिंस्तद्दधाति. संसीदस्व महाँ असीत्यैवैनं समसादयन्. अंजंति यं प्रथयंतो न विप्रा इत्यज्यमानायाभिरूपा यद्यज्ञेऽभिरूपं तत्समृद्धं. पतंगमक्तमसुरस्य मायया; यो नः सनुत्यो अभिदासदग्ने; भवा नो अग्ने सुमना उपेताविति द्वे द्वे अभिरूपे यद्यज्ञे ऽभिरूपं तत्समृद्धं. कृणुष्व पाजः प्रसितिं न पृथ्वीमिति पंच राक्षोघ्न्यो रक्षसामपहत्यै. परि त्वा गिर्वणो गिरो; अधि द्वयोरदधा उक्थ्यं वचः; शुक्रं ते अन्यद्यजतं ते अन्यद्; अपश्यं गोपामनिपद्यमानमिति च तस्य एकपातिन्यस्ता एकविंशतिर्भवंत्येकविंशो ऽयं पुरुषो दश हस्त्या अंगुलयो दश पाद्या आत्मैकविंशस्तमिममात्मानमेकविंशं संस्कुरुते ॥ १९ ॥

स्रक्के द्रप्सस्य धमतः समस्वरन्निति नव पावमान्यो. नव वै प्राणा प्राणानेवास्मिंस्तद्दधाति. अयं वेनश्चोदयत्पृश्निगर्भा इत्ययं वै वेनोऽस्माद्वा ऊर्ध्वा अन्ये प्राणा वेनंत्यवांचो ऽन्ये तस्माद्वेनः प्राणो वा अयं सन्नाभेरिति तस्मान्नाभिस्तन्नाभेर्नाभित्वं. प्राणमेवास्मिंस्तद्दधाति. पवित्रं ते विततं ब्रह्मणस्पते; तपोष्पवित्रं विततं दिवस्पदे; वियत्पवित्रं धिषणा अतन्व-

तेति पूतवंतः प्राणास्त इमे ऽवांचो रेतस्यो मूत्र्यः पुरीष्य इत्येतानेवा-
स्मिंस्तद्दधाति ॥ २० ॥

गणानां त्वा गणपतिं हवामह इति ब्राह्मणस्पत्यं. ब्रह्म वै बृहस्पति-
र्ब्रह्मणैवैनं तद्भिषज्यति. प्रथश्च यस्य सप्रथश्च नामेति घर्मतन्वः
सतनुमेवैनं तत्सरूपं करोति. रथंतरमाजभारा वसिष्ठः, भरद्वाजो बृहदा-
चक्रे अग्नेरिति बृहद्रथंतरवंतमेवैनं तत्करोति. अपश्यं त्वा मनसा चेकि-
तानमिति प्रजावान् प्राजापत्यः प्रजामेवास्मिंस्तद्दधाति. का राधद्धोत्रा-
श्विना वामिति नव विछंदसस्तदेतद्यज्ञस्यांतरूपं विक्षुद्रमिव वा अंत-
स्त्यमणीय इव च स्थवीय इव च तस्मादेता विछंदसो भवंत्येताभिर्हो-
श्विनोः कक्षीवान् प्रियं धामोपागच्छत्स परमं लोकमजयदुपाश्विनोः प्रियं
धाम गच्छति जयति परमं लोकं य एवं वेद. आभात्यग्निरुषसामनीकमि-
ति सूक्तं. पीपिवांसमश्विना घर्ममच्छेत्यभिरूपं. यद्यज्ञे ऽभिरूपं तत्समृ-
द्धं तदु त्रैष्टुभं वीर्यं वै त्रिष्टुब्वीर्यमेवास्मिंस्तद्दधाति. ग्रावाणेव तदिदर्थं
जरेथे इति सूक्तमक्षी इव कर्णाविव नासेवेत्यंगसमाख्यायमेवास्मिंस्त-
दिंद्रियाणि दधाति. तदु त्रैष्टुभं वीर्यं वै त्रिष्टुब्वीर्यमेवास्मिंस्तद्दधाति.
ईळे द्यावापृथिवी पूर्वचित्तय इति सूक्तम्. अग्निं घर्मं सुरुचं यामन्निष्टय
इत्यभिरूपं यद्यज्ञे ऽभिरूपं तत्समृद्धं. तदु जागतं जागता वै पशवः पशू-
नेवास्मिंस्तद्दधाति. याभिरमुमावतं याभिरमुमावतमित्येतावतो हात्रा-
श्विनौ कामान् ददृशतुस्तानेवास्मिंस्तद्दधाति. तैरेवैनं तत्समर्धयति. अ-
रूरुचदुषसः पृश्निरग्रिय इति रुचितवती रुचमेवास्मिंस्तद्दधाति. द्यु-
भिरक्तुभिः परिपातमस्मानित्युत्तमया परिदधाति. अरिष्टेभिरश्विना
सौभगेभिः, तन्नो मित्रो वरुणो मामहंतामदितिः सिंधुः पृथिवी उत
द्यौरित्येतैरेवैनं तत्कामैः समर्धयतीति. नु पूर्वं पटलं ॥ २१ ॥

अथोत्तरम्. उपह्वये सुदुघां धेनुमेतां; हिंकृण्वती वसुपत्नी वसूनाम्;

अभि त्वा देव सवितः; समीवत्सन्नमातृभिः; संवत्स इव मातृभिः; यस्ते स्तनः शशयो यो मयोभूः; गौरमीमेदनु वत्सं मिषंतं; नमसेदुपसीदत; संजानाना उपसीदन्नभिज्ञु; आ दशभिर्विवस्वतो; दुहंति सप्तैकां समिद्धो अग्निरश्विना; समिद्धो अग्निर्वृषणारतिर्दिवस्; तदु प्रयक्षतममस्य कर्म; आत्मन्वन्नभो दुह्यते घृतं पयः; उत्तिष्ठ ब्रह्मणस्पते; धुक्षत् पिप्युषीमिषम्; उपद्रव पयसा गोधुगोषम्; आसु ते सिंचत श्रियम्; आ नूनमश्विनो ऋषिः; समु त्ये महतीरप इत्येकविंशतिरभिरूपा यद्यज्ञे अभिरूपं तत्समृद्धम्. उदु ष्य देवः सविता हिरण्ययेत्यनुतिष्ठति. प्रैतु ब्रह्मणस्पतिरित्यनुप्रैति. गंधर्व इत्था पदमस्य रक्षतीति खरमवेक्षते. नाके सुपर्णमुपयत्पतंतमित्युपविशति. तप्तो वां घर्मो नक्षति स्वहोता; उभा पिबतमश्विनेति पूर्वाह्णे यजत्यग्ने वीहीत्यनुवषट्करोति स्विष्टकृद्भाजनं. यदुस्रियास्वाहुतं घृतं पयः; अस्य पिबतमश्विनेत्यपराह्णे यजत्यग्ने वीहीत्यनुवषट्करोति स्विष्टकृद्भाजनं. त्रयाणां ह वै हविषां स्विष्टकृतेन समवद्यंति सोमस्य घर्मस्य वाजिनस्येति स यदनुवषट्करोत्यग्नेरेव स्विष्टकृतो ऽनंतरित्यै. विश्वा आशा दक्षिणसादिति ब्रह्मा जपति. स्वाहाकृतः शुचिर्देवेषु घर्मः समुद्रादूर्मिमुदियर्ति वेनो; द्रप्सः समुद्रमभियज्जिगाति; सखे सखायमभ्याववृत्स्व; ऊर्ध्व ऊ षु ण ऊतय; ऊर्ध्वो नः पाह्यंहसस्; तं घेमित्था नमस्विन इत्यभिरूपा यद्यज्ञे ऽभिरूपं तत्समृद्धं. पावक शोचे तव हि क्षयं परीति भक्षमाकांक्षते. हुतं हविर्मधु हविरिंद्रतमे ऽग्नावश्याम ते देव घर्म मधुमतः पितुमतो वाजवतोंगिरस्वतो नमस्ते अस्तु; मा मा हिंसीरिति घर्मस्य भक्षयति. श्येनो न योनिं सदनं धियाकृतम्; आ यस्मिन्सप्त वासवा इति संसाद्यमानायान्वाह. हविर्हविष्मो महि सद्म दैव्यमिति यदहरुत्सादयिष्यंतो भवंति. सूयवसाद्भगवती हि

भूया इत्युत्तमया परिदधाति· तदेतद्देवमिथुनं यद् घर्मः स यो घर्मस्तच्छिश्नं, यौ शफौ तौ शफौ, योपयमनी ते श्रोणिकपाले. यत्पयस्तद्रेतस्तदिदमग्नौ देवयोन्यां प्रजनने रेतः सिच्यतेऽग्निर्वै देवयोनिः सोऽग्नेर्देवयोन्या आहुतिभ्यः संभवत्यृङ्मयो यजुर्मयः साममयो वेदमयो ब्रह्ममयोऽमृतमयः संभूय देवता अप्येति य एवं वेद यश्चैवंविद्वानेतेन यज्ञक्रतुना यजते ॥ २२ ॥

देवासुरा वा एषु लोकेषु समयतंत. ते वा असुरा इमानेव लोकान् पुरोऽकुर्वत यथौजीयांसो बलीयांस. एवं ते वा अयस्मयीमेवेमामकुर्वत रजतामंतरिक्षं हरिणीं दिवं; ते तथेमाँल्लोकान् पुरोऽकुर्वत· ते देवा अब्रुवन् पुरो वा इमे ऽसुरा इमाँल्लोकानक्रत, पुर इमाँल्लोकान् प्रतिकरवामहा इति तथेति· ते सद एवास्याः प्रत्यकुर्वताग्नीध्रमंतरिक्षाद् धविर्धाने दिवस्तथेमाँल्लोकान् पुरः प्रत्यकुर्वत. ते देवा अब्रुवन्नुपसद उपायामोपसदा वै महापुरं जयंतीति तथेति. ते यामेव प्रथमामुपसदमुपायंस्तयैवैनानस्माल्लोकादनुदंत· यां द्वितीयां तयांतरिक्षाद्यां तृतीयां तया दिवस्तांस्तथेभ्यो लोकेभ्यो नुदंत· ते वा एभ्यो लोकेभ्यो नुत्ता असुरा ऋतूनश्रयंत. ते देवा अब्रुवन्नुपसद एवोपायामेति तथेति. त इमास्तिस्रः सतीरुपसदो द्विर्द्विरेकैकामुपायंस्ताः षट् समपद्यंत. षड् वा ऋतवस्तान् वा ऋतुभ्यो नुदंत. ते वा ऋतुभ्यो नुत्ता असुरा मासानश्रयंत. ते देवा अब्रुवन्नुपसद एवोपायामेति तथेति. त इमाः षट् सतीरुपसदो द्विर्द्विरेकैकामुपायंस्ता द्वादश समपद्यंत· द्वादश वै मासास्तान् वै मासेभ्यो नुदंत. ते वै मासेभ्यो नुत्ता असुरा अर्धमासानश्रयंत. ते देवा अब्रुवन्नुपसद एवोपायामेति तथेति. त इमा द्वादश सतीरुपसदो द्विर्द्विरेकैकामुपायंस्ताश्चतुर्विंशतिः समपद्यंत. चतुर्विंशतिर्वा अर्धमासास्तान्वा अर्धमासेभ्यो नुदंत. ते वा अर्धमासेभ्यो नुत्ता असुरा अहोरात्रे अश्रयंत. ते देवा अब्रुवन्नुपसद एवो-

पाथामेति तथेति. ते यामेव पूर्वाण्ह उपसदमुपायंस्तयैवैनानन्हो नुदंत. यामपराण्हे तया रात्रेस्तांस्तयोभाभ्यामहोरात्राभ्यामंतरायंस्तस्मात्सुपूर्वाण्ह एव पूर्वयोपसदा प्रचरितव्यं स्वपराण्हे परया तावंतमेव तद् द्विषते लोकं परिशिनष्टि ॥२३॥

जितयो वै नामैता यदुपसदो; ऽसपत्ना वा एताभिर्देवा विजितिं व्यजयंतासपत्नां विजितिं विजयते य एवं वेद. यां देवा एषु लोकेषु यामृतुषु यां मासेषु यामर्धमासेषु यामहोरात्रयोर्विजितिं व्यजयंत तां विजितिं विजयते य एवं वेद. ते देवा अबिभयुरस्माकं विप्रेमाणमन्विदमसुरा आभविष्यंतीति. ते व्युत्क्रम्यामंत्रयंताग्निर्वसुभिरुदक्रामदिंद्रो रुद्रैर्वरुण आदित्यैर्बृहस्पतिर्विश्वैर्देवैस्ते तथा व्युत्क्रम्यामंत्रयंत. ते ऽब्रुवन्हंत या एव न इमाः प्रियतमास्तन्वस्ता अस्य वरुणस्य राज्ञो गृहे सन्निदधामहै; ताभिरेव नः स न संगच्छातै यो न एतदतिक्रामाद्य आलुलोभयिषादिति तथेति. ते वरुणस्य राज्ञो गृहे तनूः सन्न्यदधत ते यद्वरुणस्य राज्ञो गृहे तनूः सन्न्यदधत तत्तानूनप्त्रमभवत्तत्तानूनप्त्रस्य तानूनप्त्रत्वं. तस्मादाहुर्न सतानूनप्त्रिणे द्रोग्धव्यमिति तस्माद्विदमसुरा नान्वाभवंति ॥ २४ ॥

शिरो वा एतद्यज्ञस्य यदातिथ्यं ग्रीवा उपसदः समानबर्हिषी भवतः; समानं हि शिरो ग्रीवमिषुं वा एतां देवाः समस्कुर्वत यदुपसदस्तस्या अग्निरनीकमासीत् सोमः शल्यो विष्णुस्तेजनं वरुणः पर्णानि. तामाज्यधन्वानो व्यसृजंस्तया पुरो भिंदन्त आयंस्तस्मादेता आज्यहविषो भवंति. चतुरो ऽग्रे स्तनान् व्रतमुपैत्युपसत्सु चतुःसंधि ह्यिषुरनीकं शल्यस्तेजनं पर्णानि. त्रीन् स्तनान् व्रतमुपैत्युपसत्सु त्रिषंधि ह्यिषुरनीकं शल्यस्तेजनं. द्वौ स्तनौ व्रतमुपैत्युपसत्सु द्विषंधिर्ह्यिषुः शल्यश्च ह्येव तेजनं चैकं स्तनं व्रतमुपैत्युपसत्स्वेका ह्येवेषुरित्याख्यायत एकया वीर्यं क्रियते. परो वरीयांसो वा इमे लोका अर्वाग्

हीयांसः परस्तादर्वांचीरुपसदः उपैत्येषामेव लोकानामभिजित्यै. उपसद्याय मीळ्हुष; इमां मे अग्ने समिधम्; इमामुपसदं वनेरिति तिस्रस्त्रिः सामिधेन्यो रूपसमृद्धा एतद्वै यज्ञस्य समृद्धं, यद्रूपसमृद्धं यत्कर्म क्रियमाणमृगभिवदति. अग्निवतीर्याज्यानुवाक्याः कुर्याद्. अग्निर्वृत्राणि जंघनद्; य उग्र इव शर्यहा; त्वं सोमासि सत्पतिः; गयस्फानो अमीवहा; इदं विष्णुर्विचक्रमे त्रीणि पदा विचक्रम इत्येता विपर्यस्ताभिरपराण्हे यजति. घंतो वा एताभिर्देवाः पुरो भिंदन्त आयन्यदुपसदः सछंदसः कर्तव्या न विछंदसो. यद्विछंदसः कुर्याद् ग्रीवासु तद् गंडं दध्यादीश्वरो ग्लावो जनितोस्तस्मात् सछंदस एव कर्तव्या, न विछंदसस्तदुह स्माहोपाविर्जानश्रुतेय उपसदां किल वै तद् ब्राम्हणे यस्मादप्यश्लीलस्य श्रोत्रियस्य मुखं व्यवश्नायते तृप्तमिव रेभतीनेत्याज्यहविषो ह्युपसदो ग्रीवासु मुखमध्याहितं. तस्मात्स्म तदाह ॥ २५ ॥

देववर्म वा एतद्यत्प्रयाजाश्चानुयाजाश्चाप्रयाजमननुयाजं भवतीष्वै संशित्या अप्रतिशराय. सकृदतिक्रम्याश्रावयति यज्ञस्याभिक्रान्त्या अनपक्रमाय. तदाहुः क्रूरमिव वा एतत्सोमस्य राज्ञोंते चरंति यदस्य घृतेनांते चरंति. घृतेन हि वज्रेणेंद्रो वृत्रमहंस्तद्यद्. अंशुरंशुष्टे देव सोम आप्यायतामिंद्रायैकधनविद; आ तुभ्यमिंद्रः प्यायताम्, आ त्वमिंद्राय प्यायस्वाप्याययास्मात्सखीन् सन्या मेधया स्वस्ति ते देव सोम सुत्यामुदृचमशीयेति राजानमाप्याययंति. यदेवास्य तत् क्रूरमिवांते चरंति तदेवास्यै तेनाप्याययंत्यथो एनं वर्धयंत्येव. द्यावापृथिव्योर्वा एष गर्भो यत्सोमो राजा तद्यद्. एष्टा राय एष्टा वामानि मेषे भगाय ऋतमृतवादिभ्यो नमो दिवे नमः पृथिव्या इति प्रस्तरे निन्हवते. द्यावापृथिवीभ्यामेव तं नमस्कुर्वंत्यथो एनं वर्धयंत्येव वर्धयंत्येव ॥ २६ ॥ इत्यैतरेयब्राम्हणे प्रथमपंचिकायां चतुर्थोऽध्यायः ॥ ४ ॥

॥ ओं ॥सोमो वै राजा गंधर्वेष्वासीत्तं देवाश्च ऋषयश्चाभ्यध्यायन् कथमयमस्मान्त्सोमो राजा गच्छेदिति? सा वागब्रवीत्, स्त्रीकामा वै गंधर्वा, मयैव स्त्रिया भूतया पणध्वमिति. नेति देवा अब्रुवन्, कथं वयं त्वदृते स्यामेति? साब्रवीत् क्रीणीतैव, यर्हि वाव वो मयार्थो भविता तर्ह्येव वो ऽहं पुनरागंतास्मीति तथेति. तया महानग्न्या भूतया सोमं राजानमक्रीणंस्तामनुकृतिमस्कन्नां वत्सतरीमाजंति सोमक्रयणीं तया सोमं राजानं क्रीणंति. तां पुनर्निष्क्रीणीयात्पुनर्हि सा तानागच्छत्तस्मादुपांशु वाचा चरितव्यं. सोमे राजनि क्रीते गंधर्वेषु हि तर्हि वाग्भवति साग्नावेव प्रणीयमाने पुनरागच्छति ॥ २७ ॥

अग्नये प्रणीयमानायानुब्रूहीत्याहाध्वर्युः प्र देवं देव्या धिया भरता जातवेदसं हव्या नो वक्षदानुषगिति गायत्रीं ब्राम्हणस्यानुब्रूयाद्गायत्रो वै ब्राम्हणस्तेजो वै ब्रम्हवर्चसं गायत्री तेजसैवैनं तद्ब्रम्हवर्चसेन समर्धयति. इमं महे विदथ्याय शूषमिति त्रिष्टुभं राजन्यस्यानुब्रूयात्. त्रैष्टुभो वै राजन्य ओजो वा इंद्रियं वीर्यं त्रिष्टुबोजसैवैनं तदिंद्रियेण वीर्येण समर्धयति. शश्वत्कृत्व ईड्याय प्र जभ्रुरिति स्वानामेवैनं तच्छ्रैष्ठ्यं गमयति. शृणोतु नो दम्येभिरनीकैः शृणोत्वग्निर्दिव्यैरजस्र इत्याजरसं हास्मिन्नजस्रो दीदाय य एवं वेद. अयमिह प्रथमो धायि धातृभिरिति जगतीं वैश्यस्यानुब्रूयाज्जागतो वै वैश्यो. जागताः पशवः पशुभिरेवैनं तत्समर्धयति. वनेषु चित्रं विभ्वं विशे विश इत्यभिरूपा यद्यज्ञे ऽभिरूपं तत्समृद्धम्. अयमु ष्य प्र देवयुरित्यनुष्टुभि वाचं विसृजते. वाग्वा अनुष्टुब्वाच्येव तद्वाचं विसृजते. अयमु ष्य इति यदाहायमु स्यागमं या पुरा गंधर्वेष्ववात्समित्येव तद्वाग्ब्रूते. अयमग्निरुरुष्यतीत्ययं वा अग्निरुरुष्यत्यमृतादिव जन्मन इत्यमृतत्वमेवास्मिंस्तद्दधाति. सहसश्चित्सहीयान् देवो जी-

वातवे कृत इति देवो ह्येष एष तज्जीवातवे कृतो यदग्निः. इळा-
यास्त्वा पदे वयं नाभा पृथिव्या अधीत्येतद्वा इळायास्पदं यदुत्त-
रवेदीनाभि, जातवेदो निधीमहीति निधास्यंतो ह्येनं भवंत्यग्ने ह-
व्याय वोळ्हव इति हव्यं हि वक्ष्यन् भवति. अग्ने विश्वेभिः स्वनी-
क देवैरूर्णावंतं प्रथमः सीद योनिमिति विश्वैरेवैनं तद्देवैः सहा-
सादयति. कुलायिनं घृतवंतं सवित्र इति कुलायमिव ह्येतद्यज्ञे क्रि-
यते यत्पैतुदारवाः परिधयो गुग्गुलूर्णास्तुकाः सुगंधितेजनानीति. यज्ञं
नय यजमानाय साध्विति यज्ञमेव तदृजुधा प्रतिष्ठापयति. सीद
होतः स्व उ लोके चिकित्वानित्यग्निर्वै देवानां होता तस्यैष स्वो
लोको यदुत्तरवेदीनाभिः सादया यज्ञं सुकृतस्य योनाविति यजमानो
वै यज्ञो यजमानायैवैतामाशिषमाशास्ते. देवावीर्देवान् हविषा य-
जास्यग्ने बृहद्यजमाने वयोधा इति प्राणो वै वयः प्राणमेव तद्यज-
माने दधाति. नि होता होतृषदने विदान इत्यग्निर्वै देवानां होता,
तस्यैतद्धोतृषदनं यदुत्तरवेदीनाभिः. त्वेषो दीदिवाँ असदत्सुदक्ष
इत्यासन्नो हि स तर्हि भवति. अदब्धव्रतप्रमतिर्वसिष्ठ इत्यग्निर्वै
देवानां वसिष्ठः सहस्रंभरः शुचिजिह्वो अग्निरित्येषा ह वास्य स-
हस्रंभरता यदेनमेकं संतं बहुधा विहरंति. प्र ह वै साहस्रं पोष-
माप्नोति य एवं वेद. त्वं दूतस्त्वमु नः परस्पा इत्युत्तमया परिदधा-
ति. त्वं वस्य आवृषभ प्रणेता, अग्ने तोकस्य नस्तने तनूनामप्रयुच्छन्
दीद्यद्बोधि गोपा इत्यग्निर्वै देवानां गोपा. अग्निमेव तत्सर्वतो गोप्तारं
परिदत्त आत्मने च यजमानाय च यत्रैवंविद्वानेतया परिदधात्य-
थो संवत्सरीणामेवैतां स्वस्तिं कुरुते. ता एता अष्टावन्वाह रूपसमृद्धा.
एतद्वै यज्ञस्य समृद्धं यद्रूपसमृद्धं, यत्कर्म क्रियमाणमृगभिवदति.
तासां त्रिः प्रथमामन्वाह त्रिरुत्तमां ता द्वादश संपद्यंते. द्वादश
वै मासाः संवत्सरः, संवत्सरः प्रजापतिः. प्रजापत्यायतनाभिरेवाभी

राप्नोति य एवं वेद. त्रिः प्रथमां त्रिरुत्तमामन्वाह यज्ञस्यैव तद्ब-र्सौ नह्यति स्थेम्ने बलायाविस्रंसाय ॥ २८ ॥

हविर्धानाभ्यां प्रोह्यमाणाभ्यामनुब्रूहीत्याहाध्वर्युः, युंजे वां ब्र-ह्म पूर्व्यं नमोभिरित्यन्वाह. ब्रह्मणा वा एते देवा अयुंजत यद्धवि-र्धाने ब्रह्मणैवैने एतद्युंक्त न वै ब्रह्मण्वद्रिष्यति. प्रेतां यज्ञस्य शंभु-वेति तृचं द्यावापृथिवीयमन्वाह तदाहुर्यद्धविर्धानाभ्यां प्रोह्यमाणाभ्या-मनुवाचाह कस्मात्तृचं द्यावापृथिवीयमन्वाहेति ! द्यावापृथिवी वै देवानां हविर्धाने आस्तां, ते उ एवाद्यापि हविर्धाने ते हीदमंतरेण सर्वं हविर्यदिदं किंच तस्मात्तृचं द्यावापृथिवीयमन्वाह. यमे इव यतमाने यदैतमिति यमे इव ह्येते यतमाने प्रबाहुगितः प्र वां भ-रन्मानुषा देवयंत इति देवयंतो ह्येने मानुषाः प्रभरंति. आसीदतं स्वमु लोकं विदाने स्वासस्थे भवतमिन्दवे न इति सोमो वै राजेंदुः सोमायैवैने एतद्राज्ञ आसदे चीक्लृपत्. अधि द्वयोरदधा उक्थ्यं वच इति द्वयोर्ह्येतत्तृतीयं छदिरधि निधीयत उक्थ्यं वच इति यदाह यज्ञियं वै कर्मोक्थ्यं वचो यज्ञमेवैतेन समर्धयति. यतस्रुचा मिथुना या सपर्यतः, असंयत्तो व्रते ते क्षेति पुष्यतीति यदेवादः पूर्वं यत्त-वत्यदमाह तदेवैतेन शांत्या शमयति. भद्रा शक्तिर्यजमानाय सुन्वत इत्याशिषमाशास्ते. विश्वा रूपाणि प्रतिमुंचते कविरिति विश्वरू-पामन्वाह. स ररराट्यामीक्षमाणो अनुब्रूयाद्विश्वमिव हि रूपं ररराट्याः शुक्लमिव च कृष्णमिव च. विश्वं रूपमवरुंध आत्मने च यजमानाय च यत्रैवंविद्वानेतां ररराट्यामीक्षमाणोऽन्वाह. परि त्वा गिर्वणो गिर इत्युत्तमया परिदधाति. स यदैव हविर्धाने संपरिश्रिते मन्येताथ परिदध्यादनग्नं भावुका होतुश्च यजमानस्य च भार्या भवंति यत्रैवंविद्वानेतया हविर्धानयोः संपरिश्रितयोः परिदधाति. यजुषा

वा एते संपरिश्रियेते यस्थविर्धाने यजुर्षैनैने एतत्परिश्रयंति. तौ य-
देवाध्वर्युश्च प्रतिप्रस्थाता चोभयतो मध्यौ निहन्यातामथ परिद-
ध्यादत्र हि ते संपरिश्रिते भवतस्. ता एता अष्टावन्वाह रूपस-
मृद्धा. एतद्वै यज्ञस्य समृद्धं, यद्रूपसमृद्धं यत्कर्म क्रियमाणमृगभि-
वदति. तासां त्रिः प्रथमामन्वाह त्रिरुत्तमां; ता द्वादश संपद्यंते.
द्वादश वै मासाः संवत्सरः, संवत्सरः प्रजापतिः. प्रजाप-
त्यायतनाभिरेवाभी राध्नोति य एवं वेद. त्रिः प्रथमां त्रिरुत्तमा-
मन्वाह यज्ञस्यैव तद्बर्सौ नह्यति स्थेम्ने बलायाविस्रंसाय ॥ २९॥

अग्नीषोमाभ्यां प्रणीयमानाभ्यामनुब्रूहीत्याहाध्वर्युः. सावीर्हि देव
प्रथमाय पित्र इति सावित्रीमन्वाह. तदाहुर्यदग्नीषोमाभ्यां प्रणीयमा-
नाभ्यामनुवाचाहाथ कस्मात्सावित्रीमन्वाहेति? सविता वै प्रसवानामी-
शे सवितृप्रसूता एवैनौ तत्प्रणयंति. तस्मात्सावित्रीमन्वाह. प्रैतु
ब्रह्मणस्पतिरिति ब्राह्मणस्पत्यामन्वाह. तदाहुर्यदग्नीषोमाभ्यां प्रणी-
यमानाभ्यामनुवाचाहाथ कस्माद् ब्राह्मणस्पत्यामन्वाहेति? ब्रह्म वै
बृहस्पति र्ब्रह्मैवाभ्यामेतत्पुरोगवमकर्ण वै ब्रह्मण्वद्रिष्यति. प्र देव्येतु
सूनृतेति. स सूनृतमेव तद्यज्ञं करोति. तस्माद्ब्राह्मणस्पत्यामन्वाह.
होता देवो अमर्त्य इति तृचमाग्नेयं गायत्रमन्वाह. सोमे राजनि
प्रणीयमाने सोमं वै राजानं प्रणीयमानमंतरेणैव सदो हविर्धानान्य-
सुरा रक्षांस्यजिघांसंस्तमग्निर्मायया अत्यनयत्पुरस्तादेति माय-
येति. मायया हि स तमत्यनयत्तस्मादस्याग्निं पुरस्ताद् धरंति.
उप त्वाग्ने दिवे दिवे; उप प्रियं पनिप्नतमिति तिस्रश्चैकां चान्वाहे-
श्वरौ ह वा एतौ संयंतौ यजमानं हिंसितो यश्चासौ पूर्व उद्धृतो
भवति यमु चैनमपरं प्रणयंति तद्यत्तिस्रश्चैकां चान्वाह संज्ञानाना-
मेवैनौ तत्संगमयति प्रतिष्ठायामेवैनौ तत्प्रतिष्ठापयत्यात्मनश्च यज-

मानस्य चाहिंसाय. अग्ने जुषस्व प्रतिहर्य तद्वच इत्याहुत्यां हूयमानायामन्वाहाग्नय एव तज्जुष्टिमाहुतिं गमयति. सोमो जिगाति गातुविदिति तृचं सौम्यं गायत्रमन्वाह सोमे राजनि प्रणीयमाने स्वयैवैनं तद्देवतया स्वेन छंदसा समर्धयति. सोमः सधस्थमासददित्यासन्नस्यान्हि स तर्हि भवति. तदतिक्रम्य एवानुब्रूयात्पृष्ठत इवाग्नीध्रं कृत्वा तमस्य राज्ञा वरुणस्तमश्विनेति वैष्णवीमन्वाह. क्रतुं सचेत मारुतस्य वेधसः दाधार दक्षमुत्तममहर्दिवं व्रजं च विष्णुः सखिवान् अपोर्णुत इति. विष्णुर्वै देवानां द्वारपः स एवास्मादेतद् द्वारं विवृणोति. अतश्च मागा अदिति प्रवासीति प्रपाद्यमाने ऽन्वाह. श्येनो न योनिं सदनं धिया कृतमित्यासन्ने हिरण्ययमासदं देव एषतीति. हिरण्ययमिव ह वा एष एतद्देवेभ्यश्छदयति यत्कृष्णाजिनं. तस्मादेतामन्वाह. अस्तभ्नाद् द्यामसुरो विश्ववेदा इति वारुण्या परिदधाति. वरुणदेवत्यो वा एष तावद्यावदुपनह्यो यावत्परिश्रितानि प्रपद्यते स्वयैवैनं तद्देवतया स्वेन छंदसा समर्धयति. तं यद्युप वा धावेयुरभयं वेच्छेरन् एवा वंदस्व वरुणं बृहंतमित्येतया परिदध्याद्यावद्भ्यो ह्यभयमिच्छति यावद्भ्यो ह्यभयं ध्यायति, तावद्भ्यो ह्यभयं भवति, यत्रैवं विद्वानेतया परिदधाति. तस्मादेवं विद्वानेतयैव परिदध्यात्ता एता सप्तदशान्वाह रूपसमृद्धा. एतद्वै यज्ञस्य समृद्धं, यद्रूपसमृद्धं यत्कर्म क्रियमाणमृगभिवदति. तासां त्रिः प्रथमामन्वाह त्रिरुत्तमां ता एकविंशतिः संपद्यंते. एकविंशो वै प्रजापतिर्द्वादश मासाः पंचर्तवस्त्रय इमे लोका, असावादित्य एकविंश; उत्तमा प्रतिष्ठा तद्दैवं क्षत्रं सा श्रीस्तदाधिपत्यं तद्ब्रध्नस्य विष्टपं तत्प्रजापतेरायतनं तत्स्वाराज्यमृध्नोत्येतमेनताभिरेकविंशत्यैकविंशत्या ॥ ३० ॥ ॥

॥ इति ऐतरेयब्राह्मणे प्रथमपंचिकायां पंचमोऽध्यायः ॥ ५ ॥

अथ द्वितीयपंचिकाप्रारंभः ॥ श्रीगणेशाय नमः ॥ ओं ॥ यज्ञेन वै देवा ऊर्ध्वाः स्वर्गं लोकमायंस्ते बिभयुरिमन् नो दृष्ट्वा मनुष्याश्च ऋषयश्चानुप्रज्ञास्यंतीति तं वै यूपेनैवायोपयंस्तं यद्यूपेनैवायोपयंस्तद्यूपस्य यूपत्वं. तमवाचीनाग्रं निमित्योर्ध्वा उदायंस्ततो वै मनुष्याश्च ऋषयश्च देवानां यज्ञवास्त्वभ्यायन्, यज्ञस्य किंचिदेषिष्यामः प्रज्ञात्या इति ते वै यूपमेवाविंदन्नवाचीनाग्रं निमित्तं. ते विदुरनेन वै देवा यज्ञमयूयुपन्निति; तमुत्खायोर्ध्वं न्यमिन्वंस्ततो वै ते प्र यज्ञमजानन्प्र स्वर्गं लोकं. तद्यद्यूप ऊर्ध्वो निमीयते यज्ञस्य प्रज्ञात्यै स्वर्गस्य लोकस्यानुख्यात्यै. वज्रो वा एष यद्यूपः सोऽष्टाश्रिः कर्तव्योऽष्टाश्रिर्वै वज्रस्तं तं प्रहरति द्विषते भ्रातृव्याय वधं यो ऽस्य स्तृत्यस्तस्मै स्तर्तवै. वज्रो वै यूपः स एष द्विषतो वध उद्यतस्तिष्ठति. तस्माद्धाप्येतर्हि यो द्वेष्टि तस्याप्रियं भवत्यमुष्यायं यूपो ऽमुष्यायं यूप इति दृष्ट्वा. खादिरं यूपं कुर्वीत स्वर्गकामः; खादिरेणैव वै यूपेन देवाः स्वर्गं लोकमजयंस्तथैवैतद्यजमानः खादिरेण यूपेन स्वर्गं लोकं जयति. बैल्वं यूपं कुर्वीतान्नाद्यकामः पुष्टिकामः समां समां वै बिल्वो गृभीतस्तदन्नाद्यस्य रूपमामूलाच्छाखाभिरनुचितस्तत्पुष्टेः पुष्यति प्रजां च पशूंश्च य एवंविद्वान् बैल्वं यूपं कुरुते. यदेव बैल्वाँ३, बिल्वं ज्योतिरिति वा आचक्षते. ज्योतिः स्वेषु भवति, श्रेष्ठः स्वानां भवति य एवं वेद. पालाशं यूपं कुर्वीत तेजस्कामो ब्रह्मवर्चसकामस्तेजो वै ब्रह्मवर्चसं वनस्पतीनां पलाशस्तेजस्वी ब्रह्मवर्चसी भवति य एवंविद्वान् पालाशं यूपं कुरुते. यदेव पलाशाँ३, सर्वेषां वा एष वनस्पतीनां योनिर्यत्पलाशस्तस्मात्पलाशस्यैव पलाशेनाचक्षते; ऽमुष्य पलाशममुष्य पलाशमिति सर्वेषां हास्य वनस्पतीनां काम उपाप्तो भवति य एवं वेद ॥ १ ॥

ऐत्रग्मो यूपमनुब्रूहीत्याहाध्वर्युर्. अंजंति त्वामध्वरे देवयंत इत्यन्वाहाध्वरे ह्येनं देवयंतोंजंति. वनस्पते मधुना दैव्येनेत्येतद्वै मधु दैव्यं यदाज्यं. यदूर्ध्वस्तिष्ठा द्रविणेह धत्ताद्यद्वा क्षयो मातुरस्या उपस्थ इति यदि च तिष्ठासि यदि च शयासै द्रविणमेवास्मासु धत्तादित्येव तदाह. उच्छ्रयस्व वनस्पत इत्युच्छ्रीयमाणायाभिरूपा; यद्यज्ञे अभिरूपं तत्समृद्धं-वर्ष्मन् पृथिव्या अधीत्येतद्वै वर्ष्मन् पृथिव्यै यत्र यूपमुन्मिन्वंति. सुमिती मीयमानो वर्चो धा यज्ञवाहस इत्याशिषमाशास्ते. समिद्धस्य श्रयमाणः पुरस्तादिति समिद्धस्य ह्येष एतत्पुरस्ताच्छ्रूयते. ब्रह्म वन्वानो अजरं सुवीरमित्याशिषमेवाशास्त. आरे अस्मदमतिं बाधमान इत्यशनाया वै पाप्मा अमतिस्तामेव तदारान्नुदते यज्ञाच्च यजमानाच्च. उच्छ्रयस्व महते सौभगायेत्याशिषमेवाशास्त. ऊर्ध्व ऊ षु ण ऊतये तिष्ठा देवो न सवितेति यद्वै देवानां नेति तदेषामो३मिति. तिष्ठ देव इव सवितेत्येव तदाहोर्ध्वो वाजस्य सनितेति, वाजसनिमेवैनं तत्सनसा सनोति. यदंजिभिर्वाघद्भिर्विव्हयामह इति छंदांसि वा अंजयो वाघतस्तैरेतद्देवान्यजमाना विव्हयंते, मम यज्ञमागच्छत, मम यज्ञमिति यदि ह वा अपि बहव इव यजंते ऽथ हास्य देवा यज्ञमेव गछंति यत्रैवंविद्वानेतामन्वाह. ऊर्ध्वो नः पाह्यंहसो नि केतुना विश्वं समत्रिणं दहेति रक्षांसि वै पाप्मात्रिणो रक्षांसि पाप्मानं दहेत्येव तदाह. कृधी न ऊर्ध्वान् चरथाय जीवस इति यदाह कृधी न ऊर्ध्वान् चरणाय जीवस इत्येव तदाह. यदि ह वा अपि नीत इव यजमानो भवति, परि हैवैनं तत्संवत्सराय ददाति. विदा देवेषु नो दुव इत्याशिषमेवाशास्ते. जातो जायते सुदिनत्वे अन्हामिति जातो ह्येष एतज्जायते; समर्य आ विदथे वर्धमान इति वर्धयंत्येवैनं तत्. पुनंति धीरा अपसो मनीषेति; पुनंत्येवैनं तद्. देवया विप्र उदियर्ति वाचमिति देवेभ्य एवैनं तन्निवे-

दयति. युवा सुवासाः परिवीत आगादित्युत्तमया परिदधाति. प्राणो वै युवा सुवासाः; सोऽयं शरीरैः परिवृतः स उ श्रेयान् भवति जायमान इति श्रेयाञ्छ्रेयान् ह्येष एतद्भवति जायमानस्; तं धीरासः कवय उन्नयंति स्वाध्योऽमनसा देवयंत इति ये वा अनूचानास्ते कवयस्त एवैनं तदुन्नयंति. ता एताः समान्वाह रूपसमृद्धा, एतद्वै यज्ञस्य समृद्धं यद्रूपसमृद्धं यत्कर्म क्रियमाणमृगभिवदति. तासां त्रिः प्रथमामन्वाह त्रिरुत्तमां, ता एकादश संपद्यंते. एकादशाक्षरा वै त्रिष्टुप् त्रिष्टुबिंद्रस्य वज्र इंद्रायतनाभिरेवाभी राध्नोति य एवं वेद. त्रिः प्रथमां त्रिरुत्तमामन्वाह; यज्ञस्यैव तद्बर्सौ नह्यति स्थेम्ने बलायाविस्रंसाय ॥ २ ॥

तिष्ठेद्यूपा३ः अनुप्रहरे३दित्याहुस्तिष्ठेत् पशुकामस्य. देवेभ्यो वै पशवोऽन्नाद्यायालंभाय नातिष्ठंत. तेऽपक्रम्य प्रतिवावदतोऽतिष्ठन्नस्मान्नालप्स्यध्वे नास्मानिति ततो वै देवा एतं यूपं वज्रमपश्यंस्तमेभ्य उदश्रयंस्तस्माद्बिभ्यत उपावर्तंत. तमेवाद्याप्युपावृत्तास्ततो वै देवेभ्यः पशवोऽन्नाद्यायालंभायातिष्ठंत. तिष्ठंतेऽस्मै पशवोऽन्नाद्यायालंभाय य एवं वेद यस्य चैवंविदुषो यूपस्तिष्ठति. अनुप्रहरेत्स्वर्गकामस्य, तमु ह स्मैतं पूर्वेऽन्वेव प्रहरंति. यजमानो वै यूपो, यजमानः प्रस्तरोऽग्निर्वै देवयोनिः, सोऽग्नेर्देवयोन्या आहुतिभ्यः संभूय हिरण्यशरीर ऊर्ध्वः स्वर्गं लोकमेष्यतीत्यथ ये तेभ्योऽवर आसंस्, त एतं स्वरुमपश्यन् यूपशकलं, तं तस्मिन्कालेऽनुप्रहरेत्तत्र स काम उपाप्तो योऽनुप्रहरणे, तत्र स काम उपाप्तो यः स्थाने. सर्वाभ्यो वा एष देवताभ्य आत्मानमालभते यो दीक्षते. अग्निः सर्वा देवताः, सोमः सर्वा देवताः स यदग्नीषोमीयं पशुमालभते सर्वाभ्य एव तद्देवताभ्यो यजमान आत्मानं निष्क्रीणीते. तदाहुर्द्विरूपोऽग्नीषोमीयः कर्तव्यो, द्विदेवत्यो हीति

तत्तन्नादृत्यं पीव इव कर्तव्यः; पीवोरूपा वै पशवः, कृशित इव खलु वै यजमानो भवति. तद्यत्पीवा पशुर्भवति यजमानमेव तत्स्वेन मेधेन समर्धयति. तदाहुर्नाग्नीषोमीयस्य पशोरश्नीयात्पुरुषस्य वा एषो ऽश्नाति यो ऽग्नीषोमीयस्य पशोरश्नाति. यजमानो ह्येतेनात्मानं निष्क्रीणीत इति तत्तन्नादृत्यं. वार्त्रघ्नं वा एतद्धविर्यदग्नीषोमीयो, ऽग्नीषोमाभ्यां वा इंद्रो वृत्रमहंस्तावेनमब्रूताम्, आवाभ्यां वै वृत्रमवधीर्वरं ते वृणावहा इति वृणाथामिति तावेतमेव वरमवृणातां श्वः सुत्यायां पशुं. स एनयोरेषो ऽच्युतो वरवृतो ह्येनयोस्तस्मात्तस्याशितव्यं चैव लीप्सितव्यं च ॥ ३ ॥

आप्रीभिराप्रीणाति. तेजो वै ब्रह्मवर्चसमाप्रियस्तेजसैवैनं तद् ब्रह्मवर्चसेन समर्धयति. समिधो यजति. प्राणा वै समिधः, प्राणा हीदं सर्वं समिंधते यदिदं किंच. प्राणानेव तत् प्रीणाति प्राणान् यजमाने दधाति. तनूनपातं यजति. प्राणो वै तनूनपात्स हि तन्वः पाति, प्राणमेव तत्प्रीणाति प्राणं यजमाने दधाति. नराशंसं यजति. प्रजा वै नरो, वाक् शंसः, प्रजां चैव तद्वाचं च प्रीणाति, प्रजां च वाचं च यजमाने दधाति. इळो यजत्यन्नं वा इळो ऽन्नमेव तत्प्रीणाति अन्नं यजमाने दधाति. बर्हिर्यजति. पशवो वै बर्हिः, पशूनेव तत्प्रीणाति पशून्यजमाने दधाति. दुरो यजति. वृष्टिर्वै दुरो वृष्टिमेव तत्प्रीणाति वृष्टिमन्नाद्यं यजमाने दधाति. उषासानक्ता यजत्यहोरात्रे वा उषासानक्ताहोरात्रे एव तत्प्रीणात्यहोरात्रयोर्यजमानं दधाति. दैव्या होतारा यजति. प्राणापानौ वै दैव्या होतारा, प्राणापानावेव तत्प्रीणाति प्राणापानौ यजमाने दधाति. तिस्रो देवीर्यजति. प्राणो वा अपानो व्यानस्तिस्रो देव्यस्ता एव तत्प्रीणाति ता यजमाने दधाति. त्वष्टारं यजति. वाग्वै त्वष्टा, वाग्घीदं सर्वं ताष्टीव वाचमेव तत्प्रीणाति वाचं

यजमाने दधाति. वनस्पतिं यजति. प्राणो वै वनस्पतिः, प्राणमेव तत्प्रीणाति प्राणं यजमाने दधाति. स्वाहाकृतीर्यजति. प्रतिष्ठा वै स्वाहाकृतयः, प्रतिष्ठायामेव तद्यज्ञमंततः प्रतिष्ठापयति. ताभिर्यथऋष्याप्रीणीयाद्यथऋष्याप्रीणाति यजमानमेव तद्बंधुताया नोत्सृजति ॥ ४ ॥

पर्यग्नये क्रियमाणायानुब्रूहीत्याहाध्वर्युर्. अग्निर्होता नो अध्वर इति तृचमाग्नेयं गायत्रमन्वाह. पर्यग्नि क्रियमाणे स्वयैवैनं तद्देवतया स्वेन छंदसा समर्धयति. वाजी सन्परिणीयत इति वाजिनमेव ह्येनं संतं परिणयति. परि त्रिविष्टयध्वरं यात्यग्नी रथीरिवेत्येष हि रथीरिवाध्वरं परियाति. परि वाजपतिः कविरित्येष हि वाजानां पतिर्. अत उपप्रेष्य होतर्हव्या देवेभ्य इत्याहाध्वर्युर्. अजैदग्निरसनद्वाजमिति मैत्रावरुण उपप्रैषं प्रतिपद्यते. तदाहुर्यदध्वर्युर्होतारमुपप्रेष्यत्यथ कस्मान्मैत्रावरुण उपप्रैषं प्रतिपद्यत इति! मनो वै यज्ञस्य मैत्रावरुणो वाग्यज्ञस्य होता, मनसा वा इषिता वाग्वदति. यां ह्यन्यमना वाचं वदत्यसुर्या वै सा वागदेवजुष्टा. तद्यन्मैत्रावरुण उपप्रैषं प्रतिपद्यते मनसैव तद्वाचमीरयति. तन्मनसेरितया वाचा देवेभ्यो हव्यं संपादयति ॥ ५ ॥

दैव्याः शमितार आरभध्वमुत मनुष्या इत्याह ये चैव देवानां शमितारो ये च मनुष्याणां तानेव तत्संशास्ति. उपनयत मेध्या दुर आशासाना मेधपतिभ्यां मेधमिति पशुर्वै मेधो, यजमानो मेधपति र्यजमानमेव तत्स्वेन मेधेन समर्धयत्यथो खल्वाहुर्यस्यै वाव कस्यै च देवतायै पशुरालभ्यते सैव मेधपतिरिति. स यद्येकदेवत्यः पशुः स्यान्मेधपतये इति ब्रूयाद्यदि द्विदेवत्यो मेधपतिभ्यामिति यदि बहुदेवत्यो मेधपतिभ्य इत्येतदेव स्थितं. प्रास्मा अग्निं भरतेति पशुर्वै नीयमानः स

मृत्युं प्रापश्यत् स देवान्नान्वकामयतैतुं, तं देवा अब्रुवन्नेहि स्वर्गं वै त्वा लोकं गमयिष्याम इति स तथेत्यब्रवीत्तस्य वै मे युष्माकमेकः पुरस्तादैत्विति तथेति तस्याग्निः पुरस्तादैत्सो ऽग्निमनुप्राच्यवत. तस्मादाहुराग्नेयो वाव सर्वः पशुरग्निं हि सो ऽनुप्राच्यवतेति तस्मादस्याग्निं पुरस्ताद्धरंति. स्तृणीत बर्हिरित्योषध्यात्मा वै पशुः, पशुमेव तत्सर्वात्मानं करोति. अन्वेनं माता मन्यतामनु पितानु भ्राता सगर्भ्यो ऽनु सखा सयूथ्य इति जनित्रैरेवैनं तत्समनुमतमालभंत. उदीचीनां अस्य पदो निधत्तात्सूर्यं चक्षुर्गमयताद्वातं प्राणमन्ववसृजतादंतरिक्षमसुं दिशः श्रोत्रं, पृथिवीं शरीरमित्येष्वेवैनं तल्लोकेष्वादधाति. एकधास्य त्वचमाछ्यतात्पुरा नाभ्या अपिशसो वपामुत्खिदतादंतरेवोष्माणं वारयध्वादिति पशुष्वेव तत्प्राणान् दधाति. श्येनमस्य वक्षः कृणुतात्, प्रशसा बाहू, शला दोषणी, कश्यपेवांसा, ऽछिद्रे श्रोणी, कवषोरू, स्रेकपर्णा ऽष्ठीवंता, षड्विंशतिरस्य वंक्रयस्ता अनुष्ठ्योच्च्यावयताद्, गात्रं गात्रमस्यानूनं कृणुतादित्यंगान्येवास्य तद्गात्राणि प्रीणाति. ऊवध्यगोहं पार्थिवं खनतादित्याहौषधं वा ऊवध्यमियं वा ओषधीनां प्रतिष्ठा; तदेनत्स्वायामेव प्रतिष्ठायामंततः प्रतिष्ठापयति ॥ ६ ॥

अस्ना रक्षः संसृजतादित्याह. तुषैर्वै फलीकरणैर्देवा हविर्यज्ञेभ्यो रक्षांसि निरभजन्नस्ना महायज्ञात्स यदस्ना रक्षः संसृजतादित्याह रक्षांस्येव तत्स्वेन भागधेयेन यज्ञान्निरवदयते. तदाहुर्न यज्ञे रक्षसां कीर्तयेत्कानि रक्षांस्यृते रक्षा वै यज्ञ इति तदु वा आहुः कीर्तयेदेव यो वै भागिनं भागान्नुदते चयते वैनं स यदि वैनं न चयते ऽथ पुत्रमथ पौत्रं चयते त्वेवैनमिति. स यदि कीर्तयेदुपांशु कीर्तयेत्तिर इव वा एतद्वाचो यदुपांशु तिर इवैतद्यद्रक्षांस्यथ यदुच्चैः कीर्तयेदीश्वरो हास्य वाचो रक्षोभाषो जनितोर्यो ऽयं राक्षसीं

वाचं वदति. स यां वै दृप्तो वदति यामुन्मत्तः सा वै राक्षसी वाङ् नात्मना दृप्यति, नास्य प्रजायां, दृप्त आ जायते य एवं वेद. वनिष्ठुमस्य मा राविष्टोरूकं मन्यमाना, नेद्वस्तोके तनये रविता रवच्छमितार इति ये चैव देवानां शमितारो ये च मनुष्याणां, तेभ्य एवैनं तत्परिददाति. अध्रिगो शमीध्वं, सुशमि शमीध्वं, शमीध्वमध्रिगा३ उ इति त्रिर्ब्रूयादपापेति चाध्रिगुर्वै देवानां शमिता.पापो निग्रभीता शमितृभ्यश्चैवैनं तं निग्रभीतृभ्यश्च संप्रयच्छति. शमितारो यदत्र सुकृतं कृणवथास्मासु तद्यद्दुष्कृतमन्यत्र तदित्याहाग्निर्वै देवानां होतासीत्स एनं वाचा व्यशाद्वाचा वा एनं होता विशास्ति. तद्यदर्वाग्यत्परः कृंतति यदुल्बणं यद्विथुरं क्रियते शमितृभ्यश्चैवैनं तन्निग्रभीतृभ्यश्च समनुदिशति. स्वस्त्येवं होतोन्मुच्यते सर्वायुः सर्वायुत्वाय; सर्वमायुरेति य एवं वेद ॥ ७ ॥

पुरुषं वै देवाः पशुमालभंत. तस्मादालब्धान्मेध उदक्रामत्सोऽश्वं माविशत्तस्मादश्वो मेध्योऽभवदथैनमुत्क्रांतमेधमत्यार्जंत, स किंपुरुषो भवत्तेऽश्वमालभंत. सोऽश्वादालब्धादुदक्रामत्स गां माविशत्तस्मात् गौर्मेध्यो भवदथैनमुत्क्रांतमेधमत्यार्जंत, स गौरमृगो भवत्ते गामालभंत. स गोरालब्धादुदक्रामत्सोऽविं माविशत्तस्मादविर्मेध्यो भवदथैनमुत्क्रांतमेधमत्यार्जंत, स गवयो भवत्तेऽविमालभंत. सोऽवेरालब्धादुदक्रामत्सोऽजं माविशत्तस्मादजो मेध्यो भवदथैनमुत्क्रांतमेधमत्यार्जंत, स उष्ट्रो भवत्सोऽजे ज्योक्तमामिवारमत.तस्मादेष एतेषां पशूनां प्रयुक्ततमो यदजस्तेऽजमालभंत. सोऽजादालब्धादुदक्रामत्स इमां माविशत्तस्मादियं मेध्या भवदथैनमुत्क्रांतमेधमत्यार्जंत, स शरभो भवत्त एत उत्क्रांतमेधा अमेध्याः पशवस्तस्मादेतेषां नाश्नीयात्तमस्यामन्वगच्छंस्सोऽनुगतो व्रीहिरभवत्तद्यत्पशौ पुरोळाशमनु निर्वपति, स मेधेन नः

पशुनेष्टमसत् केवलेन नः पशुनेष्टमसदिति. स मेधेन हास्य पशुनेष्टं भवति केवलेन हास्य पशुनेष्टं भवति य एवं वेद ॥ ८ ॥

स वा एष पशुरेवालभ्यते यत्पुरोळाशस्तस्य यानि किंशारूणि तानि रोमाणि, ये तुषाः सा त्वग्ये फलीकरणास्तदसृग्यत्पिष्टं किक्नसास्तन्मांसं; यत्किंचित्कंसारं तदस्थि. सर्वेषां वा एष पशूनां मेधेन यजते यः पुरोळाशेन यजते. तस्मादाहुः पुरोळाशसत्रं लोक्यमिति युवमेतानि दिवि रोचनान्यग्निश्च सोम सक्रतू अधत्तं; युवं सिंधूं रभिशस्तेरवद्यादग्नीषोमावमुंचतं गृभीतानिति वपायै यजति. सर्वाभिर्वा एष देवताभिरालब्धो भवति यो दीक्षितो भवति. तस्मादाहुर्न दीक्षितस्याश्नीयादिति स यदग्नीषोमावमुंचतं गृभीतानिति वपायै यजति, सर्वाभ्य एव तद्देवताभ्यो यजमानं प्रमुंचति. तस्मादाहुरशितव्यं वपायां हुतायां यजमानो हि स तर्हि भवति. आन्यं दिवो मातरिश्वा जभारेति पुरोळाशस्य यजति. अमथ्नादन्यं परि श्येनो अद्रेरितीत इव च ह्येष इत इव च मेधः समाहृतो भवति. स्वदस्व हव्या समिषो दिदीहीति पुरोळाशः स्विष्टकृतो यजति. हविरेवास्मा एतत्स्वदयतीषमूर्जमात्मन्धत्त. इळामुपह्वयते. पशवो वा इळा पशूनेव तदुपह्वयते पशून्यजमाने दधाति ॥ ९ ॥

मनोतायै हविषोऽवदीयमानस्यानुब्रूहीत्याहाध्वर्युस्. त्वं ह्यग्ने प्रथमो मनोतेति सूक्तमन्वाह. तदाहुर्यदन्यदेवत्य उत पशुर्भवत्यथ कस्मादाग्नेयीरेव मनोतायै हविषो ऽवदीयमानस्यान्वाहेति! तिस्रो वै देवानां मनोतास्तासु हि तेषां मनांस्योतानि. वाग्वै देवानां मनोता, तस्यां हि तेषां मनांस्योतानि. गौर्वै देवानां मनोता, तस्यां हि तेषां मनांस्योतानि. अग्निर्वै देवानां मनोता, तस्मिन्हि तेषां मनांस्योतान्यग्निः सर्वा मनोता, अग्नौ मनोताः संगच्छंते. तस्मादाग्नेयीरेव

मनोतायै हविषो ऽवदीयमानस्यान्वाहाग्नीषोमा हविषः प्रस्थितस्येति हविषो यजति. हविष इति रूपसमृत्या प्रस्थितस्येति रूपसमृद्धा, सर्वाभिर्हास्य समृद्धिभिः समृद्धं हव्यं देवानप्येति य एवं वेद. वनस्पतिं यजति. प्राणो वै वनस्पतिर्जीवं हास्य हव्यं देवानप्येति यत्रैवंविद्वान् वनस्पतिं यजति. स्विष्टकृतं यजति. प्रतिष्ठा वै स्विष्टकृत् प्रतिष्ठायामेव तद्यज्ञमंततः प्रतिष्ठापयतीळामुपव्हयते. पशवो वा इळा पशूनेव तदुपव्हयते पशून् यजमाने दधाति दधाति ॥ १० ॥ इत्यैतरेयब्राम्हणे द्वितीयपंचिकाया प्रथमो ऽध्यायः ॥ १ ॥

देवा वै यज्ञमतन्वत. तांस्तन्वानानसुरा अभ्यायन्यज्ञवेशसमेषां करिष्याम इति तानाप्रीते पशौ पुर इव पर्यग्नेर्यूपं प्रति पुरस्तादुपायैंस्ते देवाः प्रतिबुध्याग्निमयीः पुरस्त्रिपुरं पर्यास्यंत यज्ञस्य चात्मनश्च गुप्त्यै. ता एषाग्निमा अग्निमय्यः पुरो दीप्यमाना भ्राजमाना अतिष्ठंस्ता असुरा अनपधृष्यैवापाद्रवंस्ते ऽग्निनैव पुरस्तादसुररक्षांस्यपाघ्नताग्निना पश्चात्तथैवैतद्यजमाना यत्पर्यग्निं कुर्वंत्यग्निमयीरेव तत्पुरस्त्रिपुरं पर्यस्यंते यज्ञस्य चात्मनश्च गुप्त्यै. तस्मात्पर्यग्निं कुर्वंति, तस्मात्पर्यग्नये ऽन्वाह. तं वा एतं पशुमाप्रीतं संतं पर्यग्निकृतमुदंचं नयंति. तस्योल्मुकं पुरस्ताद्धरंति. यजमानो वा एष निदानेन यत्पशुरनेन ज्योतिषा यजमानः पुरोज्योतिः स्वर्गं लोकमेष्यतीति तेन ज्योतिषा यजमानः पुरोज्योतिः स्वर्गं लोकमेति. तं यत्र निहनिष्यंतो भवंति, तदध्वर्युर्बर्हिरधस्तादुपास्यति; यदेवैनमद आप्रीतं संतं पर्यग्निकृतं बर्हिर्वेदि नयंति, बर्हिषदमेवैनं तत्कुर्वंति. तस्योवध्यगोहं खनंत्योषधं वा ऊवध्यमियं वा ओषधीनां प्रतिष्ठा, तदेनत्स्वायामेव प्रतिष्ठामंततः प्रतिष्ठापयंति. तदाहुर्यदेष हविरेव

यत्सशुरथास्य बर्हिपीति लोमानि त्वगमृक् कुष्टिकाः शफा विषाणे स्कंदंति पिशितं, केनास्य तदापूर्यत इति ! यदेवैतत्पशौ पुरोळाशमनुनिर्वपंति तेनैवास्य तदापूर्यते. पशुभ्यो वै मेधा उदक्रामंस्तौ ब्रीहिश्चैव यवश्च भूतावजायेतां. तद्यत्पशौ पुरोळाशमनुनिर्वपंति, स मेधेन नः पशुनेष्टमसत्केवलेन नः पशुनेष्टमसदिति स मेधेन हास्य पशुनेष्टं भवति· केवलेन हास्य पशुनेष्टं भवति य एवं वेद ॥ ११ ॥

तस्य वपामुत्खिद्याहरंति. तामध्वर्युः स्रुवेणाभिघारयन्नाह स्तोकेभ्यो ऽनुब्रूहीति तद्यत्स्तोका श्चोतंति. सर्वदेवत्या वै स्तोका, नेन्म इमे ऽनभिप्रीता देवान् गच्छानिति. जुषस्व सप्रथस्तममित्यन्वाह. वचो देवप्सरस्तमं हव्या जुह्वान आसनीत्यग्नेरेवैनास्तदास्ये जुहोति. इमं नो यज्ञममृतेषु धेहीति सूक्तमन्वाह. इमा हव्या जातवेदो जुषस्वेति हव्यजुष्टिमाशास्ते स्तोकानामग्ने मेदसो घृतस्येति मेदसश्च हि घृतस्य च भवंति. होतः प्राशान प्रथमो निषद्येत्यग्निर्वै देवानां होताग्ने प्राशान प्रथमो निषद्येत्येव तदाह. घृतवंतः पावक ते स्तोकाः श्चोतंति मेदस इति मेदसश्च ह्येव हि घृतस्य च भवंति. सधर्मं देववीतये श्रेष्ठं नो धेहि वार्यमित्याशिषमाशास्ते· तुभ्यं स्तोका घृतश्चुतो ऽग्ने विप्राय संत्येति घृतश्चुतो हि भवंति. ऋषिः श्रेष्ठः समिध्यसे यज्ञस्य प्राविता भवेति यज्ञसमृद्धिमाशास्ते. तुभ्यं श्चोतंत्यध्रिगो शचीव स्तोकासो अग्ने मेदसो घृतस्येति मेदसश्च ह्येव हि घृतस्य च भवंति. कविशस्तो बृहता भानुनागा हव्या जुषस्व मेधिरेति हव्यजुष्टिमेवाशास्त. ओजिष्ठं ते मध्यतो मेद उद्भृतं प्र ते वयं ददामहे श्चोतंति ते वसो स्तोका अधि त्वचि प्रति तान् देवशो विहीत्यग्नयेवैनास्तद्वषट्करोति यथा सोमस्याग्ने वीहीति तद्यत् स्तोकाः श्चोतंति सर्वदेवत्या वै स्तोकास्तस्मादियं स्तोकशो वृष्टिर्विभक्तोपाचरति ॥ १२ ॥

तदाहुः का स्वाहाकृतीनां पुरोनुवाक्याः ! कः प्रैषः ! का

याज्येति? या एवैता अन्वाहिताः पुरोनुवाक्या, यः प्रैषः स प्रैषो, या याज्या सा याज्या. तदाहुः का देवता स्वाहाकृतय इति? विश्वेदेवा इति ब्रूयात्तस्मात्स्वाहाकृतं हविरदंतु देवा इति यजंतीति देवा वै यज्ञेन श्रमेण तपसाहुतिभिः स्वर्गं लोकमजयंस्तेषां वपायामेव हुतायां स्वर्गो लोकः प्राख्यायत; ते वपामेव हुत्वानादृत्येतराणि कर्माण्यूर्ध्वाः स्वर्गं लोकमायंस्ततो वै मनुष्याश्च ऋषयश्च देवानां यज्ञवास्त्वभ्यायन्, यज्ञस्य किंचिदेषिष्यामः प्रज्ञात्या इति ते ऽभितः प्रतिचरंत ऐत्य पशुमेव निरांत्रं शयानं. ते विदुरियान्वाव किल पशुर्यावती वपेति स एतावानेव पशुर्यावती वपा अथ यदेनं तृतीयसवने श्रपयित्वा जुव्हाति भूयसीभिर्न आहुतिभिरिष्टमसत्केवलेन नः पशुनेष्टमसदिति भूयसीभिर्हास्याहुतिभिरिष्टं भवति; केवलेन हास्य पशुनेष्टं भवति य एवं वेद ॥ १३ ॥

सा वा एषा ऽमृताहुतिरेव यद्वपाहुतिरमृताहुतिरग्न्याहुतिरमृताहुतिराज्याहुतिरमृताहुतिः सोमाहुतिरेता वा अशरीरा आहुतयो. या वै काश्चाशरीरा आहुतयो ऽमृतत्वमेव ताभिर्यजमानो जयति. सा वा एषा रेत एव यद्वपा मेव वै रेतो लीयते, मेव वपा लीयते. शुक्लं वै रेतः, शुक्ला वपा, ऽशरीरं वै रेतो ऽशरीरा वपा. यद्वै लोहितं यन्मांसं तच्छरीरं. तस्माद् ब्रूयाद्यावदलोहितं तावत्परिवासयेति सा पंचावत्ता भवति यद्यपि चतुरवत्ती यजमानः स्यादथ पंचावत्तैव वपाऽऽज्यस्योपस्तृणाति. हिरण्यशल्को वपा हिरण्यशल्क आज्यस्योपरिष्टादभिघारयति. तदाहुर्यद्धिरण्यं न विद्येत, कथं स्यादिति. द्विराज्यस्योपस्तीर्य वपामवदाय द्विरुपरिष्टादभिघारयत्यमृतं वा आज्यममृतं हिरण्यं. तत्र स काम उपाप्तो य आज्ये, तत्र स काम उपाप्तो यो हिरण्ये, तत्पंच संपद्यंते. पांक्तो ऽयं पुरुषः पंचधा विहितो

लोमानि त्वङ्मांसमस्थि मज्जा. स यावानेव पुरुषस्तावंतं यजमानं संस्कृत्याग्नौ देवयोन्यां जुहोति. अग्निर्वै देवयोनिः सो ऽग्नेर्देवयोन्या आहुतिभ्यः संभूय हिरण्यशरीर ऊर्ध्वः स्वर्गं लोकमेति ॥ १४ ॥

देवेभ्यः प्रातर्यावभ्यो होतरनुब्रूहीत्याहाध्वर्युरेते वाव देवा प्रातर्यावाणो यदग्निरुषा अश्विनौ त एते सप्तभिः सप्तभिश्छंदोभिरागच्छंत्यास्य देवाः प्रातर्यावाणो हवं गच्छंति य एवं वेद. प्रजापतौ वै स्वयं होतरि प्रातरनुवाकमनुवक्ष्यत्युभये देवासुरा यज्ञमुपावसन्नस्मभ्यमनुवक्ष्यत्यस्मभ्यमिति स वै देवेभ्य एवान्वब्रवीत्ततो वै देवा अभवन्परासुरा. भवति आत्मना परास्य द्विषन्भ्राप्मा भ्रातृव्यो भवति य एवं वेद. प्रातर्वै स तं देवेभ्यो ऽन्वब्रवीद्यत्प्रातरन्वब्रवीत्तत्प्रातरनुवाकस्य प्रातरनुवाकत्वं. महति रात्र्या अनूच्यः सर्वस्यै वाचः सर्वस्य ब्रह्मणः परिगृहीत्यै यो वै भवति यः श्रेष्ठतामश्नुते, तस्य वाचं प्रोदितामनुप्रवदंति. तस्मान्महति रात्र्या अनूच्यः पुरा वाचः प्रवदितोरनूच्यो. यद्वाचि प्रोदितायामनुब्रूयादन्यस्यैवैनमुदितानुवादिनं कुर्यात्तस्मान्महति रात्र्या अनूच्यः पुरा शकुनिवादादनुब्रूयान्निर्ऋतेर्वा एतन्मुखं यद्वयांसि यच्छकुनयस्तस्पुरा शकुनिवादादनुब्रूयान्मा यज्ञियां वाचं प्रोदितामनुप्रवदिष्मेति. तस्मान्महति रात्र्या अनूच्यो. अथो खलु यदेवाध्वर्युरुपाकुर्यादथानुब्रूयाद्यदा वाध्वर्युरुपाकरोति, वाचैवोपाकरोति. वाचा होता ऽन्वाह. वाग्घि ब्रह्म तत्र स काम उपाप्तो यो वाचि च ब्रह्मणि च ॥ १५ ॥

प्रजापतौ वै स्वयं होतरि प्रातरनुवाकमनुवक्ष्यति सर्वा देवता आशंसंत मामभि प्रतिपत्स्यति मामभीति स प्रजापतिरैक्षत यद्येकां देवतामादिष्टामभि प्रतिपत्स्यामीतरा मे केन देवता उपाप्ता भविष्यंतीति स एतामृचमपश्यदापो रेवतीरित्यापो वै सर्वा देवता

रेवत्यः सर्वा देवताः, स एतयर्चा प्रातरनुवाकं प्रत्यपद्यत. ताः सर्वाः देवताः प्रामोदंत, मामभिप्रत्यपादि मामभीति सर्वा हास्मिन्देवताः प्रातरनुवाकमनुब्रुवति प्रमोदंते. सर्वाभिर्हास्य देवताभिः प्रातरनुवाकः प्रतिपन्नो भवति य एवं वेद. ते देवा अबिभयुरादातारो वै न इमं प्रातर्यज्ञमसुरा यथौजीयांसो बलीयांस एवमिति तानब्रवीदिंद्रो मा बिभीत त्रिषमृद्धमेभ्यो ऽहं प्रातर्वज्रं प्रहर्तास्मीत्येतां वाव तदृचमब्रवीद्वज्रस्तेन यदपो नप्त्रीया, वज्रस्तेन यत् त्रिष्टुब्वज्रस्तेन यद्वाक्, तमेभ्यः प्राहरत्तेनैनानहंस्ततो वै देवा अभवन्परासुरा. भवत्यात्मना परास्य द्विषन्पाप्मा भ्रातृव्यो भवति य एवं वेद. तदाहुः स वै होता स्याद्य एतस्यामृचि सर्वाणि छंदांसि प्रजनयेदित्येषा वाव त्रिरनूक्ता सर्वाणि छंदांसि भवत्येषा छंदसां प्रजातिः ॥ १६ ॥

शतमनूच्यमायुष्कामस्य. शतायुर्वै पुरुषः शतवीर्यः शतेंद्रिय आयुष्येवैनं तद्वीर्य इंद्रिये दधाति. त्रीणि च शतानि च षष्टिश्चानूच्यानि यज्ञकामस्य. त्रीणि च वै शतानि षष्टिश्च संवत्सरस्याहानि तावान्संवत्सरः. संवत्सरः प्रजापतिः. प्रजापतिर्यज्ञ उपैनं यज्ञो नमति यस्यैवंविद्वांस्त्रीणि च शतानि च षष्टिं चान्वाह. सप्त च शतानि विंशतिश्चानूच्यानि प्रजापशुकामस्य. सप्त च वै शतानि विंशतिश्च संवत्सरस्याहोरात्रास्तावान्संवत्सरः संवत्सरः प्रजापतिर्यं प्रजायमानं विश्वं रूपमिदमनुप्रजायते प्रजापतिमेव तत्प्रजायमानं प्रजया पशुभिरनुप्रजायते प्रजात्यै. प्रजायते प्रजया पशुभिर्य एवं वेद. अष्टौ शतान्यनूच्यान्यब्राह्मणोक्तस्य यो वा दुरुक्तोक्तः शमलगृहीतो यजेताष्टाक्षरा वै गायत्री. गायत्र्या वै देवाः, पाप्मानं शमलमपाघ्नत. गायत्र्यैवास्य तत्पाप्मानं शमलम-

पहंत्यपपाप्मानं हते य एवं वेद. सहस्रमनूच्यं स्वर्गकामस्य. सहस्राश्वीने वा इतः स्वर्गो लोकः स्वर्गस्य लोकस्य समष्ट्यै संपत्त्यै संगत्या अपरिमितमनूच्यमपरिमितो वै प्रजापतिः. प्रजापतेर्वा एतदुक्थं यत्प्रातरनुवाकस्तस्मिन्त्सर्वे कामा अवरुध्यंते. स यदपरिमितमन्वाह सर्वेषां कामानामवरुध्यै. सर्वान्कामानवरुंधे य एवं वेद. तस्मादपरिमितमेवानूच्यं. सप्ताग्नेयानि छंदांस्यन्वाह. सप्त वै देवलोकाः सर्वेषु देवलोकेषु राध्नोति य एवं वेद. सप्तोषस्यानि छंदांस्यन्वाह. सप्त वै ग्राम्याः पशवो, ऽव ग्राम्यान्पशून् रुंधे य एवं वेद. सप्ताश्विनानि छंदांस्यन्वाह. सप्तधा वै वागवदत्तावद्वै वागवदत्सर्वस्यै वाचः, सर्वस्य ब्रह्मणः परिगृहीत्यै. तिस्रो देवता अन्वाह. त्रयो वा इमे त्रिवृतो लोका एषामेव देवलोकानामभिजित्यै ॥ १७ ॥

तदाहुः कथमनूच्यः प्रातरनुवाक इति? यथाछंदसमनूच्यः प्रातरनुवाकः प्रजापतेर्वा एतान्यंगानि, यच्छंदांस्येष उ एव प्रजापतिर्यो यजते, तद्यजमानाय हितं पच्छो ऽनूच्यः प्रातरनुवाकश्चतुष्पादा वै पशवः पशूनामवरुध्या. अर्धर्चश एवानूच्यो यथैवैनमेतदन्वाह प्रतिष्ठाया एव. द्विप्रतिष्ठो वै पुरुषश्चतुष्पादाः पशवो यजमानमेव तद् द्विप्रतिष्ठं चतुष्पात्सु पशुषु प्रतिष्ठापयति. तस्मादर्धर्चश एवानूच्यस्तदाहुर्यद्व्यूळ्हः प्रातरनुवाकः, कथमव्यूळ्हो भवतीति? यदेवास्य बृहती मध्यामेतीति ब्रूयात्तेनेत्याहुतिभागा वा अन्या देवता अन्याः स्तोमभागाश्छंदोभागास्ता या प्रातराहुतयो हूयंते ताभिराहुतिभागाः प्रीणात्यथ यत्स्तुवंति च शंसंति च तेन स्तोमभागाश्छंदोभागा. उभय्यो हास्यैता देवताः प्रीता अभीष्टा भवंति य एवं वेद. त्रयस्त्रिंशद्वै देवाः सोमपास्त्रयस्त्रिंशदसोमपा; अष्टौ वसव एकादश रुद्रा द्वादशादित्या प्रजापतिश्च वषट्कारश्चैते देवाः

सोमपा. एकादश प्रयाजा एकादशानुयाजा एकादशोपयाजा एते ऽसोमपाः पशुभाजनाः॰ सोमेन सोमपान् प्रीणाति· पशुना ऽसोमपानुभय्यो हास्यैता देवताः प्रीता अभीष्टा भवंति य एवं वेद· अभूदुषा रुशत्पशुरित्युत्तमया परिदधाति· तदाहुर्यत् त्रीन् क्रतूनन्वाहाग्नेयमुषस्यमाश्विनं कथमस्यैकयर्चा परिदधतः सर्वे त्रयः क्रतवः परिहिता भवंतीत्यभूदुषा रुशत्पशुरित्युषसो रूपमाग्निरधाय्यृत्विय इति अग्नेः; अयोजि वा वृषण्वसू रथो दस्रा॰ वमर्त्यो माध्वी मम श्रुतं हवमित्याश्विनोरेवमु हास्यैकयर्चा परिदधतः सर्वे त्रयः क्रतवः परिहिता भवंति भवंति ॥ १८ ॥ ॥

इत्यैतरेयब्राह्मणे द्वितीयपंचिकायां द्वितीयो ऽध्यायः ॥ २ ॥

ऋषयो वै सरस्वत्यां सत्रमासत· ते कवषमैलूषं सोमादनयन् दास्याः पुत्रः कितवो ऽब्राह्मणः कथं नो मध्ये दीक्षिष्टेति! तं बहिर्धन्वोदवहन्नत्रैनं पिपासा हंतु सरस्वत्या उदकं मा पादिति स बहिर्धन्वोदूळ्हः पिपासया वित्त एतदपोनप्त्रीयमपश्यत्, प्र देवत्रा ब्रह्मणे गातुरेत्विति तेनापां प्रियं धामोपागच्छत्तमापो ऽनूदायंस्तं सरस्वती समंतं पर्यधावत्तस्माद्धाप्येतर्हि परिसारकमित्याचक्षते· यदेनं सरस्वती समंतं परिससार. ते वा ऋषयो ब्रुवन्विदुर्वा इमं देवा उपेमं ह्वयामहा इति तथेति. तमुपाह्वयंत. तमुपहूयैतदपोनप्त्रीयमकुर्वत, प्र देवत्रा ब्रह्मणे गातुरेत्विति तेनापां प्रियं धामोपागच्छन्नुप देवानामुपापां प्रियं धाम गच्छत्युप देवानां जयति परमं लोकं य एवं वेद यश्चैवंविद्वानेतदपोनप्त्रीयं कुरुते. तत्संततमनुब्रूयात्. संततवर्षीह प्रजाभ्यः पर्जन्यो भवति यत्रैवंविद्वानेतत्संततमन्वाह. यदवग्राहमनुब्रूयाज्जीमूतवर्षीह प्रजाभ्यः पर्जन्यः स्यात्तस्मात्संततमेवानूच्यं· तस्य त्रिः प्रथमां संततमन्वाह तेनैव तत्सर्वं संततमनूक्तं भवति ॥ १९ ॥

तां एता नवानंतरायमन्वाह, हिनोता नो अध्वरं देवयज्येति दशमीम्; आववृततीरध नु द्विधारा इति आवृत्तास्वेकधनासु. प्रतियदापो अदृश्रमायतीरिति प्रतिदृश्यमानासु. आ धेनवः पयसा तूर्ण्यर्था इत्युपायतीषु. समन्या यंत्युपयंत्यन्या इति समायतीष्वापो वा अस्पर्धंत, वयं पूर्वं यज्ञं वक्ष्यामो वयमिति याश्चेमाः पूर्वेद्युर्वसतीवर्यो गृह्यंते याश्च प्रातरेकधनास्ता भृगुरपश्यदापो वै स्पर्धंत इति. ता एतयर्चा समज्ञपयत्समन्या यंत्युपयंत्यन्या इति. ताः समजानत संजानाना हास्यापो यज्ञं वहंति य एवं वेद. आपो न देवीरुपयंति होत्रियमिति होतृचमसे समवनीयमानास्वन्वाह वसतीवरीष्वेकधनासु चावेरपो ऽध्वर्या३उ इति, होताध्वर्युं पृच्छति. आपो वै यज्ञो; विदा यज्ञा३मित्येव तदाह. उतेमनन्नमुरित्यध्वर्युः प्रत्याहोतेमाः पश्येत्येव तदाह. तास्वध्वर्यो इंद्राय सोमं सोता मधुमंतं वृष्टिवनिं तीव्रांतं बहुरमध्यं; वसुमते रुद्रवत आदित्यवत ऋभुमते विभुमते वाजवते बृहस्पतिवते विश्वदेव्यावते; यस्येंद्रः पीत्वा वृत्राणि जंघनत्प्र स जन्यानि तारिषो३मिति प्रत्युत्तिष्ठति. प्रत्युत्थेया वा आपः. प्रति वै श्रेयांसमायंतमुत्तिष्ठंति. तस्मात्प्रत्युत्थेया अनुपर्यावृत्या अनु वै श्रेयांसं पर्यावर्तंते. तस्मादनुपर्यावृत्या अनुब्रुवतैवानुप्रपत्तव्यमीश्वरो ह यद्यप्यन्यो यजेताथ होतारं यशो ऽर्तोस्. तस्मादनुब्रुवतैवानुप्रपत्तव्यम्. अंबयो यंत्यध्वभिरित्येतामनुब्रुवन्ननुप्रपद्येत. जामयो अध्वरीयतां पृंचतीर्मधुना पय इति यो ऽमधव्यो यशोतौ बुभूषेद्. अमूर्या उप सूर्ये याभिर्वा सूर्यः सहेति तेजस्कामो ब्रह्मवर्चसकामो. अपो देवीरुपह्वये यत्र गावः पिबंति न इति पशुकामस्ता एताः सर्वा एवानुब्रुवन्ननुप्रपद्येतैतेषां कामानामवरुध्या. एतान्कामानवरुंधे य एवं वेद. एमा अग्मन्रेवतीर्जीवधन्या इति साद्यमानास्वन्वाह वस-

तीवरीर्वेकधनासुच. आग्मन्नाप उशतीर्बर्हिरेदमिति सप्तासु स एतया परिदधाति ॥ २० ॥

शिरो वा एतद्यज्ञस्य यत्प्रातरनुवाकः प्राणापाना उपांश्वंतर्यामी वज्र एव वाङ्नाहुतयोरुपांश्वंतर्यामयोर्होता वाचं विसृजेत. यदहुतयोरुपांश्वंतर्यामयोर्होता वाचं विसृजेत वाचा वज्रेण यजमानस्य प्राणान्वीयाद्य एनं तत्र ब्रूयाद्वाचा वज्रेण यजमानस्य प्राणान्व्यगात्प्राण एनं हास्यतीति शश्वत्तथा स्यात्तस्मान्नाहुतयोरुपांश्वंतर्यामयोर्होता वाचं विसृजेत. प्राणं यच्छ स्वाहा त्वा सुहव सूर्यायेत्युपांशुमनुमंत्रयेत. तमभिप्राणेत्प्राण प्राणं मे यच्छेत्यपानं यच्छ स्वाहा त्वा सुहव सूर्यायेत्यंतर्याममनुमंत्रयेत. तमभ्यपानेदपानापानं मे यच्छेति. व्यानाय त्वेत्युपांशुसवनं ग्रावाणमभिमृश्य वाचं विसृजत. आत्मा वा उपांशुसवन, आत्मन्येव तद्धोता प्राणान् प्रतिधाय वाचं विसृजते सर्वायुः सर्वायुत्वाय. सर्वमायुरेति य एवं वेद ॥ २१ ॥

तदाहुः सर्पेत् न सर्पेत् इति सर्पेदिति हैक आहुरुभयेषां वा एष देवमनुष्याणां भक्षो यद्बहिष्पवमानस्तस्मादेनमभिसंगच्छंत इति वदंतस्तत्तन्नादृत्यं. यत्सर्पेदृचमेव तत्साम्नो ऽनुवर्त्मानं कुर्याद्य एनं तत्र ब्रूयादनुवर्त्मान्वा अयं होता सामगस्याभूदुद्गातरि यशो धादच्योष्टायतनाच्च्योष्यत आयतनादिति शश्वत्तथा स्यात्. तस्मात्तत्रैवासीनो ऽनुमंत्रयेत. यो देवानामिह सोमपीथो यज्ञे बर्हिषि वेद्यां तस्यापि भक्षयामसीत्येवमु हास्यात्मा सोमपीथादनंतरितो भवत्यथो ब्रूयान्मुखमसि मुखं भूयासमिति मुखं वा एतद्यज्ञस्य यद्बहिष्पवमानो मुखं स्वेषु भवति श्रेष्ठः स्वानां भवति य एवं वेद. आसुरी वै दीर्घजिव्ही देवानां प्रातःसवनमवालेट् तव्द्यमाद्यन्ते देवाः प्राजिज्ञासंत ते मित्रावरुणावब्रुवन् युवमिदं निष्कुरुतमिति तौ तथेत्यब्रूतां वौ वै वो वरं वृणावहा इति वृणाथामिति तावेतमेव वर-

मवृगातां प्रातःसवने पयस्यां सैनयोरेषाच्युता वरवृता श्येनयोस्त-यदस्यै विमत्तामिव तदस्यै समृध्नं विमत्तामिव हि तौ तया निर-कुरुतां ॥ २२ ॥

देवानां वै सवनानि नाध्रियंत. त एतान्पुरोळाशानपश्यंस्तानन्वनु सवनं निरवपन्त्सवनानां धृत्यै ततो वै तानि तेषामध्रियंत. तद्यदनु सवनं पुरोळाशा निरुप्यंते सवनानामेव धृत्यै, तथा हि तानि तेषा-मध्रियंत. पुरो वा एतान् देवा अक्रत यत्पुरोळाशास्तत्पुरोळाशानां पुरोळाशत्वं. तदाहुरनु सवनं पुरोळाशान्निर्वपेदष्टाकपालं प्रातः-सवन, एकादशकपालं माध्यंदिने सवने, द्वादशकपालं तृतीयसवने. तथा हि सवनानां रूपं तथा छंदसामिति तत्तन्नादृत्यमैंद्रा वा एते सर्वे निरुप्यंते यदनु सवनं पुरोळाशास्तस्मात्तानेकादशकपालानेव निर्वपेत्. तदाहुर्यतो घृतेनानक्तं स्यात्ततः पुरोळाशस्य प्राश्नीयात्सोम-पीथस्य गुप्त्यै घृतेन हि वज्रेणेंद्रो वृत्रमहन्निति तत्तन्नादृत्यं. हविर्वा एतद्यदुत्पूतं सोमपीथो वा एष यदुत्पूतं. तस्मात्तस्य यत एव कुतश्च प्राश्नीयात्सर्वतो वा एता स्वधा यजमानमुपक्षरंति यदेतानि हवीं-ष्याज्यं धानाः करंभः परिवापः पुरोळाशः पयस्येति. सर्वत एवैनं स्वधा उपक्षरंति य एवं वेद ॥ २३ ॥

यो वै यज्ञं हविष्पंक्तिं वेद हविष्पंक्तिना यज्ञेन राध्नोति. धानाः करंभः परिवापः पुरोळाशः पयस्येत्येष वै यज्ञो हविष्पंक्तिर्हविष्पंक्ति-ना यज्ञेन राध्नोति य एवं वेद. यो वै यज्ञमक्षरपंक्तिं वेदाक्षरपंक्तिना यज्ञेन राध्नोति. सुमत्पद्वग्द इत्येष वै यज्ञो ऽक्षरपंक्तिरक्षरपंक्तिना यज्ञेन राध्नोति य एवं वेद. यो वै यज्ञं नराशंसपंक्तिं वेद.नराशं-सपंक्तिना यज्ञेन राध्नोति. द्विनाराशंसं प्रातःसवनं द्विनाराशंसं माध्यंदिनं सवनं सकृन्नाराशंसं तृतीयसवनमेष वै यज्ञो नराशंस-पंक्तिर्नराशंसपंक्तिना यज्ञेन राध्नोति य एवं वेद. यो वै यज्ञं सवन-

पंक्तिं वेद सवनपंक्तिना यज्ञेन राध्नोति. पशुरुपवसथे त्रीणि सव-
नानि पशुरनूबंध्य इत्येष वै यज्ञः सवनपंक्तिः सवनपंक्तिना यज्ञेन
राध्नोति य एवं वेद. हरिवाँ इंद्रो धाना अत्तु पूषण्वान्करंभं सरस्व-
तीवान्भारतीवान्परिवाप इंद्रस्यापूप इति हविष्पंक्त्या यजत्यृक् न.मे
वा इंद्रस्य हरी; पशवः पूषान्नं करंभः सरस्वतीवान् भारतीवानिति
वागेव सरस्वती प्राणो भरतः परिवाप इंद्रस्यापूप इत्यन्नमेव
परिवाप इंद्रियमपूप. एतासामेव तद्देवतानां यजमानं सायुज्यं
सरूपतां सलोकतां गमयति. गच्छति श्रेयसः सायुज्यं गच्छति
श्रेष्ठतां य एवं वेद. हविरग्ने वीहीत्यनुसवनं पुरोळाशः स्विष्टकृतो
यजत्यवत्सारो वा एतेनाग्नेः प्रियं धामोपागच्छत्स परमं लोकमज-
यदुपाग्नेः प्रियं धाम गच्छति जयति परमं लोकं य एवं
वेद, यश्चैवंविद्वानेतया हविष्पंक्त्या यजते यजतीति च य-
जतीति च ॥ २४ ॥ इत्यैतरेयब्राह्मणे द्वितीयपंचिकायां तृती-
यो ऽध्यायः ॥ ३ ॥

देवा वै सोमस्य राज्ञो ऽग्रपेये न समपादयन्नहं प्रथमः पिबेयमहं
प्रथमः पिबेयमित्येवाकामयंत. ते संपादयंतो ब्रुवन्, हंताजिमयाम स
यो न उज्जेष्यति स प्रथमः सोमस्य पास्यतीति तथेति. त आजिमयुस्ते-
षामाजिं यतामभिसृष्टानां वायुर्मुखं प्रथमः प्रत्यपद्यत अथेंद्रो ऽथ मि-
त्रावरुणावथाश्विनौ. सो वेदिंद्रो वायुमुद्वै जयतीति तमनु परापतत्स
ह नावथोज्जयावेति स नेत्यब्रवीदहमेवोज्जेष्यामीति तृतीयं मे ऽथो-
ज्जयावेति नेति हैवाब्रवीदहमेवोज्जेष्यामीति तुरीयं मे ऽथोज्जयावेति
तथेति. तं तुरीये ऽत्यार्जत तत्तुरीयभागिंद्रो भवत्त्रिभाग्वायुस्तौ सहे-
वेंद्रवायू उदजयतां सह मित्रावरुणौ सहाश्विनौ. त एषामेते यथोज्जि-
तं भक्षा इंद्रवाय्वोः प्रथमो ऽथ मित्रावरुणयोरथाश्विनोः स एष इंद्रतु-
रीयो ग्रहो गृह्यते यदैंद्रवायवस्तदेतदृषिः पश्यन्नभ्यनूवाच, नियुत्वा

इंद्रः सारथिरिति तस्मात्थाप्येतर्हि भरताः सत्वनां वित्तिं प्रयांति तुरीये हैव संग्रहीतारो वदंते ऽमुनैवानूकाशेन यदद इंद्रः सारथिरिव भूत्वोदजयत् ॥ २५ ॥

ते वा एते प्राणा एव यद्द्विदेवत्या वाक् च प्राणश्चैंद्रवायव-श्चक्षुश्च मनश्च मैत्रावरुणः श्रोत्रंचात्माचाश्विनस्तस्य हैतस्यैंद्रवायव-स्याप्येके ऽनुष्टुभौ पुरोनुवाक्ये कुर्वंति गायत्र्यौ याज्ये वाक् च वा एष प्राणश्च ग्रहो यदैंद्रवायवस्तदपि छंदोभ्यां यथायथं क्लृप्येते इति तत्तथादृत्यं व्यृद्धं वा एतद्यज्ञे क्रियते यत्र पुरोनुवाक्या ज्यायसी याज्यायै यत्र वै याज्या ज्यायसी तत्समृद्धम् अथो यत्र समे. यस्यो तत्कामाय तथा कुर्यात्प्राणस्य च वाचश्चात्रैव तदुपाप्तं. वायव्या पूर्वा पुरोनुवाक्यैंद्रवायव्युत्तरैवं याज्ययोः सा या वायव्या तया प्राणं कल्पयति. वायुर्हि प्राणो ऽथ यैंद्रवायवी तस्यै यदैंद्रं पदं तेन वाचं कल्पयति. वाग्ध्यैंद्रुपा तं काममाप्नोति यः प्राणे च वाचि च न यज्ञे विषमं करोति ॥ २६ ॥

प्राणा वै द्विदेवत्या एकपात्रा गृह्यंते तस्मात्प्राणा एकनामानो द्विपात्रा हूयंते तस्मात्प्राणा द्वंद्वं. येनैवाध्वर्युर्यजुषा प्रयच्छति तेन होता प्रतिगृण्हात्येष वसुः पुरूवसुरिह वसुः पुरूवसुर्मयि वसुः पुरू-वसुर्वाक्पा वाचं मे पाहीत्यैंद्रवायवं भक्षयत्युपहूता वाक् सह प्राणे-नोप मां वाक् सह प्राणेन ह्वयतामुपहूता ऋषयो दैव्यासस्तनूपा-वानस्तन्वस्तपोजा उप मामृषयो दैव्यासो ह्वयंतां. तनूपावानस्तन्वस्त-पोजा इति प्राणा वा ऋषयो दैव्यासस्तनूपावानस्तन्वस्तपोजास्तानेव तदुपह्वयत. एष वसुर्विदद्वसुरिह वसुर्विदद्वसु मयि वसुर्विदद्वसुश्चक्षु-ष्पाश्चक्षुर्मे पाहीति. मैत्रावरुणं भक्षयत्युपहूतं चक्षुः सह मनसोप मां चक्षुःसह मनसा ह्वयतामुपहूता ऋषयो दैव्यासस्तनूपावानस्तन्व-

स्तपोजा उप मामृषयो दैव्यासो व्हयंतां; तनूपावानस्तन्वस्तपोजा इति प्राणा वा ऋषयो दैव्यासस्तनूपावानस्तन्वस्तपोजास्तानेव तदुपव्हयत. एष वसुः संयद्वसुरिह वसुः संयद्वसुर्मयि वसुः संयद्वसुः श्रोत्रपाः श्रोत्रं मे पाहीत्याश्विनं भक्षयन्नुपहूतं श्रोत्रं सहात्मनोप मां श्रोत्रं सहात्मना व्हयतामुपहूता ऋषयो दैव्यासस्तनूपावानस्तन्वस्तपोजा उप मामृषयो दैव्यासो व्हयंतां. तनूपावानस्तन्वस्तपोजा इति प्राणा वा ऋषयो दैव्यासस्तनूपावानस्तन्वस्तपोजास्तानेव. तदुपव्हयते. पुरस्तात्प्रत्यंचमैंद्रवायवं भक्षयति तस्मात्पुरस्तात्प्राणापानौ. पुरस्तात्प्रत्यंचं मैत्रावरुणं भक्षयति तस्मात्पुरस्ताच्चक्षुषी. सर्वतः परिहारमाश्विनं भक्षयति. तस्मान्मनुष्याश्च पशवश्च सर्वतो वाचं वदंतीं शृण्वंति ॥ २७ ॥

प्राणा वै द्विदेवत्या अनवानं द्विदेवत्यान्यजेत् प्राणानां संतत्यै प्राणानामव्यवच्छेदाय. प्राणा वै द्विदेवत्या न द्विदेवत्यानामनुवषट्कुर्याद्यद् द्विदेवत्यानामनुवषट्कुर्यादसंस्थितान् प्राणान् त्संस्थापयेत्संस्था वा एषा यदनुवषट्कारो य एनं तत्र ब्रूयादसंस्थितान् प्राणान्त्समतिष्ठिपत् प्राण एनं हास्यतीति शश्वत्तथा स्यात्तस्मान्न द्विदेवत्यानामनुवषट्कुर्यात्. तदाहुर्द्विरागूर्य मैत्रावरुणो द्विः प्रेष्यति. सकृदागूर्य होता द्विर्वषट्करोति का होतुरागूरिति प्राणा वै द्विदेवत्या आगूर्वज्रस्तद्यदत्र होतांतरेणागुरेतागुरा वज्रेण यजमानस्य प्राणान्वीयाद्य एनं तत्र ब्रूयादागुरा वज्रेण यजमानस्य प्राणान् व्यगात्प्राण एनं हास्यतीति शश्वत्तथा स्यात्तस्मात्तत्र होतांतरेण नागुरेताथो मनो वै यज्ञस्य मैत्रावरुणो वाग्यज्ञस्य होता मनसा वा इषिता वाग्वदति. यां ह्यन्यमना वाचं वदत्यसुर्या वै सा वागदेवजुष्टा. तद्यदेवात्र मैत्रावरुणो द्विरागुरते सैव होतुरागूः ॥ २८ ॥

प्राणा वा ऋतुयाजास्तद्यदृतुयाजैश्चरंति प्राणानेव तद्यजमाने

दधाति. षळृतुनेति यजंति, प्राणमेव तद्यजमाने दधाति. चत्वार ऋतुभिरिति यजंति अपानमेव तद्यजमाने दधाति. द्विर्ऋतुनेत्युपरिष्टात् व्यानमेव तद्यजमाने दधाति. स वा अयं प्राणस्त्रेधा विहितः प्राणो ऽपानो व्यान इति तद्यदृतुन ऋतुभिर्ऋतुनेति यजंति प्राणानां संतत्यै प्राणानामव्यवछेदाय. प्राणा वा ऋतुयाजा नर्तुयाजानामनुवषट्कुर्यादसंस्थिता वा ऋतव एकैक एवं. यदृतुयाजानामनुवषट्कुर्यादसंस्थितानृतून्त्संस्थापयेत्संस्था वा एषा यदनुवषट्कारो. य एनं तत्र ब्रूयादसंस्थितानृतून्त्समतिष्ठिपद् दुषमं भविष्यतीति शश्वत्तथा स्यात्तस्मान्नर्तुयाजानामनुवषट्कुर्यात् ॥ २९ ॥

प्राणा वै द्विदेवत्याः पशव इळा द्विदेवत्यान् भक्षयित्वेळामुपह्वयते. पशवो वा इळा पशूनेव तदुपह्वयते पशून् यजमाने दधाति. तदाहुरवांतरेळां पूर्वां प्राश्नीयात्त् होतृचमसं भक्षयेत्त् इति अवांतरेळामेव पूर्वां प्राश्नीयाद्. अथ होतृचमसं भक्षयेद्यद्वाव द्विदेवत्यान् पूर्वान् भक्षयति तेनास्य सोमपीथः पूर्वो भक्षितो भवति. तस्मादवांतरेळामेव पूर्वां प्राश्नीयादथ होतृचमसं भक्षयेत्तदुभयतो ऽन्नाद्यं परिगृण्हाति. सोमपीथाभ्यामन्नाद्यस्य परिगृहीत्यै. प्राणा वै द्विदेवत्या आत्मा होतृचमसो द्विदेवत्यानां संस्रवान् होतृचमसे समवनयत्यात्मन्येव तद्धोता प्राणान्त्समवनयते सर्वायुः सर्वायुत्वाय. सर्वमायुरेति य एवं वेद ॥ ३० ॥

देवा वै यदेव यज्ञे कुर्वंस्तदसुरा अकुर्वंस्ते समावद्वीर्या एवासन्न व्यावर्तंत. ततो वै देवा एतं तूष्णींशंसमपश्यंस्तमेषामसुरा नान्ववायंस्तूष्णीं सारो वा एष यत्तूष्णींशंसो. देवा वै यं यमेव वज्रमसुरेभ्य उदयच्छंस्तं तमेषामसुराः प्रत्यबुध्यंत. ततो वै देवा एतं तूष्णींशंसं वज्रमपश्यंस्तमेभ्य उदयच्छंस्तमेषां असुरा न प्रत्यबुध्यंत. तमेभ्यः प्राहरं-

स्तेनैनानप्रतिबुद्धेनाघ्नंस्ततो वै देवा अभवन् परासुरा भवत्यात्मना परास्य द्विषन् पाप्मा भ्रातृव्यो भवति य एवं वेद. ते वै देवा विजितिनो मन्यमाना यज्ञमतन्वत. तमेषाम् असुरा अभ्यायन् यज्ञवेशसमेषां करिष्याम इति. तान् त्समंतमेवोदारान् परियत्तानुदपश्यंस्ते ब्रुवन्त्संस्थापयामेमं यज्ञं. यज्ञं नो ऽसुरा मा वधिषुरिति तथेति. तं तूष्णीं शंसे संस्थापयन्; भूरग्निर्ज्योतिर्ज्योतिरग्निरित्याज्यमउगे संस्थापयन्. इंद्रो ज्योतिर्भुवो ज्योतिरिंद्र इति निष्केवल्यमरुत्वतीये संस्थापयन्. सूर्यो ज्योतिर्ज्योतिः स्वः सूर्यइति वैश्वदेवाग्निमारुते संस्थापयंस्तमेवं तूष्णीं शंसे संस्थापयन्स् तमेवं तूष्णीं शंसे संस्थाप्य तेनारिष्टेनोदृचमाश्नुवत. स तदा वाव यज्ञः संतिष्ठते यदा होता तूष्णीं शंसं शंसति. स य एनं शस्ते तूष्णीं शंस उप वा वदेदनु वा व्याहरेत्तं ब्रूयादेष एवैतामार्त्तिमारिष्यति. मातर्वाव वयमद्येमं शस्ते तूष्णीं शंसे संस्थापयामस्तं यथा गृहाणि तं कर्मणानुसमियादेवमेवैनामिदमनुसमिम इति स ह वाव तामार्त्तिमृच्छति य एवंविद्वान् त्संशस्ते तूष्णीं शंस उप वा वदत्यनु वा व्याहरति. तस्मादेवंविद्वान् संशस्ते तूष्णीं शंसे नोपवदेन्नानुव्याहरेत् ॥ ३१ ॥

चक्षूंषि वा एतानि सवनानां यत्तूष्णीं शंसो. भूरग्निर्ज्योतिर्ज्योतिरग्निरिति प्रातःसवनस्य चक्षुषी. इंद्रो ज्योतिर्भुवो ज्योतिरिंद्र इति माध्यंदिनस्य सवनस्य चक्षुषी. सूर्यो ज्योतिर्ज्योतिः स्वः सूर्यइति तृतीयसवनस्य चक्षुषी. चक्षुष्मद्भिः सवनै राध्नोति चक्षुष्मद्भिः सवनैः स्वर्गं लोकमेति य एवं वेद. चक्षुर्वा एतद्यज्ञस्य यत्तूष्णीं शंस एका सती व्याहृतिर्द्वेधोच्यते तस्मादेकं सच्चक्षुर्द्वेधा. मूलं वा एतद्यज्ञस्य यत्तूष्णीं शंसो. यं कामयेतानायतनवांत्स्यादिति नास्य यज्ञे तूष्णीं शंसं शंसेदुन्मूलमेव तद्यज्ञं पराभवंतमनुपराभवति.

तदु वा आहुः शंसेदेवापि वै तदृत्विजे हितं यच्छ्रोता तूष्णीं शंसं न शंसत्यृत्विजि हि सर्वो यज्ञः प्रतिष्ठितो. यज्ञे यजमानस्तस्माच्छंस्तव्यः शंस्तव्यः ॥ ३२ ॥ इत्यैतरेयब्राह्मणे द्वितीयपंचिकायां चतुर्थो ऽध्यायः ॥ ४ ॥

ब्रह्म वा आहावः क्षत्रं निविद्विट् सूक्तमाव्हयतेऽथ निविदं दधाति ब्रह्मण्येव तत्क्षत्रमनुनियुनक्ति. निविदं शस्त्वा सूक्तं शंसति. क्षत्रं वै निविद्विट् सूक्तं. क्षत्र एव तद्विशमनुनियुनक्ति. यं कामयेत क्षत्रेणैनं व्यर्धयानीति मध्य एतस्यै निविदः सूक्तं शंसेत्क्षत्रं वै निविद्विट् सूक्तं. क्षत्रेणैवैनं तद् व्यर्धयति यं कामयेत. विशैनं व्यर्धयानीति मध्य एतस्य सूक्तस्य निविदं शंसेत्क्षत्रं वै निविद्विट् सूक्तं. विशैवैनं तद्व्यर्धयति. यमु कामयेत सर्वमेवास्य यथा पूर्वमृजुक्लृप्तं स्यादित्याव्हयेताथ निविदं दध्यादथ सूक्तं शंसेत्सो सर्वस्य क्लृप्तिः प्रजापतिर्वा इदमेक एवाग्रआस सो कामयत, प्रजायेय भूयान्त्स्यामिति स तपो तप्यत. स वाचमयच्छत्स संवत्सरस्य परस्ताद् व्याहरद् द्वादश कृत्वो द्वादशपदा वा एषा निविदेतां वाव तां निविदं व्याहरत्तां सर्वाणि भूतान्यन्वसृज्यंत. तदेतदृषिः पश्यनभ्यनूवाच, स पूर्वया निविदा कव्यतायोरिमा प्रजा अजनयन्मनूनामिति तद्यदेतां पुरस्तात्सूक्तस्य निविदं दधाति प्रजात्यै. प्रजायते प्रजया पशुभिर्य एवं वेद ॥ ३३ ॥

अग्निर्देवेद्ध इति शंसत्यसौ वा अग्निर्देवेद्ध एतं हि देवा इंधत एतमेव तदेतस्मिँ लोक आयातयत्यग्निर्मन्विद्ध इति शंसत्ययं वा अग्निर्मन्विद्ध इमं हि मनुष्या इंधते ऽग्निमेव तदस्मिँ लोक आयातयति. अग्निः सुषमिदिति शंसति. वायुर्वा अग्निः सुषमिद्वायुर्हि स्वयमात्मानं समिंधे स्वयमिदं सर्वं यदिदं किंच. वायुमेव तदंतरिक्षलोकआयातयति. होता देववृत इति शंसत्यसौ वै होता देववृत एष हि सर्वतो

देवैर्वृत एतमेव तदेतस्मिँ लोक आयातयति. होता मनुर्वृत इति शंसत्ययं वा अग्निर्होता मनुर्वृतो,ऽयं हि सर्वतो मनुष्यैर्वृतोऽग्निमेव तदस्मिँ लोकआयातयति. प्रणीर्यज्ञानामिति शंसति; वायुर्वै प्रणीर्यज्ञानां; यदा हि प्राणित्यथ यज्ञो ऽथाग्निहोत्रं; वायुमेव तदंतरिक्षलोक आयातयति. रथीरध्वराणामिति शंसत्यसौ वै रथीरध्वराणामेष हि यथैतच्चरति रथीरिवैतमेव तदेतस्मिँ लोक आयातयत्यतूर्तो होतेति शंसत्ययं वा अग्निरतूर्तो होतेमं ह न कश्चन तिर्यंचं तरत्यग्निमेव तदस्मिँ लोक आयातयति. तूर्णिर्हव्यवाळिति शंसति. वायुर्वै तूर्णिर्हव्यवाड्; वायुर्हीदं सर्वं सद्यस्तरति यदिदं किंच. वायुर्देवेभ्यो हव्यं वहति; वायुमेव तदंतरिक्षलोक आयातयति. आदेवो देवान्वक्षदिति शंसत्यसौ वै देवो देवानावहत्येतमेव तदेतस्मिँ लोकआयातयति. यक्षदग्निर्देवो देवानिति शंसत्ययं वा अग्निर्देवो देवान् यजत्यग्निमेव तदस्मिँ लोकआयातयति. सोअध्वरा करति जातवेदा इति शंसति. वायुर्वै जातवेदा; वायुर्हीदं सर्वं करोति यदिदं किंच; वायुमेव तदंतरिक्षलोक आयातयति ॥ ३४ ॥

प्र वो देवायाग्नय इत्यनुष्टुभः प्रथमे पदे विहरति. तस्मात्स्त्र्यूरू विहरति. समस्यत्युत्तरे पदे. तस्मात्पुमानूरू समस्यति. तन्मिथुनं मिथुनमेव तदुक्थमुखे करोति प्रजात्यै. प्रजायते प्रजया पशुभिर्य एवं वेद. प्र वो देवायाग्नय इत्यनुष्टुभः प्रथमे पदे विहरति वज्रमेव तत्परोवरीयांसं करोति. समस्यत्येवोत्तरपदे आरंभणतो वै वज्रस्याणिमाथो दंडस्याथो परशोर्वज्रमेव तत्प्रहरति द्विषते भ्रातृव्याय वधं. यो ऽस्य स्तृत्यस्तस्मै स्तर्तवै ॥ ३५ ॥

देवासुरा वा एषु लोकेषु समयतंत. ते वै देवाः सद एवायतनमकुर्वत; तांत्सदसो जयंस्तआग्नीध्रं सं प्रापद्यंत ते ततो न पराजयंत.

5 -

तस्मादाग्नीध्र उपवसंति म सदस्याग्नीध्रे ह्यधारयंत यदाग्नीध्रे धारयंत, तदाग्नीध्रस्याग्नीध्रत्वं. तेषां वै देवानामसुराः सदस्यानग्नीन्निर्वापयां चक्रुस्ते देवा आग्नीध्रादेव सदस्यानग्नीन्विहरंत. तैरसुररक्षांस्यपाघ्नत तथैवैतद्यजमाना आग्नीध्रादेव सदस्यानग्नीन्विहरंत्यसुररक्षांस्येव तदपघ्नते. ते वै प्रातराज्यैरेवाजयंत आयन् यदाज्यैरेवाजयंत आयंस्तदाज्यानामाज्यत्वं. तासां वै होत्राणामायतीनामाजयंतीनामछावाकीया हीयत; तस्यामिंद्राग्नी अध्यास्तामिंद्राग्नी वै देवानामोजिष्ठौ बलिष्ठौ सहिष्ठौ सत्तमौ पारयिष्णुतमौ. तस्मादैंद्राग्नमछावाकः प्रातःसवने शंसतींद्राग्नी हि तस्यामध्यास्तां तस्मादु पुरस्तादन्ये होत्रकाः सदः प्रसर्पंति पश्चाछावाकः पश्चेव हि हीनो ऽनुसंजिगमिषति. तस्माद्यो ब्राह्मणो बह्वृचो वीर्यवान्स्यात्सो ऽस्याछावाकीयां कुर्यात्तेनैव सा ऽहीना भवति ॥ ३६ ॥

देवरथो वा एष यद्यज्ञस्तस्यैतावंतरौ रश्मी यदाज्यप्रउगे. तदाज्येन पवमानमनुशंसति प्रउगेणाज्यं देवरथस्यैव तदंतरौ रश्मी विहरत्यलोभाय तामनुकृतिं मनुष्यरथस्यैवांतरौ रश्मी विहरंत्यलोभाय नास्य देवरथो लुभ्यति न मनुष्यरथो य एवं वेद. तदाहुर्यथा वाव स्तोत्रमेवं शस्त्रं पावमानीषु सामगाः स्तुवत आग्नेयं होताज्यं शंसति कथमस्य पावमान्यो ऽनुशस्ता भवंतीति? यो वा अग्निः स पवमानस्तदप्येतदृषिणोक्तमग्निर्ऋषिः पवमान इत्येवमु हास्याग्नेयीभिरेव प्रतिपद्यमानस्य पावमान्यो ऽनुशस्ता भवंति. तदाहुर्यथा वाव स्तोत्रमेवं शस्त्रं गायत्रीषु सामगाः स्तुवत आनुष्टुभं होताज्यं शंसति, कथमस्य गायत्र्यो ऽनुशस्ता भवंतीति? संपदेति ब्रूयात्सप्तैता अनुष्टुभस्तास्त्रिः प्रथमया त्रिरुत्तमयैकादश भवंति विराड्याज्या द्वादशी. न वा एकेनाक्षरेण छंदांसि वियंति न द्वाभ्यां. ताः षोळश

गायत्र्यो भवंत्येवमु हास्यानुष्टुब्भिरेव प्रतिपद्यमानस्य गायत्र्यो अनुशस्ता भवंति. अग्न इंद्रश्च दाशुषो दुरोण इत्याग्नेंद्र्या यजति. न वा एताविंद्राग्नी संतौ व्यजयेतामाग्नेंद्रौ वा एतौ सन्तौ व्यजयेतां. तद्यदाग्नेंद्र्या यजति विजित्या एव सा विराट् त्रयस्त्रिंशदक्षरा भवति. त्रयस्त्रिंशद्वै देवा, अष्टौ वसव एकादश रुद्रा द्वादशादित्याः प्रजापतिश्च वषट्कारश्च तत्प्रथम उक्थमुखे देवता अक्षरभाजः करोति; अक्षरमक्षरमेव तद्देवता अनुप्रपिबंति देवपात्रेणैव तद्देवतास्तृप्यंति. तदाहुर्यथा वाव शस्त्रमेवं याज्याग्नेयं होताज्यं शंसत्यथ कस्मादाग्नेंद्र्या यजतीति! या वा आग्नेय्यैंद्राग्नी वै सा ऐंद्राग्नमेतदुक्थं प्रउगेण च तूष्णींशंसेन चेंद्राग्नी आगतं सुतं गीर्भिर्नभो वरेण्यं अस्य पातं धियेषितेत्यैंद्राग्नमध्वर्युर्ग्रहं गृह्णाति. भूरग्निर्ज्योति ज्योतिरग्निर् इंद्रो ज्योति भुवो ज्योतिरिंद्रः सूर्यो ज्योतिर्ज्योतिः स्वः सूर्य इति होता तूष्णींशंसं शंसति तद्यथैव शस्त्रमेवं याज्या ॥ ३७ ॥

होतृजपं जपति रेतस्तत्सिंचत्युपांशु जपत्युपांश्विव वै रेतसः सिक्तिः. पुराहावाज्जपति. यद्वै किंचोर्ध्वमाहावात्तच्छस्त्रस्यैव तत्परांचं चतुष्पादासीनमभ्याह्वयते. तस्मात्परांचो भूत्वा चतुष्पादो रेतः सिंचंति. सम्यङ् द्विपाद्भवति. तस्मात्सम्यंचो भूत्वा द्विपादो रेतः सिंचंति. पिता मातरिश्वेत्याह. प्राणो वै पिता, प्राणो मातरिश्वा; प्राणो रेतो रेतस्तत्सिंचत्यच्छिद्रा पदा धा इति. रेतो वा अच्छिद्रमतो ह्यच्छिद्रः संभवत्यच्छिद्रोक्था कवयः शंसन्निति ये वा अनूचानास्ते कवयस्त इदमच्छिद्रं रेतः प्रजनयन्नित्येव तदाह. सोमो विश्वविन्नीथानि नेषद्बृहस्पतिरुक्थामदानि शंसिषदिति. ब्रह्म वै बृहस्पतिः, क्षत्रं सोमः स्तुतशस्त्राणि नीथानि चोक्थामदानि च. दैवेन चैवैतद् ब्रह्मणा प्रसूतो दैवेन च क्षत्रेणोक्थानि शंसत्येतौ ह वा अस्य सर्वस्य प्रसवस्येशाते यदिदं

किंच. तंयदेताभ्यामप्रसूतः करोत्यकृतं तदकृतमकरिति वै निंदति. कृतमस्य कृतं भवति नास्याकृतं कृतं भवति य एवं वेद. वागायुर्विश्वायुर्विश्वमायुरित्याह. प्राणो वा आयुः प्राणो रेतो वाग्योनिर्योनिं तदुपसंधाय रेतः सिंचति. क इदं शंसिष्यति, स इदं शंसिष्यतीत्याह. प्रजापतिर्वै कः प्रजापतिः प्रजनयिष्यतीत्येव तदाह ॥ ३८ ॥

आहूय तूष्णीं शंसं शंसति; रेतस्तत्सिक्तं विकरोति. सिक्तिर्वा अग्रे ऽथ विकृतिरुपांशु तूष्णीं शंसं शंसत्युपांश्विव वै रेतसः सिक्तिस्तिर इव तूष्णीं शंसं शंसति. तिर इव वै रेतांसि विक्रियंते. षट्पदं तूष्णीं शंसं शंसति; षड्विधो वै पुरुषः षळंग आत्मानमेव तत्षड्विधं षळंगं विकरोति. तूष्णीं शंसं शस्त्वा पुरोरुचं शंसति. रेतस्तद्विकृतं प्रजनयति. विकृतिर्वा अग्रे ऽथ जातिरुच्चैः पुरोरुचं शंसत्युच्चैरेवैनं तत्प्रजनयति. द्वादशपदां पुरोरुचं शंसति. द्वादश वै मासाः संवत्सरः, संवत्सरः प्रजापतिः, सो ऽस्य सर्वस्य प्रजनयिता. स यो ऽस्य सर्वस्य प्रजनयिता स एवैनं तत्प्रजया पशुभिः प्रजनयति प्रजात्यै. प्रजायते प्रजया पशुभिर्य एवं वेद. जातवेदस्यां पुरोरुचं शंसति जातवेदोन्यंगां. तदाहुर्यत्तृतीयसवनमेव जातवेदस आयतनमथ कस्मात्प्रातःसवने जातवेदस्यां पुरोरुचं शंसतीति! प्राणो वै जातवेदाः, स हि जातानां वेद. यावतां वै स जातानां वेद ते भवंति. येषामु न वेद किमु ते स्युर्यो वा आत्मसंस्कृतिं वेद तत्सुविदितं ॥ ३९ ॥

प्र वो देवायाग्नय इति शंसति. प्राणो वै प्रप्राणं हीमानि सर्वाणि भूतान्यनुप्रयंति. प्राणमेव तत्संभावयति, प्राणं संस्कुरुते. दीदिवांसमपूर्व्यमिति शंसति. मनो वै दीदाय; मनसो हि न किंचन

पूर्वमस्ति. मन एव तत्संभावयति, मनः संस्कुरुते. स नः शर्माणि वीतय इति शंसति. वाग्वै शर्म. तस्माद्वाचानुवदंतमाह शर्मवदास्मा आयासीति. वाचमेव तत्संभावयति वाचं संस्कुरुते. उत नो ब्रह्मन्नविष इति शंसति. श्रोत्रं वै ब्रह्म; श्रोत्रेण हि ब्रह्म शृणोति, श्रोत्रे ब्रह्म प्रतिष्ठितं. श्रोत्रमेव तत्संभावयति, श्रोत्रं संस्कुरुते. स यंता विप्र एषामिति शंसत्यपानो वै यंतापानेन ह्ययं यतः प्राणो न पराङ् भवत्यपानमेव तत्संभावयत्यपानमेव संस्कुरुते. ऋतावा यस्य रोदसी इति शंसति. चक्षुर्वा ऋतं. तस्माद्यतरो विवदमानयोराहाहमनुष्ठ्या चक्षुषा दर्शमिति तस्य श्रद्दधति. चक्षुरेव तत्संभावयति, चक्षुः संस्कुरुते. नू नो रास्व सहस्रवत्तोकवत्पुष्टिमद्वस्वित्युत्तमया परिदधाति. आत्मा वै समस्तः सहस्रवांस्तोकवान्पुष्टिमानात्मानमेव तत्समस्तं संभावयत्यात्मानं समस्तं संस्कुरुते. याज्यया यजति प्रत्तिर्वै याज्या पुण्यैव लक्ष्मीः पुण्यामेव तं लक्ष्मीं संभावयति, पुण्यां लक्ष्मीं संस्कुरुते. स एवंविद्वान्छंदोमयो देवतामयो ब्रह्ममयो ऽमृतमयः संभूय देवता अप्येति य एवं वेद. यो वै तद्वेद यथा छंदोमयो देवतामयो ब्रह्ममयो अमृतमयः संभूय देवता अप्येति तत्सुविदितमध्यात्ममथाधिदैवतं ॥ ४० ॥

षट्पदं तूष्णीं शंसं शंसति. षड्वा ऋतव ऋतूनेव तत्कल्पयत्यृतूनप्येति. द्वादशपदां पुरोरुचं शंसति; द्वादश वै मासा मासानेव तत्कल्पयति मासानप्येति. प्र वो देवायाग्नय इति शंसत्यंतरिक्षं वै प्रांतरिक्षं हीमानि सर्वाणि भूतान्यनुप्रयंत्यंतरिक्षमेव तत्कल्पयत्यंतरिक्षमप्येति. दीदिवांसमपूर्व्यमिति शंसत्यसौ वै दीदाय यो ऽसौ तपत्येतस्माद्धि न किंचन पूर्वमस्त्येतमेव तत्कल्पयत्येतमप्येति. स नः शर्माणि वीतय इति शंसत्यग्निर्वै शर्माण्यन्नाद्यानि यच्छत्यग्नि-

मेव तत्कल्पयत्यभिमप्येति. उत नो ब्रह्मन्नविष इति शंसति. चंद्रमा वै ब्रह्म; चंद्रमसमेव तत्कल्पयति चंद्रमसमप्येति. स यंता विम एषामिति शंसति. वायुर्वै यंता, वायुना हीदं यतमंतरिक्षं न समृछति; वायुमेव तत्कल्पयति, वायुमप्येति. ऋतावा यस्य रोदसी इति शंसति; द्यावापृथिवी वै रोदसी; द्यावापृथिवी एव तत्कल्पयति, द्यावापृथिवी अप्येति. नू नो रास्व सहस्रवत्तोकवत्पुष्टिमद्वसुस्वित्युत्तमया परिदधाति. संवत्सरो वै समस्तः सहस्रवांस्तोकवान् पुष्टिमान्त्संवत्सरमेव तत्समस्तं कल्पयति, संवत्सरं समस्तमप्येति. याज्यया यजति. वृष्टिर्वै याज्या विद्युदेव. विद्युद्धीदं वृष्टिमन्नाद्यं संप्रयच्छति. विद्युतमेव तत्कल्पयति, विद्युतमप्येति. स एवं विद्वानेतन्मयो देवतामयो भवति भवति ॥ ४१ ॥ इत्यैतरेयब्राह्मणे द्वितीयपंचिकायां पंचमोऽध्यायः ॥ ५ ॥ इति द्वितीयपंचिका समाप्ता.

अथ तृतीयपंचिकामारंभः ॥ श्रीगणेशाय नमः ॥ ओं ॥ ग्रहोक्थं वा एतद्यत्प्रउगं; नव प्रातर्ग्रहा गृह्यंते. नवभिर्बहिष्पवमाने स्तुवते; स्तुते स्तोमे दशमं गृह्णाति; हिंकार इतरासां दशमः सो सा संमा. वायव्यं शंसति. तेन वायव्य उक्थवानैंद्रवायवं शंसति. तेनैंद्रवायव उक्थवान्. मैत्रावरुणं शंसति तेन मैत्रावरुण उक्थवानाश्विनं शंसति. तेनाश्विन उक्थवानैंद्रं शंसति. तेन शुक्रामंथिना उक्थवंतौ. वैश्वदेवं शंसति तेनाग्रयण उक्थवान् त्सारस्वतं शंसति. न सारस्वतो ग्रहो ऽस्ति; वाक्तु सरस्वती. ये तु केच वाचा ग्रहा गृह्यंते ते ऽस्य सर्वे शस्तोक्था उक्थिनो भवंति य एवं वेद ॥ १ ॥

अन्नाद्यं वा एतेनावरुन्धे यत्प्रउगमन्यान्या देवता प्रउगे शस्य-

ते ऽन्यदन्यदुक्थं प्रउगे क्रियते ऽन्यदन्यदस्यान्नाद्यं गृहेषु ध्रियते य एवं वेदैतद्ध वै यजमानस्याध्यात्मतममिवोक्थं यत्प्रउगं. तस्मादेनेनै- तदुपेक्ष्यतममिवेत्याहुरेतेन ह्येनं होता संस्करोतीति. वायव्यं शंसति. तस्मादाहुर्वायुः प्राणः प्राणो रेतो रेतः पुरुषस्य प्रथमं संभवतः संभ- वतीति. यद्वायव्यं शंसति प्राणमेवास्य तत्संस्करोत्यैंद्रवायवं शंसति; यत्र वाव प्राणस्तदपानो यदैंद्रवायवं शंसति प्राणापानावेवास्य तत्संस्करोति. मैत्रावरुणं शंसति. तस्मादाहुश्चक्षुः पुरुषस्य प्रथमं संभवतः संभवतीति. यन्मैत्रावरुणं शंसति चक्षुरेवास्य तत्संस्क- रोत्याश्विनं शंसति. तस्मात्कुमारं जातं संवदंत उप वै शुश्रूषते नि वै ध्यायतीति यदाश्विनं शंसति श्रोत्रमेवास्य तत्संस्करोत्यैंद्रं शंसति. तस्मात्कुमारं जातं संवदंते प्रतिधारयति वै ग्रीवा, अथो शिर इति. यदैंद्रं शंसति वीर्यमेवास्य तत्संस्करोति. वैश्वदेवं शंसति. तस्मात्कुमारो जातः पद्भ्येव प्रचरति; वैश्वदेवानि ह्यंगानि. यद्वैश्वदेवं शंसत्यंगान्येवास्य तत्संस्करोति. सारस्वतं शंसति. तस्मात्कुमारं जातं जघन्या वागाविशति वाग्घि सरस्वती. यत्सारस्वतं शंसति वाचमे- वास्य तत्संस्करोत्येष वै जातो जायते सर्वाभ्य एताभ्यो देवताभ्यः सर्वेभ्य उक्थेभ्यः सर्वेभ्यश्छंदोभ्यः सर्वेभ्यः प्रउगेभ्यः सर्वेभ्यः सवनेभ्यो य एवं वेद यस्य चैवंविदुष एतच्छंसंति ॥ २ ॥

प्राणानां वा एतदुक्थं यत्प्रउगं. सप्त देवताः शंसति; सप्त वै शीर्षन्प्राणाः; शीर्षन्नेव तत्प्राणान् दधाति. किं स यजमानस्य पापभ- द्रमाद्रियेतेति ह स्माह. यो ऽस्य होता स्यादित्यत्रैवैनं यथा कामयेत- तथा कुर्याद्यं कामयेत. प्राणेनैनं व्यर्धयानीति वायव्यमस्य लुब्धं शंसेदृचं वा पदं वातीयात्तेनैव तल्लुब्धं. प्राणेनैवैनं तद् व्यर्धयति यं कामयेत. प्राणापानाभ्यामेनं व्यर्धयानीत्यैंद्रवायवमस्य लुब्धं

शंसेदृचं वा पदं वातीयात्तेनैव तं लुब्धं प्राणापानाभ्यामेवैनं तद् व्यर्धयति यं कामयेत. चक्षुषैनं व्यर्धयानीति मैत्रावरुणमस्य लुब्धं शंसेदृचं वा पदं वातीयात्तेनैव तं लुब्धं चक्षुषैवैनं तद् व्यर्धयति यं कामयेत. श्रोत्रेणैनं व्यर्धयानीति आश्विनमस्य लुब्धं शंसेदृचं वा पदं वातीयात्तेनैव तं लुब्धं श्रोत्रेणैवैनं तद् व्यर्धयति यं कामयेत. वीर्येणैनं व्यर्धयानीत्यैंद्रमस्य लुब्धं शंसेदृचं वा पदं वातीयात्तेनैव तं लुब्धं वीर्येणैवैनं तद् व्यर्धयति यं कामयेताङ्गैरेनं व्यर्धयानीति वैश्वदेवमस्य लुब्धं शंसेदृचं वा पदं वातीयात्तेनैव तं लुब्धमङ्गैरेवैनं तद् व्यर्धयति यं कामयेत. वाचैनं व्यर्धयानीति सारस्वतमस्य लुब्धं शंसेदृचं वा पदं वातीयात्तेनैव तं लुब्धं वाचैवैनं तद् व्यर्धयति. यमु कामयेत सर्वैरेनमङ्गैः सर्वेणात्मना समर्धयानीत्येतदेवास्य यथापूर्वमृजुक्लृप्तं शंसेत्सर्वैरेवैनं तदङ्गैः सर्वेणात्मना समर्धयति. सर्वैरङ्गैः सर्वेणात्मना समृध्यते य एवं वेद ॥ ३ ॥

तदाहुर्यथा वाव स्तोत्रमेवं शस्त्रमाग्नेयीषु सामगाः स्तुवते वायव्यया होता प्रतिपद्यते कथमस्याग्नेय्यो अनुशस्ता भवंतीत्यग्नेर्वा एताः सर्वास्तन्वो यदेता देवताः स यदग्निः प्रवानिव दहति तदस्य वायव्यं रूपं. तदस्य तेनानुशंसत्यथ यद् द्वैधमिव कृत्वा दहति. द्वौ वा इंद्रवायू; तदस्यैंद्रवायवं रूपं. तदस्य तेनानुशंसत्यथ यदुच्च ह्रष्यति नि च ह्रष्यति तदस्य मैत्रावरुणं रूपं; तदस्य तेनानुशंसति. स यदग्निं घोरसंस्पर्शस्तदस्य वारुणं रूपं. तं यद् घोरसंस्पर्शं संतं मित्रकृत्येवोपासते तदस्य मैत्रं रूपं. तदस्य तेनानुशंसत्यथ यदेनं द्वाभ्यां बाहुभ्यां द्वाभ्यामरणीभ्यां मंथंति द्वौ वा अश्विनौ तदस्याश्विनं रूपं; तदस्य तेनानुशंसत्यथ यदुच्चैर्घोषः स्तनयन् बबबाकुर्वन्निव दहति यस्माद् भूतानि विजंते तदस्यैंद्रं रूपं; तदस्य तेनानुशंसत्यथ

यदेनमेकं संतं बहुधा विहरंति; तदस्य वैश्वदेवं रूपं. तदस्य तेनानुशंसत्यथ यत्स्फूर्जयन् वाचमिव वदन् दहति तदस्य सारस्वतं रूपं; तदस्य तेनानुशंसत्येवमु हास्य वायव्ययैव प्रतिपद्यमानस्य तृचेन तृचेनैवैताभिर्देवताभिः स्तोत्रियो ऽनुशस्तो भवति. विश्वेभिः सोम्यं मध्वम इंद्रेण वायुना पिबा मित्रस्य धामभिरिति वैश्वदेवमुक्थं शस्त्वा वैश्वदेव्या यजति यथाभागं तद्देवताः प्रीणाति ॥ ४ ॥

देवपात्रं वा एतद्यद्वषट्कारो वषट्करोति देवपात्रेणैव तद्देवतास्तर्पयत्यनुवषट्करोति. तद्यथादो ऽश्वान् वा गा वा पुनरभ्याकारं तर्पयंत्येवमेवैतद्देवताः पुनरभ्याकारं तर्पयंति यदनुवषट्करोतीमानेवाग्नीनुपासत इत्याहुर्धिष्ण्यानथ कस्मात्पूर्वस्मिन्नेव जुव्हति पूर्वस्मिन् वषट्कुर्वंतीति यदेव सोमस्याग्ने वीहीत्यनुवषट्करोति तेन धिष्ण्यान् प्रीणात्यसंस्थितांत्सोमान् भक्षयंतीत्याहुर्यैषा नानुवषट्करोति को नु सोमस्य स्विष्टकृद्भाग इति यद्वाव सोमस्याग्ने वीहीत्यनुवषट्करोति तेनैव संस्थितान् सोमान् भक्षयंति. स उ एव सोमस्य स्विष्टकृद्भागो वषट्करोति ॥ ५ ॥

वज्रो वा एष यद्वषट्कारो यं द्विष्यात्तं ध्यायेद्वषट्करिष्यंस्तस्मिन्नेव तं वज्रमास्थापयति. षळिति वषट्करोति; षड्वा ऋतव; ऋतूनेव तत्कल्पयत्यृतून् प्रतिष्ठापयति; ऋतून्वै प्रतितिष्ठत इदं सर्वमनुप्रतितिष्ठति यदिदं किंच. प्रतितिष्ठति य एवं वेद. तदु ह स्माह हिरण्यदन्बैद एतानि वा एतेन षट् प्रतिष्ठापयति; द्यौरंतरिक्षे प्रतिष्ठितांतरिक्षं पृथिव्यां पृथिव्याप्स्वापः सत्ये सत्यं ब्रह्मणि; ब्रह्म तपसीत्येता एव तत्प्रतिष्ठाः प्रतितिष्ठंतीरिदं सर्वमनुप्रतितिष्ठति यदिदं किंच. प्रतितिष्ठति य एवं वेद. वौषळिति वषट्करोत्यसौ वाव वावृतवः षळेतमेव तदृतुष्वादधात्यृतुषु प्रतिष्ठाप-

यति. यादृगिव वै देवेभ्यः करोति तादृगिवास्मै देवाः कुर्वंति ॥ ६ ॥

त्रयो वै वषट्कारा; वज्रो धामच्छद्रिक्तः. स यमेवोच्चैर्बलं वषट् करोति स वज्रस्तं तं प्रहरति द्विषते भ्रातृव्याय वधं यो ऽस्य स्तृत्यस्तस्मै स्तर्तवै. तस्मात्स भ्रातृव्यवता वषट्कृत्यो ऽथ यः समः संततो निर्हाणर्चः स धामच्छत्तं प्रजाश्च पशवश्चानूपतिष्ठंते. तस्मात्स प्रजाकामेन पशुकामेन वषट्कृत्यो ऽथ येनैव षळवराप्नोति स रिक्तो रिणक्त्यात्मानं, रिणक्ति यजमानं पापीयान्वषट्कर्ता भवति, पापीयान्यस्मै वषट्करोति. तस्मात्तस्याशां नेयात्किं स यजमानस्य पापभद्रमाद्रियेतेति ह स्माह यो ऽस्य होता स्यादित्यत्रैवैनं यथा कामयेत तथा कुर्याद्यं कामयेत यथैवानीजानो भूत्तथैवेजानः स्यादिति यथैवास्य ऋचं ब्रूयात्तथैवास्य वषट्कुर्यात्सदृशमेवैनं तत्करोति. यं कामयेत पापीयान्स्यादित्युच्चैस्तरामस्य ऋचमुक्त्वा शनैस्तरां वषट्कुर्यात्पापीयांसमेवैनं तत्करोति. यं कामयेत श्रेयान्स्यादिति शनैस्तरामस्य ऋचमुक्त्वोच्चैस्तरां वषट्कुर्याच्छ्रिय एवैनं तच्छ्रियामादधाति. संततमृचा वषट्कृत्यं संतत्यै. संधीयते प्रजया पशुभिर्य एवं वेद ॥ ७ ॥

यस्यै देवतायै हविर्गृहीतं स्यात्तां ध्यायेद्वषट्करिष्यंत्साक्षादेव तद्देवतां प्रीणाति. प्रत्यक्षाद्देवतां यजति. वज्रो वै वषट्कारः स एष प्रहृतो ऽशांतो दीदाय तस्य हैतस्य न सर्व इव शांतिं वेद न प्रतिष्ठां. तस्माद्धाप्येतर्हि भूयानिव मृत्युस्तस्य हैषैव शांतिरेषा प्रतिष्ठा वागित्येव. तस्माद्वषट्कृत्य वषट्कृत्य वागित्यनुमंत्रयेत. स एनं शांतो न हिनस्ति. वषट्कार मा मा प्रमृक्षो माहं त्वां प्रमृक्षं बृहता मन उपह्वये व्यानेन शरीरं प्रतिष्ठासि; प्रतिष्ठां गच्छ प्रतिष्ठा

मा गमयेति वषट्कारमनुमंत्रयेत. तदु ह स्माह दीर्घमेतत् सदमभोजः सह ओज इत्येव वषट्कारमनुमंत्रयेतौजश्च ह वै सहश्च वषट्कारस्य प्रियतमे तन्वौ; प्रियेणैवैनं तद्धाम्ना समर्धयति. प्रियेण धाम्ना समृध्यते य एवं वेद. वाक् च वै प्राणापानौ च वषट्कारस्त एते वषट्कृते वषट्कृते व्युत्क्रामंति ताननुमंत्रयेत. वागोजः सह ओजो मयि प्राणापानाविस्यात्मन्येव तद्धोता वाचं च प्राणापानौ च प्रतिष्ठापयति सर्वायुः सर्वायुत्वाय. सर्वमायुरेति य एवं वेद ॥ ८ ॥

यज्ञो वै देवेभ्य उदक्रामत्तं प्रैषैः प्रैषमैछन्यत्प्रैषैः प्रैषमैछन् तत् प्रैषाणां प्रैषत्वं. तं पुरोरुग्भिः प्रारोचयन्यत्पुरोरुग्भिः प्रारोचयंस्तत्पुरोरुचां पुरोरुक्त्वं. तं वेद्यामन्वविंदन् यद्वेद्यामन्वविंदन्स्तद्वेदेर्वेदित्वं. तं वित्तं ग्रहैर्व्यगृण्हत; यद्वित्तं ग्रहैर्व्यगृण्हत, तद् ग्रहाणां ग्रहत्वं. तं वित्त्वा निविद्भि र्न्यवेदयन्यद्वित्त्वा निविद्भिर्न्यवेदयंस्तन्निविदां निवित्त्वं. महद्वाव नष्टैष्यभ्यल्पं वेछति यतरो वाव तयोर्ज्याय इवाभीछति स एव तयोः साधीय इछति य उ एव प्रैषान्वर्षीयसो वर्षीयसो वेद स उ एव तान्त्साधीयो वेद. नष्टैष्यं ह्येतद्यत्प्रैषास्तस्माद्यत्र ह्स्तिष्ठन् प्रेष्यति ॥ ९ ॥

गर्भा वा एत उक्थानां यन्निविदस्तद्यत्पुरस्तादुक्थानां प्रातःसवने धीयंते. तस्मात्पराचो गर्भा धीयंते पराचः संभवंति. यन्मध्यतो मध्यंदिने धीयंते तस्मान्मध्ये गर्भा धृता. यदंततस्तृतीयसवने धीयंते तस्मादमुतो अर्वाचो गर्भाः प्रजायंते प्रजात्यै. प्रजायते प्रजया पशुभिर्य एवं वेद. पेशा वा एत उक्थानां यन्निविदस्तद्यत्पुरस्तादुक्थानां प्रातस्सवने धीयंते यथैव प्रवयणतः पेशः कुर्यात्तादृक्तद्यन्मध्यतो मध्यंदिने धीयंते. यथैव मध्यतः पेशः कुर्यात्तादृक्तद्यदंततस्तृ-

तीयसवने धीयंते यथैवातमञ्जनतः पेशः कुर्यात्तादृक्तत्सर्वतो यज्ञस्य पेशसा शोभते य एवं वेद ॥ १० ॥

सौर्या वा एता देवता यन्निविदस्तद्यत्पुरस्तादुक्थानां प्रातःसवने धीयंते, मध्यतो मध्यंदिने तत्तृतीयसवन आदित्यस्यैव तद्व्रतमनुपर्यावर्तंते. पच्छो वै देवा यज्ञं समभरंस्तस्मात्पच्छो निविदः शस्यंते. यद्वेतद्देवा यज्ञं समभरन् तस्मादश्वः समभवत्तस्मादाहुरश्वं निविदां शंस्त्रे दद्यादिति तदु खलु वरमेव ददाति. न निविदः पदमतीयाद्यन्निविदः पदमतीयाद्यज्ञस्य तच्छिद्रं कुर्याद्यज्ञस्य वै छिद्रं स्रवद्यजमानो ऽनु पापीयान् भवति. तस्मान्न निविदः पदमतीयान्न निविदः पदे विपरिहरेद्यन्निविदः पदे विपरिहरेन्मोहयेद्यज्ञं मुग्धो यजमानः स्यात्तस्मान्न निविदः पदे विपरिहरेन्न निविदः पदे समस्येद्यन्निविदः पदे समस्येद्यज्ञस्य तदायुः संहरेत्प्रमायुको यजमानः स्यात्तस्मान्न निविदः पदे समस्येत्प्रेदं ब्रह्म प्रेदं क्षत्रमित्येते एव समस्येद् ब्रह्मक्षत्रयोः संश्रित्यै तस्माद् ब्रह्म च क्षत्रं च संश्रिते. न तृचं न चतुर्ऋचमतिमन्येत निवित्धानमेकैकं वै निविदः पदमृचं सूक्तं प्रति. तस्मान्न तृचं न चतुर्ऋचमतिमन्येत निवित्धाने निविदा ह्येव स्तोत्रमतिशस्तं भवत्येकां परिशिष्य तृतीयसवने निविदं दध्याद्यद् द्वे परिशिष्य दध्यात्प्रजननं तदुपहन्याद्गर्भैस्तत्प्रजा व्यर्धयेत्तस्मादेकामेव परिशिष्य तृतीयसवने निविदं दध्यान्न सूक्तेन निविदमतिपद्येत येन सूक्तेन निविदमतिपद्येत न तत्पुनरुपनिवर्तेत वास्तुहमेव तदन्यत्तद्दैवतं तच्छंदसं सूक्तमाहृत्य तस्मिन्निविदं दध्यान्; मा प्रगाम पथो वयमिति पुरस्तात्सूक्तस्य शंसति. पथो वा एष प्रैति यो यज्ञे मुह्यति. मा यज्ञादिंद्र सोमिन इति यज्ञादेव तं न प्रच्यवते मांतस्थुर्नो अरातय इत्यरातीयत एव तदपहंति. यो यज्ञस्य प्रसाधनस्तंतुर्देवेष्वाततः

तमाहुतं नवीमर्हातीति मज्रा वै तंतुः; मजामेवास्मा एतत्संतनोति; मनोन्वाहुवामहे नाराशंसेन सोमेनेति मनसा वै यज्ञस्तायते मनसा क्रियते: सैव तत्र मायश्चित्तिः मायश्चित्तिः ॥ ११ ॥

इत्यैतरेयब्राम्हणे तृतीयपंचिकायां मथमोध्यायः ॥ १ ॥

देवविशः कल्पयितव्या इत्याहुश्छंदश्छंदसि मतिष्ठाप्यमिति शोंसावोमित्याव्हयते. मातःसवने त्र्यक्षरेण शंसामो दैवोमित्यध्वर्युः; मति गृणाति पंचाक्षरेण तदष्टाक्षरं सं पद्यते, ऽष्टाक्षरा वै गायत्री गायत्रीमेव तत्पुरस्तात्मातः सवने चीक्लृपतामुक्थं वाचीत्याह शस्त्वा-ऽचतुरक्षरमोमुक्थशा इत्यध्वर्युश्चतुरक्षरं तदष्टाक्षरं सं पद्यते-ष्टाक्षरा वै गायत्री गायत्रीमेव तदुभयतः मातः सवने चीक्लृपता मध्वर्यों शोंसावोमित्याव्हयते. मध्यंदिने षळक्षरेण शंसामो दैवोमि-त्यध्वर्युः मति गृणाति पंचाक्षरेण, तदेकादशाक्षरं सं पद्यत; एका-दशाक्षरा वै त्रिष्टुप् त्रिष्टुभमेव तत्पुरस्तान्मध्यंदिने चीक्लृपतामुक्थं वाचींद्रायेत्याह शस्त्वा; सप्ताक्षरमोमुक्थशा इत्यध्वर्युश्चतुरक्षरं तदे-कादशाक्षरं सं पद्यते; एकादशाक्षरा वै त्रिष्टुप्; त्रिष्टुभमेव तदु-भयतोमध्यंदिने चीक्लृपतामध्वर्योशोशोंसावोमित्याव्हयते. तृतीय-सवने सप्ताक्षरेण शंसामो दैवोमित्याध्वर्युः मति गृणाति पंचाक्ष-रेण तत् द्वादशाक्षरं सं पद्यते; द्वादशाक्षरा वै जगती जगतीमेव तत्पुरस्तात्तृतीयसवने चीक्लृपतामुक्थं वाचींद्राय देवेभ्य इत्याह शस्त्वै-कादशाक्षरमोमित्यध्वर्युरेकाक्षरं तत् द्वादशाक्षरं सं पद्यते; द्वादशाक्षरा वै जगती जगतीमेव तदुभयतस्तृतीयसवने चीक्लृपता. तदेतदृषिः पश्य-न्नभ्यनूवाच यत् गायत्रेअधि गायत्रमाहितं त्रैष्टुभाद्वा त्रैष्टुभं निरतक्षत; यद्वा जगज्जगत्याहितं पदं; य एतद्विदुस्ते अमृतत्वमानशुरित्येतद्वै-तच्छंदश्छंदसि मतिष्ठापयति कल्पयति देवविशो य एवं वेद ॥ १२ ॥

प्रजापतिर्वै यज्ञं छंदांसि देवेभ्यो भागधेयानि व्यभजत्स गायत्रीमेवाग्नये वसुभ्यः. प्रातः सवने भजात्त्रिष्टुभमिंद्राय रुद्रेभ्यो मध्यंदिने जगतीं विश्वेभ्यो देवेभ्य आदित्येभ्यस्तृतीयसवने ऽथास्य यत्स्वं छंद आसीदनुष्टुप् तामुदंतमभ्युदौहदच्छावाकीयामभिसैनमब्रवीदनुष्टुप् त्वन्वेव देवानां पापिष्ठोसि. यस्य तेहं स्वं छंदास्मि यां मोदंतमभ्युदौहीरच्छावाकीयामभीति तदजानात्स स्वं सोममाहरत्स स्वे सोमेग्रं मुखमभि पर्याहरदनुष्टुभं. तस्मादनुष्टुबग्रिया मुख्या युज्यते, सर्वेषां सवनानामग्रियो मुख्यो भवति श्रेष्ठतामश्नुते य एवं वेद. स्वे वै सतत्सोमे कल्पयत्तस्माद्यत्र क्व च यजमानवशो भवति. कल्पत एव यज्ञोपि तस्यै जनतायै कल्पते यत्रैवं विद्वान् यजमानो वशी यजते ॥ १३ ॥

अग्निर्वै देवानां होतासीत्तं मृत्युर्बहिष्पवमाने सीदत्सोनुष्टुभाज्यं प्रत्यपद्यत. मृत्युमेव तत्पर्यक्रामत्तमाज्ये सीदत्स प्रउगेण प्रत्यपद्यत; मृत्युमेव तत्पर्यक्रामत्तं माध्यंदिने पवमाने सीदत्सोनुष्टुभा मरुत्वतीयं प्रत्यपद्यत; मृत्युमेव तत्पर्यक्रामत्तं माध्यंदिने बृहतीषु नाशक्नोत्सत्तुं प्राणा वै बृहत्यः; प्राणानेव तन्नाशक्नोद्व्यवैतुं. तस्मान्मध्यंदिने होता बृहतीषु स्तोत्रियेणैव प्रति पद्यते; प्राणा वै बृहत्यः प्राणानेव तदभि प्रति पद्यते. तं तृतीयपवमाने सीदत्सोनुष्टुभा वैश्वदेवं प्रत्यपद्यत; मृत्युमेव तत्पर्यक्रामत्तं यज्ञा यज्ञीये सीदत्स वैश्वानरीयेणाग्निमारुतं प्रत्यपद्यत; मृत्युमेव तत्पर्यक्रामद्वज्रो वै वैश्वानरीयं; प्रतिष्ठा यज्ञा यज्ञीयं वज्रेणैव तत्प्रतिष्ठाया मृत्युं नुदते. स सर्वान् पाशान्त्सर्वान् स्थाणून्मृत्योरतिमुच्य स्वस्त्येवोदमुच्यत स्वस्त्येव होतोन्मुच्यते सर्वायुः सर्वायुत्वाय सर्वमायुरेति य एवं वेद ॥ १४ ॥

इंद्रो वै वृत्रं हत्वा नास्तृषीति मन्यमानः; पराः परावतोगछत्स परमामेव परावतमगछदनुष्टुब् वै परमा परावद्वाग्वा अनुष्टुप्; स वाचं माविश्याशयत्तं सर्वाणि भूतानि विभज्यान्वै छंस्तं पूर्वेद्युः पितरोऽविंदन्नुत्तरमहर्देवास्तस्मात्पूर्वेद्युः पितृभ्यः क्रियत, उत्तरमहर्देवान्यजंते. ते ब्रुवन्नाभिषुणवामेव तथा वा वन आशिष्ठमागमिष्यतीति तथेति. तेभ्यषुण्वंस्त आत्वारथं यथोतय इत्येनैनमावर्तयन्न्; इदं वसोसुतमंध इत्येवैभ्यःसुतकीर्त्यामाविरभवद्; इंद्र नेदीय एदिहीत्येवैनं मध्यं मापादयंतागतेंद्रेण यज्ञेन यजते सेंद्रेण यज्ञेन राध्नोति य एवं वेद ॥ १५ ॥

इंद्रं वै वृत्रं जघ्निवांसं नास्तृतेति मन्यमानाः; सर्वा देवता अजहुस्तं मरुत इव स्वपयो नाजहुः; प्राणा वै मरुतः स्वापयः; प्राणा हैवैनं तं नाजहुस्तस्मादेषोऽच्युतः स्वापिमान्प्रगाथः शस्यत, आस्वापे स्वापिभिरित्यपि ह यद्येंद्रमेवाव ऊर्ध्वं छंदः शस्यते. तस्य सर्वं मरुत्वतीयं भवत्येष चेदच्युतः स्वापिमान्प्रगाथः शस्यत आस्वापे स्वापिभिरिति ॥ १६ ॥

ब्राह्मणस्पत्यं प्रगाथं शंसति. बृहस्पतिपुरोहिता वै देवा अजयंस्वर्गं लोकं व्यस्मिं लोके जयंत. तथैवैतद्यजमानो बृहस्पतिपुरोहित एव जयति स्वर्गं लोकं व्यस्मिं लोके जयते. तौ वा एतौ प्रगाथावस्तुतौ संतौ पुनरादायं शस्येते. तदाहुर्यत्त्किंचना स्तुतं सत्पुनरादायं शस्यते. ऽथ कस्मादेतौ प्रगाथावस्तुतौ संतौ पुनरादायं शस्येते इति पवमानोक्थं वा एतद्यन्मरुत्वतीयं षट्सु वा अत्र गायत्रीषु स्तुवते; षट्सु बृहतीषु तिसृषु त्रिष्टुप्सु स वा एष त्रिछंदाः पंचदशो माध्यंदिनः पवमानस्तदाहुः कथं त एष त्रिछंदाः पंचदशो माध्यंदिनः पवमानो ऽनुशस्तो भवतीति ये एव गायत्र्या उत्तरे प्रतिपदो यो गायत्रो ऽनुचरस्ताभिरेवास्य गायत्र्योऽनुशस्ता-

भवंत्येताभ्यामेवास्य प्रगाथाभ्यां बृहत्योनुशस्ता भवंति. तासु वा एतासु बृहतीषु सामगा रौरवयौधाजयाभ्यां पुनरादायं स्तुवते. तस्मादेतौ प्रगाथावस्तुतौ संतौ पुनरादायं शस्येते. तच्छस्त्रेण स्तोत्रमन्वैति ये एव त्रिष्टुभौ धाय्ये यत् त्रैष्टुभं निविद्धानं ताभिरेवास्य त्रिष्टुभोनुशस्ता भवंत्येवमु हास्यैष त्रिछंदाः पंचदशो माध्यंदिनः पवमानो नुशस्तो भवति य एवं वेद ॥ १७ ॥

धाय्याः शंसति. धाय्याभिर्वै प्रजापतिरिमां लोकानधयद्यं यं काममकामयत; तथैवैतद्यजमानो धाय्याभिरेवेमां लोकां धयति, यं यं कामं कामयते य एवं वेद. यदेव धाय्या३ यत्र यत्र वै देवा यज्ञस्य छिद्रं निरजानंस्तत्धाय्याभिरपि दधुस्तत्धाय्यानां धाय्यात्वमछिद्रेण हास्य यज्ञेनेष्टं भवति य एवं वेद. यद्देव धाय्या३ स्यूमहै तद्यज्ञस्य यत्धाय्यास्तद्यथा सूच्या वासः; संदधदियादेवमेवैताभिर्यज्ञस्य छिद्रं संदधदेति य एवं वेद. यद्देव धाय्या३ तान्यु वा एतान्युपसदामेवोक्थानि यत्धाय्या अग्निर्नेतेत्याग्नेयी प्रथमोपसत्तस्या एतदुक्थं; त्वं सोमक्रतुभिरिति सौम्या द्वितीयोपसत्तस्या एतदुक्थं; पिन्वंत्यप इति वैष्णवी तृतीयोपसत्तस्या एतदुक्थं; यावंतं ह वै सौम्येनाध्वरेणेष्ट्वा लोकं जयति. तमत एकैकयोपसदा जयति य एवं वेद यश्चैवं विद्वां धाय्याः शंसति. तत्वैक आहुस्तान्वोमह इति शंसेदेतां वाव वयं भरतेषु; शस्यमानामभिव्याजानीम इति वदंतस्तत्तन्नादृत्यं यदेतां शंसेदीश्वरः पर्जन्यो वष्टोः; पिन्वंत्यप इत्येव शंसेद्वृष्टिवनिपदं मरुत इति मारुतमत्यंनमिहे विनयंतीति विनीतवद्यद्विनीतवत्तद्विक्रांतवद्यद्विक्रांतवत्तद्वैष्णवं वाजिनमितींद्रो वै वाजी. वस्यां वा एतस्यां चत्वारि पदानि; वृष्टिवनिमारुतं वैष्णवमैंद्रं सा वा एषा तृतीयसवनभाजना सती मध्यंदिने शस्यते. तस्मात्सेदं

भरतानां पशवः सायं गोष्ठाः संतो मध्यंदिने; संगाविनीमध्यंति सो जगती जागता हि पशव आत्मा यजमानस्य मध्यंदिनस्तद्यजमाने पशून् दधाति ॥ १८ ॥

मरुत्वतीयं प्रगाथं शंसति. पशवो वै मरुतः, पशवः प्रगाथः पशूनामवरुध्यै. जनिष्ठा उग्रः सहसे तुरायेति सूक्तं शंसति. तद्वा एतद् यजमानजननमेव सूक्तं; यजमानं ह वा एतेन यज्ञादेवयोन्यै प्रजनयति तत्संजयं भवति. सं च जयति वि च जयत एतद्गौरिवीतं; गौरिवीतिर्ह वै शाक्त्यो नेदिष्ठं स्वर्गस्य लोकस्यागच्छत्स एतत्सूक्तमपश्यत्तेन स्वर्गं लोकमजयत्तथैवैतद्यजमान एतेन सूक्तेन स्वर्गं लोकं जयति. तस्यार्धाः शस्त्वार्धाः परिशिष्य मध्ये निविदं दधाति; स्वर्गस्य हैष लोकस्य रोहो यन्निवित्स्वर्गस्य हैतल्लोकस्याक्रमणं यन्निविताक्रममाण इव शंसेदुपैव यजमानं निगृण्हीत योऽस्य प्रियः स्यादिति नु स्वर्गकामस्याथाभिचरतो यः कामयेत; क्षत्रेण विशं हन्यामिति त्रिस्तर्हि निविदा सूक्तं विशंसेत्क्षत्रं वै निविद्विट् सूक्तं; क्षत्रेणैव तद्विशं हंति यः कामयेत. विशा क्षत्रं हन्यामिति त्रिस्तर्हि सूक्तेन निविदं विशंसेत्क्षत्रं वै निविद्विट् सूक्तं विशैव तत्क्षत्रं हंति य उ कामयेतोभयत एनं विशः पर्यवछिनदानीत्युभयतस्तर्हि निविदं व्याह्वयीतोभयत एवैनं तद्विशः पर्यवछिनत्तीति न्वभिचरत इतरथात्वेव स्वर्गकामस्य; वयः सुपर्णा उपसेदुरिंद्रमित्युत्तमया परि दधाति. प्रियमेधा ऋषयो नाधमानाः अपध्वांतमूर्णुहीति येन तमसा प्रावृतो मन्येत. तन्मनसा गच्छेदपहैवास्मात्तल्प्यते. पूर्धि चक्षुरिति चक्षुषीमरीमृज्येताजरसं ह चक्षुष्मान् भवति य एवं वेद. मुमुग्ध्यस्मान्निधयेवबद्धानिति पाशा वै निधा मुमुग्ध्यस्मान् पाशानिव बद्धानित्येव तदाह ॥ १९ ॥

इंद्रो वै वृत्रं हनिष्यंत्सर्वा देवता अब्रवीदनु मोपतिष्ठध्वमुपमाह्व-यध्वमिति तथेति. तं हनिष्यंत आद्रवंत्सोवेन्मा वै हनिष्यंत आद्रवंति. हंतेमान् भीषया इति तानभिप्राश्वसीत्तस्य श्वसथादीषमाणा; विश्वे देवा अद्रवन्मरुतो हैनं नाजहुः प्रहर भगवो जहि वीरयस्वेत्ये-वैनमेता वाचं वदंत; उपातिष्ठंत तदेतदृषिः पश्यन्नभ्यनूवाच. वृत्रस्य त्वा श्वसथादीषमाणा, विश्वे देवा अजहुर्ये सखायः मरुद्भिरिंद्र सख्यं ते अस्त्वथेमाः विश्वाः पृतना जयासीति सोवेदिमे वै किल मे सचिवा. इमे मा कामयंत, हंतेमानस्मिन्नुक्थ आभजा इति तानेतस्मिन्नुक्थ-आभजदथ हैतेतर्ह्युभे एव निष्केवल्ये उक्थे आसतुर्मरुत्वतीयं ग्रहं गृण्हाति. मरुत्वतीयं प्रगाथं शंसति मरुत्वतीयं सूक्तं शंसति मरु-त्वतीया निविदं दधाति; मरुतां सा भक्तिर्मरुत्वतीयमुक्थं शस्त्वा मरुत्वतीयया यजति. यथाभागं तद्देवताः प्रीणाति ये त्वाहिहत्येमघव-न्नवर्धन्ये शांबरे हरिवो ये गविष्टौ ये त्वानूनमनुमदंति विप्राः; पिबेंद्र सोमं सगणो मरुद्भिरिति यत्र यत्रैवैभिर्व्यजयत यत्र यत्र वीर्यमक-रोत्तदेवैतत्समनुवेद्येंद्रेणैनान्त्स सोमपीथान्करोति ॥ २० ॥

इंद्रो वै वृत्रं हत्वा सर्वा विजितीर्विजित्याब्रवीत्प्रजापतिमहमेत-दसानि. यत्त्वमहं महानसानीति स प्रजापतिरब्रवीदथ कोहमिति यदेवैतदवोच इत्यब्रवीत्ततो वै को नाम प्रजापतिरभवत्को वै नाम प्रजापतिर्यन्महानिंद्रो भवत्तन्महेंद्रस्य महेंद्रत्वं. स महान् भूत्वा देवता अब्रवीदुत्सारं म उद्धरतेति यथाप्येतर्हिच्छति यो वै भवति यः श्रेष्ठतामश्नुते स महान् भवति. तं देवा अब्रुवन्त्स्वयमेव ब्रूष्व यत्ते भविष्यतीति स एतं माहेंद्रं ग्रहमब्रूत माध्यंदिनं सवनानां निष्केवल्यमुक्थानां, त्रिष्टुभं छंदसां पृष्ठं साम्नां. तमस्मा उत्सारमुदहरन्नुदस्मा उत्सारं हरंति य एवं वेद. ते देवा अब्रुवन्

स्सर्वे वा अवोचया अपि नोत्रास्त्विति सनेत्यब्रवीत्कथं वोऽपि स्यादिति तमब्रुवन्नप्येव नोस्तु मघवन्निति तानीक्षतेव ॥ २१ ॥

ते देवा अब्रुवन्नियं वा इंद्रस्य प्रिया जाया वावाता प्रासहानामास्यामेवेछामहा इति तथेति· तस्यामैछंत सैनानब्रवीत्प्रातर्वः प्रतिवक्तास्मीति तस्मात्स्त्रियः पत्याविछंते. तस्मादुस्थ्यनुरात्रं पत्याविछते; तां प्रातरुपायंस्सैतदेव प्रत्यपद्यत· यद्वावानपुरुतमं पुराषाळावृत्रहेंद्रोनामान्यप्राः ; अचेति प्रासहस्पतिस्तुविष्मानितींद्रो वै प्रासहस्पातिस्तुविष्मान्. यदीमुश्मासि कर्तवे करत्तदिति यदेवैतदवोचामाकरत्तदित्येवैनांस्तदब्रवीत्ते देवा अब्रुवन्नप्यस्या इहास्तु यानोस्मिन्नवेकमविददिति तथेति· तस्याअप्यत्राकुर्वंस्तस्मादेषात्रापि शस्यते· यद्वावानपुरुतमं पुराषाळिति सेना वा इंद्रस्य प्रिया जाया वावाता प्रासहा नाम को नाम प्रजापतिश्वशुरस्तद्यास्य कामे सेना जयेत्तस्या अर्धात्तिष्ठंस्तृणमुभयतः परिछिद्येतरां सेनामभ्यस्येत्प्रासहे कस्त्वा पश्यतीति· तद्यथैवादस्नुषा श्वशुराल्लज्जमाना निलीयमानैत्येवमेव सा सेना भज्यमाना निलीयमानैति यत्रैवं विद्वांस्तृणमुभयतः परिछिद्येतरां सेनामभ्यस्यति. प्रासहे कस्त्वा पश्यतीति· तानिंद्र उवाचापिवोत्रास्त्विति. ते देवा अब्रुवन् विराड्याज्यास्तु निष्केवल्यस्य यात्रयस्त्रिंशदक्षरा ; त्रयस्त्रिंशद्वै देवा, अष्टौ वसव एकादश रुद्रा द्वादशादित्या प्रजापतिश्च वषट्कारश्च देवता अक्षरभाजः करोत्यक्षरमक्षरमेव तद्देवता अनु प्र पिबंति देवपात्रेणैव तद्देवतास्तृप्यंति· यं कामयेतानायतनवान् स्यादित्यविराजास्य यजेत् गायत्र्या वा त्रिष्टुभा वान्येन वा छंदसा वषट् कुर्यादनायतनवंतमेवैनं तत्करोति, यं कामयेतायतनवांस्स्यादिति. विराजास्य यजेत्पिबा सोममिंद्र मंदतुत्वेत्यतयायतनवंतमेवैनं तत्करोति ॥ २२ ॥

ऋक् च वा इदमग्रे साम चास्तां; सैव नाम ऋगासीदमो नाम साम सा वा ऋक् सामोपावदन्मिथुनं सं भवाव प्रजात्या इति नेत्यब्रवीत्साम ज्यायान्वा अतो मम महिमेति ते द्वे भूत्वोपावदतां ते न प्रति च न समवदत. तास्तिस्रो भूत्वोपावदंस्तत्तिसृभिः सम-भवद्यत्तिसृभिः समभवत्तस्मात्तिसृभिःस्तुवंति;तिसृभिरुद्गायंति;तिसृ-भिर्हि साम संमितं. तस्मादेकस्य बह्व्योजाया भवंति नैकस्यै बहवः सहपतयो यद्वै तत्साचामश्च समभवतां. तत्सामाभवत्तत्साम्नः सामत्वं सामन् भवति य एवं वेद; यो वै भवति यः श्रेष्ठतामश्नुते स सामन् भवत्यसामन्य इति हि निंदंति. ते वै पंचान्यत् भूत्वा पंचान्यत् भूत्वा कल्पेतामाहावश्च हिंकारश्च प्रस्तावश्च प्रथमा च ऋगुद्गीथश्च मध्यमा च प्रतिहारश्चोत्तमा च निधनं च वषट्कारश्च ते यत्पं-चान्यत् भूत्वा पंचान्यत् भूत्वा कल्पेतां. तस्मादाहुः पांक्तोयज्ञः पांक्ताः पशवः इति यदु विराजन् दशिनीमभि सं पद्येतां. तस्मादाहुर्विराजि यज्ञोदशिन्यां प्रतिष्ठित इत्यात्मा वै स्तोत्रियः प्रजानुरूपः पत्नी धाय्या पशवः प्रगाथोगृहाः सूक्तं; स वा अस्मिंश्च लोकेमुष्मिंश्च प्रजया च पशुभिश्च गृहेषु वसति य एवं वेद ॥ २३ ॥

स्तोत्रियं शंसत्यात्मा वै स्तोत्रियस्तं मध्यमया वाचा शंसत्या-त्मानमेव तत्संस्कुरुतेनुरूपं शंसति, प्रजा वा अनुरूपः; स उच्चै-स्तरामिवानुरूपः शंस्तव्यः, प्रजामेव तच्छ्रेयसीमात्मनः कुरुते. धाय्यां शंसति; पत्नी वै धाय्या सा नीचैस्तरामिव धाय्या शंस्तव्या. प्रतिवादिनी हास्य गृहेषु पत्नी भवति, यत्रैवं विद्वान्नीचैस्तरां धाय्यां शंसति. प्रगाथं शंसति, स स्वरवत्या वाचा शंस्तव्यः; पशवो वै स्वरः, पशवः प्रगाथः पशूनामवरुध्या, इंद्रस्य नुवीर्याणि प्रवोचमिति सूक्तं शंसति. तद्वा एतत्प्रियमिंद्रस्य सूक्तं निष्केवल्यं हैरण्यस्तूपमे-

तेन वै सूक्तेन हिरण्यस्तूप आंगिरस इंद्रस्य प्रियं धामोपागछत्स परमं लोकमजयदुपेंद्रस्य प्रियं धाम गछति, जयति परमं लोकं य एवं वेद. गृहा वै प्रतिष्ठासूक्तं, तत्प्रतिष्ठिततमया वाचा शंस्तव्यं. तस्माद्यद्यपि दूर इव पशून् लभते गृहानेवैनाना जिगमिषति; गृहा हि पशूनां प्रतिष्ठा प्रतिष्ठा ॥ २४ ॥ इत्यैतरेयब्राह्मणे तृतीयपंचिकायां द्वितीयोध्यायः.

सोमो वै राजामुष्मिन् लोक आसीत्तं देवाश्च ऋषयश्चाभ्यध्यायन्; कथमयमस्मान्सोमो राजा गछेदिति? ते ब्रुवं छंदांसि यूयं न इमं सोमं राजानमाहरतेति तथेति. ते सुपर्णा भूत्वोदपतंस्ते यत्सुपर्णा भूत्वोदपतंस्तदेतत्सौपर्णमित्याख्यानविद आचक्षते. छंदांसि वै तत्सोमं राजानमछा चरंस्तानि ह तर्हि चतुरक्षराणि, चतुरक्षराण्येव छंदांस्यासन्त्सा जगती; चतुरक्षरा प्रथमोदपतत्सा पतित्वार्धमध्वनो गत्वा श्राम्यत्सा परास्य त्रीण्यक्षराण्येकाक्षरा भूत्वा दीक्षां च तपश्च हरंती पुनरभ्यवापतत्तस्मात्तस्य वित्ता दीक्षा वित्तं तपो यस्य पशवः संति. जागता हि पशवो जगती हि तानाहरदथ त्रिष्टुबुदपतत्सा पतित्वा भूयोर्धादध्वनो गत्वा श्राम्यत्सा परास्यैकमक्षरं त्र्यक्षरा भूत्वा दक्षिणा हरंती पुनरभ्यवापतत्तस्मान्मध्यंदिने दक्षिणा नीयंते त्रिष्टुभांलोके त्रिष्टुब्भिता आ हरत् ॥ २५ ॥

ते देवा अब्रुवन् गायत्रीं त्वं न इमं सोमं राजानमाहरेति सा तथेत्यब्रवीत्तां वैमा सर्वेण स्वस्त्ययनेनानुमंत्रयध्वमिति तथेति सोदपतत्तां देवाः; सर्वेण स्वस्त्ययनेनान्वमंत्रयंत प्रेति चेति चेत्येतद्वै सर्वं स्वस्त्ययनं यत्प्रेति चेति चेति. तयोस्य प्रियः स्यात्तमेतेनानुमंत्रयेत प्रेति चेति चेति स्वस्त्येव गछति स्वस्ति पुनरागछति. सा पतित्वा सोमपालान् भीषयित्वा पद्भ्यां च मुखेन च सोमं राजानं

समगृभ्णाद्यानि चेतरे छंदसी अक्षराण्यजहितां, तानि चोप सम-
गृभ्णात्तस्या अनु विसृज्य कृशानुः सोमपालः सव्यस्य पदो नखम-
च्छिदत्तच्छल्यको भवत्तस्मात्स नखमिव यद्दशमस्रवत्सावशाभवत्तस्मा-
त्सा हविरिवाथ यः शल्यो यदनीकमासीत्स सर्पो निर्दंश्यभवत्सहस-
स्वञ्जो यानि पर्णानि ते मंथावला यानि स्नावानि ते गंडूपदा यत्तेजनं
सोंधाहिः सोसा तथेषुरभवत् ॥ २६ ॥

सा यद्दक्षिणेन पदा समगृभ्णात्तत्प्रातःसवनमभवत्तद्गायत्री स्व-
मायतनमकुरुत. तस्मात्तत्समृद्धतमं मन्यंते; सर्वेषां सवनानामग्रियो-
मुख्यो भवति; श्रेष्ठतामश्नुते य एवं वेदाथ यत्सव्येन पदा सम-
गृभ्णात्तन्माध्यंदिनं सवनमभवत्तद्विस्रंसत तद्विस्रस्तं नान्वाप्नोत्पूर्वं
सवनं. ते देवाः प्राजिज्ञासंत तस्मिंस्त्रिष्टुभं छंदसामदधुरिंद्रं देव-
तानां तेन तत्समावद्वीर्यमभवत्पूर्वेण सवनेनोभाभ्यां सवनाभ्यां समा-
वद्वीर्याभ्यां समावज्जामीभ्यां राध्नोति य एवं वेदाथ यन्मुखेन
समगृभ्णात्तत्तृतीयसवनमभवत्तस्य पतंतीरसमधयत्तद्धीतरसन्नान्वा-
प्नोत्पूर्वे सवने ते देवाः प्राजिज्ञासंत. तत्पशुष्वपश्यंस्तद्यदाशिरमवनयं-
त्याग्नेयेन पशुना चरंति. तेन तत्समावद्वीर्यमभवत्पूर्वाभ्यां सवनाभ्यां
सर्वैः सवनैः समावद्वीर्यैः समावज्जामीभी राध्नोति य एवं वेद ॥२७॥

ते वा इमे इतरे छंदसी गायत्रीमभ्यवदेतां वित्तं नावक्षराण्यनु
पर्यागुरिति नेत्यब्रवीत् गायत्री यथावित्तमेव न इति ते देवेषु प्रश्न-
मैतां; ते देवा अब्रुवन् यथावित्तमेव व इति तस्मात्धाप्येतर्हि वित्या
व्याहुर्यथावित्तमेव न इति ततो वाष्टाक्षरा गायत्र्यभवत्त्र्यक्षरा त्रिष्टु-
बेकाक्षरा जगती, साष्टाक्षरा गायत्री प्रातःसवनमुदयच्छन्नाशक्नो
त्त्रिष्टुप् त्र्यक्षरा माध्यंदिनं सवनमुद्यंतुं. तां गायत्र्यब्रवीदायान्यपि
मेऽत्रास्त्विति सा तथेत्यब्रवीत्त्रिष्टुप् तां वै मैतैरष्टाभिरक्षरैरुपसंधेहीति

तथेति तामुप समदधादेतद्वै तत् गायत्र्यै मध्यंदिने यन्मरुत्वतीयस्यो- त्तरे प्रतिपदो यश्चानुचरः; सैकादशाक्षरा भूत्वा माध्यंदिनं सवनमुद- यच्छं; नाशक्नोज्जगत्येकाक्षरा तृतीयसवनमुद्यंतुं तां गायत्र्यब्रवीदाया- न्यपि मेत्रास्त्विति सा तथेत्यब्रवीज्जगती तां वै मैतैरेकादशभिरक्षरै- रुपसंभिंद्धीति तथेति तामुप समदधादेतद्वै तद्गायत्र्यै तृतीयसवने यद्वैश्वदेवस्योत्तरे प्रतिपदो यश्चानुचरः; सा द्वादशाक्षरा भूत्वा तृती- यसवनमुदयच्छत्ततो वा अष्टाक्षरा गायत्र्यभवदेकादशाक्षरात्रिष्टुप्; द्वादशाक्षरा जगती, सर्वैश्छंदोभिः समावद्वीर्यैः समावज्जामिभी राध्नोति य एवं वेदैकं वै स तत्रेधाभवत्तस्मादाहुर्दातव्यमेवं विदुष इत्येकं हि स तत्रेधाभवत् ॥ २८ ॥

ते देवा अब्रुवन् आदित्यान् युष्माभिरिदं सवनमुद्यच्छामेति तथेति· तस्मादादित्यारंभणं, तृतीयसवनमादित्यग्रहः; पुरस्तात्तस्य यजत्यादित्यासोअदितिर्मादयंतामिति मद्वत्या रूपसमृद्धया मद्वद्वै तृतीयसवनस्य रूपं, नानु वषट्करोति न भक्षयति संस्था वा एषा यदनुवषट्कारः संस्था भक्षः प्राणा आदित्यानेतत्प्राणान्संस्थापयानीति तआदित्याअब्रुवंत्सवितारं त्वयेदं सहसवनमुद्यच्छामेति तथेति· तस्मात्सावित्री प्रतिपद् भवति· वैश्वदेवस्य सावित्रग्रहः; पुरस्तात्तस्य यजति, दमूना देवः सविता वरेण्य इति मद्वत्या रूपसमृद्धया; मद्वद्वै तृतीयसवनस्य रूपं, नानुवषट्करोति न भक्षयति; संस्था वा एषा यदनुवषट्कारः, संस्था भक्षः, प्राणः सवितानेत्प्राणं सं स्थापयानी- त्युभे वा एष एते सवने वि पिबति. यत्सविता प्रातः सवनं च तृतीयसवनं च तद्यत्पिबवत्सावित्र्यै निविदः पदं पुरस्तात् भवति· मद्वदुपरिष्टादुभयोरेवैनं तत्सवनयोराभजति· प्रातः सवने च तृतीय- सवने च बव्ह्यः प्रातर्वायव्याः शंस्यंत एका तृतीयसवने. तस्मा-

दूर्ध्वाः पुरुषस्य भूयांसः प्राणा यच्चावांचो; द्यावापृथिवीयं शंसति, द्यावा पृथिवी वै प्रतिष्ठे इयमेवेह प्रतिष्ठा सावमुत्र तद्यद्द्यावा पृथिवीयं शंसति प्रतिष्ठयोरेवैनं तत्प्रतिष्ठापयति ॥ २९ ॥

आर्भवं शंसत्यृभवो वै देवेषु तपसा सोमपीथमभ्यजयंस्तेभ्यः प्रातः सवने वाचि कल्पयिषंस्तानग्निर्वसुभिः प्रातःसवनादनुदत; तेभ्यो माध्यंदिने सवने वाचि कल्पयिषंस्तानिंद्रो रुद्रैर्माध्यंदिनात्सवनादनुदत; तेभ्यस्तृतीयसवने वाचि कल्पयिषंस्तान्विश्वे देवा अनोनुद्यंत, नेह पास्यंति नेहेति स प्रजापतिरब्रवीत्सवितारं तव वा इमेंते वासास्, त्वमेवैभिः सं पिबस्वेति स तथेत्यब्रवीत्सविता तान्वै त्वमुभयतः परि पिबेति तान्प्रजापतिरुभयतः पर्यपिबत्ते एते धाय्ये अनिरुक्ते प्राजापत्ये शस्येते; अभित आर्भवं सुरूपकृत्नुमूतये; यं वेनश्चोदयत्पृश्निगर्भा इति प्रजापतिरेवैनास्तदुभयतः परि पिबति· तस्माद् श्रेष्ठी पात्रे रोचयत्येव यं कामयेत तं तेभ्यो वै देवा अपैवाबीभत्संत· मनुष्यगंधात्त एते धाय्ये अंतरदधत येभ्यो मातैवा पित्र इति ॥ ३० ॥

वैश्वदेवं शंसति; यथा वै प्रजा एवं वैश्वदेवं, तद्यथांतरं जनता एवं सूक्तानि यथारण्यान्येवं धाय्यास्तदुभयतो धाय्यां पर्याह्वयेत· तस्मात्तान्यरण्यानि संत्यनरण्यानि मृगैश्च वयोभिश्चेति ह स्माह; यथा वै पुरुष एवं वैश्वदेवं तस्य यथावांतरमंगान्येवं सूक्तानि; यथा पर्वाण्येवं धाय्यास्तदुभयतोधाय्यां पर्याह्वयते· तस्मात्पुरुषस्य पर्वाणि शिथिराणि संति, दृळ्हानि ब्रह्मणा हि तानि धृतानि; मूलं वा एतद्यज्ञस्य यद्धाय्याश्च याज्याश्च तद्यदन्या अन्या धाय्याश्च याज्याश्च कुर्युरुन्मूलमेव तद्यज्ञं कुर्युस्तस्मात्ताः समान्य एव स्युः; पांचजन्यं वा एतदुक्थं यद्वैश्वदेवं; सर्वेषां वा एतत्पंचजनानां मुक्थं

देवमनुष्याणां गंधर्वाप्सरसां सर्पाणां च पितॄणां चैतेषां वा एतत्पं-
चजनानामुक्थं; सर्व एनं पंचजना विदुरैनं पंचिन्यै जनतायै हविनो-
गच्छंति य एवं वेद. सर्वदेवत्यो वा एष होता यो वैश्वदेवं शंसति;
सर्वा दिशो ऽध्यायेच्छंसिष्यंत्सर्वास्वेव तद्दिक्षु रसं दधाति. यस्यामस्य
दिशि द्वेष्यस्यां न तां ध्यायेदनु हास्यैवास्य तद्वीर्यमादत्ते; दितिर्द्यौ-
रदितिरंतरिक्षमित्युत्तमया परिदधातीयं वा अदितिरियं द्यौरियमं-
तरिक्षमदितिर्माता स पिता स पुत्र इतीयं वै मातेयं पितेयं पुत्रो; विश्वे देवा-
अदितिः पंचजना इत्यस्यां वै विश्वे देवा अस्यां पंचजना; अदितिर्जात-
मदितिर्जनित्वमितीयं वै जातमियं जनित्वं. द्विपच्छः परि दधाति.
चतुष्पादा वै पशवः पशूनामवरुध्यै सकृदर्धर्चशः प्रतिष्ठा या एव;
द्विप्रतिष्ठो वै पुरुषश्चतुष्पादाः पशवो यजमानमेव तद्द्विप्रतिष्ठं चतु-
ष्पात्सु पशुषु प्रतिष्ठापयति. सदेव पंचजनीयया परिदध्यात्तदुपस्पृ-
शन्भूमिं परिदध्यात्तद्यस्यामेव यज्ञं संभरति; तस्यामेवैनं तदंततः प्रति
ष्ठापयति. विश्वे देवाः शृणुतेमं हवं म इति वैश्वदेवमुक्थं शस्त्वा वैश्व
देव्या यजति यथाभागं तद्देवताः प्रीणाति ॥ ३१ ॥

आग्नेयी प्रथमा घृतयाज्या सौमी सौम्ययाज्या वैष्णवी घृतयाज्या.
त्वं सोम पितृभिः संविदान इति सौम्यस्य पितृमत्या यजति; घ्नंति वा एत-
त्सोमं यदभिषुण्वंति, तस्यैतामनुस्तरणीं कुर्वंति. यत्सौम्यः पितृभ्यो वा
अनुस्तरणी. तस्मात्सौम्यस्य पितृमत्या यजत्यथाभिषुर्वा एतत्सोमं यद-
भ्यसुषवुस्तदेनं पुनः संभावयंति. पुनराप्याययंत्युपसदां रूपेणोपसदा
किल वै तद्रूपं यदेता देवता, अग्निः सोमो विष्णुरिति प्रतिगृह्य सौम्यं
होता पूर्वं छंदोगेभ्यो वेक्षेत; तं हैके पूर्वं छंदोगेभ्यो हरंति. तत्तथानु-
कुर्याद्वषट्कर्ता प्रथमः सर्वभक्षान् भक्षयतीति ह स्माह तेनैव रूपेण.
तस्माद्वषट्कर्तैव पूर्वो वेक्षेताथैनं छंदोगेभ्यो हरंति ॥ ३२ ॥

प्रजापतिर्वै स्वां दुहितरमभ्यध्यायदिवमित्यन्य आहुरुषसमित्यन्ये; तामृश्यो भूत्वा रोहितं भूतामभ्यैत्तं देवा अपश्यं; न कृतं वै प्रजापतिः करोतीति ते तमैच्छन्य एनमारिष्यत्येतमन्योन्यस्मिन्नाविंदंस्तेषां या एव घोरतमास्तन्व आसंस्ता एकधा समभरंस्ताः संभृता एष देवो भवत्तदस्यै तद्भूतवन्नाम भवति वै स योऽस्यै तदेवं नाम वेद. तं देवा अब्रुवन्नयं वै प्रजापतिरकृतमकरिमं विध्येति स तथेत्यब्रवीत्स वै वो वरं वृणा इति वृणीष्वेति स एतमेव वरमवृणीत पशूनामाधिपत्यं. तदस्यैतत्पशुमन्नाम पशुमान् भवति योऽस्यै तदेवं नाम वेद. तमभ्यायत्याविध्यत्स विद्ध ऊर्ध्व उदप्रपतत्तमेतं मृग इत्याचक्षते. य उ एव मृगव्याधः स उ एव स या रोहित्सा रोहिणी, यो एवेषुस्त्रिकांडा सो एवेषुस्त्रिकांडा. तद्वा इदं प्रजापते रेतः सिक्तमधावत्तत्सरोऽभवत्ते देवा अब्रुवन्मेदं प्रजापते रेतो दुषदिति यदब्रुवन्मेदं प्रजापते रेतो दुषदिति तन्मादुषमभवत्तन्मादुषस्य मादुषत्वं; मादुषं ह वै नामैतद्यन्मानुषं तन्मादुषं सन्मानुषमित्याचक्षते. परोक्षेण परोक्षप्रिया इव हि देवाः ॥ ३३ ॥

तदग्निना पर्यादधुस्तन्मरुतो धून्वंस्तदग्निर्न प्राच्यावयत्तदग्निना वैश्वानरेण पर्यादधुस्तन्मरुतो धून्वंस्तदग्निर्वैश्वानरः प्राच्यावयत्तस्य यद्रेतसः प्रथममुददीप्यत. तदसावादित्यो भवद्यद्द्वितीयमासीत्तद्भृगुरभवत्तं वरुणो न्यगृण्हीत. तस्मात् स भृगुर्वारुणिरथ यत्तृतीयमदीदेदिवत आदित्या अभवन्येंगारा आसंस्तेंगिरसोभवन्यदंगाराः पुनरवशांता उददीप्यंत. तद्बृहस्पतिरभवद्यानि परिक्षाणान्यासंस्ते कृष्णाः पशवो भवन्या लोहिनी मृत्तिका ते रोहिता. अथ यद्भस्मासीत्तत्परुष्यं व्यसर्पद्गौरो गवय ऋश्य उष्ट्रो गर्दभ इति ये चैतेरुणाः पशवस्ते च तान्वा एष देवोऽभ्यवदत, मम वा इदं मम वै वास्तुहमिति तमेतयर्चा

निरवादयंत. यैषा रौद्री शस्यत, आ ते पितर्मरुतां सुम्नमेतु, मा नः सूर्यस्य संदृशो युयोथाः; त्वं नो वीरो अर्वति क्षमेथा इति ब्रूयात्राभिन इत्यनभिमानुकोहैष देवः प्रजा भवति. प्रजायेमहि रुद्रियप्रजाभिरिति ब्रूयान्न रुद्रेत्येतस्यैव नाम्नः परिहृत्यै तदु खलु शं नः करतीत्येव शंसेच्छमिति प्रतिपद्यते. सर्वस्मा एव शांत्यै, नृभ्यो नारिभ्यो गव इति पुमांसो वै नरः स्त्रियो नार्यः; सर्वस्मा एव शांत्यै सोऽनिरुक्ता रौद्री शांता. सर्वायुः सर्वायुत्वाय सर्वमायुरेति य एवं वेद. सा गायत्री ब्रह्म वै गायत्री, ब्रह्मणैवैनं तं नमस्यति ॥ ३४ ॥

वैश्वानरीयेणाग्निमारुतं प्रतिपद्यते. वैश्वानरो वा एतद्रेतः सिक्तं प्राच्यावयत्तस्माद्वैश्वानरीयेणाग्निमारुतं प्रतिपद्यते. नवानं प्रथम ऋक् शंस्तव्यामीन्वा एषोर्चीष्यशातान्, प्रसीदन्नेति य आग्निमारुतं शंसति, प्राणेनैव तदग्नीस्तरत्यधीयन्नुपहन्यादन्यं विवक्तारमिच्छेत्तमेव तत्सेतुं कृत्वा तरति. तस्मादाग्निमारुतेन व्युच्यमेष्टव्यो निवक्ता मारुतं शंसति. मरुतो ह वा एतद्रेतः सिक्तं. धून्वंतः प्राच्यावयंस्तस्मान्मारुतं शंसति. यज्ञा यज्ञा वो अग्नये, देवो वो द्रविणोदा इति मध्ये योनिं चानुरूपं च शंसति; तद्यन्मध्ये योनिं चानुरूपं च शंसति. तस्मान्मध्ये योनि धृता, यदु द्वे सूक्ते शस्त्वा शंसति. प्रतिष्ठयोरेव तदुपरिष्टात्प्रजननं दधाति. प्रजात्यै प्रजायते प्रजया पशुभिर्य एवं वेद ॥ ३५ ॥

जातवेदस्यं शंसति. प्रजापतिः प्रजा असृजत; ताः सृष्टाः पराच्य एवायन्न व्यावर्तंत. ता अग्निना पर्यगच्छत्ता अग्निमुपावर्तंत; तमेवाद्याप्युपावृत्ताः; सोऽब्रवीज्जाता वै प्रजा अनेनाविदामिति यदब्रवीज्जाता वै प्रजा अनेनाविदामिति तज्जातवेदस्यमभवत्तज्जातवेदसो जातवेदस्त्वं. ता अग्निना परिगता निरुद्धाः; शोचत्योदीध्यत्योतिष्ठंस्ता अद्भि-

रभ्यषिंचत्तस्मादुपरिष्टाज्जातवेदस्यस्यापोहिष्ठीयं शंसति· तस्मात्तच्छमयतेव शंस्तव्यं. ता अद्भिरभिषिच्य निजास्यैवामन्यत; तासु वा अहिना बुध्न्येन परोक्षात्तेजो दधादेष ह वा अहिर्बुध्न्यो यदग्निर्गार्हपत्यो ऽग्निनैवासु तद्गार्हपत्येन परोक्षात्तेजो दधाति· तस्मादाहुर्जुह्वदेवा जुह्वतोवसीयानिति ॥ ३६ ॥

देवानां पत्नीः शंसत्यनूचीरग्निं गृहपतिं. तस्मादनूची पत्नी गार्हपत्यमास्ते. तदाहू राकां पूर्वां शंसेज्जाम्यै वै पूर्वपेयमिति तत्तन्नादृत्यं. देवानामेव पत्नीः पूर्वाः शंसेदेष ह वा एतत्पत्नीषु रेतो दधाति. यदग्निर्गार्हपत्यो ऽग्निनैवासु तत् गार्हपत्येन पत्नीषु प्रत्यक्षाद्रेतो दधाति. प्रजात्यै प्र जायते प्रजया पशुभिर्य एवं वेद· तस्मात्समानोदर्याः; स्वसान्योदर्यायै जायाया अनुजीविनी जीवति. राकां शंसति; राका ह वा एतां पुरुषस्य सेवनीं सीव्यति; यैषा शिश्नेऽधिपुमांसोऽस्य पुत्रा जायंते य एवं वेद. पावीरवीं शंसति; वाग्वै सरस्वती पावीरवी वाच्येव तद्वाचं दधाति. तदाहुर्यामीं पूर्वां शंसे३त् पित्र्यां३इति यामीमेव पूर्वां शंसेद्, इमं यम प्रस्तरमा हि सीदेति राज्ञो वै पूर्वपेयं. तस्माद्यामीमेव पूर्वां शंसेत्, मातली कव्यैर्यमो अंगिरोभिरिति काव्यानामनूचीं शंसत्यवरेणैव वै देवान्काव्याः परेणैव पितॄंस्तस्मात्काव्यानामनूचीं शंसति; उदीरतामवर उत्परास इति पित्र्याः शंसति, उन्मध्यमाः पितरः सोम्यास इति ये चैवावमा येच परमा येच मध्यमास्तान्त्सर्वाननंतरायं प्रीणाति. अहं पितॄन्त्सुविदत्रा२ँ अवित्सीति द्वितीयां शंसति, बर्हिषदो ये स्वधया सुतस्येत्येतस्य वा एषां प्रियं धाम, यद्बर्हिषद इति प्रियेणैवैनांस्तद्धाम्ना समर्धयति. प्रियेण धाम्ना समृध्यते य एवं वेद. इदं पितृभ्यो नमो अस्त्वद्येति नमस्कारवतीमंततः शंसति. तस्मादंततः पितृभ्यो नमस्क्रियते. तदाहुर्व्याहावं पित्र्याः शंसे३त्, अव्याहावा३ँ इति व्याहावमेव शंसे-

दसंस्थितं वै पितृयज्ञस्य साध्वसंस्थितं वा एष पितृयज्ञं संस्थापयति योऽव्याहावं शंसति. तस्मात् व्याहावमेव शंस्तव्यं ॥ ३७ ॥

स्वादुष्किलायं मधुमाँ उतायमितींद्रस्यैंद्रीरनुपानीयाः शंसत्येताभिर्वा इंद्रस्तृतीयसवनमन्वपिबत्तदनुपानीयानामनुपानीयात्वं. माद्यंतीव वै तर्हि देवता यदेता होता शंसति. तस्मादेतासु मद्वत्प्रतिगीर्यं, ययोराजसा स्कभिता रजांसीति. वैष्णुवारुणीमृचं शंसति; विष्णुर्वै यज्ञस्य दुरिष्टं पाति वरुणः स्विष्टं; तयोरुभयोरेव शान्त्यै. विष्णोर्नु कं वीर्याणि प्रवोचमिति वैष्णवीम् शंसति. यथा वै मत्यमेवं यज्ञस्य विष्णुस्तद्यथा दुष्कृष्टं दुर्मतीकृतं, सुकृष्टं सुमतीकृतं कुर्वन्नियादेवमेवैतद्यज्ञस्य दुष्टुतं दुःशस्तं, सुष्टुतं सुशस्तं कुर्वन्नेति यदेता होता शंसति. तंतुं तन्वन्रजसो भानुमन्विहीति प्राजापत्यां शंसति. प्रजा वै तंतुः प्रजामेवास्मा एतत्सं तनोति. ज्योतिष्मतः पथो रक्षधिया कृतानीति देवयाना वै ज्योतिष्मंतः पंथानस्तानेवास्मा एतद्वि तनोत्यनुल्बणं वयत जोगुवामपो; मनुर्भव जनया दैव्यं जनमित्येवैनं तन्मनोः प्रजया सं तनोति. प्रजात्यै प्र जायते प्रजया पशुभिर्य एवं वेद. एवा न इंद्रो मघवा विरप्शीत्युत्तमया परिदधातीयं वा इंद्रो मघवा विरप्शी; करत्सत्या चर्षणीधृदनर्वेतीयं वै सत्या चर्षणीधृदनर्वा; त्वं राजा जनुषां धेह्यस्मे इतीयं वै राजा जनुषामधिश्रवो; माहिनं यज्जरित्र इतीयं वै माहिनं यज्ञश्रवो यजमानो जरिता; यजमानायैवैतामाशिषमाशास्ते. तदुपस्पृशन् भूमिं परि दध्यात्तद्यस्यामेव यज्ञं सं भरति. तस्यामेवैनं तदंततः प्रतिष्ठापयति. अग्ने मरुद्भिः शुभयद्भिर्ऋक्वभिरित्याग्निमारुतमुक्थं शस्त्वाग्निमारुत्या यजति; यथाभागं तद्देवताः प्रीणाति प्रीणाति ॥ ३८ ॥ इत्यैतरेयब्राह्मणे तृतीयपंचिकायां तृतीयोऽध्यायः

देवा वा असुरैर्युद्धमुप प्रायन् विजयाय. तानग्निर्नान्वकामयतैतुं;

तं देवा अब्रुवन्, अपि त्वमेह्यस्माकं वै त्वमेकोऽसीति स नास्तुतोऽन्वे- ष्यामीत्यब्रवीत्स्तुत नु मेति तथेति. तं ते समुत्क्रम्योपनिवृत्यास्तुवंस्तान् स्तुतो नु प्रैत्स त्रिःश्रेणिर्भूत्वाऽनीकोऽसुरान्युद्धमुपप्रायद्विजयाय त्रि- श्रेणिरिति छंदांस्येव श्रेणीरकुरुत. अनीक इति सवनान्येवानीकानि; तानसंभाव्यं पराभावयत्ततो वै देवा अभवन्परासुरा भवत्यात्मना परास्य द्विषन्पाप्मा भ्रातृव्यो भवति य एवं वेद. सा वा एषा गायत्र्येव यदग्निष्टोमश्चतुर्विंशत्यक्षरा वै गायत्री, चतुर्विंशतिरग्निष्टोमस्य स्तुत- शस्त्राणि. तद्वै यदिदमाहुः, सुधायां ह वै वाजी सुहितो दधातीति गायत्री वै तन्न ह वै गायत्री क्षमारमत; ऊर्ध्वा ह वा एषा यजमान मादाय स्वरेतीत्यग्निष्टोमो वै तन्न ह वा अग्निष्टोमः क्षमारमत; ऊर्ध्वो ह वा एष यजमानमादाय स्वरेति; स वा एष संवत्सर एव यदग्निष्टो- मश्चतुर्विंशत्यर्धमासो वै संवत्सरश्चतुर्विंशतिरग्निष्टोमस्य स्तुतशस्त्रा- णि तं यथासमुद्रं स्रोत्या एवं सर्वे यज्ञक्रतवोऽपियंति ॥ ३९ ॥

दीक्षणीयेष्टिस्तायते. तामेवानु याः काश्चेष्टयस्ताः सर्वा अग्निष्टो- ममपियंति. इळामुपह्वयत; इळाविधा वै पाकयज्ञा; इळामेवानु ये के च पाकयज्ञास्ते सर्वेऽग्निष्टोममपियंति. सायं प्रातरग्निहोत्रं जुह्वति; सायं प्रातर्व्रतं प्रयच्छंति. स्वाहाकारेणाग्निहोत्रं जुह्वति; स्वाहाकारेण व्रतं प्रयच्छंति. स्वाहाकारमेवान्वग्निहोत्रमग्निष्टोममप्येति. पंचदश प्रायणीये सामिधेनीरन्वाह; पंचदश दर्शपूर्णमासयोः प्रायणीयमेवानु दर्शपूर्णमासावग्निष्टोममपीतः सोमं राजानं क्रीणंत्योषधो वै सोमो रा- जौषधिभिस्तं भिषज्यंति; यं भिषज्यंति सोममेव राजानं क्रीयमाण- मनु यानि कानि च भेषजानि तानि सर्वाणि अग्निष्टोममपियंत्यग्नि- मातिथ्ये मंथंत्यग्निं चातुर्मास्येष्वातिथ्यमेवानु चातुर्मास्यान्यग्निष्टोम- मपियंति. पयसा प्रवर्ग्ये चरंति; पयसा दाक्षायणयज्ञे प्रवर्ग्यमेवानु

दाक्षायणयज्ञोग्निष्टोममभ्येति. पशुरूपवत्सये भवति. तमेवानु ये के च पशुबंधास्ते सर्वेग्निष्टोममपियंतीळादधो नाम यज्ञक्रतुस्तं दध्ना चरंति; दध्ना दधि घर्मे दधि घर्ममेवाग्निळादधोग्निष्टोममभ्येति ॥ ४० ॥

इति नु पुरस्तादथोपरिष्टात्पंचदशोक्थ्यस्य स्तोत्राणि; पंचदश शस्त्राणि;समासो मासधा संवत्सरो विहितः;संवत्सरोग्निर्वैश्वानरोग्निरग्निष्टोमः. संवत्सरमेवानूक्थ्यमग्निष्टोममभ्येत्युक्थ्यमपियंतमनुवाजपेयोप्येत्यत्युक्थ्यो हि स भवति. द्वादशरात्रेः पर्यायाः सर्वे पंचदशास्ते द्वौ द्वौ संपद्यत्त्रिंशदेकविंशं. षोळशि साम त्रिवृत्संधिः; सा त्रिंशत्समासस्त्रिंशन्मासस्य रात्रयो मासधा संवत्सरो विहितः संवत्सरोग्निर्वैश्वानरोग्निरग्निष्टोमः; संवत्सरमेवान्वतिरात्रेग्निष्टोममभ्येत्यतिरात्रमपियंतमन्वप्तोर्यामो प्येत्यतिरात्रो हि स भवत्येतद्वै ये च पुरस्ताद्ये चोपरिष्टाद्यज्ञक्रतवस्ते सर्वेग्निष्टोममपियंति. तस्य संस्तुतस्य नवतिशतं स्तोत्रियाः; सा या नवतिस्ते दश त्रिवृतोथ या नवतिस्ते दशाथ या दश. तासामेकास्तोत्रियोदेति त्रिवृत्परि शिष्यते ; सोसावेकविंशोध्याहितस्तपति. विषुवान्वा एष स्तोमानां दश वा एतस्मादर्वाचस्त्रिवृतो दश पराचो मध्य एष एकविंश उभयतोध्याहितस्तपति. तद्यासौ स्तोत्रियोदेति सैतस्मिन्नध्यूळ्हा स यजमानस्तद्दैवं क्षत्रं सहोबलमश्नुते ह वै दैवं क्षत्रं सहोबलमेतस्य ह सायुज्यं सरूपतां सलोकतामश्नुते य एवं वेद ॥ ४१ ॥

देवा वा असुरैर्विजिग्याना ऊर्ध्वाः स्वर्गं लोकमायंस्तोग्निर्दिविस्पृगूर्ध्व उदश्रयत; सः स्वर्गस्य लोकस्य द्वारमवृणोदग्निर्वै स्वर्गस्य लोकस्याधिपतिस्तं वसवः प्रथमा आगच्छंस्त एनमब्रुवन्नति नोर्जस्याकाशं नः कुर्विति स नास्तुतो तिस्रक्ष्य इत्यब्रवीत्स्तुत नु मेति तथेति. तं ते त्रिवृता स्तोमेनास्तुवंस्ता स्तुतोत्यार्जत;ते यथालोकमगच्छंस्तं रुद्रा आ-

गच्छंस्त एनमब्रुवन्नति नोऽर्जस्याकाशं नः कुर्विति स नास्तुतोतिस्रक्ष्य इत्यब्रवीत्स्तुत नु मेति तथेति. तं ते पंचदशेन स्तोमेनास्तुवंस्तान् स्तुतो ऽत्यार्जत; ते यथा लोकमगच्छंस्तमादित्या आगच्छंस्त एनमब्रुवन्नति नोऽर्जस्याकाशं नः कुर्विति स नास्तुतोतिस्रक्ष्य इत्यब्रवीत्स्तुत नु मेति तथेति. तं ते सप्तदशेन स्तोमेनास्तुवंस्, तान् स्तुतो ऽत्यार्जत; ते यथा लोकमगच्छंस्तं विश्वे देवा आगच्छंस्त एनमब्रुवन्नति नोऽर्जस्याकाशं न कुर्विति स नास्तुतोतिस्रक्ष्य इत्यब्रवीत्स्तुत नु मेति तथेति. तं त एकविंशेन स्तोमेनास्तुवंस्, तान्स्तुतोऽत्यार्जत; ते यथा लोकमगच्छन्नेकैकेन वै तं देवाः स्तोमेनास्तुवंस्तान् स्तुतो ऽत्यार्जत; ते यथा लोकमगच्छन्नथ हैनमेष एतैः सर्वैः स्तोमैः स्तौति यो यजते; यश्चैनमेवं वेदातीत्तुतमर्जाता; अति ह वा एनमर्जते स्वर्गं लोकमभि य एवं वेद ॥ ४२ ॥

स वा एषोऽग्निरेव यदग्निष्टोमस्तं यदस्तुवंस्तस्मादग्निस्तोमस्तमग्निस्तोमं संतमग्निष्टोममित्याचक्षते. परोक्षेण परोक्षप्रिया इव हि देवास्तं यच्चतुष्टया देवाश्चतुर्भिः स्तोमैरस्तुवंस्तस्माच्चतुःस्तोमस्तं चतुःस्तोमं संतं चतुष्टोममित्याचक्षते. परोक्षेण परोक्षप्रिया इव हि देवा; अथ यदेनमूर्ध्वं संतं ज्योतिर्भूतमस्तुवंस्; तस्माज्ज्योतिःस्तोमस्तं ज्योतिःस्तोमं संतं ज्योतिष्टोममित्याचक्षते. परोक्षेण परोक्षप्रिया इव हि देवाः स वा एषो पूर्वो न परो यज्ञक्रतुर्यथा रथचक्रमनंतमेवं यदग्निष्टोमस्तस्य यथैव प्रायणं तथोदयनं. तदेषाभियज्ञगाथा गीयते. यदस्य पूर्वमपरं तदस्य; यद्वस्यापरं तद्वस्य पूर्वं, अहेरिव सर्पणं शाकलस्य. न वि जानंति यतरत्परस्तादिति यथा ह्येवास्य प्रायणमेवमुदयनमसदिति तदाहुर्यत् त्रिवृत्प्रायणमेकविंशमुदयनं केन ते समे इति! यो वा एकविंशस्त्रिवृद्वै सोथो यदुभौ तृचौ तृचिनाविति ब्रूयात्तेनेति ॥४३॥

यो वा एष तपत्येषोऽग्निष्टोम एष साह्नस्तं सहैवाह्ना संस्थापयेयुः

सान्हा वै नाम तेनासंत्वरमाणाश्चरेयुर्यथैव प्रातःसवन एवं माध्यंदिनं एवं तृतीयसवन एवमु ह यजमानो प्रमायुको भवति. यद्ध वा इदं पूर्वयोः सवनयोरसंत्वरमाणाश्चरंति. तस्माद्धेदं प्राच्योग्रामता बहुलाविष्टा. अथ यत्क्षेदं तृतीयसवने संत्वरमाणाश्चरंति. तस्माद्धेदं मत्यंचि दीर्घारण्यानि भवंति. तथाह यजमानः प्रमायुको भवति; तेनासंत्वरमाणाश्चरेयुर्यथैव प्रातःसवन एवं माध्यंदिन एवं तृतीयसवन एवमु ह यजमानो ऽप्रमायुको भवति. स एतमेव शस्त्रेणानुपर्यावर्तेत यदा वा एष प्रातरुदेत्यथ मंद्रं तपति. तस्मान्मंद्रया वाचा प्रातःसवने शंसेदथ यदाभ्येत्यथ बलीयस्तपति. तस्माद्बलीयस्या वाचा मध्यंदिने शंसेदथ यदाभितरामेत्यथ बलिष्ठतमं तपति. तस्माद्बलिष्ठतमया वाचा तृतीयसवने शंसेदेवं शंसेद्यदि वाच ईशीत; वाग्घि शस्त्रं यया तु वाचोत्तरोत्तरिण्योत्सहेत. समापनाय तया प्रतिपद्येतैतत्सुशस्ततममिव भवति. स वा एष न कदाचनास्तमेति नोदेति तं यदस्तमेतीति मन्यंते ऽन्ह एव: तदंतमित्वाथात्मानं विपर्यस्यते;रात्रीमेवावस्तात्कुरुते हःपरस्तादथ यदेनं प्रातरुदेतीति मन्यंते रात्रेरेव तदंतमित्वाथात्मानं विपर्यस्यते, ऽहरेवावस्तात्कुरुते; रात्रीं परस्तात्स वा एष न कदाचन निम्रोचति. न ह वै कदाचन निम्रोचत्येतस्य ह सायुज्यं सरूपतां सलोकतामश्नुते य एवं वेद य एवं वेद ॥ ४४ ॥ इत्यैतरेय ब्राह्मणे तृतीयपंचिकायां चतुर्थोध्यायः ॥ ४ ॥

यज्ञो वै देवेभ्योन्नाद्यमुदक्रामत्ते देवा अब्रुवन्यज्ञो वै नोन्नाद्यमुदक्रमीदन्विमं यज्ञमन्नमन्विछामेति ते ब्रुवन्कथमन्विछामेति ब्राह्मणेन च छंदोभिश्चेत्यब्रुवंस्ते ब्राह्मणं छंदोभिरदीक्षयंस्तस्यांतं यज्ञमतन्वतापि पत्नीः समयाजयँस्तस्माद्प्येतर्हि दीक्षणीयायामिष्टावां तमेव

यज्ञं तन्वते; पिपत्नीः सं याजयंति. तमनु न्यायमन्ववायंस्ते प्राय-णीयमतन्वत. तं प्रायणीयेन नेदीयोऽन्वागच्छंस्ते कर्मभिः समत्वरंत. तच्छंय्वंतमकुर्वंस्तस्मात्ह्याप्येतर्हि प्रायणीयं शंय्वंतमेव भवति. तमनु न्यायमन्ववायंस्त आतिथ्यमतन्वत. तमातिथ्येन नेदीयोऽन्वागच्छंस्ते कर्मभिः समत्वरंत. तदिळांतमकुर्वंस्तस्माद्धाप्येतर्हि आतिथ्यमिळांत-मेव भवति. तमनुन्यायमन्ववायंस्त उपसदोऽतन्वत; तमुपसद्भिर्नेदी-योऽन्वागच्छंस्ते कर्मभिः समत्वरंत. ते तिस्रः सामिधेनीरनूच्य तिस्रो देवता अयजंस्तस्मात्ह्याप्येतर्ह्युपसत्सु तिस्र एव सामिधेनीरनूच्य तिस्रो देवता यजंति. तमनु न्यायमन्ववायंस्त उपवसथमतन्वत. तमुपवसथ्येऽह्न्याप्नुवंस्तमाप्त्वाऽतं यज्ञमतन्वत पिपत्नीः समयाजयं-स्तस्मात्ह्याप्येतर्ह्युपवसथ आप्तमेव यज्ञं तन्वते; पिपत्नीः सं याजयंति. तस्मादेतेषु पूर्वेषु कर्मसु शनैस्तरां शनैस्तरामिवानुब्रूयादनूत्सारमिव हि ते तमायंस्तस्मादुपवसथे यावत्या वाचा कामयीत तावत्यानु-ब्रूयादाप्तो हि स तर्हि भवतीति तमाप्त्वा ब्रुवंस्तिष्ठस्व नोऽन्नाद्यायेति स नेत्यब्रवीत्कथं वस्तिष्ठेयेति तानीक्षतैव तमब्रुवन्ब्राह्मणेन च न श्छंदोभिश्च सयुग्भूत्वान्नाद्यायतिष्ठस्वेति तथेति. तस्मात्ह्याप्येतर्हि यज्ञः सयुग्भूत्वा देवेभ्यो हव्यं वहति ब्राह्मणेन च छंदोभिश्च ॥ ४५ ॥

त्रीणि ह वै यज्ञे क्रियंते. जग्धं गीर्णं वांतं; तद्धैतदेव जग्धं यदा-शंसमानमार्त्विज्यं कारयत. उत वा मे दद्यादुत वा मा वृणीतेति तद्ध तत्पराङेव यथा जग्धं न हैव तद्यजमानं भुनक्त्यथ हैतदेव गीर्णं, यद्बिभ्यदार्त्विज्यं कारयत. उत वा मा न बाधेतोत वा मे न यज्ञ-वेशसं कुर्यादिति तद्ध तत्पराङेव यथा गीर्णं; न हैव तद्यजमानं भुन-क्त्यथ हैतदेव वांतं यदभिशस्यमानमार्त्विज्यं कारयते. यथा ह वा इदं वांतान्मनुष्या बीभत्संत; एवं तस्माद्देवास्तद्ध तत्पराङेव यथा वांतं

न हैव तद्यजमानं भुनक्ति. स एतेषां त्रयाणामाशानियात्तं यद्येतेषां त्रयाणामेकं चिदकाममभ्याभवेत्तस्याऽस्ति वामदेव्यस्य स्तोत्रे प्रायश्चित्तिरिदं वा इदं वामदेव्यं. यजमानलोको ऽमृतलोकः; स्वर्गो लोकस्तत्त्रिभिरक्षरैर्न्यूनं; तस्य स्तोत्र उपसृप्यत् त्रेधात्मानं विगृण्हीयात्पुरुष इति स एतेषु लोकेष्वात्मानं दधात्यस्मिन् यजमानलोकेऽस्मिन्नमृतलोकेऽस्मिन्स्वर्गे लोके स सर्वां दुरिष्टिमत्येत्यपि यदि समृत्वा इव ऋत्विजः स्युरिति ह स्माहाथ हैतज्जपेदेवेति ॥ ४६ ॥

छंदांसि वै देवेभ्यो हव्यमूढ्वा श्रांतानि जघनार्धे यज्ञस्य तिष्ठंति यथाश्वो वाश्वतरो वोहिवांस्तिष्ठेदेवं तेभ्य एतं मैत्रावरुणं पशु पुरोळाशमनु दैविकाहवींषि निर्वपेद्; धात्रे पुरोळाशं द्वादशकपालं यो धाता स वषट्कारोऽनुमत्यै चरुं यानुमतिः सा गायत्री राकायै चरुं या राका सा त्रिष्टुप्, सिनीवाल्यै चरुं या सिनीवाली सा जगती; कुह्वै चरुं या कुहूः सानुष्टुप् एतानि वाव सर्वाणि छंदांसि, गायत्रं त्रैष्टुभं जागतमानुष्टुभमन्वन्यान्येतानि हि यज्ञे प्रतमामिव क्रियंत, एतैर्ह वा अस्य छंदोभिर्यजतः; सर्वैश्छंदोभिरिष्टं भवति य एवं वेद. तद्वै यदिदमाहुः सुधायां ह वै वाजी सुहितो दधातीति छंदांसि वै तत्सुधायां ह वा एनं छंदांसि दधत्यननुध्यायिनं लोकं जयति य एवं वेद. तद्धैक आहुर्धातारमेव सर्वासां पुरस्तात्पुरस्तादाज्येन परि यजेत्तदासु सर्वासु मिथुनं दधातीति तदु वा आहुर्जामि वा एतद्यज्ञे क्रियते; यत्र समानीभ्यां ऋग्भ्यां समानेऽहन्यजतीति यदि ह वा अपि बह्व्य इव जायाः; पतिर्वाव तासां मिथुनं तद्यदासां धातारं पुरस्ताद्यजति. तदासु सर्वासु मिथुनं दधातीति नु दैविकानां ॥ ४७ ॥

अथ देवीनां सूर्याय पुरोळाशमेककपालं; यः सूर्यः स धाता

स उ एव वषट्कारो दिवे चरुं; या द्यौः सानुमतिः, सो एव गायत्र्युषसे चरुं; योषाः सा राका सो एव त्रिष्टुप् गवे चरुं; या गौः सा सिनीवाली सोऽएव जगती पृथिव्यै चरुं; या पृथिवी सा कुहूः सो एवानुष्टुबेतानि वाव सर्वाणि छंदांसि गायत्रं त्रैष्टुभं जागतमानुष्टुभमन्वन्यान्येतानि हि यज्ञे प्रतमामिव क्रियंत. एतैर्ह वा अस्य छंदोभिर्यजतः सर्वैश्छंदोभिरिष्टं भवति य एवं वेद. तद्द यदिदमाहुः सुधायां ह वै वाजी सुहितो दधातीति छंदांसि वै तत्सुधायां ह वा एनं छंदांसि दधत्यननुध्यायिनं लोकं जयति य एवं वेद. तदेक आहुः सूर्यमेव सर्वासां पुरस्तात्पुरस्तादाज्येन परि यजेत्तदासु सर्वासु मिथुनं दधातीति तदु वा आहुर्जामि वा एतद्यज्ञे क्रियते; यत्र समानीभ्यां ऋग्भ्यां समानेऽहन्यजतीति यदि ह वा अपि बह्व्य इव जायाः पतिर्वाव तासां मिथुनं; तद्यदासां सूर्यं पुरस्ताद्यजति. तदासु सर्वासु मिथुनं दधाति. ता या इमास्ता अमूर्या अमूस्ता इमा अन्यतराभिर्वाव तं काममाप्नोति य एतासूभयीषु ता उभयीर्गतश्रियः; प्रजातिकामस्य संनिर्वपेन्नेत्वेषिष्यमाणस्य यदेना एषिष्यमाणस्य संनिर्वपेदीश्वरो हास्य वित्ते देवा अरंतोर्यद्वा अयमात्मनेऽलममंस्तेति ता ह शुचिवृक्षो गौपालायनो वृद्धद्युम्नस्याभिप्रतारिणस्योभयीर्यज्ञे संनिरुवाप. तस्य ह रथगृत्सं गाहमानं दृष्ट्वोवाचेत्थमहमस्य राजन्यस्य देविकाश्च देवीश्चोभयीर्यज्ञे सममादयं; यदस्येत्थं रथगृत्सो गाहत इति चतुःषष्टिः कवचिनः शश्वत्स्यास्यते पुत्रनप्तार आसुः ॥ ४८ ॥

अग्निष्टोमं वै देवा अश्रयंतोक्थान्यसुरास्ते समावद्वीर्या एवासन्न व्यावर्तंत. तान् भरद्वाज ऋषीणामपश्यदिमे वा असुरा उक्थेषु श्रितास्तानेषां न कश्चन पश्यतीति सोऽग्निमुदह्वयद्, एह्यू षु ब्रवाणि

म इत्यैतरा गिर इत्यसुर्यो ह वा इतरा गिरः, सोऽभिरूपोऽतिष्ठन्नब्रवीत्कि स्विदेव मह्यं कृशो दीर्घः पलितो वक्ष्यतीति भरद्वाजो ह वै कृशो दीर्घः पलित आस सोऽब्रवीदिमे वा असुरा उक्थेषु श्रितास्तान्वो न कश्चन पश्यतीति तानग्निरश्वो भूत्वाऽभ्यत्यद्रवद्यदग्निरश्वो भूत्वाऽभ्यत्यद्रवत्तत्साकमश्वं सामाभवत्तत्साकमश्वस्य साकमश्वत्वं. तदाहुः साकमश्वेनोक्थानि प्रणयेदप्रणीतानि वाव तान्युक्थानि यान्यन्यत्र साकमश्वादिति प्रमंहिष्ठीयेन प्रणयेदित्याहुः प्रमंहिष्ठीयेन वै देवा असुरानुक्थेभ्यः प्राणुदंत. तस्माद्धैव प्रमंहिष्ठीयेन नयेत्प्रसाकमश्वेन ॥ ४९ ॥

ते वा असुरा मैत्रावरुणस्योक्थमश्रयंत. सोऽब्रवीदिंद्रः कश्चाहं चेमानितोऽसुरान्नोत्स्यावहा इत्यहं चेत्यब्रवीद्वरुणस्तस्मादैंद्रावरुणं मैत्रावरुणस्तृतीयसवने शंसति. इंद्रश्च हि तान्वरुणश्च ततो नुदेतां; ते वै ततोऽपहता असुरा, ब्राह्मणाच्छंसिन उक्थमश्रयंत. सोऽब्रवीदिंद्रः कश्चाहं चेमानितोऽसुरान्नोत्स्यावहा इत्यहं चेत्यब्रवीद्बृहस्पतिस्तस्मादैंद्राबार्हस्पत्यं ब्राह्मणाच्छंसी; तृतीयसवने शंसतींद्रश्च हि तान्बृहस्पतिश्च ततो नुदेतां; ते वै ततोऽपहता असुरा अच्छावाकस्योक्थमश्रयंत. सोऽब्रवीदिंद्रः कश्चाहं चेमानितोऽसुरान्नोत्स्यावहा इत्यहं चेत्यब्रवीद्विष्णुस्तस्मादैंद्रावैष्णवमच्छावाकस्तृतीयसवने शंसतींद्रश्च हि तान्विष्णुश्च ततो नुदेतां. द्वंद्वमिंद्रेण देवताः शस्यंते; द्वंद्वं वै मिथुनं. तस्मात् द्वंद्वान्मिथुनं प्र जायते प्रजात्यै प्र जायते प्रजया पशुभिर्य एवं वेदाथ हैते पोत्रियाश्च नेष्ट्रीयाश्च चत्वार ऋतुयाजाः, षळ् ऋचः सा विराड् दशिनी; तद्विराजि यज्ञं दशिन्यां प्रतिष्ठापयंति प्रतिष्ठापयंति ॥ ५० ॥ इत्यैतरेयब्राह्मणे तृतीयपंचिकायां पंचमोऽध्यायः ॥ ५ ॥ इति तृतीयपंचिका समाप्ता.

अथ चतुर्थपंचिकाप्रारंभः ॥ श्रीगणेशाय नमः ॥ ओं ॥ देवा वै प्रथमेनान्हेंद्राय वज्रं समभरंस्तं द्वितीयेनान्हासिचंस्तृतीयेनान्हा प्रायछंस्तं चतुर्थेहन् प्राहरत्तस्माच्चतुर्थेहन् षोळशिनं शंसति. वज्रो वा एष यत्षोळशी तद्यच्चतुर्थेहन् षोळशिनं शंसति· वज्रमेव तत्प्र हरति द्विषते भ्रातृव्याय वधं, योस्य स्तृत्यस्तस्मै स्तर्तवै. वज्रो वै षोळशी; पशव उक्थानि; तं परस्तादुक्थानां पर्यस्य शंसति· तं यत्पर-स्तादुक्थानां पर्यस्य शंसति· वज्रेणैव तत्षोळशिना पशून्परि गच्छति. तस्मात्पशवो वज्रेणैव षोळशिना परि गता मनुष्यानभ्युपावर्तते· तस्मा-दश्वो वा पुरुषो वा गौर्वा हस्ती वा परि गत एव स्वयमात्मने त एव; वाचाभिषिद्ध उपावर्तते· वज्रमेव षोळशिनं पश्यन्वज्रेणैव षोळशिना परि गतो वाग् धि वज्रो वाक् षोळशी· तदाहुः किं षोळशिनः षोळ-शित्वमिति षोळश स्तोत्राणां षोळश शस्त्राणां षोळशभिरक्षरैरा-दत्ते; षोळशभिः प्रणौति षोळशपदांन्निविदं दधाति. तत्षोळशिनः षोळशित्वं; द्वे वा अक्षरे अति रिच्येते षोळशिनोनुष्टुभमभिसं पन्नस्य वाचो वाव तौ स्तनौ, सत्यानृते वाव ते अवत्येनं सत्यं नैन-मनृतं हिनस्ति य एवं वेद ॥ १ ॥

गौरिवीतं षोळशि साम कुर्वीत; तेजस्कामो ब्रह्मवर्चसकामस्ते-जो वै ब्रह्मवर्चसं गौरिवीतं तेजस्वी ब्रह्मवर्चसी भवति य एवं विद्वान् गौरिवीतं षोळशि साम कुरुते. नानदं षोळशि साम कर्तव्य मित्याहुरिंद्रो वै वृत्राय वज्रमुदयछत्तमस्मै प्राहरत्तमभ्यहनत्सोभि-हतो व्यनदद्यद् व्यनदत्तं नानदं सामाभवत्तं नानदस्य नानदत्वम्. अभ्रातृव्यं वा एतत् भ्रातृव्यहा साम यन्नानदमभ्रातृव्यो भ्रातृव्यहा भवति य एवं विद्वान्नानदं षोळशि साम कुरुते· तद्यदि नानदं कुर्युरविहृतः षोळशी शंस्तव्यो; विहृतासु हि तासु स्तुवते

यदि गीरिवीर्त विहृतः षोळशी शंस्तव्यो विहृतासु हि तानु स्तुवते ॥ २ ॥

अथातश्छंदांस्येव व्यतिषजति; आ त्वा वहंतु हरय, उपोषु शृणुहि गिर इति गायत्रीश्च पंक्तीश्च व्यतिषजति. गायत्रो वै पुरुषः; पांक्ताः पशवः. पुरुषमेव तत्पशुभिर्व्यतिषजाति, पशुषु प्रतिष्ठापयति. यदु गायत्री च पंक्तिश्च ते द्वे अनुष्टुभौ, तेनो वाचोरूपादनुष्टुभोरूपाद्वज्ररूपान्नैति. यदिंद्र पृतनाज्ये, यंते अस्तु हर्यत इत्युष्णिहश्च बृहतीश्च व्यतिषजत्यौष्णिहो वै पुरुषो बार्हताः पशवः; पुरुषमेव तत्पशुभिर्व्यतिषजति, पशुषु प्रतिष्ठापयति. यदुष्णिक् च बृहती च ते द्वे अनुष्टुभौ तेनो वाचोरूपादनुष्टुभोरूपाद्वज्ररूपान्नैति; आधूर्ष्वस्मै, ब्रह्मन्वीर, ब्रह्मकृतिं जुषाण इति द्विपदां च त्रिष्टुभं च व्यतिषजति. द्विपाद्वै पुरुषो वीर्यं त्रिष्टुप्पुरुषमेव तद्वीर्येण व्यतिषजति, वीर्ये प्रतिष्ठापयति. तस्मात्पुरुषो वीर्ये प्रतिश्रितः सर्वेषां पशूनां वीर्यवत्तमो यदु द्विपदा च विंशत्यक्षरा त्रिष्टुप् च, ते द्वे अनुष्टुभौ; तेनो वाचोरूपादनुष्टुभो रूपाद्वज्ररूपान्नैति; एष ब्रह्मा प्रतेमहे, विदथे शंसिषं हरी इति द्विपदाश्च जगतीश्च व्यतिषजति. द्विपाद्वै पुरुषो, जागताः पशवः; पुरुषमेव तत्पशुभिर्व्यतिषजति, पशुषु प्रतिष्ठापयति. तस्मात्पुरुषः पशुषु प्रतिष्ठितोऽत्ति चैनानधि च तिष्ठति. वशेचास्य यदु द्विपदा च षोळशाक्षरा जगती च; ते द्वे अनुष्टुभौ; तेनो वाचोरूपादनुष्टुभोरूपाद्वज्ररूपान्नैति. त्रिकद्रुकेषु महिषोयवाशिरं, प्रोष्वस्मै पुरोरथमित्यतिछंदसः शंसति. छंदसां वै यो रसो ऽत्यक्षरत्सोऽतिछंदसमभ्यत्यक्षरत्तदतिछंदसो ऽतिछंदस्त्वं. सर्वेभ्यो वा एष छंदोभ्यः संनिर्मितो यत्षोळशी तदतिछंदसः शंसति. सर्वेभ्य एवैनं तच्छंदोभ्यः संनिर्मिमीते सर्वेभ्यश्छंदोभ्यः संनिर्मितेन षोळशिना राध्नोति य एवं वेद ॥ ३ ॥

महानाम्नीनामुपसर्गानुपसृजत्ययं वै लोकः प्रथमा महानाम्न्यंतरिक्षलोको द्वितीयासौ लोकस्तृतीया; सर्वेभ्यो वा एष लोकेभ्यः सन्निर्मितो यत्षोळशी. तद्यन्महानाम्नीनामुपसर्गानुप सृजति; सर्वेभ्य एवैनं तल्लोकेभ्यः सन्निर्मिमीते; सर्वेभ्यो लोकेभ्यः सन्निर्मितेन षोळशिना राध्नोति य एवं वेद. प्र प्रवस्त्रिष्टुभमिषं, अर्चत प्रार्चत, यो व्यतीरंफाणयदिति प्रज्ञाता अनुष्टुभः शंसति. तद्यथेह चेह चापथेन चरित्वा पंथानं पर्यवेयात्तादृक्तद्यत्प्रज्ञाता अनुष्टुभः शंसति. स यो व्याप्तोगतश्रीरिव मन्येताविहृतं षोळशिनं शंसयेन्नेच्छंदसा कृछ्रादवपद्या इत्यथ यः पाप्मानमप जिघांसुः स्याद्विहृतं षोळशिनं शंसयेद्; व्यतिषक्त इव वै पुरुषः पाप्मना; व्यतिषक्तमेवास्मै तत्पाप्मानं. शमलमपहंत्यप पाप्मानं हते य एवं वेद. उदयद् ब्रध्नस्य विष्टपमित्युत्तमया परिदधाति. स्वर्गो वै लोको ब्रध्नस्य विष्टपं; स्वर्गमेव तल्लोकं यजमानं गमयति. अपाः पूर्वेषां हरिवः सुतानामिति यजति. सर्वेभ्यो वा एष सवनेभ्यः सन्निर्मितो यत्षोळशी, तद्यदपाः पूर्वेषां हरिवः सुतानामिति यजति. पीतवद्वै प्रातःसवनं; प्रातःसवनादेवैनं तत्सन्निर्मिमीते अथो इदं सवनं केवलं त इति माध्यंदिनं वै सवनं केवलं; माध्यंदिनादेवैनं तत्सवनात्सन्निर्मिमीते. ममद्धि सोमं मधुमंतमिंद्रेति मद्वद्वै तृतीयसवनं; तृतीयसवनादेवैनं तत्सन्निर्मिमीते. सत्रावृषं जठर आवृषस्वेति वृषण्वद्वै षोळशिनो रूपं. सर्वेभ्यो वा एष सवनेभ्यः सन्निर्मितो यत्षोळशी, तद्यदपाः पूर्वेषां हरिवः सुतानामिति यजति. सर्वेभ्य एवैनं तत्सवनेभ्यः सन्निर्मिमीते; सर्वेभ्यः सवनेभ्यः सन्निर्मितेन षोळशिना राध्नोति य एवं वेद. महानाम्नीनां पंचाक्षरानुपसर्गानुपसृजत्येकादशाक्षरेषु पादेषु; सर्वेभ्यो वा एष छंदोभ्यः सन्निर्मितो यत्षोळशी तद्यन्महानाम्नीनां पंचाक्षरानुपसर्गानुपसृजत्येकादशाक्षरेषु पादेषु सर्वेभ्य एवैनं तच्छं-

दोभ्यः सन्निर्मिमीते; सर्वेभ्यश्छंदोभ्यः सन्निर्मितेन षोळशिना राध्नोति य एवं वेद ॥ ४ ॥

अहर्वै देवा अश्रयंत रात्रीमसुरास्ते समावद्वीर्या एवासन्न व्यावर्तंत. सोऽब्रवीदिंद्रः कश्चाहं चेमानितोऽसुरान् रात्रीमन्ववैष्याव इति स देवेषु न मत्यविंदद्बिभयू रात्रेस्तमसो मृत्योस्तस्मात्त्वप्येतर्हि नक्तं यावन्मात्रमिवैवापाक्रम्य बिभेति; तम इव हि रात्रिर्मृत्युरिव; तं वै छंदांस्येवान्ववायंस्तं यच्छंदांस्येवान्ववायंस्तस्मादिंद्रश्चैव छंदांसि च रात्रीं वहंति. न निविच्छस्यते, न पुरोरुङ्न धाय्या नान्या देवतेंद्रश्च ह्येव छंदांसि च रात्रीं वहंति. तान्वै पर्यायैरेव पर्यायमनुदंत; यत् पर्यायैः पर्यायमनुदंत; तत्पर्यायाणां पर्यायत्वं. तान्वै प्रथमेनैव पर्यायेण पूर्वरात्रादनुदंत, मध्यमेन मध्यरात्रादुत्तमेनापररात्राद्. अपि शर्वर्या अनुस्मसीत्यब्रुवन्नपिशर्वराणि खलु वा एतानि छंदांसि इति ह स्मा- हैतानि हींद्रं रात्रेस्तमसो मृत्योर्बिभ्यतमत्यपारयंस्तदपि शर्वराणामपि शर्वरत्वं ॥ ५ ॥

पांतमा वो अंधस इत्यंधस्वत्यानुष्टुभा रात्रीं प्रतिपद्यते. आनुष्टुभी वै रात्रिरेतद्वै रात्रिरूपमंधस्वत्यः पीतवत्यो मद्वत्यस्त्रिष्टुभो याज्या भवंत्यभिरूपा यद्यज्ञेऽभिरूपं तत्समृद्धं. प्रथमेन पर्यायेण स्तुवते; प्रथमान्येव पदानि पुनराददते. यदेवैषामश्वा गाव आसंस्तदेवैषां तेनाददते. मध्यमेन पर्यायेण स्तुवते. मध्यमान्येव पदानि पुनराददते. यदेवैषां मनोरथा आसंस्तदेवैषां तेनाददते. उत्तमेन पर्यायेण स्तुवते; उत्तमान्येव पदानि पुनराददते. यदेवैषां वासो हिरण्यं मणिरध्यात्ममासीत्तदेवैषां तेनाददते. आ द्विषतो वसुदत्ते निरेनमेभ्यः सर्वेभ्यो लोकेभ्यो नुदते य एवं वेद. पवमानवदहरित्याहुर्न रात्रिः पवमानवती कथमुभे पवमानवती भवतः? केन ते समावद्भाजौ भवत इति? यदेवेंद्राय मद्वने-

सुतम्; इदं वसोसुतमंध, इदं ह्यन्वोजसासुतमिति स्तुवंति च शंसंति च. तेन रात्रिः पवमानवती; तेनोभे पवमानवती भवतस्तेन ते समावद्भाजौ भवतः. पंचदशस्तोत्रमहरित्याहुर्न रात्रिः पंचदशस्तोत्रा; कथमुभे पंचदशस्तोत्रे भवतः? केन ते समावद्भाजौ भवत? इति द्वादश स्तोत्राण्यपिशर्वराणि. तिसृभिर्देवताभिः संधिना राथंतरेण स्तुवते. तेन रात्रिः पंचदशस्तोत्रा तेनोभे पंचदशस्तोत्रे भवतस्तेन ते समावद्भाजौ भवतः. परिमितं स्तुवंत्यपरिमितमनु शंसति. परिमितं वै भूतमपरिमितं भव्यमपरिमितस्यावरुध्या इत्यति शंसति. स्तोत्रमति वै प्रजात्मानमति पशवस्तद्यत्स्तोत्रमति शंसति. यदेवास्यात्यात्मानं तदेवास्यै तेनावरुंधे ऽवरुंधे ॥ ६ ॥ इत्यैतरेयब्राह्मणे चतुर्थपंचिकायां प्रथमोध्यायः ॥ १ ॥

॥ ओं ॥ प्रजापतिर्वै सोमाय राज्ञे दुहितरं प्रायच्छत्सूर्यां सावित्रीं. तस्यै सर्वे देवा वरा आगच्छंस्तस्या एतत्सहस्रं वहतुमन्वाकरोद्, यदेतदाश्विनमित्याचक्षते; नाश्विनं हैव तद्यदर्वाक् सहस्रं. तस्मात्तत्सहस्रं वैव शंसेद्भूयो वा प्राश्य घृतं शंसेद्यथा ह वा इदं मनो वा रथो वाक्तो वर्तत एवं हैवाक्तो वर्तते. शकुनिरिवोत्पतिष्यन्नाह्वयीत. तस्मिं देवा न समजानत. ममेदमस्तु ममेदमस्त्विति ते संजानाना अब्रुवन्नाजिमस्यायामहै; स योन उज्जेष्यति. तस्येदं भविष्यतीति ते ऽग्नेरेवाधि गृहपतेरादित्यं काष्ठामकुर्वत. तस्मादाग्नेयी प्रतिपद् भवत्याश्विनस्याग्निर्होता गृहपातः स राजेति तस्यैकं आहुर्, अग्निं मन्ये पितरमग्निमापिमित्येतया प्रतिपद्येत. दिवि शुक्रं यजतं सूर्यस्येति प्रथमयैव ऋचा काष्ठामाप्नोतीति तत्तन्नादृत्यं य एनं तत्र ब्रूयाद्, अग्निमग्निमिति वै प्रत्यपाद्यग्निमापत्स्यतीति शश्वत्तथा स्यात्तस्मादग्निर्होता

गृहपतिः स राजेत्येतयैव प्रतिपद्येत. गृहपतिवती प्रजातिमती शांता; सर्वायुः सर्वायुत्वाय सर्वमायुरेति य एवं वेद ॥ ७ ॥

तासां वै देवतानामाजिं धावंतीनामभिसृष्टानामग्निर्मुखं प्रथमः प्रत्यपद्यत. तमश्विनावन्वागच्छतां. तमब्रूतामपोदिल्यावां वा इदं जेष्याव इति स तथेत्यब्रवीत्तस्य वै ममेहाप्यस्त्विति तथेति तस्मा अप्यत्राकुरुतां. तस्मादाग्नेयमाश्विने शस्यते ता उषसमन्वागच्छतां; तामब्रूतामपोदिल्यावां वा इदं जेष्याव इति सा तथेत्यब्रवीत्तस्यै वै ममेहाप्यस्त्विति तथेति तस्या अप्यत्राकुरुतां. तस्मादुषस्यमाश्विने शस्यते. ताविंद्रमन्वागच्छतां. तमब्रूतामावां वा इदं मघवं जेष्याव इति न ह तं दधृषतुरपोदिहीति वक्तुं. स तथेत्यब्रवीत्तस्य वै ममेहाप्यस्त्विति तथेति तस्मा अप्यत्राकुरुतां. तस्मादैंद्रमाश्विने शस्यते. तदश्विना उदजयतामश्विनावाश्नुवातां; यदश्विना उदजयतामश्विनावाश्नुवातां. तस्मादेतदाश्विनमित्याचक्षते अश्नुते यद्यत्कामयते य एवं वेद. तदाहुर्यच्छस्यत आग्नेयं शस्यत; उषस्यं शस्यत ऐंद्रमथ कस्मादेतदाश्विनमित्याचक्षत इत्यश्विनौ हि तदुदजयतामाश्विनावाश्नुवातां; यदश्विना उदजयतामश्विनावाश्नुवातां. तस्मादेतदाश्विनमित्याचक्षते अश्नुते यद्यत्कामयते य एवं वेद ॥ ८ ॥

अश्वतरी रथेनाग्निराजिमधावत्तासां प्राजमानो योनिमकूलयत्तस्मात्ता न विजायंते. गोभिररुणैरुषा आजिमधावत्तस्मादुषस्यागतायामरुणमिवैव प्रभात्युषसोरूपमश्वरथेनेंद्र आजिमधावत्तस्मात्स उच्चैर्घोष उपब्दिमान्क्षत्रस्य रूपमैंद्रो हि स गर्दभरथेनाश्विना उदजयतामश्विनावाश्नुवातां.यदश्विना उदजयतामश्विनावाश्नुवातां.तस्मात्ससृतजवो दुग्धदोहः;सर्वेषामेतर्हि वाहनानामनाशिष्टो रेतसस्तस्य वीर्यं नाहरतां. तस्मात्स द्विरेता वाजी. तदाहुः सप्त सौर्याणि छंदांसि

शंसेद्यथैवामेयं यथोषस्यं यथाश्विनं सप्त वै देवलोकाः; सर्वेषु देवलोकेषु राध्नोतीति तत्तन्नादृत्यं. त्रीण्येव शंसेत्त्रयो वा इमे त्रिवृतो लोका एषामेव लोकानामभिजित्यै. तदाहुरुदुत्यं जातवेदसमिति सौर्याणि प्रति पद्येतेति तत्तन्नादृत्यं. यथैव गत्वा काष्ठामपराध्नुयात्तादृक्तत्, सूर्यो नो दिवस्पात्वित्येतेनैव प्रतिपद्येत. यथैव गत्वा काष्ठामभिपद्येत तादृक्तदुदु त्यं जातवेदसमिति द्वितीयं शंसति. चित्रं देवानामुदगादनीकमिति त्रैष्टुभमसौ वाव चित्रं देवानामुदेति तस्मादेतच्छंसति. नमो मित्रस्य वरुणस्य चक्षस इति जागतं तद्वाशीः पदमाशिषमेवैतेनाशास्त आत्मने यजमानाय च ॥ ९ ॥

तदाहुः सूर्यो नाति शस्यो, बृहती नातिशस्या यत्सूर्यमति शंसेद्; ब्रह्मवर्चसमतिपद्येत. यद्बृहतीमतिशंसेत्प्राणानतिपद्येतेति इंद्र क्रतुं न आभरेत्यैंद्रं प्रगाथं शंसति. शिक्षाणो अस्मिन्पुरुहूत यामनि, जीवा ज्योतिरशीमहीत्यसौ वाव ज्योतिस्तेन सूर्यं नातिशंसति. यदु बार्हतः प्रगाथस्तेन बृहतीं नातिशंसति. अभित्वा शूर नोनुम इति राथंतरीं योनिं शंसति; राथंतरेण वै संधिनाश्विनाय स्तुवते. तद्यद्राथंतरीं योनिं शंसति रथंतरस्यैव स योनित्वाय. ईशानमस्य जगतः स्वर्दृशमित्यसौ वाव स्वर्दृक्तेन सूर्यं नाति शंसति. यदु बार्हतः प्रगाथस्तेन बृहतीं नातिशंसति. बहवः सूरचक्षस इति मैत्रावरुणं प्रगाथं शंसत्यहर्वै मित्रो रात्रिर्वरुण, उभे वा एषो ऽहोरात्रे आरभते यो ऽतिरात्रमुपैति. तद्यन्मैत्रावरुणं प्रगाथं शंसत्यहोरात्रयोरेवैनं तत्प्रतिष्ठापयति. सूरचक्षस इति तेन सूर्यं नाति शंसति; यदु बार्हतः प्रगाथस्तेनबृहतीं नातिशंसति. मही द्यौः पृथिवी च नस्, ते हि द्यावापृथिवी विश्वशंभुवेति द्यावापृथिवीये शंसति. द्यावापृथिवी वै प्रतिष्ठे इयमेवेह प्रतिष्ठासावमुत्र तद्यद्द्यावापृथिवीये शंसति. प्रतिष्ठयोरेवैनं तत्प्र-

तिष्ठापयति. देवो देवी धर्मणासूर्यः शुचिरिति तेन सूर्यं नातिशंसति. यदु गायत्री च जगती च ते द्वे बृहत्यौ तेन बृहतीं नातिशंसति. विश्वस्य देवीमृचयस्य जन्मनो,नयारोषातिन प्रभदिति द्विपदां शंसति. चितैधमुक्थमिति ह स्म वा एतदाचक्षते. यदेतदाश्विनं निर्ऋतिर्ह स्म पाशिन्युपास्ते; यदैव होता परिधास्यत्यथ पाशान् प्रति मोक्ष्यामीति त-तो वा एतां बृहस्पतिर्द्विपदामपश्यन्नयारोषाति न प्रभदिति तया निर्ऋ-त्याः पाशिन्या अधराचः पाशानपास्यत्तद्यदेतां द्विपदां होता शंसति. निर्ऋत्या एव तत्पाशिन्या अधराचः पाशानपास्यति. स्वस्त्येव होतो-न्मुच्यते; सर्वायुः सर्वायुत्वाय सर्वमायुरेति य एवं वेद. मृचयस्य जन्मन इत्यसौ वाव मर्चयतीव तेन सूर्यं नातिशंसति. यदु द्विपदा पुरुषच्छंदसं सा सर्वाणि छंदांस्यभ्याप्ता तेन बृहतीं नाति शंसति ॥ १० ॥

ब्राह्मणस्पत्यया परि दधाति. ब्रह्म वै बृहस्पतिर्ब्रह्मण्येवैनं तदं-ततः प्रतिष्ठापयति;एवा पित्रे विश्वदेवाय वृष्ण इत्येतया परि दध्यात्प्र-जाकामः पशुकामो; बृहस्पते सुप्रजा वीरवंत इति प्रजया वै सुप्रजा वीरवान्वयं स्याम पतयो रयीणामिति प्रजावान् पशुमान् रयिमान् वीर-वान् भवति यत्रैवं विद्वानेतया परि दधाति.बृहस्पते अतियदर्यो अर्हा-दित्येतया परि दध्यात्तेजस्कामो ब्रह्मवर्चसकामो ऽतीववान्यान्ब्रह्म-वर्चसमर्हति.द्युमदिति द्युमदिव वै ब्रह्मवर्चसं विभातीति वीव वै ब्रह्म-वर्चसं भाति. यद्दीदयच्छवस ऋतप्रजातेति दीदायेव वै ब्रह्मवर्चसं तदस्मासु द्रविणं धेहि चित्रमिति चित्रमिव वै ब्रह्मवर्चसं;ब्रह्मवर्चसी ब्रह्मयशसी भवति यत्रैवं विद्वानेतया परि दधाति.तस्मादेवं विद्वानेत-यैव परि दध्याद्ब्राह्मणस्पत्या तेन सूर्यं नातिशंसति. यदु त्रिष्टुभं त्रिः शंसति; सा सर्वाणि छंदांस्यभ्याप्ता तेन बृहतीं नातिशंसति. गायत्र्या

च त्रिष्टुभा च वषट्कुर्याद् ब्रह्म वै गायत्री वीर्यं त्रिष्टुब्ब्रह्मणैव तद्वीर्यं सं दधाति. ब्रह्मवर्चसी ब्रह्मयशसी वीर्यवान् भवति य एवं विद्वान् गायत्र्या च त्रिष्टुभा च वषट्करोति· अश्विना वायुना युवं सुदक्षा, उभा पिबतमश्विनेति गायत्र्या च विराजा च वषट्कुर्याद्; ब्रह्म वै गायत्र्यन्नं विराड् ब्रह्मणैव तदन्नाद्यं सं दधाति. ब्रह्मवर्चसी ब्रह्मयशसी भवति, ब्रह्माद्यमन्नमत्ति य एवं विद्वान् गायत्र्या च विराजा च वषट्करोति. तस्मादेवं विद्वान्गायत्र्या चैव विराजा च वषट्कुर्यात्. मवामंधासिमद्यान्यस्थुर्, उभा पिबतमश्विनेत्येताभ्याम् ॥ ११ ॥

चतुर्विंशमेतदहरुपयंत्यारंभणीयमेतेन वै संवत्सरमारभंत. एतेन स्तोमांश्च छंदांसि चैतेन सर्वा देवता, अनारब्धं वै तच्छंदो नारब्धा सा देवता यदेतस्मिन्नहनि नारभंते. तदारंभणीयस्यारंभणीयत्वं. चतुर्विंशः स्तोमो भवति· तच्चतुर्विंशस्य चतुर्विंशत्वं; चतुर्विंशतिर्वा अर्धमासा; अर्धमासश एव तत्संवत्सरमारभंत. उक्थ्यो भवति; पशवो वा उक्थानि पशूनामवरुध्यै. तस्य पंचदश स्तोत्राणि भवंति. पंचदश शस्त्राणि स मासो मासश एव तत्संवत्सरमारभंते. तस्य षष्टिश्च त्रीणि च शतानि स्तोत्रियास्तावंति संवत्सरस्याहान्यहश एव तत्संवत्सरमारभंते; अग्निष्टोम एतदहः स्यादित्याहुरग्निष्टोमो वै संवत्सरो; न वा एतदन्यो ऽग्निष्टोमादहर्दाधार न विव्याचेति स यद्यग्निष्टोमः स्यादष्टाचत्वारिंशास्त्रयः पवमानाः स्युश्चतुर्विंशानीतराणि स्तोत्राणि तदु षष्टिश्चैव त्रीणि च शतानि स्तोत्रियास्तावंति संवत्सरस्याहान्यहश एव तत्संवत्सरमारभंत. उक्थ्य एव स्यात्पशुसमृद्धो यज्ञः पशुसमृद्ध सत्रं सर्वाणि चतुर्विंशानि स्तोत्राणि प्रत्यक्षाध्येतदहश्चतुर्विंशं तस्मादुक्थ्य एव स्यात् ॥ १२ ॥

बृहद्रथंतरे सामनी भवत; एते वै यज्ञस्य नावौ संपारिण्यौ. यद्बृ-

हद्रथंतरे ताभ्यामेव तत्संवत्सरं तरंति. पादौ वै बृहद्रथंतरे शिर एतद-हः पदाभ्यामेव तच्छ्रियं शिरोभ्यायंति. पक्षौ वै बृहद्रथंतरे; शिर एत-तदहः पक्षाभ्यामेव तच्छ्रियं शिरोभ्यायुवते. ते उभे न समवसृज्ये; य उभे समवसृजेयुर्यथैव छिन्ना नौर्बंधनात्तीरं तीरमृछंती प्लवेतैवमेव ते सत्रिणस्तीरं तीरमृछंतः प्लवेरन्. य उभे समवसृजेयुस्तद्यदि रथं-तरमवसृजेयुर्बृहतैवोभे अनवसृष्टे. अथ यदि बृहदवसृजेयू रथंतरे-णैवोभे अनवसृष्टे; यद्वै रथंतरं तद्वैरूपं. यद्बृहत्तद्वैराजं यद्रथंतरं तच्छाक्वरं यद्बृहत्तद्रैवतमेवमेते उभे अनवसृष्टे भवतो; ये वा एवं विद्वांस एतदहरुपयंत्याप्त्वा वै ते अहशः संवत्सरमाप्त्वार्धमासश आप्त्वा मासश आप्त्वा स्तोमांश्च छंदांसि च आप्त्वा सर्वा देवता स्तप एव तप्यमानाः सोमपीथं भक्षयंतः संवत्सरमभिषुण्वंत आसते; ये वा अत ऊर्ध्वं संवत्सरमुपयंति. गुरुं वै ते भारमभि नि दधते; सं वै गुरुर्भारः शृणात्यथ य एनं परस्तात् कर्मभिराप्त्वा ऽवस्तादुपैति स वै स्वस्ति संवत्सरस्य पारमश्नुते ॥ १३ ॥

यद्वै चतुर्विंशं तन्महाव्रतं; बृहद्दिवे नात्र होता रेतः सिंचति. तददो महाव्रतीयेनान्हा प्र जनयति. संवत्सरे संवत्सरे वै रेतः सिक्तं जायते. तस्मात्समानं बृहद्दिवो निष्केवल्यं भवत्येष ह वा एनं परस्तात्कर्मभि-राप्त्वा वस्तादुपैति य एवं विद्वानेतदहरुपैति. स्वस्ति संवत्सरस्य पारमश्नुते य एवं वेद. यो वै संवत्सरस्यावारं च पारं च वेद स वै स्वस्ति संवत्सरस्य पारमश्नुते अतिरात्रो वा. अस्य प्रायणीयो वार-मुदयनीयः पारं स्वस्ति संवत्सरस्य पारमश्नुते य एवं वेद. यो वै संवत्सरस्यावरोधनं चोद्रोधनं च वेद स वै स्वस्ति संवत्सरस्य पारमश्नुते ऽतिरात्रोऽवा. अस्य प्रायणीयो ऽवरोधनमुदयनीय उद्रो-धनं; स्वस्ति संवत्सरस्य पारमश्नुते य एवं वेद. यो वै संवत्सरस्य

प्राणोदानौ वेद स वै स्वस्ति संवत्सरस्य पारमश्नुते अतिरात्रो वा अस्य प्रायणीयः प्राण उदान उदयनीयः स्वस्ति संवत्सरस्य पारमश्नुते य एवं वेद ॥ १४ ॥ इत्यैतरेयब्राह्मणे चतुर्थपंचिकायां द्वितीयोध्यायः ॥ २ ॥

ज्योतिर्गौरायुरिति स्तोमैभिर्यंत्ययं वै लोको ज्योतिरंतरिक्षं गौरसौ लोक आयुः स एवैष उत्तरस्त्र्यहो ज्योतिर्गौरायुरिति त्रीण्यहानि गौरायुर्ज्योतिरिति त्रीण्ययं वै लोको ज्योतिरसौ लोको ज्योतिस्ते एते ज्योतिषी उभयतः सं लोके त तेनैतेनोभयतो ज्योतिषा षळहेन यंति. तद्यदेतेनोभयतो ज्योतिषा षळहेनयंत्यनयोरेव तल्लोकयोरुभयतः प्रति तिष्ठंतो यंत्यस्मिंश्च लोके ऽमुष्मिंश्चोभयोः परि यद्वा एतदेव चक्रं यदभिप्लवः षळहस्तस्य यावभितो ऽग्निष्टोमौ तौ प्रधीये, चत्वारो मध्य उक्थ्यास्तन्नभ्यं गच्छति. वैवर्तमानेन यत्र कामयते तत्स्वस्ति संवत्सरस्य पारमश्नुते य एवं वेद. यो वै तद्वेद यत्प्रथमः षळहः स वै स्वस्ति संवत्सरस्य पारमश्नुते, यस्तद्वेद यद्द्वितीयो यस्तद्वेद यत्तृतीयो यस्तद्वेद यच्चतुर्थो यस्तद्वेद यत्पंचमः ॥ १५ ॥

प्रथमं षळहमुपयंति. षळहानि भवंति, षड्वा ऋतव ऋतुश एव तत्संवत्सरमाप्नुवंत्यृतुशः संवत्सरे प्रतितिष्ठंतो यंति. द्वितीयं षळहमुपयंति; द्वादशाहानि भवंति; द्वादश वै मासा, मासश एव तत्संवत्सरमाप्नुवंति. मासशः संवत्सरे प्रतितिष्ठंतो यंति. तृतीयं षळहमुपयंत्यष्टादशाहानि भवंति. तानि द्वेधा नवान्यानि नवान्यानि; नव वै प्राणा नव स्वर्गा लोकाः; प्राणांश्चैव तत्स्वर्गांश्च लोकानाप्नुवंति. प्राणेषु चैव तत्स्वर्गेषु च लोकेषु प्रतितिष्ठंतो यंति. चतुर्थं षळहमुपयंति. चतुर्विंशतिरहानि भवंति; चतुर्विंशतिर्वा अर्धमासा; अर्धमासश एव तत्संवत्सरमाप्नुवंत्यर्धमासशः संवत्सरे प्रतितिष्ठंतो यंति; पंचमं

षळहमुपयंति, त्रिंशदहानि भवंति. त्रिंशदक्षरा वै विराड् विराळं नाद्यं विराजमेव तन्मासि मास्यभिसंपादयंतो यंत्यन्नाद्यकामाः खलु वै सत्रमासत. तद्यद्विराजं मासि मास्यभिसंपादयंतो यंत्यन्नाद्यमेव तन्मासि मास्यवरुंधाना यंत्यस्मै च लोकायामुष्मै चोभाभ्यां ॥ १६ ॥

गवामयनेन यंति; गावो वा आदित्या आदित्यानामेव तदयनेन यंति. गावो वै सत्रमासत; शफाँ छृंगाणि सिषासत्यस्तासां दशमे मासि शफाः शृंगाण्यजायंत. ता अब्रुवन् यस्मै कामायादीक्षामह्या पाम तमुत्तिष्ठामेति ता या उदतिष्ठंस्ता एताः शृंगिण्यो; अथ याः समापयिष्यामः संवत्सरमित्यासत; तासामश्रद्धया शृंगाणि प्रावर्तंत. ता एतास्तूपरा ऊर्जं त्वसुन्वंस्तस्मादु ताः सर्वानृतून्प्राप्त्वोत्तरमुत्तिष्ठंत्यूर्जं ह्यसुन्वन्त्सर्वस्य वै गावः प्रेमाणं सर्वस्य चारुतां गताः; सर्वस्य प्रेमाणं सर्वस्य चारुतां गच्छति य एवं वेद. आदित्याश्च ह वा अंगिरसश्च स्वर्गे लोके स्पर्धंत. वयं पूर्व एष्यामो वयमिति ते हादित्याः पूर्वे स्वर्गं लोकं जग्मुः, पश्चेवांगिरसः षष्ट्यां वा वर्षेषु. यथा वा प्रायणीयो ऽतिरात्रश्चतुर्विंश उक्थ्यः; सर्वे ऽभिप्लवाः षळहा आक्ष्यंत्यन्यान्यहानि तदादित्यानामयनं. प्रायणीयो ऽतिरात्रश्चतुर्विंश उक्थ्यः, सर्वे पृष्ठ्याः षळहा आक्ष्यंत्यन्यान्यहानि तदंगिरसामयनं. सा यथास्रुतिरंजसायन्येवमभिप्लवः षळहः; स्वर्गस्य लोकस्याथ यथा महापथः पर्याण एवं पृष्ठ्यः षळहः स्वर्गस्य लोकस्य; तद्यदुभाभ्यां यंत्युभाभ्यां वै यत्र रिष्यत्युभयोः कामयोरुपाप्त्यै यश्चाभिप्लवे षळहे यश्च पृष्ठ्ये ॥ १७ ॥

एकविंशमेतदहरुपयंति विषुवंतं मध्य संवत्सरस्यैतेन वै देवा; एकविंशेनादित्यं स्वर्गाय लोकायोदयछंस्स एष इति एकविंशस्तस्य दशावस्तादहानि दिवाकीर्त्यस्य भवंति, दश परस्तान्मध्य एकविंश उभयतो विराजि प्रतिष्ठित; उभयतो हि वा एष विराजि प्रतिष्ठित

स्तस्मादेषोंतरेमांल्लोकान्यन्न व्यथते. तस्य वै देवा आदित्यस्य स्वर्गाल्लोकादवपातादबिभयुस्तं त्रिभिः स्वर्गैर्लोकैरवस्तात्प्रत्युत्तभ्नुवन्. स्तोमा वै त्रयः स्वर्गा लोकास्तस्य पराचोऽतिपातादबिभयुस्तं त्रिभिः स्वर्गैर्लोकैः परस्तात्प्रत्यस्तभ्नुवन्. स्तोमा वै त्रयः स्वर्गा लोकास्त त्रयोऽवस्तात्सप्तदशा भवंति; त्रयः परस्तान्मध्य एष एकविंश उभयतः स्वरसामभिर्धृत; उभयतो हि वा एष स्वरसामभिर्धृतस्तस्मादेषोंतरेमांल्लोकान्यन्न व्यथते. तस्य वै देवा आदित्यस्य स्वर्गाल्लोकादवपातादबिभयुस्तं परमैः स्वर्गैर्लोकैरवस्तात्प्रत्युत्तभ्नुवन्स्तोमा वै परमाः स्वर्गा लोकास्तस्य पराचोऽतिपातादबिभयुस्तं परमैः स्वर्गैर्लोकैःपरस्तात् प्रत्यस्तभ्नुवन्स्तोमा वै परमाः स्वर्गा लोकास्तत्त्रयोऽवस्तात्सप्तदशा भवंति, त्रयः परस्तात्ते द्वौ द्वौ संपद्यत्नयश्चतुस्त्रिंशा भवंति. चतुस्त्रिंशो वै स्तोमानामुत्तमस्तेषु वा एष एतदध्याहितस्तपति; तेषु हि वा एष एतदध्याहितस्तपति. स वा एष उत्तरोऽस्मात् सर्वस्माद् भूताद्भविष्यतः सर्वमेवेदमतिरोचते यदिदं किंचोत्तरो भवति. यस्मादुत्तरो बुभूषति तस्मादुत्तरो भवति य एवं वेद ॥ १८ ॥

स्वरसाम्न उपयंतीमे वै लोकाः; स्वरसामान इमान्वै लोकान्स्वरसामभिरस्पृण्वंस्तत्स्वरसाम्नां स्वरसामत्वं. तद्यत्स्वरसाम्न उपयंत्येष्वेवैनं तल्लोकेष्वाभजंति. तेषां वै देवाः सप्तदशानां प्रव्लयादबिभयुः. समा इव वै स्तोमा अविगूळ्हा इवेमे ह न प्रव्लियेरन्निति तान्सर्वैः स्तोमैरवस्तात्पर्यार्वंस्सर्वैःपृष्ठैःपरस्तात्तद्यदभिजित्सर्वस्तोमोऽवस्तात् भवति. विश्वजित्सर्वपृष्ठः परस्तात्तत्सप्तदशानुभयतःपर्यृषंति धृत्या अप्रव्लयाय. तस्य वै देवा आदित्यस्य स्वर्गाल्लोकादवपातादबिभयुस्तं पंचभी रश्मिभिरुदवयन्; रश्मयो वै दिवाकीर्त्यानि महादिवाकीर्त्यं पृष्ठं भवति. विकर्ण ब्रह्म साम भासमग्निष्टोमसामोभे बृहद्रथंतरे पवमानयोर्भवत.

स्तदादित्यं पंचभी रश्मिभिरुद्यंतं धृत्वा अनवपातायोदित आदित्ये
प्रातरनुवाकमनुब्रूयात्सर्वं ह्येवैतदहर्दिवाकीर्त्यं भवति. सौर्यं पशुमन्यं-
गश्वेतं सवनीयस्योपालंभ्यमालभेत्सूर्यदेवत्यं ह्येतदहरेकविंशतिं
सामिधेनीरनुब्रूयात्प्रत्यक्षाद्ध्येतदहरेकविंशमेकपंचाशतं द्विपंचाशतं
वा शस्त्वा मध्ये निविदं दधाति. तावतीरुत्तराः शंसति. शतायुर्वै
पुरुषः शतवीर्यः शतेंद्रिय आयुष्येवैनं तद्वीर्य इंद्रिये दधाति ॥१९॥

दूरोहणं रोहति. स्वर्गो वै लोको दूरोहणं; स्वर्गमेव तं लोकं रोहति
य एवं वेद. यदेव दूरोहणा३ असौ वै दूरोहो यो ऽसौ तपति कश्चिद्वा
अत्र गच्छति. स यद्दूरोहणं रोहत्येतमेव तद्रोहति हंसवत्यारोहति.
हंसः शुचिषदित्येष वै हंसः शुचिषद्, वसुरंतरिक्षसदित्येष वै वसुरंत-
रिक्षसत्, होता वेदिषदित्येष वै होता वेदिषद्; अतिथिर्दुरोणसदित्येष
वा अतिथिर्दुरोणसत्, नृषदित्येष वै नृषद्, वरसदित्येष वै वरसद्वरं वा
एतत्सद्मनां यस्मिन्नेष आसन्नस्तपति, ऋतसदित्येष वै सत्यसद्; व्योम
सदित्येष वै व्योमसद् व्योम वा एतत्सद्मनां यस्मिन्नेष आसन्नस्त-
पति; अब्जा इत्येष वा अब्जा अद्भ्यो वा एष प्रातरुदेत्यपः सायं
प्रविशति; गोजा इत्येष वै गोजा; ऋतजा इत्येष वै सत्यजा;
अद्रिजा इत्येष वा अद्रिजा; ऋतमित्येष वै सत्यमेष एतानि
सर्वाण्येष ह वा अस्य छंदस्सु प्रत्यक्षतमादिव रूपं. तस्माद्यत्र
क्व च दूरोहणं रोहेद्धंसवत्यैवरोहेत्तार्क्ष्ये स्वर्गकामस्य रोहेत्तार्क्ष्यो
ह वा एतं पूर्वोऽध्वानमैद्यत्रादो गायत्री सुपर्णो भूत्वा सोममाहरत्तद्यथा
क्षेत्रज्ञमध्वनः पुर एतारं कुर्वीत तादृक्तद्यदेवतार्क्ष्ये ऽयं वै तार्क्ष्यो
यो ऽयं पवत एष स्वर्गस्य लोकस्याभिवोळ्हा. त्यमू षु वाजिनं
देवजूतमित्येष वै वाजी देवजूतः, सहावानं तरुतारं रथानामित्येष
वै सहावांस्तरुतैष हीमाँल्लोकान्त्सद्यस्तरति; अरिष्टनेमिं पृतनाज-

माशुमित्येष वा अरिष्टनेमिः पृतनाजिदाशुः; स्वस्तय इति स्वस्तिता-
माशास्ते. तार्क्ष्यमिहाहुवेमेति ह्वयत्येवैनमेतद्. इंद्रस्येव रातिमाजोहु-
वानाः स्वस्तय इति स्वस्तितामेवाशास्ते. नावमिवारुहेमेति समेवैन-
मेतदधिरोहति स्वर्गस्य लोकस्य समष्ट्यै संपत्त्यै संगत्या; उर्वी न पृथ्वी
बहुले गभीरे मा वामेतौ मा परेतौ रिषामेतीमे एवैतदनुमंत्रयत आच
पराच मेष्यं. सद्यश्चिद्यः शवसा पंचकृष्टीः सूर्य इव ज्योतिषापस्तताने-
ति प्रत्यक्षं सूर्यमभिवदति. सहस्रसाः शतसा अस्य रंहिर्न स्मा वरंते यु-
वतिं न शर्यामित्याशिषमेवैतनाशास्त आत्मने च यजमानेभ्यश्च ॥२०॥

आहूय दूरोहणं रोहति. स्वर्गो वै लोको दूरोहणं. वागाहावो ब्रह्म
वै वाक्स यदाह्वयते तद् ब्रह्मणाहावेन स्वर्गं लोकं रोहति. स पच्छः
प्रथमं रोहतीमं तं लोकमाप्नोत्यथार्धर्चशोंतरिक्षं तदाप्नोत्यथ त्रिप-
द्यामुं तं लोकमाप्नोत्यथ केवल्या तदेतस्मिन्प्रति तिष्ठति य एष
तपति. त्रिपद्या प्रत्यवरोहति यथा शाखां धारयमाणस्तदमुष्मिं लोके
प्रतितिष्ठत्यर्धर्चशोंतरिक्षे पच्छो ऽस्मिं लोक आप्त्वैव तत्स्वर्गं लोकं यज-
माना अस्मिं लोके प्रति तिष्ठंत्यथ य एककामाः स्युः स्वर्गकामाः परा-
चमेव तेषां रोहेत्ते जयेयुर्हैव स्वर्गं लोकं नेत्वेवास्मिं लोके ज्योगिव
वसेयुर्मिथुनानि सूक्तानि शस्यंते. त्रैष्टुभानि च जागतानि च मिथुनं
वै पशवः पशवश्छंदांसि पशूनामवरुध्यै ॥ २१ ॥

यथा वै पुरुष एवं विषुवांस्तस्य यथा दक्षिणो ऽर्ध एवं पूर्वो ऽर्धो विषु-
वतो यथोत्तरो ऽर्ध एवमुत्तरो ऽर्धो ऽविषुवतस्तस्मादुत्तर इत्याचक्षते;
प्रबाहुक्सतः शिर एव विषुवान्बिदलसंहित इव वै पुरुषस्तस्यापि
स्यूमेव मध्ये शीर्ष्णो विज्ञायते. तदाहुर्विषुवत्येवैतदहः शंसेद्विषुवान्वा
एतदुक्थानामुक्थं विषुवान् विषुवानिति ह विषुवंतो भवंति श्रेष्ठताम-
श्नुवत इति तत्तन्नादृत्यं संवत्सर एव शंसेद्रेतो वा एतत्संवत्सरं दध-

तो यंति. यानि वै पुरा संवत्सराद्रेतांसि जायंते, यानि पंचमास्यानि यानि षाण्मास्यानि स्रीव्यंति वै तानि न वैतैर्भुंजतेथ यान्येव दशमास्यानि जायंते, यानि सांवत्सरिकाणि तैर्भुंजते. तस्मात्संवत्सर एवैतदहः शंसेत्संवत्सरो ह्येतदहराप्नोति, संवत्सरं ह्येतदहरानुवंत्येष ह वै संवत्सरेण पाप्मानमपहत एष विषुवतांगेभ्यो हैव मासैः पाप्मानमपहते; शीर्ष्णो विषुवताप संवत्सरेण पाप्मानं हते ऽप विषुवता य एवं वेद. वैश्वकर्मणमृषभं सवनीयस्योपालभ्यमालभेरं; द्विरूपमुभयत एतं महाव्रतीये ऽहनींद्रो वै वृत्रं हत्वा विश्वकर्माभवत्प्रजापतिः प्रजाः सृष्ट्वा विश्वकर्माभवत्संवत्सरो विश्वकर्मेंद्रमेव तदात्मानं प्रजापतिं संवत्सरं विश्वकर्माणमाप्नुवंतींद्र एव तदात्मनि प्रजापतौ संवत्सरे विश्वकर्मण्यंततः प्रति तिष्ठंति. प्रति तिष्ठति य एवं वेद य एवं वेद ॥ २२ ॥

इत्यैतरेयब्राह्मणे चतुर्थपंचिकायां तृतीयोध्यायः ॥ ३ ॥

प्रजापतिरकामयत प्रजायेय भूयान्स्यामिति स तपो तप्यत; स तपस्तप्त्वेमं द्वादशाहमपश्यदात्मन एवांगेषु च प्राणेषु च ; तमात्मन एवांगेभ्यश्च प्राणेभ्यश्च द्वादशधा निरमिमीत. तमाहरत्तेनायजत. ततो वै सो भवदात्मना प्र प्रजया पशुभिरजायत; भवत्यात्मना प्र प्रजया पशुभिर्जायते य एवं वेद. सो कामयत कथं नु गायत्र्या सर्वतो द्वादशाहं परिभूय सर्वामृद्धिमृध्नुयामिति? तं वै तेजसैव पुरस्तात्पर्यभवच्छंदोभिर्मध्यतो ऽक्षरैरुपरिष्टाद् गायत्र्या सर्वतो द्वादशाहं परिभूय सर्वामृद्धिमार्ध्नोत्सर्वामृद्धिमृध्नोति य एवं वेद. यो वै गायत्रीं पक्षिणीं चक्षुष्मतीं ज्योतिष्मतीं भास्वतीं वेद गायत्र्या पक्षिण्या चक्षुष्मत्या ज्योतिष्मत्या भास्वत्या स्वर्गं लोकमेत्येषा वै गायत्री पक्षिणी चक्षुष्मती ज्योतिष्मती भास्वती यद् द्वादशाहस्तस्य यावभितो अतिरात्रौ तौ पक्षौ यावंतराग्निष्टोमौ ते चक्षुषी; ये ऽष्टौ मध्य-

उक्थ्याः स आत्मा; गायत्र्या पक्षिण्या चक्षुष्मत्या ज्योतिष्मत्या भास्वत्या स्वर्गं लोकमेति य एवं वेद ॥ २३ ॥

त्रयश्च वा एते त्र्यहा आ दशममहरा द्वावतिरात्रौ यद् द्वादशाहो. द्वादशाहानि दीक्षितो भवति यज्ञिय एव तैर्भवति. द्वादश रात्रीरुपसद उपैति; शरीरमेव ताभिर्धूनुते; द्वादशाहं प्रसुतो भूत्वा शरीरं धूत्वा शुध्दः पूतो देवता अप्येति य एवं वेद. षट्त्रिंशदहो वा एष यद् द्वादशाहः; षट्त्रिंशदक्षरा वै बृहती, बृहत्या वा एतदयनं यद् द्वादशाहो बृहत्या वै देवा इमां लोकानाश्नुवत. ते वै दशभिरेवाक्षरै-रिमं लोकमाश्नुवत दशभिरंतरिक्षं दशभिर्दिवं चतुर्भिश्चतस्रो दि-शो द्वाभ्यामेवास्मिन् लोके प्रत्यतिष्ठन्; प्रति तिष्ठति य एवं वेद. तदाहुर्यदन्यानि छंदांसि वर्षीयांसि भूयोक्षरतराण्यथ कस्मादेतां बृहतीत्याचक्षत इत्येतया हि देवा इमां लोकानाश्नुवत. ते वै दशभि-रेवाक्षरैरिमं लोकमाश्नुवत दशभिरंतरिक्षं दशभिर्दिवं चतुर्भिश्चत-स्रो दिशो द्वाभ्यामेवास्मिं लोके प्रत्यतिष्ठन्. तस्मादेतां बृहतीत्याचक्ष-तेऽश्नुते यद्यत्कामयते य एवं वेद ॥ २४ ॥

प्रजापतियज्ञो वा एष यद् द्वादशाहः; प्रजापतिर्वा एतेनाग्रे यजत द्वादशाहेन. सो ब्रवीदृतूंश्च मासांश्च याजयत मा द्वादशाहेनेति तं दीक्षयित्वाऽनपक्रमं गमयित्वा ब्रुवं देहि नु नोऽथ त्वा याजयिष्याम इति तेभ्य इषमूर्जं प्रायच्छत्सैषोर्गृतुषु च मासेषु च निहिता ददतं वैते तमयाजयंस्तस्माद् ददद्याज्यः प्रतिगृण्हंतो वैते तमयाजयंस्तस्मात्प्रति गृण्हता याज्यमुभये राध्नुवंति य एवं विद्वांसो यजंते च याजयंति च. ते वा इम ऋतवश्च मासाश्च गुरव इवामन्यंत. द्वादशाहे प्रतिगृह्यते ब्रुव-न्प्रजापतिं याजय नो द्वादशाहेनेति स तथेत्यब्रवीत्ते वै दीक्षध्वमिति ते पूर्वपक्षाः पूर्वे दीक्षंत ते पाप्मानमपाहत; तस्मात्ते दिवेव दिवेव ह्यपहत

पाप्मानो ऽपरपक्षा अपरे दीक्षंत; तेन तरां पाप्मानमपाहत. तस्मात्ते तम इव तम इव ह्यनपहत पाप्मानस्तस्मादेवं विद्वां दीक्षमाणेषु पूर्वः पूर्व एव दिदीक्षिषेताप पाप्मानं हंते य एवं वेद. स वा अयं प्रजापतिः संवत्सर ऋतुषु च मासेषु च प्रत्यतिष्ठत्ते वा इम ऋतवश्च मासाश्च प्रजापतावेव संवत्सरे प्रत्यतिष्ठंस्त एते ऽन्योन्यस्मिन्प्रतिष्ठिता एवं ह वाव स ऋत्विजि प्रति तिष्ठति यो द्वादशाहेन यजते. तस्मादाहुर्न पापः पुरुषो याज्यो द्वादशाहेन नेदयं मयि प्रति तिष्ठादिति ज्येष्ठयज्ञो वा एष यद् द्वादशाहः, स वै देवानां ज्येष्ठो य एतेनाग्रे यजत. श्रेष्ठयज्ञो वा एष यद् द्वादशाहः स वै देवानां श्रेष्ठो य एतेनाग्रे यजत. ज्येष्ठः श्रेष्ठो यजेत कल्याणीह समाभवति. न पापः पुरुषो याज्यो द्वादशाहेन नेदयं मयि प्रति तिष्ठादितींद्राय वै देवा ज्येष्ठ्याय श्रैष्ठ्याय नातिष्ठंत. सो ब्रवीद्बृहस्पतिं याजय मा द्वादशाहेनेति तमयाजयत्ततो वै तस्मै देवा ज्यैष्ठ्याय श्रैष्ठ्यायातिष्ठंत. तिष्ठंते ऽस्मै स्वा ज्यैष्ठ्याय श्रैष्ठ्याय समस्मिन् स्वाः श्रैष्ठतायां जानते य एवं वेद. ऊर्ध्वो वै प्रथमस्त्र्यहस्तिर्यङ्मध्यमो ऽर्वाङुत्तमः; स यदूर्ध्वः प्रथमस्त्र्यहस् तस्मादयमग्निरूर्ध्व उद्दीप्यत; ऊर्ध्वा ह्येतस्य दिग्यत्तिर्यङ् मध्यमस्तस्मादयं वायुस्तिर्यङ् पवते तिरश्चीरापो वहंति; तिरश्ची ह्येतस्य दिग्यदर्वाङुत्तमस्तस्मादसावर्वाङ् तपत्यर्वाङ् वर्षत्यर्वाञ्चि नक्षत्राण्यर्वाची ह्येतस्य दिक्; सम्यंचो वा इमे लोकाः सम्यंच एते त्र्यहाः सम्यंचो स्मा इमे लोकाः श्रियै दीद्यति य एवं वेद ॥ २५ ॥

दीक्षा वै देवेभ्यो ऽपाक्रामत्तां वासंतिकाभ्यां मासाभ्यामन्वयुंजत. तां वासंतिकाभ्यां मासाभ्यां नोदाप्नुवंस्तां ग्रैष्माभ्यां तां वार्षिकाभ्यां तां शारदाभ्यां तां हैमंतिकाभ्यां मासाभ्यामन्वयुंजत. तां हैमंतिकाभ्यां

मासाभ्यामेवोदामुवंस्तां शैशिराभ्यां मासाभ्यामन्वयुंजत. तां शैशिराभ्यां मासाभ्यामामुवन्नाप्नोति यमीप्सति, नैनं द्विषं नाप्नोति य एवं वेद. तस्माद्यं सत्रिया दीक्षोपनमेदेतयोरेव शैशिरयोर्मासयोरागतयोर्दीक्षेत साक्षादेव तद्दीक्षायामागतायां दीक्षते प्रत्यक्षाद्दीक्षां परिगृण्हाति. तस्मादेतयोरेव शैशिरयोर्मासयोरागतयोर्यं चैव ग्राम्याः पशवो ये चारण्या अणिमाणमेव तत्परुषिमाणं नियंति. दीक्षारूपमेव तदुप निष्लवंते. स पुरस्ताद्दीक्षायाः प्राजापत्यं पशुमालभते. तस्य सप्तदश सामिधेनीरनुब्रूयात्सप्तदशो वै प्रजापतिः प्रजापतेराप्त्यै तस्याप्रियो जामदग्न्यो भवंति. तदाहुर्यदन्येषु पशुषु यथऋष्याप्रियो भवंत्यथ कस्मादस्मिन्सर्वेषां जामदग्न्य एवेति? सर्वरूपा वै जामदग्न्यः सर्वसमृत्ध्याः सर्वरूप एष पशुः सर्वसमृत्ध्यस्तद्यज्जामदग्न्यो भवंति सर्वरूपतायै सर्वसमृध्यै. तस्य वायव्यः पशुपुरोळाशो भवति. तदाहुर्यदन्यदेवत्य उत पशुर्भवत्यथ कस्माद्वायव्यः पशुपुरोळाशः क्रियत इति? प्रजापतिर्वै यज्ञो यज्ञस्यायातयामताया इति ब्रूयाद्यदु वायव्यस्तेन प्रजापतेर्नैति वायुर्ह्येव प्रजापतिस्तदुक्तमृषिणा पवमानः प्रजापतिरिति सत्रमुचेरस स्युप्यामिन् यज्ञेरन्सर्वे दीक्षेरन्सर्वे सुनुयु र्वसंतमभ्युदवस्यस्यूर्वै वसंत इषमेव तदूर्जमभ्युदवस्यति ॥ २६ ॥

छंदांसि वा अन्योन्यस्यायतनमभ्यध्यायन्. गायत्री त्रिष्टुभश्च जगत्यै चायतनमभ्यध्यायत्; त्रिष्टुब् गायत्र्यै च जगत्यै च; जगती गायत्र्यै च त्रिष्टुभश्च ततो वा एतं प्रजापतिर्व्यूळ्हछंदसं द्वादशाहमपश्यत्तमाहरत्तेनायजत. तेन स सर्वान्कामांश्छंदांस्यगमयत्सर्वान्कामान् गच्छति य एवं वेद. छंदांसि व्यूहत्ययातयामतायै छंदांस्येव व्यूहति तद्यथादो ऽश्वैर्वानळुद्भिर्वान्यैरन्यैरश्रांततरैरश्रांततरैरु-

पात्रिमोकं यांत्येवमेवैतच्छंदोभिरन्यैरन्यैरश्रांततरैरश्रांततरैरुपाविमोकं स्वर्गं लोकं यंति यच्छंदांसि व्यूहतीमौ वै लोकौ सहास्तां तौ व्यैतां नावर्षन्न समतपत्ते पंचजना न समजानत. तौ देवाः समनयंस्तौ संयंतावेतं देवविवाहं व्यवहेतां. रथंतरेणैवेयममूं जिन्वति बृहतासाविमां नौधसेनैवेयममूं जिन्वति श्यैतेनासाविमां धूमेनैवेयममूं जिन्वति वृष्ट्यासाविमां देवयजनमेवेयममुष्यामदधात्पशूनसावस्यामेतद्वा इयममुष्यां देवयजनमदधाद्यदेतच्चंद्रमसि कृष्णमिव. तस्मादापूर्यमाणपक्षेषु यजंत एतदेवोपेप्संत. ऊषान्सावस्यां तद्धापि तुरः कावषेय उवाचोषः पोषो जनमेजयकेति तस्माद्धाप्येतर्हि गव्यं मीमांसमानाः पृच्छंति संति तत्रोषा३ इति ऊषो हि पोषोऽसौ वै लोक इमं लोकमभिपर्यावर्तत. ततो वै द्यावापृथिवी अभवतां; न द्यावांतरिक्षा नांतरिक्षाद्भूमिः ॥ २७ ॥

बृहच्च वा इदमग्रे रथंतरं चास्तां; वाक्च वै तन्मनश्चास्तां; वाग्वै रथंतरं मनो बृहत्तद्बृहत्पूर्वं ससृजानं. रथंतरमत्यमन्यत तद्रथंतरं गर्भमधत्त तद्वैरूपमसृजत; ते द्वे भूत्वा रथंतरं च वैरूपं च बृहदत्यमन्येतां; तद्बृहद्गर्भमधत्त तद्वैराजमसृजत; ते द्वे भूत्वा बृहच्च वैराजं च रथंतरं च वैरूपं चात्यमन्येतां तद्रथंतरं गर्भमधत्त तच्छाक्वरमसृजत तानि त्रीणि भूत्वा रथंतरं च वैरूपं च शाक्वरं च बृहच्च वैराजं चात्यमन्यंत. तद्बृहद्गर्भमधत्त; तद्रैवतमसृजत तानि त्रीण्यन्यानि त्रीण्यन्यानि षट् पृष्ठान्यासंस्तानि ह तर्हि त्रीणि छंदांसि. षट् पृष्ठानि नोदाप्नुवंस्सा गायत्री गर्भमधत्त; सानुष्टुभमसृजत त्रिष्टुब्गर्भमधत्त. सा पंक्तिमसृजत जगती गर्भमधत्त सातिछंदसमसृजत तानि त्रीण्यन्यानि त्रीण्यन्यानि षट् छंदांस्यासन् षट् पृष्ठानि तानि तथाकल्पंत. कल्पते यज्ञोऽपि तस्यै जनतायै कल्पते यत्रैव-

मेतां छंदसांच पृष्टानां च श्रीं विद्वा दीक्षते दीक्षते ॥ २८ ॥
इतिचतुर्थोध्यायः ॥ ४ ॥

अग्निर्वै देवता; प्रथममहर्वहति त्रिवृत्स्तोमो रथंतरं साम गायत्री छंदो यथा देवतमेनेन यथास्तोमं यथासाम यथाछंदसं राध्नोति य एवं वेद. यद्वा एति च प्रेति च तत्प्रथमस्यान्हो रूपं, यद्युक्तवद्यद्रथवद्यदा शुमद्यत्पिबवद्यत्प्रथमे पदे देवता निरुच्यते. यदयं लोको ऽभ्युदितो यद्राथंतरं यद्गायत्रं यत्करिष्यदेतानि वै प्रथमस्यान्हो रूपाणि; उपप्रयंतो अध्वरमिति प्रथमस्यान्ह आज्यं भवति; प्रेति प्रथमे ऽहनि प्रथमस्यान्होरूपं; वायवायाहि दर्शतेति प्रउगमेति प्रथमे ऽहनि प्रथमस्यान्होरूपं. आत्वा रथं यथोतय; इदं वसो सुतमंध इति मरुत्वतीयस्य प्रतिपदनुचरौ; रथवच्च पिबवच्च प्रथमे ऽहनि प्रथमस्यान्होरूपं; इंद्र नेदीय एदिहीति, इंद्रानिहवः प्रगाथःप्रथमे पदे देवता निरुच्यते प्रथमे हनिऽप्रथमस्यान्हो रूपं-प्रैतु ब्रह्मणस्पतिरिति ब्राह्मणस्पत्यःप्रेति प्रथमे ऽहनि प्रथमस्यान्हो रूपम्. अग्निर्नेता; त्वं सोमक्रतुभिः; पिन्वंत्यप इति धाय्याः प्रथमेषु पदेषु देवता निरुच्यंते प्रथमे ऽहनि प्रथमस्यान्होरूपं. प्र व इंद्राय बृहत इति मरुत्वतीयः प्रगाथःप्रेति प्रथमे ऽहनि प्रथमस्यान्हो रूपं. आयात्विंद्रो वस उप न इति सूक्तंप्रेति प्रथमे ऽहनि प्रथमस्यान्होरूपम्. अभि त्वा शूर नोनुमो; अभि त्वा पूर्वपीतय इति रथंतरं पृष्टं भवति राथंतरे ऽहनि प्रथमे ऽहनि प्रथमस्यान्होरूपं. यद्वावान पुरुतमं पुराषाळिति धाय्या. वृत्रहेंद्रो नामान्यप्रा इत्येति प्रथमे ऽहनि प्रथमस्यान्होरूपं. पिबा सुतस्य रसिन इति साममगाथः पिबवान् प्रथमेऽहनि प्रथमस्यान्हो रूपं. त्यमूषु वाजिनं देवजूतमिति तार्क्ष्यः पुरस्तात्सूक्तस्य शंसति; स्वस्त्ययनं वै तार्क्ष्यः; स्वस्तितायै स्वस्त्ययनमेव तत्कुरुते; स्वस्ति संवत्सरस्य पारमश्नुते य एवं वेद ॥ २९ ॥

आ न इंद्रो दूरादान आसादिति सूक्तमेति प्रथमे ऽहनि प्रथमस्याह्नो रूपं. संपातौ भवतो निष्केवल्यमरुत्वतीययोर्निविद्धाने. वामदेवो वा इमां लोकानपश्यत्तांत्संपातैः समपतद्यत्संपातैः समपतत्तत्संपातानां संपातत्वं. तद्यत्संपातौ प्रथमे ऽहनि शंसति स्वर्गस्य लोकस्य समष्ट्यै संपत्त्यै संगत्यै. तत्सवितुर्वृणीमहे ; अद्या नो देव सवितरिति वैश्वदेवस्य प्रतिपदनुचरौ राथंतरे ऽहनि प्रथमे ऽहनि प्रथमस्याह्नो रूपं. युंजते मन उत युंजते धिय इति सावित्रं युक्तवत्प्रथमे ऽहनि प्रथमस्याह्नो रूपं. प्र द्यावा यज्ञैः पृथिवी ऋतावृधेति द्यावापृथिवीयं प्रैति प्रथमे ऽहनि प्रथमस्याह्नो रूपम्. इहेह वो मनसा बंधुता नर इत्यार्भवं यद्वा एति च प्रेति च तत्प्रथमस्याह्नो रूपं. तद्यत्प्रैति सर्वमभिनिष्यत् प्रैष्यन्नेवास्माल्लोकाद्यजमानादिति तद्यदिहेह वो मनसा बंधुता नर इत्यार्भवं प्रथमे ऽहनि शंसत्ययं वै लोक इहेह ह्यस्मिन्नेवैनांस्तल्लोके रमयति. देवान्हुवे बृहच्छ्रवसः स्वस्तय इति वैश्वदेवं. प्रथमे पदे देवता निरुच्यते. प्रथमे ऽहनि प्रथमस्याह्नो रूपं. महांतं वा एते ऽध्वानमेष्यंतो भवंति ये संवत्सरं वा द्वादशाहं वासते. तद्यद्देवान्हुवे बृहच्छ्रवसः स्वस्तय इति वैश्वदेवं प्रथमे ऽहनि शंसति स्वस्तितायै स्वस्त्ययनमेव तत्कुरुते स्वस्ति संवत्सरस्य पारमश्नुते य एवं वेद. यो वै विद्वानेतस्यां देवान्हुवे बृहच्छ्रवसः स्वस्तय इति वैश्वदेवं प्रथमे ऽहनि शंसति. वैश्वानराय पृथुपाजसे विप इत्याग्निमारुतस्य प्रतिपत्प्रथमे पदे देवता निरुच्यते. प्रथमे ऽहनि प्रथमस्याह्नो रूपं. प्र त्वक्षसः प्र तवसो विरप्शिन इति मारुतं प्रैति प्रथमे ऽहनि प्रथमस्याह्नो रूपं. जातवेदसे सुनवाम सोममिति जातवेदस्यां पुरस्तात्सूक्तस्य शंसति. स्वस्त्ययनं वै जातवेदस्या स्वस्तितायै स्वस्त्ययनमेव तत्कुरुते. स्वस्ति संवत्सरस्य पारमश्नुते य एवं वेद. प्र तव्यसीं नव्यसीं धीतिमग्नय इति जातवेदस्यं प्रैति प्रथमे ऽहनि प्रथ-

मस्यान्हो रूपं. समानमाग्निमारुतं भवति यच्चाग्निष्टोमे यद्वै यज्ञे समानं क्रियते तत्प्रजा अनुसमनंति. तस्मात्समानमाग्निमारुतं भवति ॥ ३० ॥

इंद्रो वै देवता द्वितीयमहर्वहति. पंचदशस्तोमो बृहत्साम त्रिष्टुप् छंदो यथा देवतमेनेन यथास्तोमं यथासाम यथाछंदसं राध्नोति य एवं वेद. यद्वै नेति न प्रेति यत्स्थितं; तत् द्वितीयस्यान्हो रूपं, यदूर्ध्ववद्यत्प्रतिवद्यदंतर्वद्यद्वृषण्वद्यद्वृधन्वद्यन्मध्यमे पदे देवता निरुच्यते. यदंतरिक्षमभ्युदितं यद्बार्हतं यत्त्रैष्टुभं यत्कुर्वद्देतानि वै द्वितीयस्यान्हो रूपाणि. अग्निं दूतं वृणीमह इति द्वितीयस्यान्ह आज्यं भवति कुर्वद् द्वितीये ऽहनि द्वितीयस्यान्हो रूपं. वायो ये ते सहस्रिण इति प्रउगं, सुतः सोमऋतावृधेति वृधन्वद् द्वितीये ऽहनि द्वितीयस्यान्हो रूपं. विश्वानरस्य वस्पतिमिंद्र इत्सोमपा एक इति मरुत्वतीयस्य प्रतिपदनुचरौ वृधन्वच्चांतर्वच्च; द्वितीये ऽहनि द्वितीयस्यान्हो रूपं. इंद्र नेदीय एदिहीत्यच्युतः प्रगाथ; उत्तिष्ठ ब्रह्मणस्पते इति ब्राह्मणस्पत्यः ऊर्ध्ववान् द्वितीये ऽहनि द्वितीयस्यान्हो रूपम्. अग्निर्नेता; त्वं सोमक्रतुभिः; पिन्वंत्यप इति धाय्याः; अच्युता बृहदिंद्राय गायतेति मरुत्वतीयः प्रगाथो, येन ज्योतिरजनयन्नृतावृध इति वृधन्वान् द्वितीये ऽहनि द्वितीयस्यान्हो रूपम्. इंद्र सोमं सोमपते पिबेममिति सूक्तं; सजोषा रुद्रैस्तृपदा वृषस्वेति वृषण्वद् द्वितीये ऽहनि द्वितीयस्यान्हो रूपं. त्वामिद्धि हवामहे त्वं ह्येहि चेरव इति बृहत्पृष्ठं भवति. बार्हते ऽहनि द्वितीये ऽहनि द्वितीयस्यान्हो रूपं यद्वावानेति धाय्याच्युतोभयं शृणवच्च न इति साम प्रगाथो; यच्चेदमद्य यदु च ह्य आसीदिति बार्हते ऽहनि द्वितीये ऽहनि द्वितीयस्यान्हो रूपं. त्यमू षु वाजिनं देवजूतमिति तार्क्ष्यो ऽच्युतः ॥ ३१ ॥

या त ऊतिरवमा या परमेति सूक्तं. जहि वृष्ण्यानि कृणुहि पराच इति

वृषण्वद् द्वितीये ऽहनि द्वितीयस्यान्हो रूपं. विश्वो देवस्य नेतुस्, तत्सवितुर्वरेण्यम्, आ विश्वदेवं सत्पतिमिति वैश्वदेवस्य प्रतिपदनुचरौ बार्हते ऽहनि द्वितीये ऽहनि द्वितीयस्यान्हो रूपम्. उदु ष्य देवः सविता हिरण्ययेति सावित्रमूर्ध्ववद् द्वितीये ऽहनि द्वितीयस्यान्हो रूपं. ते हि द्यावापृथिवी विश्वशंभुवेति द्यावापृथिवीयं; सुजन्मनि धिषणे अंतरीयत इत्यंतर्वद् द्वितीये ऽहनि द्वितीयस्यान्हो रूपं. तक्षन्रथं सुवृतं विद्मनापस इत्यार्भवं. तक्षन् हरी इंद्रवाहा वृषण्वसू इति वृषण्वद् द्वितीये ऽहनि द्वितीयस्यान्हो रूपं. यज्ञस्य वो रथ्यं विश्पतिं विशामिति वैश्वदेवं; वृषा केतुर्यजतो द्यामशायतेति वृषण्वद् द्वितीये ऽहनि द्वितीयस्यान्हो रूपं. तदु शार्यातमांगिरसो वै स्वर्गाय लोकाय सत्रमासत ते ह स्मद् द्वितीयं द्वितीयमेवाहरागत्य मुह्यंति. तान्वा एतच्छार्यातो मानवो द्वितीये ऽहनि सूक्तमशंसयत्ततो वै ते प्र यज्ञमजानन्प्र स्वर्गं लोकं तद्यदेतत्सूक्तं द्वितीये ऽहनि शंसति यज्ञस्य प्रज्ञात्यै स्वर्गस्य लोकस्यानुख्यात्यै. पृक्षस्य वृष्णो अरुषस्य नू सह इत्याग्निमारुतस्य प्रतिपद्वृषण्वद् द्वितीये ऽहनि द्वितीयस्यान्हो रूपं. वृष्णे शर्धाय सुमखाय वेधस इति मारुतं वृषण्वद् द्वितीये ऽहनि द्वितीयस्यान्हो रूपं. जातवेदसे सुनवाम सोममिति जातवेदस्याच्युता. यज्ञेन वर्धत जातवेदसमिति जातवेदस्यं वृधन्वद् द्वितीये ऽहनि द्वितीयस्यान्हो रूपमन्हो रूपं॥ ३२॥ इत्यैतरेयब्राह्मणे चतुर्थपंचिकाया पंचमो ऽध्यायः॥ ५॥ इतिचतुर्थपंचिका समाप्ता.

अथ पंचमपंचिकाप्रारंभः श्रीगणेशाय नमः॥ ओं॥ विश्वे वै देवा देवतास्तृतीयमहर्वहंति सप्तदशस्तोमो वैरूपं साम जगती छंदो यथादेवतमनेन यथास्तोमं यथासाम यथाछंदसं राध्नोति य

एवं वेद. यद्वै समानोदर्कं तत्तृतीयस्याह्नो रूपं यदश्ववद्यदंतवद्यत्पुनरावृत्तं यत्पुनर्निनृत्तं यद्रतवद्यत्पर्यस्तवद्यत्त्रिवद्यदंतरूपं यदुत्तमे पदे देवता निरुच्यते यदसौ लोको ऽभ्युदितो यद्वैरूपं यज्जागतं यत्कृतमेतानि वै तृतीयस्याह्नो रूपाणि. युक्ष्वा हि देवहूतमाँ अश्वाँ अग्ने रथीरिवेति तृतीयस्याह्न आज्यं भवति. देवा वै तृतीयेनाह्ना स्वर्गं लोकमायंस्तानसुरा रक्षांस्यन्ववारयंत. ते विरूपा भवत विरूपा भवतेति भवंत आयंस्ते यद्विरूपा भवत विरूपा भवतेति भवंत आयंस्तद्वैरूपं सामाभवत्तद्वैरूपस्य वैरूपत्वं. विरूपः पाप्मना भूत्वा पाप्मानमपहते य एवं वेद. तान् ह स्मान्वेवागच्छंति समेव सृज्यंते तानश्वा भूत्वा पद्भिरपाघ्नत यदश्वा भूत्वा पद्भिरपाघ्नत तदश्वानामश्वत्वमश्नुते यद्यत्कामयते य एवं वेद. तस्मादश्वः पशूनां जविष्ठः; तस्मादश्वः प्रत्यङ्पदा हिनस्त्यप पाप्मानं हते य एवं वेद. तस्मादेतदश्ववदाज्यं भवति तृतीये ऽहनि तृतीयस्याह्नो रूपं. वायवायाहि वीतये, वायो याहि शिवादिव, इंद्रश्च वायवेषां सुतानाम्, आ मित्रे वरुणे वयम्, अश्विनावेह गच्छतम्, आयाह्यद्रिभिः सुतं, सजूर्विश्वेभिर्देवेभिर्, उत नः प्रिया प्रियास्वित्यौष्णिहं प्रउगं समानोदर्कं तृतीये ऽहनि तृतीयस्याह्नो रूपं. तं तमिंद्राधसे महे, त्रय इंद्रस्य सोमा इति मरुत्वतीयस्य प्रतिपदनुचरौ निनृत्तवत् त्रिवत्तृतीये ऽहनि तृतीयस्याह्नो रूपम्. इंद्र नेदीय एदिहीत्यच्युतः प्रगाथः. प्र नूनं ब्रह्मणस्पतिरिति ब्राह्मणस्पत्यो निनृत्तवांस्तृतीये ऽहनि तृतीयस्याह्नो रूपम्. अग्निर्नेता, त्वं सोम क्रतुभिः, पिन्वंत्यप इति धाय्या अच्युता. नकिः सुदासो रथं पर्यासनरीरमदिति मरुत्वतीयः प्रगाथः पर्यस्तवांस्तृतीये ऽहनि तृतीयस्याह्नो रूपं. त्र्यर्यमा मनुषो देवतातेति सूक्तं त्रिवत्तृतीये ऽहनि तृती-

यस्यान्हो रूपं. यद् द्याव इंद्र ते शतं, यदिंद्र यावतस्त्वमिति वैरूपं पृष्ठं भवति राथंतरे ऽहनि तृतीये ऽहनि तृतीयस्यान्हो रूपं. यद्वावानेति धाय्याच्युता; अभि त्वा शूर नोनुम इति रथंतरस्य योनिमनु निवर्तयति राथंतरं ह्येतदहरायतनेन. इंद्र त्रिधातु शरणमिति साम प्रगाथस्त्रिवांस्तृतीये ऽहनि तृतीयस्यान्हो रूपं. त्यमू षु वाजिनं देवजूतमिति तार्क्ष्यो ऽच्युतः ॥ १ ॥

यो जात एव प्रथमो मनस्वानिति सूक्तं समानोदर्कं तृतीये ऽहनि तृतीयस्यान्हो रूपं. तदु सजनीयमेतद्वा इंद्रस्येंद्रियं यत्सजनीयमेतस्मिन्वै शस्यमान इंद्रमिंद्रियमाविशति. तस्याप्याहुश्छंदोगास्तृतीये ऽहनि बह्वृचा इंद्रस्येंद्रियं शंसंतीति तदु गार्त्समदमेतेन वै गृत्समद इंद्रस्य प्रियं धामोपागच्छत्स परमं लोकमजयदुपेंद्रस्य प्रियं धाम गच्छति जयति परमं लोकं य एवं वेद. तत्सवितुर्वृणीमहे, ऽद्या नो देव सवितरिति वैश्वदेवस्य प्रतिपदनुचरौ राथंतरे ऽहनि तृतीये ऽहनि तृतीयस्यान्हो रूपं. तद्देवस्य सवितुर्वार्यं महदिति सावित्रमंतो वै महदंतस्तृतीयमहस्तृतीये ऽहनि तृतीयस्यान्हो रूपं. घृतेन द्यावापृथिवी अभिवृते इति द्यावापृथिवीयं; घृतश्रिया घृतपृचा घृतावृधेति पुनरावृत्तं पुनर्निनृत्तं तृतीये ऽहनि तृतीयस्यान्हो रूपं. अनश्वो जातो अनभीशुरुक्थ्य इत्यार्भवं; रथस्त्रिचक्र इति त्रिवत्तृतीये ऽहनि तृतीयस्यान्हो रूपं. परावतो ये दिधिषंत आप्यमिति वैश्वदेवमंतो वै परावतोंतस्तृतीयमहस्तृतीये ऽहनि तृतीयस्यान्हो रूपं. तदु गायमेतेन वै गयः प्लातो विश्वेषां देवानां प्रियं धामोपागच्छत्स परमं लोकमजयदुप विश्वेषां देवानां प्रियं धाम गच्छति जयति परमं लोकं य एवं वेद. वैश्वानराय धिषणामृतावृध इत्याग्निमारुतस्य प्रतिपदंतो वै धिषणांतस्तृतीयमहस्तृतीये ऽहनि तृतीय-

स्यान्हो रूपं. धारावरा मरुतो धृष्ण्वोजस इति मारुतं; बव्हभि-
व्याहृत्यमंतो वै बव्हंतस्तृतीयमहस्तृतीये ऽहनि तृतीयस्यान्हो रूपं.
जातवेदसे सुनवाम सोममिति जातवेदस्याच्युता. त्वमग्ने प्रथमो
अंगिरा ऋषिरिति जातवेदस्यं पुरस्तादुदर्कं तृतीये ऽहनि तृतीयस्या-
न्हो रूपं. त्वं त्वमित्युत्तरं व्यहमभिवदति संतत्यै संततैस्त्र्यहै-
रव्यवाछिन्नैर्यंति य एवं विद्वांसो यंति ॥ २ ॥

आप्यंते वै स्तोमा आप्यंते छंदांसि तृतीये ऽहन्येव तदेव तत
उच्छिष्यते वागित्येव तदेतदक्षरं त्र्यक्षरं वागित्येकमक्षरमक्षरमिति
त्र्यक्षरं स एवैष उत्तरस्त्र्यहो वागेकं गौरेकं द्यौरेकं. ततो वै वागेव
चतुर्थमहर्वहति. तद्यच्चतुर्थमहन्न्यूंखयत्येतदेव तदक्षरमभ्यायच्छंत्य-
तद्धर्षयंत्येतत्प्रविभावयिषंति चतुर्थस्यान्ह उपत्या. अन्नं वै
न्यूंखो यदेलवा अभिगेष्णाश्वरंत्यथान्नाद्यं प्रजायते. तद्यच्चतुर्थ-
महन्न्यूंखयन्त्यन्नमेव तत्प्रजनयंत्यन्नाद्यस्य प्रजात्यै. तस्माच्चतुर्थ-
महर्जातवद् भवति. चतुरक्षरेण न्यूंखयेदित्याहुश्चतुष्पादा वै
पशवः पशूनामवरुध्यै त्र्यक्षरेण न्यूंखयेदित्याहुस्त्रयो वा इमे
त्रिवृतो लोका एषामेव लोकानामभिजित्या एकाक्षरेण न्यूंखयेदिति
ह स्माह लांगलायनो ब्रह्मा मौद्गल्य एकाक्षरा वै वागेष वाव संप्रति
न्यूंखं न्यूंखयति य एकाक्षरेण न्यूंखयतीति द्व्यक्षरेणैव न्यूंखयेत्
प्रतिष्ठाया एव द्विप्रतिष्ठो वै पुरुषश्चतुष्पादाः पशवो यजमानमेव
तद् द्विप्रतिष्ठं चतुष्पात्सु पशुषु प्रतिष्ठापयति. तस्माद् द्व्यक्षरेणैव
न्यूंखयेत्मुखतः प्रातरनुवाके न्यूंखयति; मुखतो वै प्रजा अन्न-
मदंति; मुखत एव तदन्नाद्यस्य यजमानं दधाति. मध्यत आज्ये
न्यूंखयति; मध्यतो वै प्रजा अन्नं धिनोति मध्यत एव तदन्नाद्यस्य
यजमानं दधाति. मुखतो मध्यंदिने न्यूंखयति; मुखतो वै प्रजा

अन्नमदंति; मुखत एव तदन्नाद्यस्य यजमाने दधाति. तदुभयतो न्यूंखं परिगृण्हाति सवनाभ्यामन्नाद्यस्य परिगृहीत्यै ॥ ३ ॥

वाग्वै देवता चतुर्थमहर्वहत्येकविंशस्तोमो वैराजं सामानुष्टुप् छंदो यथादेवतमेनेन यथास्तोमं यथासामं यथाछंदसं राध्नोति य एवं वेद. यद्वा एति च प्रेति च तच्चतुर्थस्यान्हो रूपं. यद्ध्येव प्रथममहस्तदेतत्पुनर्यच्चतुर्थं यद्युक्तवद्यद्रथवद्यदाशुमद्यत्पिबवद्यत्प्रथमे पदे देवता निरुच्यते यदयं लोको ऽभ्युदितो यज्जातवद्यद्धववद्यच्छुक्रवद्यद्वाचो रूपं यद्वैमदं यद्विरिफितं यद्विछंदा यदूनातिरिक्तं यद्वैराजं यदानुष्टुभं यत्करिष्यद्वद्यत्प्रथमस्यान्हो रूपमेतानि वै चतुर्थस्यान्हो रूपाणि. अग्निं न स्ववृक्तिभिरिति चतुर्थस्यान्ह आज्यं भवति; वैमदं विरिफितं विरिफितस्य ऋषेश्चतुर्थे ऽहनि चतुर्थस्यान्हो रूपमष्टर्चं पाक्तं; पाक्तो यज्ञः पाक्ताः पशवः पशूनामवरुध्यै. ता उ दश जगत्यो जागतप्रातस्सवन एष त्र्यहस्तेन चतुर्थस्यान्हो रूपं. ता उ पंचदशानुष्टुभ आनुष्टुभो ह्येतदहस्तेन चतुर्थस्यान्हो रूपं. ता उ विंशति गायत्र्यः पुनः प्रायणीयं ह्येतदहस्तेन चतुर्थस्यान्हो रूपं. तदेतदस्तुतमशस्तमयातयामसूक्तं यज्ञ एव साक्षात्तद्यदेतच्चतुर्थस्यान्ह आज्यं भवति. यज्ञादेव तद्यज्ञं तन्वते वाचमेव तत्पुनरुपयंति संतत्यै संततैस्त्र्यहैरव्यवछिन्नैर्यंति य एवं विद्वांसो यंति. वायो शुक्रो अयामि ते, विहि होत्रा अवीता, वायो शतं हरीणाम्, इंद्रश्च वायवेषां सोमानाम्, आ चिकितान सुक्रतू, आ नो विश्वाभिरूतिभिस्, त्यमु वो अप्रहणम्, अप त्यं वृजिनं रिपुम्, अंबितमे नदीतम इत्यानुष्टुभं प्रउगमेति च प्रेति च शुक्रवच्चतुर्थे ऽहनि चतुर्थस्यान्हो रूपं. तं त्वा यज्ञेभिरीमह इति मरुत्वतीयस्य प्रतिपदीमह इत्यभ्यायाम्य-

मिवैतदहस्तेन चतुर्थस्याह्नो रूपं. इदं वसो सुतमंध, इंद्र नेदीय एदिहि, प्रैतु ब्रह्मणस्पतिर्, अग्निर्नेता, त्वं सोम क्रतुभिः, पिन्वंत्यपः, प्र व इंद्राय बृहत इति प्रथमेनाह्ना समान आतानश्चतुर्थेऽहनि चतुर्थस्याह्नो रूपं. श्रुधी हवमिंद्र मा रिषण्य इति सूक्तं हववच्चतुर्थेऽहनि चतुर्थस्याह्नो रूपं. मरुत्वां इंद्र वृषभो रणायेति सूक्तम्; उग्रं सहोदामिह तं हुवेमेति हववच्चतुर्थेऽहनि चतुर्थस्याह्नो रूपं. तदु त्रैष्टुभं तेन प्रतिष्ठितपदेन सवनं दाधारायतनादेवैतेन न प्रच्यवते. इमं नु मायिनं हुव इति पर्यासो हववांश्चतुर्थेऽहनि चतुर्थस्याह्नो रूपं. ता उ गायत्र्यो. गायत्र्यो वा एतस्य त्र्यहस्य मध्यंदिनं वहंति. तद्वैतच्छंदो वहति यस्मिन्निविद्धीयते तस्माद् गायत्रीषु निविदं दधाति. पिबा सोममिंद्र मंदतु त्वा, श्रुधी हवं विपिपानस्याद्रेरिति वैराजं पृष्ठं भवति बार्हतेऽहनि चतुर्थेऽहनि चतुर्थस्याह्नो रूपं. यद्वावानेति धाय्याच्युता. त्वामिद्धि हवामह इति बृहतो योनिमनु निवर्तयति बार्हतं ह्येतदहरायतनेन. त्वमिंद्र प्रतूर्तिष्वेति साम प्रगाथो, अशस्तिहा जनितेति जातवांश्चतुर्थेऽहनि चतुर्थस्याह्नो रूपं. त्यमू षु वाजिनं देवजूतमिति तार्क्ष्योऽच्युतः ॥ ४ ॥

कुह श्रुत इंद्रः कस्मिन्नद्येति सूक्तं वैमदं विरिफितं विरिफितवस्य ऋषेश्चतुर्थेऽहनि चतुर्थस्याह्नो रूपं. युध्मस्य ते वृषभस्य स्वराज इति सूक्तम्, उरुं गभीरं जनुषाभ्युग्रमिति जातवच्चतुर्थेऽहनि चतुर्थस्याह्नो रूपं. तदु त्रैष्टुभं तेन प्रतिष्ठितपदेन सवनं दाधारायतनादेवैतेन न प्रच्यवते. त्यमु वः सत्रासाहमिति पर्यासो; विश्वासु गीर्ष्वायतमित्यभ्यायाम्यामेवैतदहस्तेन चतुर्थस्याह्नो रूपं. ता उ गायत्र्यो. गायत्र्यो वा एतस्य त्र्यहस्य मध्यंदिनं वहंति

तद्धि तच्छंदो वहति यस्मिन्निविद्धीयते तस्माद् गायत्रीषु निविदं दधाति. विश्वो देवस्य नेतुस्, तत्सवितुर्वरेण्यम्, आ विश्वदेवं सत्पतिमिति वैश्वदेवस्य प्रतिपदनुचरौ बार्हते ऽहनि चतुर्थे ऽहनि चतुर्थस्याह्नो रूपं. आ देवो यातु सविता सुरत्न इति सावित्रमिति चतुर्थे ऽहनि चतुर्थस्याह्नो रूपं. प्र द्यावा यज्ञैः पृथिवी नमोभिरिति द्यावापृथिवीयं प्रेति चतुर्थे ऽहनि चतुर्थस्याह्नो रूपं. प्र ऋभुभ्यो दूतमिव वाचमिष्य इत्यार्भवं. प्रेति च वाचमिष्य इति च चतुर्थे ऽहनि चतुर्थस्याह्नो रूपं. प्र शुक्रैतु देवी मनीषेति वैश्वदेवं. प्रेति च शुक्रवच्चतुर्थे ऽहनि चतुर्थस्याह्नो रूपं. ता उ विछंदसः संति द्विपदाः संति चतुष्पदास्तेन चतुर्थस्याह्नो रूपं. वैश्वानरस्य सुमतौ स्यामेत्याग्निमारुतस्य प्रतिपद्; इतो जात इति जातवच्चतुर्थे ऽहनि चतुर्थस्याह्नो रूपं. क ईं व्यक्ता नरः सनीळा इति मारुतं; नकिर्ह्येषां जनूंषि वेदेति जातवच्चतुर्थे ऽहनि चतुर्थस्याह्नो रूपं. ता उ विछंदसः संति द्विपदाः संति चतुष्पदास्तेन चतुर्थस्याह्नो रूपं. जातवेदसे सुनवाम सोममिति जातवेदस्याप्युवा. अग्निं नरो दीधितिभिररण्योरिति जातवेदस्यं; हस्तच्युती जनयन्तेति जातवच्चतुर्थे ऽहनि चतुर्थस्याह्नो रूपं. ता उ विछंदसः संति विराजः संति त्रिष्टुभस्तेन चतुर्थस्याह्नो रूपमह्नो रूपं ॥ ५ ॥

इत्यैतरेयब्राह्मणे पंचमपंचिकायां प्रथमो ऽध्यायः ॥ १ ॥

गौर्वै देवता पंचममहर्वहति त्रिणवः स्तोमः शाक्वरं साम पांक्तिश्छंदो यथादेवतमेनेन यथास्तोमं यथासामं यथाछंदसं राध्नोति य एवं वेद. यद्वै नेति न प्रेति यत्स्थितं तत्पंचमस्याह्नो रूपं. यद्ध्येव द्वितीयमहस्तदेतत्पुनर्यत्पंचमं यदूर्ध्ववद्यत्प्रतिवद्यदंतर्वद्यद्वृषण्वद् यद्वृधन्वद्यन्मध्यमे पदे देवता निरुच्यते यदंतरिक्षमभ्युदितं यद्दुग्धवद् य-

दूधवद्यत्स्वेनुमद्यत्पृश्निमद्यन्मद्वद्यत्सगुरूपं यदध्यासवद्दिक्षुद्रा इव हि पशवो यज्जागतं जागता हि पशवो; यद्बार्हतं बार्हता हि पशवो यत्पांक्तं पांक्ता हि पशवो; यद्वामं वामं हि पशवो यद्विष्मत्स्वविर्हि पशवो यद्दपुष्महपुर्हि पशवो यच्छाकरं यत्पांक्तं यत्कुर्वद्यद्द्वितीयस्यान्हो रूपमेतानि वै पंचमस्यान्हो रूपाणि. इममू षु वो अतिथिमुषर्बुधमिति पंचमस्यान्ह आज्यं भवति. आगतमध्यासवत्सगुरूपं पंचमे ऽहनि पंचमस्यान्हो रूपं. आ नो यज्ञं दिविस्पृशम्, आ नो वायो महे तने, रथेन पृथुपाजसा, बहवः सूरचक्षस, इमा उ वां दिविष्टयः, पिबा सुतस्य रसिनो, देवं देवं वो ऽवसे देवं देवं, बृहदु गायिषे वच इति बार्हतं प्रउगं पंचमे ऽहनि पंचमस्यान्हो रूपं. यत्पांच अन्यया वियोति मरुत्वतीयस्य प्रतिपत्पांचजन्ययेति पंचमे ऽहनि पंचमस्यान्हो रूपम्. इंद्र इत्सोमपा एक, इंद्र नेदीय एदीहि, उत्तिष्ठ ब्रह्मणस्पते, अग्निर्नेता, त्वं सोम क्रतुभिः, पिन्वंत्यपो, बृहदिंद्राय गायतेति द्वितीयेनान्हा समान आतानः पंचमे ऽहनि पंचमस्यान्हो रूपम्. अवितासि सुन्वतो वृक्तबर्हिष इति सूक्तं. मदत्पांक्तं पंचपदं पंचमे ऽहनि पंचमस्यान्हो रूपं. इत्था हि सोम इन्मद इति सूक्तं मदत्पांक्तं पंचपदं पंचमे ऽहनि पंचमस्यान्हो रूपं. इंद्र पिब तुभ्यं सुतो मदायेति सूक्तं महत्त्रैष्टुभं तेन प्रतिष्ठितपदेन सवनं दाधारायतनादेवैतेन न प्रच्यवते. मरुत्वां इंद्र मीढ्व इति पर्यासो नेति न मेति पंचमे ऽहनि पंचमस्यान्हो रूपं. ता उ गायत्र्यो गायत्र्यो वा एतस्य त्र्यहस्य मध्यंदिनं वहंति. तद्वैतच्छंदो वहति यस्मिन्निविद्धीयते तस्माद् गायत्रीषु निविदं दधाति ॥ ६ ॥

महानाम्नीष्वत्र स्तुवते शाक्वरेण साम्ना राथंतरे ऽहनि पंचमे ऽहनि पंचमस्यान्हो रूपम्. इंद्रो वा एताभिर्महानात्मानं निरमिमीत तस्मान्महानाम्न्यो ऽथो इमे वै लोका महानाम्न्य इमे महांत इमान्वै लोकान्

प्रजापतिः सृष्ट्वेदं सर्वमशक्नोद्यदिदं किं च यदिमान् लोकान्प्रजापतिः सृष्ट्वेदं सर्वमशक्नोद्यदिदं किं च तच्छक्वर्यो ऽभवंस्तच्छक्वरीणा शक्वरीत्वं. ता ऊर्ध्वाः सीम्नो ऽभ्यसृजत यदूर्ध्वाः सीम्नो ऽभ्यसृजत तस्मिमा अभवंस्तत्सीमानां सिमात्वं. स्वादोरित्था विषूवत, उप नो हरिभिः सुतम्, इंद्रं विश्वा अवीवृधन्नित्यनुरूपो वृषण्वान् पृश्निमान्महान्वृधन्वान्पंचमे ऽहनि पंचमस्यान्हो रूपं. यद्वावानेति धाय्याच्युता. अभि त्वा शूर नोनुम इति रथंतरस्य योनिमनु निवर्तयति राथंतरं ह्येतदहरायतनेन. मो षु त्वा वाघतश्चनेति सामप्रगाथो ऽभ्यासवान् पशुरूपं पंचमे ऽहनि पंचमस्यान्हो रूपं. त्यमू षु वाजिनं देवजूतमिति तार्क्ष्यो ऽच्युतः ॥ ७ ॥

प्रेदं ब्रह्म वृत्रतूर्येष्वाविथेति सूक्तं पांक्तं पंचपदं पंचमे ऽहनि पंचमस्यान्हो रूपम्; इंद्रो मदाय वावृध इति सूक्तं महत्पांक्तं पंचपदं पंचमे ऽहनि पंचमस्यान्हो रूपं. सत्रा मदासस्तव विश्वजन्या इति सूक्तं महत्त्रैष्टुभं तेन प्रतिष्ठितपदेन सवनं दाधारायतनादेवैतेन न प्रच्यवते. तमिंद्रं वाजयामसीति पर्यासः; स वृषा वृषभो भुवदिति पशुरूपं पंचमे ऽहनि पंचमस्यान्हो रूपं. ता उ गायत्र्यो गायत्र्यो वा एतस्य त्र्यहस्य मध्यंदिनं वहंति. तद्वैतच्छंदो वहति यस्मिन्निविद्धीयते. तस्माद् गायत्रीषु निविदं दधाति. तत्सवितुर्वृणीमहे, अद्या नो देव सवितरिति वैश्वदेवस्य प्रतिपदनुचरौ राथंतरे ऽहनि पंचमे ऽहनि पंचमस्यान्हो रूपम्. उदु ष्य देवः सविता दमूना इति सावित्रम्; आ दाशुषे सुवति भूरि वाममिति वामं पशुरूपं पंचमे ऽहनि पंचमस्यान्हो रूपं. मही द्यावापृथिवी इह ज्येष्ठे इति द्यावापृथिवीयं; रुवत्युक्षेति पशुरूपं पंचमे ऽहनि पंचमस्यान्हो रूपम्. ऋभुर्विभ्वा वाज इंद्रो नो अच्छेत्यार्भवं. वाजो वै पशवः पशुरूपं पंचमे ऽहनि पंचमस्यान्हो रूपं. स्तुषे जनं सुव्रतं नव्यसाभि-

रीति वैश्वदेवमध्यासवदनुरूपं पंचमे ऽहनि पंचमस्यान्हो रूपं. हविष्पातमजरं स्वर्विदीत्यामिमारुतस्य प्रतिपत्स्वविभ्यस्त्पंचमे ऽहनि पंचमस्यान्हो रूपं. वपुर्नु तच्चिकितुषे चिदस्त्विति मारुतं वपुष्मत्पंचमे ऽहनि पंचमस्यान्हो रूपं. जातवेदसे सुनवाम सोममिति जातवेदस्याच्युता. अग्निर्होता गृहपतिः स राजेति जातवेदस्यमध्यासवदनुरूपं पंचमे ऽहनि पंचमस्यान्हो रूपं ॥ ८ ॥

देवक्षेत्रं वा एतद्यत्षष्ठमहर्देवक्षेत्रं वा एत आगच्छंति ये षष्ठमहरागच्छति न वै देवा अन्योन्यस्य गृहे वसंति. नर्तुर्ऋतोर्गृहे वसतीत्याहुस्तद्यथा यथमृत्विज ऋतुयाजान् यजंत्यसंप्रदायं तद्यथर्तूनृतून्कल्पयंति यथायथं जनतास्तदाहुर्नर्तुप्रैषैः प्रेषितव्यं नर्तुप्रैषैर्वषट्कृत्यं. वाग्वा ऋतुप्रैषा आप्यते वै वाक् षष्ठे ऽहनीति यदृतुप्रैषैः प्रेष्येयुर्यदृतुप्रैषैर्वषट्कुर्युर्वाचमेव तदाप्तां श्रांतामृच्छेयुर्यदेभिर्न प्रेष्येयुर्यदेभिर्न वषट्कुर्युरच्युताद्यज्ञस्य च्यवेरन्यज्ञात्माणात्प्रजापतेः पशुभ्यो जिह्मा ईयुस्तस्मादृग्मेभ्य एवाधि प्रेषितव्यमृग्मेभ्यो ऽधि वषट्कृत्यं. तं न वाचमाप्तां श्रांतां ऋक्णवहीं वहराविणीमृच्छंति नाच्युताद्यज्ञस्य च्यवंते न यज्ञात्प्राणात्प्रजापतेः पशुभ्यो जिह्मा यंति ॥ ९ ॥

पारुच्छेपीरुप दधाति पूर्वयोः सवनयोः पुरस्तात्प्रस्थितयाज्यानां. रोहितं वै नामैतच्छंदो यत्पारुच्छेपमेतेन वा इंद्रः सप्त स्वर्गांल्लोकानरोहद्रोहति सप्त स्वर्गान् लोकान् य एवं वेद. तदाहुर्यत्पंचपदा एव पंचमस्यान्हो रूपं षट्पदाः षष्ठस्याथ कस्मात्सप्तपदा षष्ठे ऽहञ्छस्यंत इति षड्भिरेव पदैः षष्ठमहराप्नुवंत्यपाच्छिद्यैवैतदहर्यत्सप्तमं तदेव सप्तमेन पदेनाभ्यारभ्य वसंति. वाचमेव तत्पुनरुपयंति संतत्यै संततिस्त्यहैरव्यवच्छिन्नैर्यंति य एवं विद्वांसो यंति ॥ १० ॥

देवासुरा वा एषु लोकेषु समयतंत. ते वै देवाः षष्ठेनैवान्हैभ्यो लोकेभ्यो ऽसुरान् प्राणुदंत. तेषां यान्यंतर्हस्तीनानि वसून्यासंस्तान्यादाय समुद्रं प्रैप्यंत. त एतेनैव छंदसा ऽनुहायांतर्हस्तीनानि वसून्याददत. तद्यदेतत्पदं पुनः पदं स एवांकुश आसंजनाय. आ द्विषतो वसु दत्ते निरेनमेभ्यो सर्वेभ्यो लोकेभ्यो नुदते य एवं वेद ॥ ११ ॥

द्यौर्वै देवता षष्ठमहर्वहति त्रयस्त्रिंशः स्तोमो रैवतं सामातिछंदाश्छंदो यथादेवतमेनेन यथास्तोमं यथासाम यथाछंदसं राध्नोति य एवं वेद. यद्वै समानोदर्कं तत्षष्ठस्यान्होरूपं यत्स्येव तृतीयमहस्तदेतत्पुनर्यत्षष्ठं. यदश्ववद्यदंतवद्यत्पुनरावृत्तं यत्पुनर्निनृत्तं यद्रतवद्यत्पर्यस्तवद्यत्त्रिवद्यदंतरूपं यदुत्तमे पदे देवता निरुच्यते यदसौ लोको ऽभ्युदितो यत्पारुछेपं यत्सप्तपदं यन्नाराशंसं यन्नाभानेदिष्ठं यद्रैवतं यदतिछंदा यत्कृतं यत् तृतीयस्यान्हो रूपमेतानि वै षष्ठस्यान्हो रूपाणि. अयं जायत मनुषो धरीमणीति षष्ठस्यान्ह आज्यं भवति. पारुछेपमतिछंदाः सप्तपदं षष्ठे ऽहनि षष्ठस्यान्हो रूपं. स्तीर्णं बर्हिरुप नो याहि वीतय, आ वां रथो नियुत्वान्वक्षदवसे, सुषुमा यातमद्रिभिर, युवां स्तोमेभिर्देवयंतो अश्विना, अवर्मह इंद्र वृषन्निंद्रा, अस्तु श्रौषळ् ओषुणो अग्ने शृणुहि त्वमीळितो, ये देवासो दिव्येकादश स्थ, इयमददाद्रभसमृणच्युतमिति प्रउगं पारुछेपमतिछंदाः सप्तपदं षष्ठे ऽहनि षष्ठस्यान्हो रूपं. स पूर्व्यो महानामिति महत्वतीयस्य प्रतिपदंतो वै महदंतः षष्ठमहः षष्ठे ऽहनि षष्ठस्यान्हो रूपं. त्रय इंद्रस्य सोम, इंद्र नेदीय एदिहि, प्र नूनं ब्रह्मणस्पतिर्, अग्निर्नेता, त्वं सोम क्रतुभिः, पिन्वंत्यपो, नकिः सुदासो रथमिति तृतीयेनान्हा समान आतानः षष्ठे ऽहनि षष्ठस्यान्हो रूपं. यं त्वं रथमिंद्र मेधसातय इति सूक्तं पारुछेपमतिछंदाः सप्तपदं षष्ठे

ऽहनि षष्ठस्यान्हो रूपं. स यो वृषा वृष्ण्येभिः समोका इति सूक्तं समानोदर्कं षष्ठे ऽहनि षष्ठस्यान्हो रूपं. इंद्र मरुत्व इह पाहि सोममिति सूक्तं; तेभिः साकं पिबतु वृत्रखाद इत्यंतो वै खादोंतः षष्ठमहः षष्ठे ऽहनि षष्ठस्यान्हो रूपं. तदु त्रैष्टुभं तेन प्रतिष्ठितपदेन सवनं दाधारायतनादेवैतेन न प्रच्यवते. अयं ह येन वा इदमिति पर्यासः स्वर्मरुत्वता जितमित्यंतो वै जितमंतः षष्ठमहः षष्ठे ऽहनि षष्ठस्यान्हो रूपं. ता उ गायत्र्यो गायत्र्यो वा एतस्य त्र्यहस्य मध्यंदिनं वहंति. तद्वै तच्छंदो वहति यस्मिन्निविद्धीयते तस्मात् गायत्रीषु निविदं दधाति. रेवतीर्न सधमादे, रेवाँ इद्रेवतस्तोतेति रैवतं पृष्ठं भवति बार्हते ऽहनि षष्ठे ऽहनि षष्ठस्यान्हो रूपं. यद्वावानेति धाय्याच्युता. त्वामिद्धि हवामह इति बृहतो योनिमनु निवर्तयति. बार्हतं ह्येतदहरायतनेन. इंद्रमिद्देवतातय इति सामप्रगाथो निनृत्तवान्षष्ठे ऽहनि षष्ठस्यान्हो रूपं. त्यमूषु वाजिनं देवजूतमिति तार्क्ष्यो ऽच्युतः ॥ १२ ॥

ऐंद्र याह्युप नः परावत इति सूक्तं पारुछेपमतिछंदाः सप्तपदं षष्ठे ऽहनि षष्ठस्यान्हो रूपं. प्र घा न्वस्य महतो महानीति सूक्तं समानोदर्कं षष्ठे ऽहनि षष्ठस्यान्हो रूपम्. अभूरेको रयिपते रयीणामिति सूक्तं; रथमातिष्ठ तुविनृम्ण भीममित्यंतो वै स्थितमंतः षष्ठमहः षष्ठे ऽहनि षष्ठस्यान्हो रूपं. तदु त्रैष्टुभं तेन प्रतिष्ठितपदेन सवनं दाधारायतनादेवैतेन न प्रच्यवते. उप नो हरिभिः सुतमिति पर्यासः समानोदर्कः षष्ठे ऽहनि षष्ठस्यान्हो रूपं. ता उ गायत्र्यो गायत्र्यो वा एतस्य त्र्यहस्य मध्यंदिनं वहंति. तद्वै तच्छंदो वहति यस्मिन्निविद्धीयते. तस्माद्गायत्रीषु निविदं दधाति. अभि त्यं देवं सवितारमोण्योरिति वैश्वदेवस्य प्रतिपदतिछंदाः षष्ठे ऽहनि षष्ठस्यान्हो रूपं. तन्सवितु-

वरेण्यं, दोषो अगादित्यनुचरोंतो वै गतमंतःषष्ठमहः षष्ठे ऽहनि षष्ठस्यान्हो रूपम्. उदु ष्य देवः सविता सवायेति सावित्रं; शश्वत्तमं तदप वन्हिरस्थादित्यंतो वै स्थितमंतः षष्ठमहः षष्ठे ऽहनि षष्ठस्यान्हो रूपं. कतरा पूर्वा कतरापरायोरिति द्यावापृथिवीयं समानोदर्कं षष्ठे ऽहनि षष्ठस्यान्हो रूपं. किमु श्रेष्ठः किं यविष्ठो न आजगन्, उप नो वाजा अध्वरमृभुक्षा इत्यार्भवं नाराशंसं त्रिवत्षष्ठे ऽहनि षष्ठस्यान्हो रूपम्. इदमित्था रौद्रं गूर्तवचा, ये यज्ञेन दक्षिणयासमक्ता इति वैश्वदेवं ॥१३ ॥

नाभानेदिष्ठं शंसति. नाभानेदिष्ठं वै मानवं ब्रह्मचर्यं वसन्तं भ्रातरो निरभजंत्सो ऽब्रवीदेत्य किं मह्यमभाक्तेत्येतमेव निष्ठावमववदितारमित्यब्रुवंस्तस्मात्ध्याप्येतर्हि पितरं पुत्रा निष्ठावो ऽववदितेत्येवाचक्षते. स पितरमेत्याब्रवीत् त्वां ह वाव मह्यं तताभाक्षुरिति तं पिता ब्रवीन्मा पुत्रक तदादृथा अंगिरसो वा इमे स्वर्गाय लोकाय सत्रमासते. ते षष्ठं षष्ठमेवाहरागत्य मुह्यंति. तानेते सूक्ते षष्ठे ऽहनि शंसय तेषां यत्सहस्रं सत्रपरिवेषणं तत्ते स्वर्यंतो दास्यंतीति तथेति तानुपैत्प्रातिगृभ्णीत मानवं सुमेधस इति तमब्रुवन् किंकामो वदसीतीदमेव वः षष्ठमहः मज्ञापयानीत्यब्रवीदथ यद्वा एतत्सहस्रं सत्रपरिवेषणं तन्मे स्वर्यंतो दत्तेति तथेति तानेते सूक्ते षष्ठे ऽहन्यशंसयत्. ततो वै ते प्र यज्ञमजानन् प्र स्वर्गं लोकं. तद्यदेते सूक्ते षष्ठे ऽहनि शंसति यज्ञस्य मज्ञात्यै स्वर्गस्य लोकस्यानुख्यात्यै. तं स्वर्यंतो ऽब्रुवन्नेतत्ते ब्राह्मण सहस्रमिति तदेनं समाकुर्वाणं पुरुषः कृष्णशवास्युत्तरत उपोत्थायाब्रवीन्मम वा इदं मम वै वास्तुहमिति सो ऽब्रवीन्मह्यं वा इदमदुरिति तमब्रवीत्तद्वै नौ तवैव पितरि मश्न इति स पितरमैत्तं पिता ब्रवीन्ननु ते पुत्रकादुरित्यदुरेव म इत्यब्रवीत्तत्तु मे पुरुषः

कृष्णशवास्युत्तरत उपोदतिष्ठन्मम वा इदं मम वै वास्तुहमित्यादितेति तं पिता ब्रवीत्तस्यैव पुत्रक तत्तुभ्यं स दास्यतीति स पुनरेत्याब्रवीत्तव ह वाव किल भगव इदमिति मे पिताहेति सो ऽब्रवीत्तदहं तुभ्यमेव ददामि य एव सत्यमवादीरिति तस्मादेवं विदुषा सत्यमेव वदितव्यं. स एष सहस्रसनिर्मंत्रो यन्नाभानेदिष्ठं. उपैनं सहस्रं नमति प्र षष्ठेनाह्ना स्वर्गे लोकं जानाति य एवं वेद ॥ १४ ॥

तान्येतानि सहचराणीत्याचक्षते. नाभानेदिष्ठं वालखिल्या वृषाकपिमेवयामरुतं तानि सहैव शंसेद्यदेषामंतरियात्तद्यजमानस्यांतरियाद्यदि नाभानेदिष्ठं रेतो ऽस्यांतरियाद्यदि वालखिल्याः प्राणानस्यांतरियाद्यदि वृषाकपिमात्मानमस्यांतरियाद्यद्येवयामरुतं प्रतिष्ठाया एनं च्यावयेद्दैव्यै च मानुष्यै च. नाभानेदिष्ठेनैव रेतो ऽसिंचत्तद्वालखिल्याभिर्व्यकरोत्. सुकीर्तिना काक्षीवतेन योनिं व्यहापयदुरौ यथा तव शर्मन्मदेमेति. तस्मा ज्यायान्स गर्भः कनीयांसं संतं योनिं न हिनस्ति ब्रह्मणा हि स कृप्त एवयामरुतेतं वै करोति तेनेदं सर्वमेतवै कृतमेति यदिदं किंच. अहश्च कृष्णमहरर्जुनं चेत्यामिमारुतस्य प्रतिपदहश्चाहश्चेति पुनरावृत्तं पुनर्निनृत्तं षष्ठे ऽहनि षष्ठस्याह्नो रूपं. मध्वो वो नाम मारुतं यजत्रा इति मारुतं बह्वभिव्याहृत्यमंतो वै बह्वंतः षष्ठमहः षष्ठे ऽहनि षष्ठस्याह्नो रूपं. जातवेदसे सुनवाम सोममिति जातवेदस्याच्युता. स प्रत्नथा सहसा जायमान इति जातवेदस्यं समानोदर्कं षष्ठे ऽहनि षष्ठस्याह्नो रूपं धारयं धारयन्निति शंसति प्रस्रंसाद्वा अंतस्य बिभाय तद्यथा पुनराग्रंथं पुनर्निग्रंथमंतं बध्नीयान्मयूखं वाततो धारणाय निहन्यात्तादृक्तद्यत्धारयं धारयन्निति शंसति संतत्यै संततैस्त्र्यहैरव्यव-

छिन्नैर्यंति य एवं विद्वांसो यंति ॥ १५ ॥ इत्यैतरेयब्राह्मणे पंचमपंचिकायां द्वितीयो ऽध्यायः ॥ २ ॥

यद्वा एति च प्रेति च तत्सप्तमस्यान्हो रूपं. यद्ध्येव प्रथमम-हस्तदेवैतत्पुनर्यत्सप्तमं यद्युक्तवद्यद्रथवद्यदाशुमद्यत्पिबवद्यत्प्रथमे पदे देवता निरुच्यते यदयं लोको ऽभ्युदितो यज्जातवद्यदनिरुक्तं यत्करिष्यद्यत्प्रथमस्यान्हो रूपमेतानि वै सप्तमस्यान्हो रूपाणि. समुद्रादूर्मिर्मधुमाँ उदारदिति सप्तमस्यान्ह आज्यं भवत्यनिरुक्तं सप्तमे ऽहनि सप्तमस्यान्हो रूपं. वाग्वै समुद्रो न वै वाक्क्षीयते न समुद्रः क्षीयते तद्यदेतत्सप्तमस्यान्ह आज्यं भवति यज्ञादेव तद्यज्ञं तन्वते वाचमेव तत्पुनरुपयंति संतत्यै. संततिर्ह्येतैरव्यवच्छिन्नैर्यंति य एवं विद्वांसो यंत्याप्यंते वै स्तोमा आप्यंते छंदांसि षष्ठे ऽहनि तद्यथैवाद आज्येनावदानानि पुनः प्रत्यभिघारयंत्ययातयामताया एवमेवैतत्स्तोमांश्च छंदांसि च पुनः प्रत्युपयंत्ययातयामतायै यदे-तत्सप्तमस्यान्ह आज्यं भवति. तदु त्रैष्टुभं त्रिष्टुप् प्रातःसवन एष त्र्यहः. आ वायो भूष शुचिपा उप नः, प्रयाभिर्यासि दाश्वांसमच्छ, आ नो नियुद्भिः शतिनीभिरध्वरं, प्र सोता जीरो अध्वरेष्वस्थात्, ये वायव इंद्रमादनासो, या वां शतं नियुतो याः सहस्रं, प्र यद्वां मित्रावरु-णास्पूर्धन्, आ गोमता नासत्या रथेन, आ नो देव शवसा याहि शुष्मिन्, प्र वो यज्ञेषु देवयंतो अर्चन्, प्र क्षोदसा धायसा सस्र एषेति प्रवद-श्चेति च प्रेति च सप्तमे ऽहनि सप्तमस्यान्हो रूपं. तदु त्रैष्टुभं त्रिष्टु-प्प्रातःसवन एष त्र्यहः. आ त्वा रथं यथोतय, इदं वसो सुतमंध, इंद्र नेदीय एदिहि, प्रैतु ब्रह्मणस्पतिर्, अग्निर्नेता, त्वं सोम क्रतुभिः पिन्वंत्यपः, प्र व इंद्राय बृहत इति प्रथमेनान्हा समान आतानः सप्तमे ऽहनि सप्तमस्यान्हो रूपं. कया शुभा सवयसः सनीळा इति

सूक्तं;न जायमानो नशते न जात इति आतवत् सप्तमे ऽहनि सप्तमस्या न्हो रूपं.तदु कयाशुभीयमेतद्वै संज्ञानं संत निसूक्तं यत्कयाशुभीयमेतेन ह वा इंद्रो ऽगस्त्यो मरुतस्ते समजानत-तद्यत्कयाशुभीयं शंसति संज्ञात्या एव.तद्वायुष्यं तद्यो ऽस्य प्रियः स्यात्कुर्यादेवास्य कयाशुभीयं.तदु त्रैष्टुभं तेन प्रतिष्ठितपदेन सवनं दाधारायतनादेवैतेन न प्र च्यवते. त्यं सु मेषं महया स्वर्विदमिति सूक्तम्; अत्यन्नवाजं हवनस्यदं रथमिति रथवत्सप्तमे ऽहनि सप्तमस्यान्हो रूपं. तदु जागतं जगत्यो वा एतस्य त्र्यहस्य मध्यंदिनं वहंति. तद्वैतच्छंदो वहति यस्मिन्निविद्धीयते तस्माज्जगतीषु निविदं दधाति. मिथुनानि सूक्तानि शस्यंते त्रैष्टुभानि च जागतानि च. मिथुनं वै पशवः पशवश्छंदोमाः पशूनामवरुध्यै. त्वामिद्धि हवामहे, त्वं ह्येहि चेरव इति च बृहत्पृष्ठं भवति सप्तमे ऽहनि यदेव षष्ठस्यान्हस्तद्वै रथंतरं तद्वैरूपं यद्बृहत्तद्वैराजं यद्रथंतरं तच्छाक्करं यद्बृहत्तद्रैवतं. तद्यद्बृहत्पृष्ठं भवति बृहतैव तद् बृहत्प्रत्युत्तभ्नुवंत्यस्तोमकृंतत्राय यद्रथंतरं स्यात्कृंतत्रं स्यात्तस्माद्बृहदेव कर्तव्यं. यद्वावानेति धाय्याच्युता;अभि त्वा शूर नोनुम इति रथंतरस्य योनिमनु निवर्तयति. राथंतरं ह्येतदहरायतनेन. पिबा सुतस्य रसिन इति साममगाथः पिबवान् सप्तमे ऽहनि सप्तमस्यान्हो रूपं. त्यमू षु वाजिनं देवजूतमिति तार्क्ष्यो ऽच्युतः ॥ १६

इंद्रस्य नु वीर्याणि प्रवोचामिति सूक्तं प्रेति सप्तमे ऽहनि सप्तमस्यान्हो रूपं. तदु त्रैष्टुभं तेन प्रतिष्ठितपदेन सवनं दाधारायतनादेवैतेन न प्र च्यवते. अभि त्यं मेषं पुरुहूतमृग्मियमिति सूक्तं; यद्वाव प्रेति तदभीति सप्तमे ऽहनि सप्तमस्यान्हो रूपं. तदु जागतं जगत्यो वा एतस्य त्र्यहस्य मध्यंदिनं वहंति. तद्वैतच्छंदो वहति यस्मिन्निविद्धीयते. तस्माज्जगतीषु निविदं दधाति. मिथुनानि सूक्तानि

शस्यंते त्रैष्टुभानि च जागतानि च. मिथुनं वै पशवः पशवश्छंदोमाः पशूनामवरुध्यै. तत्सवितुर्वृणीमहे, अद्या नो देव सवितरिति वैश्वदेवस्य प्रतिपदनुचरौ राथंतरे ऽहनि सप्तमे ऽहनि सप्तमस्यान्हो रूपं. अभि त्वा देव सवितरिति सावित्रं. मही द्यौः पृथिवी च न इति तदभीति सप्तमे ऽहनि सप्तमस्यान्हो रूपं. प्रेतां यज्ञस्य शंभुवेति द्यावापृथिवीयं. प्रेति सप्तमे ऽहनि सप्तमस्यान्हो रूपम्. अयं देवाय जन्मन इत्यार्भवं जातवत् सप्तमे ऽहनि सप्तमस्यान्हो रूपम्. आयाहि वनसा सहेति द्विपदाः शंसति. द्विपाद्वै पुरुषश्चतुष्पादाः पशवः पशवश्छंदोमाः पशूनामवरुध्यै. तद्यद् द्विपदाः शंसति यजमानमेव तद्द्विप्रतिष्ठं चतुष्पात्सु पशुषु प्रतिष्ठापयति. एभि-रग्ने दुवो गिर इति वैश्वदेवमेति सप्तमे ऽहनि सप्तमस्यान्हो रूपं. तान्यु गायत्राणि गायत्रतृतीयसवन एष त्र्यहो. वैश्वानरो अजीजनदित्याग्निमारुतस्य प्रतिपज्जातवत् सप्तमे ऽहनि सप्तमस्यान्हो रूपं. प्रयद्वस्त्रिष्टुभमिषमिति मारुतं. प्रेति सप्तमे ऽहनि सप्तमस्यान्हो रूपं. जातवेदसे सुनवाम सोममिति जातवेदस्यान्युता. दूतं वो विश्ववेदसमिति जातवेदस्यमनिरुक्तं सप्तमे ऽहनि सप्तमस्यान्हो रूपं तान्यु गायत्राणि गायत्रतृतीयसवन एष त्र्यहः ॥ १७ ॥

यद्वै नेति न प्रेति यत्स्थितं तदष्टमस्यान्हो रूपं. यत्स्थेव द्वितीयमहस्तदेवैतत्पुनर्यदष्टमं. यदूर्ध्ववद्यत्प्रतिवद्यदंतर्वद्यद्वृषण्वद्यद् वृधन्वद्यन्मध्यमे पदे देवता निरुच्यते यदंतरिक्षमभ्युदितं यद् द्यावापृथिव्योरह्नो रूपं यद्विहूतवद्यत्पुनर्वद्यत्कुर्वद्यद् द्वितीयस्यान्हो रूपमेतानि वा अष्टमस्यान्हो रूपाणि. अग्निं वो देवमग्निभिः सजोषा इत्यष्टमस्यान्ह आज्यं भवति. द्वयमन्यष्टमे ऽहन्यष्टमस्यान्हो रूपं. तदु त्रैष्टुभं त्रिष्टुप्प्रातःसवन एष त्र्यहः. कुविदंग नमसा ये वृधासः, पीवो अन्नां रयिवृधः सुमेधा, उच्छन्नुषसः सुदिना अरिप्रा, उशंता दूता न दभाय गोपा,

यावत्तरस्तन्वो यावदोजः, प्रति वां सूर उदिते सूक्तैर्, धेनुः प्रत्नस्य काम्यं दुहाना, ब्रह्माण इंद्रोप याहि विद्वान्, ऊर्ध्वो अग्निः सुमतिं वस्वो अश्रेद्, उत स्या नः सरस्वती जुषाणेति प्रउगं. प्रतिवदंतर्वदिद्धूतवदूर्ध्ववदष्टमे ऽहनि अष्टमस्यान्हो रूपं. तदु त्रैष्टुभं त्रिष्टुप्प्रातः सवन एष त्र्यहो. विश्वानरस्य वस्पतिम्, इंद्र इत्सोमपा एक, इंद्र नेदीय एदिहि, उत्तिष्ठ ब्रह्मणस्पते, अग्निर्नेता, त्वं सोम क्रतुभिः, पिन्वंत्यपो, बृहदिंद्राय गायतेति द्वितीयेनान्हा समान आतानो ऽष्टमे ऽहन्यष्टमस्यान्हो रूपं. शंसा महामिंद्रं यस्मिन्विश्वा इति सूक्तं महद्वदष्टमे ऽहन्यष्टमस्यान्हो रूपं. महाश्चित्त्वमिंद्र यत एतानि सूक्तानि महद्वदष्टमे ऽहन्यष्टमस्यान्हो रूपं. पिबा सोममभि यमुग्र तर्द इति सूक्तम्, ऊर्वं गव्यं महि गृणान इंद्रेति महद्वदष्टमे ऽहन्यष्टमस्यान्हो रूपं. महाँ इंद्रो नृवदाचर्षणिप्रा इति सूक्तं महद्वदष्टमे ऽहन्यष्टमस्यान्हो रूपं. तदु त्रैष्टुभं तेन प्रतिष्ठितपदेन सवनं दाधारायतनादेवैतेन न प्रच्यवते. तमस्य द्यावापृथिवी सचेतसेति सूक्तं, यदैत्कृण्वानो महिमानमिंद्रियमिति महद्वदष्टमे ऽहन्यष्टमस्यान्हो रूपं. तदु जागतं जगत्यो वा एतस्य त्र्यहस्य मध्यंदिनं वहंति. तद्वै तच्छंदो वहति यस्मिन्निविद्धीयते तस्माज्जगतीषु निविदं दधाति. मिथुनानि सूक्तानि शस्यंते त्रैष्टुभानि जागतानि च. मिथुनं वै पशवः पशवश्छंदोमाः पशूनामवरुध्यै महद्वंति सूक्तानि शस्यंते. महद्वा अंतरिक्षं अंतरिक्षस्याप्त्यै पंच सूक्तानि शस्यंते. पंचपदा पंक्तिः पांक्तो यज्ञः पांक्ताः पशवः पशवश्छंदोमाः पशूनामवरुध्यै. अभि त्वा शूर नोनुमो, ऽभि त्वा पूर्वपीतय इति रथंतरं पृष्ठं भवत्यष्टमे ऽहनि. यद्वावानेति धाय्याच्युता. त्वामिद्धि हवामह इति बृहतो योनिमनु निवर्तयति बार्हतं ह्येतदहरायतनेन. उभयं शृणवच्च न इति सामप्रगाथो. यस्येदमा

यदु च ह्य आसीदिति बार्हते ऽहन्यष्टमे ऽहनि अष्टमस्यान्हो रूपं. त्यमू षु वाजिनं देवजूतमिति तार्क्ष्यो ऽच्युतः ॥ १८ ॥

अपूर्व्या पुरुतमान्यस्मा इति सूक्तं महे वीराय तवसे तुरायेति महद्वदष्टमे ऽहन्यष्टमस्यान्हो रूपं. तां सु ते कीर्तिं मघवन्महित्वेति सूक्तं महद्वदष्टमे ऽहन्यष्टमस्यान्हो रूपं.त्वं महाँ इंद्र यो ह शुष्मै-रिति सूक्तं महद्वदष्टमे ऽहन्यष्टमस्यान्हो रूपं. त्वं महाँ इंद्र तुभ्यम् ह क्षा इति सूक्तं, महद्वदष्टमे ऽहनि अष्टमस्यान्हो रूपं. तदु त्रैष्टुभं तेन प्रतिष्ठितपदेन सवनं दाधारायतनादेवैतेन न प्रच्यवते. दिवश्चिदस्य वरिमा पप्रथ इति सूक्तमिंद्रं न मन्हेति महद्वदष्ट-मे ऽहन्यष्टमस्यान्हो रूपं.तदु जागतं जगत्यो वा एतस्य त्र्यहस्य म-ध्यंदिनं वहंति.तद्वैतच्छंदो वहति यस्मिन्निविद्धीयते तस्माज्जगतीषु निविदं दधाति.मिथुनानि सूक्तानि शस्यंते त्रैष्टुभानि च जागतानि च. मिथुनं वै पशवः पशवश्छंदोमाः पशूनामवरुध्यै महद्वंति सूक्तानि शस्यंते. महद्वा अंतरिक्षमंतरिक्षस्याप्त्यै पंच पंच सूक्तानि शस्यंते. पंचपदा पंक्तिः पांक्तो यज्ञः पांक्ताः पशवः पशवश्छंदोमाः पशूनामवरुध्यै. तानि द्वेधा पंचान्यानि पंचान्यानि दश संपद्यंते. सा दशिनी विराळन्नं विराळन्नं पशवः पशव-श्छंदोमाः पशूनामवरुध्यै. विश्वो देवस्य नेतुस्, तत्सवितुर्वरेण्यम्, आ विश्वदेवं सत्पतिमिति वैश्वदेवस्य प्रतिपदनुचरौ बार्हते ऽहनि अष्टमे ऽहन्यष्टमस्यान्हो रूपं. हिरण्यपाणिमूतय इति सावित्रमूर्ध्व-वदष्टमे ऽहन्यष्टमस्यान्हो रूपं. मही द्यौः पृथिवी च न इति द्यावापृ-थिवीयं महद्वदष्टमे ऽहन्यष्टमस्यान्हो रूपं. युवाना पितरा पुनरित्या-र्भवं पुनर्वदष्टमे ऽहन्यष्टमस्यान्हो रूपम्. इमा नु कं भुवना सीषधामे-ति द्विपदाः शंसति. द्विपाद्वै पुरुषश्चतुष्पादाः पशवः पशवश्छंदोमाः

पशूनामवरुध्यै· तद्यद् द्विपदा शंसति यजमानमेव तद् द्विप्रतिष्ठं चतुष्पात्सु पशुषु प्रतिष्ठापयति· देवानामिदवो महदिति वैश्वदेवं महद्वदष्टमे ऽहन्यष्टमस्यान्हो रूपं· तान्यु गायत्राणि गायत्रतृतीयसवन एष त्र्यहः· ऋतावानं वैश्वानर इत्याग्निमारुतस्य प्रतिपद्; अग्निर्वैश्वानरो महानिति महद्वदष्टमे ऽहन्यष्टमस्यान्हो रूपं. क्रीळं वः शर्धो मारुतमिति मारुतं; जंभे रसस्य वावृध इति वृधन्वदष्टमे ऽहन्यष्टमस्यान्हो रूपं·जातवेदसे सुनवाम सोममिति जातवेदस्याच्युता. अग्ने मृळ महाँ असीति जातवेदस्यं महद्वदष्टमे ऽहन्यष्टमस्यान्हो रूपं. तान्यु गायत्राणि गायत्रतृतीयसवन एष त्र्यह एष त्र्यहः ॥ १९ ॥

इत्यैतरेयब्राह्मणे पंचमपंचिकायां तृतीयो ऽध्यायः ॥ ३ ॥

यद्वै समानोदर्कं तन्नवमस्यान्हो रूपं. यद्ध्येव तृतीयमहस्तदेवैतत् पुनर्यन्नवमं यदश्ववद्यदंतवद्यत् पुनरावृत्तं यत् पुनर्निनृत्तं यद्रतवद्यत् पर्यस्तवद्यत्त्रिवद्यदंतरूपं यदुत्तमे पदे देवता निरुच्यते यदसौ लोको ऽभ्युदितो यच्छुचिवद्यत्सत्यवद्यत् क्षेतिवद्यद्गतवद्यदोकवद्यत् कृतं यत्तृतीयस्यान्हो रूपमेतानि वै नवमस्यान्हो रूपाणि.अगन्म महा नमसा यविष्ठमिति नवमस्यान्ह आज्यं भवति·गतवन्नवमेऽहनि नवमस्यान्हो रूपं. तदु त्रैष्टुभं त्रिष्टुप्प्रातःसवन एष त्र्यहः· मधीरया शुचयो दद्रिरे, ते ते सत्येन मनसा दीध्याना, दिवि क्षयंता रजसः पृथिव्याम्, आ विश्ववाराश्विना गतन्नो, अयं सोम इंद्र तुभ्यं सुन्व, आ तु प्र ब्रह्माणो अंगिरसो नक्षंत, सरस्वतीं देवयंतो हवंत, आ नो दिवो बृहतः पर्वतादा, सरस्वत्यभिनो नेषि वस्य इति प्रउगं शुचिवत्सत्यवत्क्षेतिवद्गतवदोकवन्नवमे ऽहनि नवमस्यान्हो रूपं· तदु त्रैष्टुभं त्रिष्टुप्प्रातः सवन एष त्र्यहम्. तं तमिद्राधसे महे त्रय इंद्रस्य सोमा, इंद्र नेदीय एदेहि, प्रनूनं ब्रह्मणस्पतिर्, अग्निर्नेता, त्वं सोम-

क्रतुभिः, पिन्वंत्यपो, नकिः सुदासो रथमिति तृतीयेनान्हा समान आ तानो नवमे ऽहनि नवमस्यान्हो रूपम्. इंद्रः स्वाहा पिबतु यस्य सोम-इति सूक्तमंतो वै स्वाहाकारोंतो नवममहर्नवमे ऽहनि नवमस्यान्हो रूपं. गायत्साम नभन्यं यथावेरिति सूक्तम्; अर्चाम तद्वावृधानं स्वर्व-दित्यंतो वै स्वरंतो नवममहर्नवमे ऽहनि नवमस्यान्हो रूपं. तिष्ठा हरी रथ आयुज्यमानेति सूक्तमंतो वै स्थितमंतो नवममहर्नवमे ऽहनि नवमस्यान्हो रूपम्. इमा उ त्वा पुरुतमस्य कारोरिति सूक्तं; धियो-रथेष्ठामित्यंतो वै स्थितमंतो नवममहर्नवमे ऽहनि नवमस्यान्हो रूपं. तदु त्रैष्टुभं तेन प्रतिष्ठितपदेन सवनं दाधारायतनादेवैतेन न प्रच्यवते. प्र मंदिने पितुमदर्चता वच इति सूक्तं समानोदर्कं नवमे ऽहनि नवमस्यान्हो रूपं. तदु जागतं जगत्यो वा एतस्य त्र्यहस्य मध्यं दिनं वहंति. तद्वैतच्छंदो वहति यस्मिन्निविस्धीयते तस्माज्जगतीषु निविदं दधाति. मिथुनानि सूक्तानि शस्यंते त्रैष्टुभानि च जगतानि च. मिथुनं वै पशवः पशवश्छंदोमाः पशूनामवरुध्यै पंच सूक्तानि शस्यंते. पंचपदा पंक्तिः पांक्तो यज्ञः पांक्ताः पशवः पशवश्छंदोमा पशूनामवरुध्यै. त्वामिध्दि हवामहे, त्वं ह्येहि चेरव इति बृहत्पृष्ठं भवति नवमे ऽहनि. यद्वावानेति धाय्याच्युता. अभि त्वा शूर नोनुम इति रथंतरस्य योनिमनु निवर्तयति राथंतरं ह्येतदहरायतनेन. इंद्र त्रिधातु शरणमिति साममगाथस्त्रिवान्नवमे ऽहनि नवमस्यान्हो रूपं. त्यमू षु वाजिनं देवजूतमिति ताक्ष्यों ऽच्युतः ॥ २० ॥

सं च त्वे जग्मुर्गिर इंद्र पूर्वीरिति सूक्तं गतवन्नवमे ऽहनि नवम-स्यान्हो रूपं. कदा भुवन् रथक्षयाणि ब्रह्मेति सूक्तं क्षेतिवदंतरूपं क्षेतीव वा अंतं गत्वा नवमे ऽहनि नवमस्यान्हो रूपम्. आ सत्यो यातु मघवाँ ऋजीषीति सूक्तं सत्यवन्नवमे ऽहनि नवमस्यान्हो रूपं. तत्त-

इंद्रियं परमं पराचैरिति सूक्तमंतो वै परममंतो नवममहर्नवमेऽहनि नवमस्यान्हो रूपं. तदु त्रैष्टुभं तेन प्रतिष्ठितपदेन सवनं दाधारायतनादेवैतेन न प्र च्यवते· अहं भुवं वसुनः पूर्व्यस्पतिरिति सूक्तमहं धनानि संजयामि शश्वत इत्यंतो वै जितमंतो नवममहर्नवमेऽहनि नवमस्यान्हो रूपं. तदु जागतं जगत्यो वा एतस्य त्र्यहस्य मध्यंदिनं वहंति· तद्वै तच्छंदो वहति यस्मिन्निविद्धीयते तस्माज्जगतीषु निविदं दधाति· मिथुनानि सूक्तानि शस्यंते त्रैष्टुभानि च जागतानि च· मिथुनं वै पशवः पशवश्छंदोमाः पशूनामवरुध्यै पंच पंच सूक्तानि शस्यंते· पंचपदा पंक्तिः पांक्तो यज्ञः पांक्ताः पशवः पशवश्छंदोमाः पशूनामवरुध्यै· तानि द्वेधा पंचान्यानि पंचान्यानि दश संपद्यंते. सा दशिनी विराळन्नं विराळन्नं पशवः पशवश्छंदोमाः पशूनामवरुध्यै· तत्सवितुर्वृणीमहे, ऽद्या नो देव सवितरिति वैश्वदेवस्य प्रतिपदनुचरौ राथंतरेऽहनि नवमेऽहनि नवमस्यान्हो रूपं· दोषो आगादिति सावित्रमंतो वै गतमंतो नवममहर्नवमेऽहनि नवमस्यान्हो रूपं. प्र वां महि द्यवी अभीति द्यावापृथिवीयं; शुची उप प्र शस्तय इति शुचिवन्नवमेऽहनि नवमस्यान्हो रूपम्. इंद्र इषे ददातु नस्, तेनो रत्नानि धत्तनेत्यार्भवं; त्रिरा सामानि सुन्वत इति त्रिवन्नवमेऽहनि नवमस्यान्हो रूपं. बभ्रुरेको विषुणः सूनरो युवेति द्विपदाः शंसति. द्विपाद्वै पुरुषश्चतुष्पादाः पशवः पशवश्छंदोमाः पशूनामवरुध्यै. तद्यद् द्विपदाः शंसति यजमानमेव तद् द्विप्रतिष्ठं चतुष्पात्सु पशुषु प्रतिष्ठापयति. ये त्रिंशति त्रयस्पर इति वैश्वदेवं त्रिवन्नवमेऽहनि नवमस्यान्हो रूपं· तान्यु गायत्राणि गायत्रतृतीयसवन एष त्र्यहो. वैश्वानरो न ऊतय इत्याग्निमारुतस्य प्रतिपद्, आ प्र यातु परावत इत्यंतो वै परावतोंऽतो नवममहर्नवमेऽहनि नवमस्यान्हो रूपं· मरुतो यस्य हि क्षय इति

मारुतं क्षतिवदंतरूपं क्षेतीव वा अंतं गत्वा नवमे ऽहनि नवमस्यान्हो रूपं. जातवेदसे सुनवाम सोममिति जातवेदस्याच्युतामामये वाचमीरयेति जातवेदस्यं समानोदर्कं नवमे ऽहनि नवमस्यान्हो रूपं. स नः पर्षदति द्विषः स नः पर्षदति द्विष इति शंसति. बहु वा एतस्मिन्नवरात्रे किं च किं च वारणं क्रियते शांत्या एव. तद्यत्स नः पर्षदति द्विषः, स नः पर्षदति द्विष इति शंसति सर्वस्मादेवैनांस्तदेनसः प्र मुंचति तान्यु गायत्राणि गायत्रतृतीयसवन एष त्र्यहः ॥ २१ ॥

पृष्ठ्यं षळहमुपयंति यथा वै मुखमेवं पृष्ठ्यः षळहस्तद्यथांतरं मुखस्य जिव्हा तालु दंता एवं छंदोमा. अथ येनैव वाचं व्याकरोति येन स्वादु चास्वादु च वि जानाति तद्दशममहर्यथा वै नासिके एवं पृष्ठ्यः षळहस्तद्यथांतरं नासिकयोरेवं छंदोमा. अथ येनैव गंधान्वि जानाति तद्दशममहर्यथा वा अक्ष्येवं पृष्ठ्यः षळहस्तद्यथांतरमक्ष्णः कृष्णमेवं छंदोमा. अथ येन कनीनिका येन पश्यति तद्दशममहर्यथा वै कर्ण एवं पृष्ठ्यः षळहस्तद्यथांतरं कर्णस्यैवं छंदोमा. अथ येनैव शृणोति तद्दशममहः श्रीर्वै दशममहः श्रियं वा एत आ गच्छंति ये दशममहरागच्छंति. तस्माद्दशममहरविवाक्यं भवति. मा श्रियो ऽववादिष्मेति दुरववदं हि श्रेयसस्ते ततः सर्पंति ते मार्जयंते ते पत्नीशालां संप्रपद्यंते. तेषां य एतां आहुतिं विद्यात्स ब्रूयात्समन्वारभध्वमिति स जुहुयादिह रमेह रमध्वमिह धृतिरिह स्वधृतिरग्ने वाट्स्वाहा वाळिति स यदिह रमेत्याहास्मिन्नेवैनांस्तल्लोके रमयतीह रमध्वमिति. यदाह प्रजामेवैषु तद्रमयतीह धृतिरिह स्वधृतिरिति यदाह प्रजां चैव तद्वाचं च यजमानेषु दधात्यग्ने वाळिति रथंतरं, स्वाहा वाळिति

बृहद्देवानां वा एतन्मिथुनं यद्बृहद्रथंतरे देवानामेव तन्मिथुनेन मिथुनमवरुंधते. देवानां मिथुनेन मिथुनं प्र जायंते प्रजात्यै प्र जायते प्रजया पशुभिर्य एवं वेद. ते ततः सर्पंति ते मार्जयंते त आग्नीध्रं संप्रपद्यंते. तेषां य एतामाहुतिं विद्यात्स ब्रूया-त्समन्वारब्धमिति स जुहुयादुप सृजं धरुणं मातरं धरुणो धयन् रायस्पोषमिषमूर्जमस्मासु दीधरत्स्वाहेति रायस्पोष मिषमूर्जमवरुंध आत्मने च यजमानेभ्यश्च यत्रैवं विद्वानेतामाहुतिं जुहोति॥ २२ ॥

ते ततः सर्पंति ते सदः संप्रपद्यंते यथा यथमन्य ऋत्विजो व्युत्सर्पंति संसर्पंत्युद्गातारस्ते सर्पराज्ञ्या ऋक्षु स्तुवत; इयं वै सर्पराज्ञीयं हि सर्पतो राज्ञीयं वा अलोमिकेवाग्र आसीत्सैतं मंत्रमपश्यद् आयं गौः पृश्निरक्रमीदिति तामयं पृश्निर्वर्ण आविशन्ना-नारूपो यं यं काममकामयत यदिदं किं चौषधयो वनस्पतयः स र्वाणि रूपाणि पृश्निरेनं वर्ण आ विशति. नानारूपो ऽयं यं कामं कामयते य एवं वेद. मनसा प्रस्तौति मनसोद्गायति मनसा प्रतिहरति वाचा शंसति. वाक् च वै मनश्च देवानां मिथुनं; देवानामेव तन्मिथुनेन मिथुनमवरुंधते. देवानां मिथुनेन मिथुनं प्रजायते प्रजात्यै प्र जायते प्रजया पशुभिर्य एवं वेद. अथ चतु-र्होतॄन् होता व्याचष्टे तदेव तत् स्तुतमनु शंसति. देवानां वा एत-द्यज्ञियं गुह्यं नाम यच्चतुर्होतारस्तद्यच्चातुर्होतॄन् होता व्याचष्टे. देवानामेव तद्यज्ञियं गुह्यं नाम प्रकाशं गमयति. तदेनं प्रकाशं गतं प्रकाशं गमयति गच्छति प्रकाशं य एवं वेद. यं ब्राह्मणमनूचानं यशो नर्छेदिति ह स्माहारण्यं परेत्य दर्भस्तंबानुद्ग्रथ्य दक्षिणतो ब्रह्माणमुपवेश्य चतुर्होतॄन् व्याचक्षीत. देवानां वा एतद्यज्ञियं गुह्यं

नाम प्रकाशं गमयति तदेनं प्रकाशं गतं प्रकाशं गमयति गच्छति प्रकाशं य एवं वेद ॥ २३ ॥

अथौदुंबरीं समन्वारभंत इषमूर्जमन्वारभ इत्यूर्ग्वा अन्नाद्यमुदुंबरो. यद्वै तद्देवा इषमूर्जं व्यभजंत ततः उदुंबरः समभवत्तस्मात्स त्रिः संवत्सरस्य पच्यते. तद्यदौदुंबरीं समन्वारभंत इषमेव तदूर्जमन्नाद्यं समन्वारभंते. वाचं यच्छंति; वाग्वै यज्ञो यज्ञमेव तद्यच्छंत्यहर्नियच्छंत्यहर्वै स्वर्गो लोकः स्वर्गमेव तं लोकं नियच्छंति. न दिवा वाचं विसृजेरन्यद्दिवा वाचं विसृजेरन्नहर्भ्रातृव्याय परिशिंष्युर्न नक्तं वाचं विसृजेरन्यन्नक्तं वाचं विसृजेरन् रात्रीं भ्रातृव्याय परिशिंष्युः. समया विषितः सूर्यः स्यादथ वाचं विसृजेरंस्तावंतमेव तद्द्विषते लोकं परिशिंषंत्यथो खल्वस्तमित एव वाचं विसृजेरंस्तमोभाजमेव तद्द्विषंतं भ्रातृव्यं कुर्वंत्याहवनीयं परीत्य वाचं विसृजेरन्यज्ञो वा आहवनीयः स्वर्गो लोक आहवनीयो यज्ञेनैव तत्स्वर्गेण लोकेन स्वर्गं लोकं यंति यदि हीनमकर्म यदत्यरीरिचाम, प्रजापतिं तत्पितरमप्येत्विति वाचं विसृजंते. प्रजापतिं वै प्रजा अनु प्रजायंते. प्रजापतिरूनातिरिक्तयोः प्रतिष्ठा नैनानूनं नातिरिक्तं हिनस्ति. प्रजापतिमेवोनातिरिक्तान्यभ्यत्यर्जंति य एवं विद्वांस एतेन वाचं विसृजंते तस्मादेवं विद्वांस एतेनैव वाचं विसृजेरन् ॥ २४ ॥

अध्वर्यो इत्याव्हयते चतुर्होतृषु वदिष्यमाणस्तदाहावस्य रूपम्. ओं होतस्तथा होतरित्यध्वर्युः प्रतिगृणात्यवसिते अवसिते दशसु पदेषु तेषां चित्तिः स्रुगासी ३ त् चित्तमाज्यमासी ३ त् वाग्वेदिरासी-३ त् आधीतं बर्हिरासी ३ त् केतो अग्निरासी ३ त् विज्ञातमग्नीदासी-३ त् प्राणो हविरासी ३ त् सामाध्वर्युरासी ३ त् वाचस्पतिर्होता-

सी ३ त् मन उपवक्तासी ३ त्. ते वा एतं ग्रहमगृण्हत. वाचस्पते विधे नामन् विधेम ते नाम विधेस्त्वमस्माकं नाम्ना द्यां गच्छ यां देवाः प्रजापतिगृहपतय ऋद्धिमराध्नुवंस्तामृद्धिं रात्स्यामो. अथ प्रजापतेस्तनूरनुद्रवति ब्रम्होद्यं च. अन्नादा चान्नपत्नी चान्नादा तदग्निरन्नपत्नी तदादित्यो ; भद्रा च कल्याणी च भद्रा तत्सोमः कल्याणी तत्पशवो; अनिलया चापभया चानिलया तद्वायुर्न ह्येष कदाच नेलयत्यपभया तन्मृत्युः सर्वं ह्येतस्माद्बिभाय; अनाप्ता चानाप्या चानाप्ता तत्पृथिव्यनाप्या तद् द्यौर्; अनाधृष्या चाप्रतिधृष्या चानाधृष्या तदग्निरप्रतिधृष्या तदादित्यो ; अपूर्वा चाभ्रातृव्या चापूर्वा तन्मनो ऽभ्रातृव्या तत्संवत्सरः एता वाव द्वादश प्रजापतेस्तन्व एष कृत्स्नः प्रजापतिस्तत्कृत्स्नं प्रजापतिमाप्नोति दशममहरथ ब्रह्मोद्यं वदंत्यग्निर्गृहपतिरिति हैक आहुः सो ऽस्य लोकस्य गृहपतिर्वायुर्गृहपतिरिति हैक आहुः सोंतरिक्षस्य लोकस्य गृहपतिरसौ वै गृहपतिर्यो ऽसौ तपत्येष पतिर्ऋतवो गृहाः. येषां वै गृहपतिं देवं विद्वान् गृहपतिर्भवति राध्नोति स गृहपती, राध्नुवंति ते यजमानाः येषां वा अपहतपाप्मानं देवं विद्वान् गृहपतिर्भवत्यप स गृहपतिः पाप्मानं हते पते यजमानाः पाप्मानं घ्नते ऽध्वर्यो अरात्स्मारात्स्म ॥ २५ ॥ इत्यैतरेयब्राम्हणे पंचमपंचिकायां चतुर्थो ऽध्यायः॥ ४ ॥

उत्थराहवनीयमित्यपराण्ह आह यदेवान्हा साधु करोति तदेव तत्माडुत्धृत्य तदभये निधत्ते. उत्थराहवनीयमिति प्रातराह यदेव राज्या साधु करोति तदेव तत्माडुत्धृत्य तदभये निधत्ते. यज्ञो वा आहवनीयः स्वर्गो लोक आहवनीयो यज्ञ एव तत्स्वर्गे लोके स्वर्गे लोकं निधत्ते य एवं वेद; यो वा अग्निहोत्रं वैश्वदेवं षोळशकलं पशुषु प्रतिष्ठितं वेद. वैश्वदेवेनाग्निहोत्रेण षोळश-

कलेन पशुषु प्रतिष्ठितेन राध्नोति. रौद्रं गविसद्वायव्यमुपावसृष्टमाश्विनं दुह्यमानं सौम्यं दुग्धं वारुणमधिश्रितं पौष्णं समुदयंतं मारुतं विष्यंदमानं वैश्वदेवं बिंदुमन्मैत्रं शरोगृहीतं द्यावापृथिवीयमुद्वासितं सावित्रं प्रक्रांतं वैष्णवं ह्रियमाणं बार्हस्पत्यमुपसन्नमग्नेः पूर्वाहुतिः प्रजापतेरुत्तरैंद्रं हुतम्. एतद्वा अग्निहोत्रं वैश्वदेवं षोळशकलं पशुषु प्रतिष्ठितपदं वैश्वदेवेनाग्निहोत्रेण षोळशकलेन पशुषु प्रतिष्ठितेन राध्नोति य एवं वेद ॥ २६ ॥

यस्याग्निहोत्र्युपावसृष्टा दुह्यमानोपविशेत्का तत्र प्रायश्चित्तिरिति तामभिमंत्रयेत. यस्माद् भीषा निषीदसि ततो नो अभयं कृधि पशून्नः सर्वान् गोपाय नमो रुद्राय मीळ्हुष इति तामुत्थापयेद् ; उदस्थाद्देव्यदितिरायुर्यज्ञपतावधात् इंद्राय कृण्वती भागं मित्राय वरुणाय चेत्यथास्या उदपात्रमूधसि च मुखे चोपगृण्हीयादथैनां ब्राम्हणाय दद्यात्सा तत्र प्रायश्चित्तिर्यस्याग्निहोत्र्युपावसृष्टा दुह्यमाना वाश्येत का तत्र प्रायश्चित्तिरित्यशनाया ह वा एषा यजमानस्य प्रतिख्याय वाश्यते तामन्नमप्यादयेच्छांत्यै. शांतिर्वा अन्नं; सूयवसाद्भगवती हि भूया इति सा तत्र प्रायश्चित्तिर्यस्याग्निहोत्र्युपावसृष्टा दुह्यमाना स्पंदेत का तत्र प्रायश्चित्तिरिति सा तत्र स्कंदयेत्तदभि मृश्य जपेद्यदद्य दुग्धं पृथिवीमसृप्त यदोषधीरत्यसृपद्यदापः पयो गृहेषु पयो अघ्याया पयो वत्सेषु पयो अस्तु तन्मयीति तत्र यत्परिशिष्टं स्यात्तेन जुहुयाद्यदलं होमाय स्याद्यद्यु वै सर्वं सिक्तं स्यादथान्यामाहूय तां दुग्ध्वा तेन जुहुयादात्वेव श्रद्धायै होतव्यं सा तत्र प्रायश्चित्तिः सर्वं वा अस्य बर्हिष्यं सर्वं परिगृहीतं य एवं विद्वानग्निहोत्रं जुहोति ॥ २७ ॥

असौ वा अस्यादित्यो यूपः पृथिवी वेदिरोषधयो बर्हिर्वन-स्पतय इध्मा आपः प्रोक्षण्यो दिशः परिधयो. यद्ध वा अस्य किंच नश्यति यन् म्रियते यदपाजति सर्वं हैवैनं तदमुष्मिंल्लोके यथा बर्हिषि दत्तमागच्छेदेवमागच्छति य एवं विद्वानग्निहोत्रं जुहोति. उभयान्वा एष देवमनुष्यान् विपर्यासं दक्षिणा नयति सर्वं चेदं यदिदं किंच. मनुष्यान्वा एष सायमाहुत्या देवेभ्यो दक्षिणा नयति सर्वं चेदं यदिदं किंच. त एते प्रलीना न्योकस इव शेरे मनुष्या देवेभ्यो दक्षिणा नीता. देवान्वा एष प्रातराहुत्या मनुष्येभ्यो दक्षिणा नयति सर्वं चेदं यदिदं किंच. त एते विविदाना इवोत्पतंत्यदो ऽहं करिष्ये ऽदो ऽहं गमिष्यामीति वदंतो. यावंतं ह वै सर्वमिदं दत्त्वा लोकं जयति तावंतं ह लोकं जयति य एवं विद्वानग्निहोत्रं जुहोति. अग्नये वा एष सायमाहुत्याश्विनमुपाकरोति तद्वाक् प्रति गृणाति. वाग् वागित्यग्निना हास्य रात्र्याश्विनं शस्तं भवति य एवं विद्वानग्निहोत्रं जुहोति. आदित्याय वा एष प्रातराहुत्या महाव्रत मुपाकरोति तत्प्राणः प्रति गृणात्यन्नमन्नमित्यादित्येन हास्यान्हा म-हाव्रतं शस्तं भवति य एवं विद्वानग्निहोत्रं जुहोति. तस्य वा एतस्याग्निहोत्रस्य सप्त च शतानि विंशतिश्च संवत्सरे साय-माहुतयः सप्त चो एव शतानि विंशतिश्च संवत्सरे प्रातराहुतयो. तावत्यो ऽग्नेर्यजुष्मत्य इष्टकाः संवत्सरेण हास्याग्निना चित्येनेष्टं भवति य एवं विद्वानग्निहोत्रं जुहोति ॥ २८ ॥

वृषशुष्मो ह वातावत उवाच जातूकर्ण्यो वक्ता स्मो वा इदं देवेभ्यो यद्वैतदग्निहोत्रमुभयेद्युरहूयतान्येद्युर्वाव तदेतर्हि हूयत इत्येतदु हैवोवाच कुमारी गंधर्वगृहीता वक्ता स्मो वा इदं

पितृभ्यो यद्वैतदग्निहोत्रमुभयेद्युरहूयतान्येद्युर्वाव तदेतर्हि हूयत इत्येतद्वा अग्निहोत्रमन्येद्युर्हूयते यदस्तमिते सायं जुहोत्यनुदिते प्रातरथैतदग्निहोत्रमुभयेद्युर्हूयते यदस्तमिते सायं जुहोत्युदिते प्रातस्तस्मादुदिते होतव्यं. चतुर्विंशे ह वै संवत्सरे ऽनुदितहोमी गायत्री लोकमाप्नोति द्वादशे उदितहोमी. स यदा द्वौ संवत्सरौ अनुदिते जुहोत्यथ हास्यैको हुतो भवत्यथ य उदिते जुहोति संवत्सरेणैव संवत्सरमाप्नोति य एवं विद्वानुदिते जुहोति. तस्मादुदिते होतव्यमेष ह वा. अहोरात्रयोस्तेजसि जुहोति यो ऽस्तमिते सायं जुहोत्युदिते प्रातरग्निना वै तेजसा रात्रिस्तेजस्वत्यादित्येन तेजसा ऽहस्तेजस्वदहोरात्रयोर्हास्य तेजसि हुतं भवति य एवं विद्वानुदिते जुहोति तस्मादुदिते होतव्यं ॥ २९ ॥

एते ह वै संवत्सरस्य चक्रे यदहोरात्रे ताभ्यामेव तत्संवत्सरमेति स यो ऽनुदिते जुहोति. यथैकतश्चक्रेण यायात्तादृक्तदथ य उदिते जुहोति यथोभयतश्चक्रेण यान् क्षिप्रमध्वानं समश्नुवीत तादृक्तदेषा ऽभियज्ञगाथा गीयते. बृहद्रथंतराभ्यामिदमेति युक्तं यद्भूतं भविष्यच्चापि सर्वं; ताभ्यामियादग्नीनाधाय धीरो दिवैवान्यज्जुहुयान्नक्तमन्यदिति. राथंतरी वै रात्र्यहर्बार्हतमग्निर्वै रथंतरमादित्यो बृहदेते ह वा एनं देवते ब्रध्नस्य विष्टपं स्वर्गं लोकं गमयतो य एवं विद्वानुदिते जुहोति. तस्मादुदिते होतव्यं. तदेषा ऽभियज्ञगाथा गीयते. यथाह वा स्थूरिणैकेन यायादकृत्वा ऽन्यदुपयोजनाय; एवं यंति ते बहवो जनासः पुरोदयाज्जुह्वति ये ऽग्निहोत्रमिति तां वा एतां देवतां प्रयतीं सर्वमिदमनु प्रैति यदिदं किंचैतस्यै हीदं देवताया अनुचरं सर्वं यदिदं किंच सैषानुचरवती देवता विंदते ह वा अनुचरं भवत्यस्यानुचरो

य एवं वेद. स वा एष एकातिथिः स एष जुव्हत्सु वसति. तदप्येषा गाथा भवत्यनेन समेनसा सोऽभिशस्तादेनस्वतो वाप-हरादेनः, एकातिथिमप सायं रुणद्धि बिसानि स्तेनो अपस जहारेत्येष ह वै स एकातिथिः स एष जुव्हत्सु वसत्येतां वाव स देवतामपरुणद्धि यो ऽनुमिहोत्राय सन्नामिहोत्रं जुहोति तमेषा देवता ऽपरुद्धा ऽपरुणद्ध्यस्माच्च लोकादमुष्माच्चोभाभ्यां यो ऽनुम-मिहोत्राय सन्नामिहोत्रं जुहोति. तस्माद्यो ऽनुममिहोत्राय स्याज्जु-हुयात्तस्मादाहुर्न सायमतिथिरपरुध्य इत्येतद्ध स्म वै तद्वि-द्वान्नगरी जानश्रुतेय उदितहोमिनमैकादशाक्षं मानुतंतव्य-मुवाच, प्रजायामेनं विज्ञाता स्मो यदि विद्वान्वा जुहोत्यवि-द्वान्वेति तस्यो हैकादशाक्षे राष्ट्रमिव प्रजा बभूव. राष्ट्रमिव ह वा अस्य प्रजा भवति य एवं विद्वानुदिते जुहोति. तस्मादुदिते होतव्यं ॥ ३० ॥

उद्यन्नु खलु वा आदित्य आहवनीयेन रश्मीन्त्संदधाति. स यो ऽनुदिते जुहोति यथा कुमाराय वा वत्साय वा ऽजाताय स्तनं प्रति दध्यात्तादृक्तदथ य उदिते जुहोति यथा कुमाराय वा वत्साय वा जाताय स्तनं प्रति दध्यात्तादृक्तत्तमस्मै प्रतिधीयमान मुभयोर्लोकयोरन्नाद्यमनु प्रतिधीयते तस्माच्च लोकादमुष्माच्चो-भाभ्यां. स यो ऽनुदिते जुहोति यथा पुरुषाय वा हस्तिने वा ऽप्रयते हस्त आदध्यात्तादृक्तदथ य उदिते जुहोति यथा पुरुषाय वा हस्तिने वा प्रयते हस्त आदध्यात्तादृक्तत्तमेष एतेनैव हस्तेनोर्ध्वं हृत्वा स्वर्गे लोक आदधाति य एवं विद्वानुदिते जुहोति. तस्मादु-दिते होतव्यं. उद्यन्नु खलु वा आदित्यः सर्वाणि भूतानि प्रणयति. तस्मादेनं प्राण इत्याचक्षते. प्राणे हास्य संप्रति-

हुतं भवति य एवं विद्वानुदिते जुहोति तस्मादुदिते होतव्यमेष ह वै सत्यं वदन्सत्ये जुहोति यो ऽस्तमिते सायं जुहोत्युदिते प्रातर्भूर्भुवः स्वरोमिति अग्निर्ज्योतिर्ज्योतिरग्निरिति सायं जुहोति. भूर्भुवः स्वरों सूर्यो ज्योतिर्ज्योतिः सूर्य इति प्रातः सत्यं हास्य वदतः सत्यहुतं भवति य एवं विद्वानुदिते जुहोति. तस्मादुदिते होतव्यं. तदेषाऽभियज्ञगाथा गीयते; प्रातः प्रातरनृतं ते वदंति पुरोदयाज्जुव्हति ये ऽग्निहोत्रं दिवा कीर्त्यमदिवा कीर्तयंतः सूर्यो ज्योतिर्न तदा ज्योतिरेषामिति ॥३१॥

प्रजापतिरकामयत प्रजायेय भूयान्स्यामिति स तपो ऽतप्यत स तपस्तप्त्वेमाँ लोकानसृजत पृथिवीमंतरिक्षं दिवं. तांल्लोकानभ्यतपत्तेभ्यो ऽभितप्तेभ्यस्त्रीणि ज्योतींष्यजायंताग्निरेव पृथिव्या अजायत वायुरंतरिक्षादादित्यो दिवस्तानि ज्योतींष्यभ्यतपत्तेभ्यो ऽभितप्तेभ्यस्त्रयो वेदा अजायंत ऋग्वेद एवाग्नेरजायत यजुर्वेदो वायोः सामवेद आदित्यात्तान्वेदानभ्यतपत्तेभ्यो ऽभितप्तेभ्यस्त्रीणि शुक्राण्यजायंत भूरित्येव ऋग्वेदादजायत भुव इति यजुर्वेदात्स्वरिति सामवेदात्तानि शुक्राण्यभ्यतपत्तेभ्यो ऽभितप्तेभ्यस्त्रयो वर्णा अजायंताकार उकारो मकार इति तानेकधा समभरत्तदेतदोमिति. तस्मादोमोमिति प्रणौत्योमिति वै स्वर्गो लोक ओमित्यसौ यो ऽसौ तपति. स प्रजापतिर्यज्ञमतनुत. तमाहरत्तेनायजत स ऋचैव होत्रमकरोद्यजुषाध्वर्यवं साम्नोद्गीथं. यदेतत् त्रय्यै विद्यायै शुक्रं तेन ब्रह्मत्वमकरोत्स प्रजापतिर्यज्ञं देवेभ्यः संप्रायच्छत्ते देवा यज्ञमतन्वत तमाहरंत तेनायजंत. त ऋचैव होत्रमकुर्वन्यजुषाध्वर्यवं साम्नोद्गीथं यदेवैतत् त्रय्यै विद्यायै शुक्रं तेन ब्रह्मत्वमकुर्वंस्ते देवा अब्रुवन्प्रजापतिं यदि नो यज्ञ ऋक्त आर्तिः स्याद्यदि

यजुष्टो यदि सामतो यद्यविज्ञाता सर्वव्यापद्वा का प्रायश्चित्ति-रिति! स प्रजापतिरब्रवीद्देवान्यदि वो यज्ञ ऋक्त आर्तिर्भवति भूरिति गार्हपत्ये जुहवाथ, यदि यजुष्टो भुव इत्याग्नीध्रीये ऽन्वा-हार्यपचने वा हविर्यज्ञेषु; यदि सामतः स्वरित्याहवनीये; यद्यवि-ज्ञाता सर्वव्यापद्वा भूर्भुवः स्वरिति सर्वा अनुद्रुत्याहवनीय एव जुहवाथे-त्येतानि ह वै वेदानामंतःश्लेषणानि यदेता व्याहृतयस्तद्यथात्मनात्मानं संदध्याद्यथा पर्वणा पर्व यथा श्लेष्मणा चर्मण्यं वान्यद्वा विश्लिष्टं संश्ले-षयेदेवमेवैताभिर्यज्ञस्य विश्लिष्टं संदधाति. सैषा सर्वप्रायश्चित्तिर्यदेता व्याहृतयस्तस्मादेषैव यज्ञे प्रायश्चित्तिः कर्तव्या ॥ ३२ ॥

तदाहुर्ब्रह्मवदा३ः यदृचैव होत्रं क्रियते यजुषाऽध्वर्यवं साम्नो-द्गीथं व्यारब्धा त्रयी विद्या भवत्यथ केन ब्रह्मत्वं क्रियत इति! त्रय्या विद्ययेति ब्रूयादयं वै यज्ञो यो ऽयं पवते तस्य वाक् च मनश्च वर्तन्यौ. वाचा च हि मनसा च यज्ञो ऽवर्तत. इयं वै वागदो मनस्तद्वाचा त्रय्या विद्ययैकं पक्षं संस्कुर्वंति. मनसैव ब्रह्मा सं-स्करोति. ते हैके ब्रह्माण उपाकृते प्रातरनुवाके स्तोमभागान् जपित्वा भाषमाणा उपासते. तद्धैतदुवाच ब्राह्मण उपाकृते प्रात-रनुवाके ब्रह्माणं भाषमाणं दृष्ट्वा ऽर्धमस्य यज्ञस्यांतरगुरिति तद्यथैकपात्पुरुषो यन्नेकतश्चक्रो वा रथो वर्तमानो भ्रेषं न्येत्येवमेव स यज्ञो भ्रेषं न्येति यज्ञस्य भ्रेषमनु यजमानो भ्रेषं न्येति. तस्माद् ब्रह्मोपाकृते प्रातरनुवाके वाचं यमः स्यादोपांश्वंतर्यामयो होमादु-पाकृतेषु पवमानेष्वोदृचो ऽथ यानि स्तोत्राणि सशस्त्राण्यातेषां वषट्काराद्वाचं यम एव स्यात्तद्यथोभयतस्पात्पुरुषो यन्नुभयत-श्चक्रो वा रथो वर्तमानो न रिष्यत्येवमेव स यज्ञो न रिष्यति यज्ञस्यारिष्टिमनु यजमानो न रिष्यति ॥ ३३ ॥

तदाहुर्यद् ग्रहान्मे ग्रहीमाचारीन्म आहुतीर्मे हौर्षादित्यध्वर्यवे दक्षिणा नीयंत उदगासीन्म इत्युद्गात्रे न्ववोचन्मे शंसीन्मे याक्षीन् म इति होत्रे. किं स्विदेव चक्रुषे ब्रम्हणे दक्षिणा नीयंते अकृत्वाहो स्विदेव हरता इति? यज्ञस्य हैष भिषग्यद् ब्रह्मा यज्ञायैव तद्भेषजं कृत्वा हरत्यथो यद्भूयिष्ठेनैव ब्रह्मणा छंदसां रसेनार्त्विज्यं करोति यद् ब्रह्मा. तस्माद् ब्रम्हार्धभाग्य वा एष इतरेषामृत्विजामग्र आस यद् ब्रम्हार्धमेव ब्रम्हण आसार्धमितरेषां ऋत्विजां. तस्माद्यदि यज्ञ ऋक्त आर्तिः स्याद्यदि यजुष्टो यदि सामतो यद्यविज्ञाता सर्वव्यापद्वा ब्रम्हण एव निवेदयंते. तस्माद्यदि यज्ञ ऋक्त आर्तिर्भवति भूरिति ब्रह्मा गार्हपत्ये जुहुयाद्यदि यजुष्टो भुव इत्याग्नीध्रीये ऽन्वाहार्यपचने वा हविर्यज्ञेषु यदि सामतः स्वरित्याहवनीये यद्यविज्ञाता सर्वव्यापद्वा भूर्भुवः स्वरिति सर्वा अनुद्रुत्याहवनीय एव जुहुयात्स मस्तोतोपाकृते स्तोत्र आह ब्रह्मन्स्तोष्यामः प्रशास्तरिति स भूरिति ब्रह्मा प्रातःसवने ब्रूयादिंद्रवंतः स्तुध्वमिति भुव इति माध्यंदिने सवने ब्रूयादिंद्रवंतः स्तुध्वमिति स्वरिति तृतीयसवने ब्रूयादिंद्रवंतः स्तुध्वमिति भूर्भुवः स्वरित्युक्थे वा ऽतिरात्रे वा ब्रूयादिंद्रवंतःस्तुध्वमिति. सयदाहेंद्रवंतःस्तुध्वमित्यैंद्रो वै यज्ञ इंद्रो यज्ञस्य देवता सेंद्रमेव तदुद्गीथं करोतींद्रान्मा गादिंद्रवंतः स्तुध्वमित्येवैनांस्तदाह तदाह ॥ ३४ ॥ इत्यैतरेयब्राह्मणे पंचमपंचिकायां पंचमो ऽध्याय इति पंचमपंचिका समाप्ता.

अथ षष्ठपंचिकाप्रारंभः श्रीगणेशाय नमः ॥ ओं ॥ देवा ह वै सर्वचरौ सत्रं निषेदुस्ते ह पाप्मानं नापजघ्निरे. तान्होवाचार्बुदः

काद्रवेयः सर्पऋषिर्मंत्रकृदेका वै वो होत्रा ऽकृता तां वो ऽहं करवाण्यथ पाप्मानमपहनिष्यध्व इति. ते ह तथेत्यूचुस्तेषां ह स्म स मध्यंदिने मध्यंदिन एवोपोदासर्पद् ग्राव्णो ऽभिष्टौति. तस्मान् मध्यंदिने मध्यंदिन एव ग्राव्णो ऽभिष्टुवंति तदनुकृति. स ह स्म येनोपोदासर्पत्तत्थाप्येतर्ह्यर्बुदोदासर्पणी नाम प्रपदस्ति. तान् ह राजा मदयां चकार. ते होचुराशीविषो वै नो राजानमवेक्षते. हंतास्योष्णीषेणाक्ष्यावपिनह्यामेति तथेति तस्य होष्णीषेणाक्ष्यावपिनह्युस्तस्मादुष्णीषमेव पर्यस्य ग्राव्णो ऽभिष्टुवंति तदनुकृति. तान्ह राजा मदयामेव चकार. ते होचुः स्वेन वै नो मंत्रेण ग्राव्णो ऽभिष्टौतीति हंतास्यान्याभिर्ऋग्भिर्मंत्रमापृणचामेति तथेति. तस्य हान्याभिर्ऋग्भिर्मंत्रमापपृचुस्ततो हैनान्न मदयां चकार. तद्यदस्यान्याभिर्ऋग्भिर्मंत्रमापृचंति शान्त्या एव ते ह पाप्मानमप जघ्निरे. तेषामन्वपहतिं सर्पाः पाप्मानमप जघ्निरे त एते ऽपहतपाप्मानो हित्वा पूर्वां जीर्णां त्वचं नवयैव प्रयंत्यप पाप्मानं हते य एवं वेद ॥ १ ॥

तदाहुः कियतीभिरभिष्टुयादिति शतेनेत्याहुः शतायुर्वै पुरुषः शतवीर्यः शतेंद्रिय आयुष्येवैनं तद्वीर्य इंद्रिये दधाति. त्रयस्त्रिंशत्या वेत्याहुस्त्रयस्त्रिंशतो वै स देवानां पाप्मनो ऽपाहंस्त्रयस्त्रिंशद्वै तस्य देवा इत्यपरिमिताभिरभिष्टुयादपरिमितो वै प्रजापतिः. प्रजापतेर्वा एषा होत्रा यद् ग्रावस्तोत्रीया तस्यां सर्वे कामा अवरुध्यंते. स यदपरिमिताभिरभिष्टौति सर्वेषां कामानामवरुध्यै सर्वान्कामानवरुंधे य एवं वेद. तस्मादपरिमिताभिरेवाभिष्टुयात्तदाहुः कथमभिष्टुयादित्यक्षरशा३ः चतुरक्षरशा ३ः पच्छा३ः अर्धर्चशा३ः ऋक्शा३ः इति. तद्यदृक्शो न तदवकल्पते, ऽथ यत् पच्छो

नो एव तदवकल्पते; ऽथ यदक्षरशश्चतुरक्षरशो वि तथा छंदांसि लुप्येरन्बहूनि तथाक्षराणि हीयेरन्नर्धर्चश एवाभिष्टुयात्प्रतिष्ठाया एव द्विप्रतिष्ठो वै पुरुषश्चतुष्पादाः पशवो यजमानमेव तद्द्विप्रतिष्ठं चतुष्पात्सु पशुषु प्रतिष्ठापयति· तस्मादर्धर्चश एवाभिष्टुयात्तदाहुर्यन्मध्यंदिने मध्यंदिन एव ग्राव्णो ऽभिष्टौति कथमस्येतरयोः सवनयोरभिष्टुतं भवतीति ! यदेव गायत्रीभिरभिष्टौति; गायत्रं वै प्रातः सवनं तेन प्रातःसवने; ऽथ यज्जगतीभिरभिष्टौति; जागतं वै तृतीयसवनं तेन तृतीयसवन एवमु हास्य मध्यंदिने मध्यंदिन एव ग्राव्णो ऽभिष्टुवतः सर्वेषु सवनेष्वभिष्टुतं भवति य एवं वेद· तदाहुर्यदध्वर्युरेवान्यानृत्विजः संप्रेष्यत्यथ कस्मादेष एतामसंप्रेषितः प्रतिपद्यत इति ! मनो वै ग्रावस्तोत्रीया ऽसंप्रेषितं वा इदं मनस्तस्मादेष एतामसंप्रेषितः प्रतिपद्यते ॥ २ ॥

वाग्वै सुब्रह्मण्या· तस्यै सोमो राजा वत्सः सोमे राजनि क्रीते सुब्रह्मण्यामाव्हयंति यथा धेनुमुपव्हयेत्तेन वत्सेन यजमानाय सर्वान्कामाꣳदुहे· सर्वान् हास्मै कामान् वाग्दुहे य एवं वेद· तदाहुः किं सुब्रह्मण्यायै सुब्रह्मण्यात्वमिति? वागेवेति ब्रूयाद्वाग्वै ब्रह्म च सुब्रह्म चेति· तदाहुरथ कस्मादेनं पुमांसं संतं स्त्रीमिवाचक्षते इति· वाग्घि सुब्रह्मण्येति ब्रूयात्तेनेति· तदाहुर्यदंतर्वेदीतर ऋत्विज आर्त्विज्यं कुर्वंतीति, बहिर्वेदि सुब्रह्मण्या, कथमस्यांतर्वेद्यार्त्विज्यं कृतं भवतीति ! वेदेर्वा उत्करमुत्किरंति, यदेवोत्करे तिष्ठन्नाव्हयतीति ब्रूयात्तेनेति. तदाहुरथ कस्मादुत्करे तिष्ठ·न्सुब्रम्हण्यामाव्हयतीत्यृषयो वै सत्रमासत. तेषां यो वर्षिष्ठ आसीत्तमब्रुवन्सुब्रम्हण्यामाव्हय त्वं नो नेदिष्ठाद् देवान् व्हयिष्यसीति वर्षिष्ठमेवैनं तत्कुर्वंत्यथो वेदिमेव

तत्सर्वां प्रीणाति. तदाहुः कस्मादस्मा ऋषभं दक्षिणामभ्याजंतीति। वृषा वा ऋषभो योषा सुब्रम्हण्या तन्मिथुनं तस्य मिथुनस्य प्रजात्या इत्युपांशु पात्नीवतस्याग्नीध्रो यजति. रेतो वै पात्नीवत उपांशिव वै रेतसः सिक्तिर्नानु वषट्करोति. संस्था वा एषा यदनु वषट्कारो नेद्रेतः संस्थापयानीत्यसंस्थितं वै रेतसः समृद्धं. तस्मान्नानु वषट्करोति. नेष्टुरुपस्थ आसीनो भक्षयति. पत्नीभाजनं वै नेष्टा, ऽग्निः पत्नीषु रेतो दधाति प्रजात्या अग्निनैव. तत्पत्नीषु रेतो दधाति प्रजात्यै प्र जायते प्रजया पशुभिर्य एवं वेद. दक्षिणा अनु सुब्रम्हण्या संतिष्ठते. वाग्वै सुब्रम्हण्यान्नं दक्षिणान्नाद्य एव तद्वाचि यज्ञमंततः प्रतिष्ठापयंति प्रतिष्ठापयंति ॥३ ॥ इत्यैतरेयब्राह्मणे षष्ठपंचिकायां प्रथमोऽध्यायः ॥

देवा वै यज्ञमतन्वत. तांस्तन्वानान् असुरा अभ्यायन्यज्ञवेशसमेषां करिष्याम इति. तां दक्षिणत उपायन् यत एषां यज्ञस्य तन्निष्ठममन्यंत. ते देवाः प्रतिबुध्य मित्रावरुणौ दक्षिणतः पर्यौहंस्ते मित्रावरुणाभ्यामेव दक्षिणतः प्रातस्सवने ऽसुररक्षांस्यपाघ्नत. तथैवैतद्यजमाना मित्रावरुणाभ्यामेव दक्षिणतः प्रातःसवने ऽसुररक्षांस्यपघ्नते तस्मान्मैत्रावरुणं मैत्रावरुणः प्रातःसवने शंसति. मित्रावरुणाभ्यां हि देवा दक्षिणतः प्रातःसवने ऽसुररक्षांस्यपाघ्नत. ते वै दक्षिणतोऽपहता असुरा मध्यतो यज्ञं प्राविशंस्ते देवाः प्रतिबुध्येंद्रं मध्यतो दधुस्त इंद्रेणैव मध्यतः प्रातःसवने ऽसुररक्षांस्यपाघ्नत. तथैवैतद्यजमाना इंद्रेणैव मध्यतः प्रातःसवने ऽसुररक्षांस्यपघ्नते. तस्मादैंद्रं ब्राम्हणाच्छंसी प्रातस्सवने शंसतींद्रेण हि देवा मध्यतः प्रातःसवने ऽसुररक्षांस्यपाघ्नत. ते वै मध्यतोऽपहता असुरा उत्तरतो यज्ञं प्राविशंस्ते देवाः प्रतिबुध्येंद्राग्नी उत्तरतः पर्यौ

हत्त इंद्राग्निभ्यामेवोत्तरतः प्रातःसवने ऽसुररक्षांस्यपाघ्नत. तथैवैत-
द्यजमाना इंद्राग्निभ्यामेवोत्तरतः प्रातःसवने ऽसुररक्षांस्यपाघ्नते.
तस्मादैंद्राग्नमच्छावाकः प्रातःसवने शंसतींद्राग्निभ्याम् हि देवा
उत्तरतः प्रातःसवनेऽसुररक्षांस्यपाघ्नत. ते वा उत्तरतो ऽपहता
असुराः पुरस्तात्पर्यद्रवन्स्तमनीकंत स्ते देवाः प्रतिबुध्याग्निं पुरस्तात्प्रातः
सवने पर्यौहंस्ते ऽग्निनैव पुरस्तात्प्रातःसवने ऽसुररक्षांस्यपाघ्नत. तथै
वैतद्यजमाना अग्निनैव पुरस्तात्प्रातःसवने ऽसुररक्षांस्यपघ्नते. तस्मा-
दाग्नेयं प्रातःसवनमप पाप्मानं हते य एवं वेद. ते वै पुरस्तादप-
हता असुराः पश्चात्परीत्य प्राविशंस्ते देवाः प्रतिबुध्य विश्वान्
देवान् आत्मानं पश्चात्तृतीयसवने पर्यौहंस्ते विश्वैरेव दे-
वैरात्मभिः पश्चात् तृतीयसवने ऽसुररक्षांस्यपाघ्नत. तथैवैतद्य-
जमाना विश्वैरेव देवैरात्मभिः पश्चात्तृतीयसवने ऽसुररक्षांस्यपघ्नते.
तस्माद्वैश्वदेवं तृतीयसवनमप पाप्मानं हते य एवं वेद. ते वै
देवा असुरानेवमपाघ्नत सर्वस्मादेव यज्ञात्ततो वै देवा अभवन्
परासुरा. भवत्यात्मना पराऽस्य द्विषन् पाप्मा भ्रातृव्यो भवति
य एवं वेद. ते देवा एवं क्लृप्तेन यज्ञेनापासुरान् पाप्मानमघ्नता-
जयंत्स्वर्गं लोकमप ह वै द्विषंतं पाप्मानं भ्रातृव्यं हते जयति
स्वर्गं लोकं य एवं वेद यश्चैवं विद्वान्त्सवनानि कल्पयति ॥ ४ ॥

स्तोत्रियं स्तोत्रियस्यानुरूपं कुर्वंति प्रातःसवने ऽहरेव तद-
ह्नो ऽनुरूपं कुर्वन्त्यवरेणैव तदह्ना परमहरभ्यारभंते ऽथ तथा न
मध्यंदिने. श्रीर्वै पृष्ठानि तानि तस्मै न तस्थानानि यत्स्तोत्रियं
स्तोत्रियस्यानुरूपं कुर्युस्तथैव विभक्त्या तृतीयसवने न स्तोत्रियं
स्तोत्रियस्यानुरूपं कुर्वंति ॥ ५ ॥

अथात आरंभणीया एव. ऋजुनीती नो वरुण इति मैत्रा-

वरुणस्य; मित्रो नयतु विद्वानिति प्रणेता वा एष होत्रकाणां यन्मैत्रावरुणस्तस्मादेषा प्रणेतृमती भवति. इंद्रं वो विश्वतस्परीति ब्राम्हणाच्छंसिनो; हवामहे जनेभ्य इतींद्रमेवैतया ऽहरहर्निव्हयंते. न हैषां विहवे ऽन्य इंद्रं वृंक्ते यत्रैवं विद्वान्ब्राम्हणाच्छंस्येतामहरहः शंसति. यत्सोम आ सुते नर इत्यच्छावाकस्य; इंद्राग्नी आ जोहवुरितींद्राग्नी हवैतया ऽहरहर्निव्हयंते. न हैषां विहवे ऽन्य इंद्राग्नी वृंक्ते यत्रैवं विद्वानच्छावाक एतामहरहः शंसति. ता वा एताः स्वर्गस्य लोकस्य नावः संपारिण्यः स्वर्गमेवैताभिर्लोकमभि संतरंति ॥ ६ ॥

अथातः परिधानीया एव. ते स्याम देव वरुणेति मैत्रावरुणस्य; इषं स्वश्च धीमहीत्ययं वै लोक इषमित्यसौ; लोकः स्वरित्युभावेवैतया लोकावारभंते. व्यंतरिक्षमतिरदिति ब्राम्हणाच्छंसिनो विवन्नृचं स्वर्गमेवेभ्य एतया लोकं विवृणोति. मदे सोमस्य रोचना इंद्रो यदभिनद्वलमिति सिषासवो वा एते यद्दीक्षितास्तस्मादेषा बलवती भवति; उद्गा आजदंगिरोभ्य आविष्कृण्वन् गुहा सतीः अर्वाचं नुनुदे बलमिति सनिमेवैभ्य एतया ऽवरुंधे. इंद्रेण रोचना दिव इति; स्वर्गो वै लोक; इंद्रेण रोचना दिवो दृव्हानि दृंहितानि च स्थिराणि न पराणुद इति स्वर्ग एवैतया लोके ऽहरहःप्रतितिष्ठंतो यंति. आहं सरस्वतीवतोरित्यच्छावाकस्य. वाग्वै सरस्वती वाग्वतोरिति हैतदाह; इंद्राग्न्यो रवो वृण इत्येतद्ध वा इंद्राग्न्योः प्रियं धाम यद्वागिति प्रियेणैवैनौ तद्धाम्ना समर्धयति, प्रियेण धाम्ना समृध्यते य एवं वेद ॥ ७ ॥

उभय्यः परिधानीया भवंति होत्रकाणां प्रातःसवने च माध्यंदिने चाहीनाश्चैकाहिकाश्च. तत ऐकाहिकाभिरेव मैत्रावरुणः

परिदधाति. तेनास्माल्लोकान्न प्रच्यवते ऽहीनाभिरच्छावाकः स्वर्गस्य लोकस्याप्त्या उभयीभिर्ब्राह्मणाच्छंसी तेनो स उभौ व्यन्वारभमाण एतीमं चामुं च लोकमथो मैत्रावरुणं चाच्छावाकं चाथो अहीनं चैकाहं चाथो संवत्सरं चाग्निष्टोमं चैवमु स उभौ व्यन्वारभमाण एत्यथ तत ऐकाहिका एव तृतीयसवने होत्रकाणां परिधानीया भवंति. प्रतिष्ठा वा एकाहः प्रतिष्ठायामेव तद्यज्ञमंततः प्रतिष्ठापयंत्यनवानं प्रातःसवने यजेदेको द्वे न स्तोममतिशंसेत्तद्यथाभिहेषते पिपासते क्षिप्रं प्रयच्छेत्तादृक्तदथो क्षिप्रं देवेभ्यो ऽन्नाद्यं सोमपीथं प्रयच्छानीति क्षिप्रं हास्मिँ लोके प्रतितिष्ठत्यपरिमिताभिरुत्तरयोः सवनयोरपरिमितो वै स्वर्गो लोकः स्वर्गस्य लोकस्याप्त्यै कामं तद्धोता शंसेद्यद्धोत्रकाः पूर्वेद्युः शंसेयुर्यद्वा होता तद्धोत्रकाः; प्राणो वै होतांगानि होत्रकाः समानो वा अयं प्राणोंगान्यनु संचरति. तस्मात्तत्कामं होता शंसेद्यद्धोत्रकाः पूर्वेद्युः शंसेयुर्यद्वा होता तद्धोत्रकाः सूक्तैर्होता परिदधदेत्यथ समान्य एव तृतीयसवने होत्रकाणां परिधानीया भवंत्यात्मा वै होतांगानि होत्रकाः समाना वा इमेंगानामंतास्तस्मात्समान्य एव तृतीयसवने होत्रकाणां परिधानीया भवंति भवंति ॥ ८ ॥ इत्यैतरेयब्राह्मणे षष्ठपंचिकायां द्वितीयोऽध्यायः ॥ २ ॥

आ त्वा वहंतु हरय इति प्रातःसवन उन्नीयमानेभ्यो ऽन्वाह वृषण्वतीः. पीतवतीः सुतवतीर्मद्वती रूपसमृद्धा ऐंद्रीरन्वाहेंद्रो वै यज्ञो. गायत्रीरन्वाह. गायत्रं वै प्रातःसवनं. नव न्यूनाः प्रातःसवने ऽन्वाह न्यूने वै रेतः सिच्यते. दश मध्यंदिने ऽन्वाह न्यूने वै रेतः सिक्तं मध्यं स्त्रियं प्राप्य स्थविष्ठं भवति. नव न्यूनास्तृती-

प्रसवने ऽन्वाह न्यूनाद्धि प्रजाः प्रजायंते. तद्यदेतानि केवलसूक्तान्यन्वाह यजमानमेव तद्गर्भं भूतं प्रजनयति यज्ञाद्देवयोन्यै. ते हैके सप्त समान्वाहुः. सप्त प्रातःसवने सप्त माध्यंदिने सप्त तृतीयसवने; यावन्त्यो वै पुरो ऽनुवाक्यास्तावन्त्यो याज्याः. सप्त प्रांचो यजंति सप्त वषट्कुर्वंति. तासामेताः पुरो ऽनुवाक्या इति वदंतस्तत्तथा न कुर्याद्यजमानस्य ह ते रेतो विलुंपंत्यथो यजमानमेव, यजमानो हि सूक्तं, नवभिर्वा एतं मैत्रावरुणो ऽस्माल्लोकादंतरिक्षलोकमभि प्रवहति. दशभिरंतरिक्षलोकादमुं लोकमभ्यंतरिक्षलोको हि ज्येष्ठो नवभिरमुष्माल्लोकात्स्वर्गं लोकमभि. न ह वै ते यजमानं स्वर्गं लोकमभि वोळ्हुमर्हंति ये सप्त समान्वाहुस्तस्मात्केवलश एव सूक्तान्यनुब्रूयात् ॥ ९ ॥

अथाह यदैंद्रो वै यज्ञो ऽथ कस्माद् द्वावेव प्रातःसवने प्रस्थितानां प्रत्यक्षादैंद्रीभ्यां यजतो होता चैव ब्राह्मणाच्छंसी च? इदं सोम्यं मध्विति होता यजति. इंद्र त्वा वृषभं वयमिति ब्राह्मणाच्छंसी. नानादेवत्याभिरितरे कथं तेषामैंद्र्यो भवंतीति? मित्रं वयं हवामह इति मैत्रावरुणो यजति; वरुणं सोमपीतय इति यद्वै किंच पीतवत्तदैंद्रं रूपं तेनेंद्रं प्रीणाति. मरुतो यस्य हि क्षय इति पोता यजति. स सुगोपातमो जन इतींद्रो वै गोपास्तदैंद्रं रूपं तेनेंद्रं प्रीणाति. अग्ने पत्नीरिहावहेति नेष्टा यजति. त्वष्टारं सोमपीतय इतींद्रो वै त्वष्टा तदैंद्रं रूपं तेनेंद्रं प्रीणाति. उक्षान्नाय वशान्नायेत्याग्नीध्रो यजति. सोमपृष्ठाय वेधस इतींद्रो वै वेधास्तदैंद्रं रूपं तेनेंद्रं प्रीणाति. प्रातर्यावभिरागतं देवेभिर्जेन्यावसू, इंद्राग्नी सोमपीतय इति स्वयं समृद्धाच्छावाकस्यैवमु हैता ऐंद्र्यो भवंति.

यत्रानादेवत्यास्ते नान्या देवताः मीणाति यदु गायत्र्यस्तेनाग्नेय्य एतदु हैताभिस्त्रयमुपाप्नोति ॥ १० ॥

असावि देवं गोऋजीकमंध इति मध्यंदिन उन्नीयमाने भ्योऽन्वाह वृषण्वतीः पीतवतीः सुतवतीर्महती रूपसमृद्धा ऐंद्री रन्वाहैंद्रो वै यज्ञस्त्रिष्टुभो ऽन्वाह त्रैष्टुभं वै माध्यंदिनं सवनं. त-दाहुर्यत्तृतीयसवनस्यैवं रूपं मद्वदथ कस्मान्मध्यंदिने मद्वतीरनु चाह यजंति चाभिरिति! मादयंतीव वै मध्यंदिने देवताः समेव तृतीयसवने मादयंते. तस्मान्मध्यंदिने मद्वतीरनुचाह यजंति चाभिस्ते वै खलु सर्व एव माध्यंदिने मस्थितानां मत्यक्षादैंद्रीभि र्यजंति. अभि तृण्णवतीभिरेके. पिबा सोममभि यमुग्रतर्द इति होता यजति. स ई पाहि य ऋजिषी तरुत्र इति मैत्रावरुणो यजति. एवा पाहि मत्नथा मंदतु त्वेति ब्राम्हणाच्छंसी यजति. अर्वाङेहि सोम कामं त्वाहुरिति पोता यजति. तवायं सोमस्त्वमेव ह्यर्वाङिति नेष्टा यजति. इंद्राय सोमाः म दिवो विदाना इत्यछावाको यजति. आपूर्णो अस्य कलशः स्वाहेत्याग्नीध्रो यजति. तासामेता अभि तृ-ण्णवत्यो भवंति. इंद्रो वै मातःसवने न व्यजयत स एताभिरेव माध्यंदिनं सवनमभ्यतृणद्यदभितृणत्तस्मादेता अभितृण्णवत्यो भवंति ॥ ११ ॥

इहोपयात शवसो नपात इति तृतीयसवन उन्नीय-मानेभ्यो ऽन्वाह वृषण्वतीः पीतवतीः सुतवतीर्महती रूपसमृद्धास्ता ऐंद्रार्भव्यो भवंति. तदाहुर्यन्नार्भवीषु स्तुवते ऽथ कस्मादार्भवः पवमान इत्याचक्षत इति! मजापतिर्वै पित ऋभून्मर्त्यान्सतो ऽमर्त्यान्कृत्वा तृतीयसवन आभजत्तस्मान्नार्भवीषु स्तुवते ऽथार्भवः पवमान इत्या-चक्षते ऽथाह यथयथाछंदसं पूर्वयोः सवनयोरन्वाह गायत्रीः मातः

सवने त्रिष्टुभो माध्यंदिने ऽथ कस्माज्जागते सति तृतीयसवने त्रिष्टुभो ऽन्वाहेति ? धीतरसं वै तृतीयसवनमधीतदधीवरसंशुक्रियं छंदो यत्त्रिष्टुप् सवनस्य सरसताया इति ब्रूयादथो इंद्रमेवैतत्सवने ऽन्वाभजतीत्यथाह यदैंद्रार्भवं वै तृतीयसवनमथ कस्मादेष एव तृतीयसवने प्रस्थितानां प्रत्यक्षादैंद्रार्भव्या यजति ! इंद्र ऋभुभिर्वाजवद्भिः समुक्षितमिति होतैव नानादेवत्याभिरितरे कथं तेषामैंद्रार्भव्यो भवंतीति ? इंद्रावरुणा सुतपाविमं सुतमिति मैत्रावरुणो यजति. युवो रथो अध्वरं देववीतय इति बहूनि वा ह तदृभूणां रूपम्. इंद्रश्च सोमं पिबतं बृहस्पत इति ब्राम्हणाच्छंसी यजति. आ वां विशंत्विंदवः स्वाभुव इति बहूनि वा ह तदृभूणां रूपम्. आ वो वहंतु सप्तयो रघुष्यद इति पोता यजति. रघुपत्वानः प्र जिगात बाहुभिरिति बहूनि वा ह तदृभूणां रूपम्.अमेव नः सुहवा आ हि गंतनेति नेष्टा यजति. गंतनेति बहूनि वा ह तदृभूणां रूपम्. इंद्राविष्णू पिबतं मध्वो अस्येत्यछावाको यजति. आ वामंधांसि मदिराण्यग्मन्निति बहूनि वा ह तदृभूणां रूपम्. इमं स्तोममर्हते जातवेदस इत्याग्नीध्रो यजति. रथमिव संमहेमा मनीषयेति बहूनि वा ह तदृभूणां रूपमेवमुहैता ऐंद्रार्भव्यो भवंति. यन्नानादेवत्यास्तेनान्याः देवताः प्रीणाति. यदु जगत्प्रासाहा जागतं वै तृतीयसवनं तृतीयसवनस्यैव समृध्यै ॥ १२ ॥

अथाह यदुक्थिन्यो ऽन्या होत्रा अनुक्था अन्याः कथमस्यैता उक्थिन्यः सर्वाः समाः समृद्धा भवंतीति! यदेवैनाः संप्रगीर्य होत्रा इत्याचक्षते. तेन समा यदुक्थिन्यो ऽन्या होत्राअनुक्था अन्यास्तेनो विषमा एवमु हास्यैता उक्थिन्यः सर्वाः समाः समृध्दा भवंत्यथाह शंसंति प्रातःसवने शंसंति माध्यंदिने

होत्रकाः, कथमेषां तृतीयसवने शस्त्रं भवतीति ! यदेव माध्यंदिने द्वे द्वे सूक्ते शंसन्तीति ब्रूयात्तेनेत्यथाह यद् व्यूनयो होता कथं होत्रका व्यूनया भवन्तीति ! यदेव द्विदेवत्याभिर्यजन्तीति ब्रूयात्तेनेति ॥ १३॥

अथाह यदेतास्तिस्र उक्थिन्यो होत्राः कथमितरा अनुक्थिन्या भवन्तीत्याज्यमेवाग्नीध्रीयाया, उक्थं मरुत्वतीयं पोत्रीयायै, वैश्वदेवं नेष्ट्रीयायै. ता वा एता होत्रा एवं न्यंगा एव भवन्त्यथाह यदेकप्रैषा अन्ये होत्रका अथ कस्माद् द्विप्रैषः पोता द्विप्रैषो नेष्टेति ! यत्रादो गायत्री सुपर्णो भूत्वा सोममाहरत्तदेतासां होत्राणामिंद्र उक्थानि परिलुप्य होत्रे प्रददौ, यूयं माऽभ्यह्वयध्वं यूयमस्या अविदतेति ते होतुर्देवा वाचेमे होत्रे प्रभावयामेति. तस्मात्ते द्विप्रैषे भवत ऋचाग्नीध्रीयां प्रभावयांचकुस्तस्मात्तस्या एकयर्चा भूयस्यो याज्या भवन्त्यथाह यद्धोता यक्षद्धोता यक्षदिति मैत्रावरुणो होत्रे प्रेष्यत्यथ कस्माद्धोतृभ्यः सद्भ्यो होत्राशंसिभ्यो होता यक्षद्धोता यक्षदिति प्रेष्यतीति ! प्राणो वै होता प्राणः सर्व ऋत्विजः प्राणो यक्षत्प्राणो यक्षदित्येव तदाहाथाहास्त्युद्गातॄणां प्रैषा३ः नौ३ इति अस्तीति ब्रूयाद्यदेवैतत्प्रशास्ता जपं जपित्वा स्तुध्वमित्याह. स एषां प्रैषा अथाहास्त्यच्छावाकस्य प्रवरा३ः ना३ इति अस्तीति ब्रूयाद्यदेवैनमध्वर्युराहाच्छावाक वदस्व यत्ते वाद्यमित्येषो अस्य प्रवरो. अथाह यदैंद्रावरुणं मैत्रावरुणस्तृतीयसवने शंसत्यथ कस्मादस्याग्नेयौ स्तोत्रियानुरूपौ भवत इत्यग्निना वै मुखेन देवा असुरानुक्थेभ्यो निर्जघ्नुस्तस्मादस्याग्नेयौ स्तोत्रियानुरूपौ भवतो. अथाह यदैंद्राबार्हस्पत्यं ब्राह्मणाच्छंसी तृतीयसवने शंसत्यैंद्रावैष्णवमच्छावाकः कथमनयोरैंद्रौ स्तोत्रियानुरूपौ भवत इतीन्द्रो ह स्म वा असुरानुक्थेभ्यः प्रजिगाय. सो अब्रवीत्कश्चाह

चेत्यहं चाहं चेति ह स्म देवता अन्ववयंति. स यदिंद्रः पूर्वः प्राजिगाय तस्मादेनयोरैंद्राः स्तोत्रियानुरूपा भवंति यदहं चाहं चेति ह स्म देवता अन्ववयुस्तस्मान्नानादेवत्यानि शंसतः ॥ १४ ॥

अथाह यद्वैश्वदेवं वै तृतीयसवनमथ कस्मादेतान्यैंद्राणि जागतानि सूक्तानि तृतीयसवन आरंभणीयानि शस्यंत इतींद्रमेवैतैरारभ्य यंतीति ब्रूयादथो यज्जागतं वै तृतीयसवनं तज्जगत्काम्यैव तद्यत्किंचात ऊर्ध्वं छंदः शस्यते; तद्ध सर्वं जागतं भवत्येतानि चैंद्राणि जागतानि सूक्तानि तृतीयसवन आरंभणीयानि शस्यंते. अथ त्रैष्टुभमच्छावाकोंततः शंसति. सं वां कर्मणेति यदेव पनाय्यं कर्म तदेतदभिवदति. समिषेत्यन्नं वा इळो ऽन्नाद्यस्यावरुध्या; अरिष्टैर्नः पथिभिः पारयंतेति स्वस्तिताया एवैतदहरहः शंसत्यथाह यज्जागतं वै तृतीयसवनमथ कस्मादेषां त्रिष्टुभः परिधानीया भवंतीति ? वीर्यं वै त्रिष्टुब्वीर्य एव तदंततः प्रतितिष्ठंतो यंति. इयमिंद्रं वरुणमष्ट मे गीरिति मैत्रावरुणस्य-बृहस्पति र्नः परिपातु पश्चादिति ब्राह्मणाच्छंसिनः. उभा जिग्यथुरित्यच्छावाकस्योभौ हि तौ जिग्यतुर्न पराजयेथे न पराजिग्य इति न हि तयोः कतरश्चन पराजिग्य; इंद्रश्च विष्णो यदपस्पृधेथां त्रेधा सहस्रं वि तदैरयेथामितींद्रश्च ह वै विष्णुश्चासुरैर्युयुधाते. तान् ह स्म जित्वोचतुः कल्पामहा इति ते ह तथेत्यसुरा ऊचुः. सो ऽब्रवीदिंद्रो यावदेवायं विष्णुस्त्रिर्विक्रमते तावदस्माकमथ युष्माकमितरदिति स इमान् लोकान्विचक्रमे ऽथो वेदानथो वाचं. तदाहुः किं तत्सहस्रमितीमे लोका इमे वेदा अथो वागिति ब्रूयादैरयेथामैरयेथामित्यच्छावाक उक्थे ऽभ्यस्यति. स हि तत्रांत्यो भवत्यग्निष्टोमो होता अतिरात्रे च स हि तत्रांत्यो भवत्यभ्यस्येत् षोळशिनीरं नाभ्य-

स्ये३न् इति अभ्यस्योदित्याहुः कथमन्येष्वहःस्वभ्यस्यति कथमत्र नाभ्यस्यंदिति ? तस्मादभ्यस्येच्३त् ॥ १५ ॥

अथाह यन्नाराशंसं वै तृतीयसवनमथ कस्मादछावाकोंततः शिल्पेष्वनाराशंसीः शंसतीति ? विकृति वै नाराशंसं क्रिमिव च वै क्रिमिव च रेतो विक्रियते तत्तदा विकृतं मजातं भवत्यथैतन्मृद्विव छंदः शिथिरं यन्नाराशंसमथैषोंत्यो यदछावाकस्तदृळ्हतायै दृळ्हे मतिष्ठास्याम इति तस्मादछावाकोंततः शिल्पेष्वनाराशंसीः शंसति दृळ्हतायै दृळ्हे मतिष्ठास्याम इति दृळ्हे मतिष्ठास्याम इति ॥ १६ ॥ इत्यैतरेयब्राह्मणे षष्ठपंचिकायां तृतीयो ऽध्यायः ॥ ३ ॥

यः श्वः स्तोत्रियस्तमनुरूपं कुर्वीत मातःसवने ऽहीनसंतत्यै यथा वा एकाहः सुत एवमहीनस्तद्यथैकाहस्य सुतस्य सवनानि संतिष्ठमानानि यंत्येवमेवाहीनस्याहानि संतिष्ठमानानि यंति तद्यच्छ्वः स्तोत्रियमनुरूपं कुर्वंति मातःसवने ऽहीनसंतत्या अहीनमेव तत्संतन्वंति. ते वै देवाश्च ऋषयश्चाद्रियंत समानेन यज्ञं संतनवामेति त एतत्समानं यज्ञस्यापश्यन्त्समानान्मगाथान्त्समानीः मतिपदः समानानि सूक्तान्योकःसारी वा इंद्रो यत्र वा इंद्रः पूर्वं गच्छत्यैव तत्रापरं गच्छति यज्ञस्यैव सेंद्रतायै ॥ १७ ॥

तान्वा एतान्त्संपातान्विश्वामित्रः मथममपश्यत्तान्विश्वामित्रेण दृष्टान्वामदेवोऽसृजत. एवा त्वामिंद्र वज्रिन्नत्र; यन्न इंद्रो जुजुषे यच्च वष्टि; कथा महामवृधत्कस्य होतुरिति तान् क्षिप्रं समपतद्यात्क्षिप्रं समपतत्तत्संपातानां संपातत्वं. सहेक्षां चक्रे विश्वामित्रो यान्वा अहं संपातानपश्यं तान्वामदेवो ऽसृष्ट कानि न्वहं सूक्तानि

संपातांस्तत्प्रतिमान्सृजेयेति स एतानि सूक्तानि संपातांस्तत्प्रतिमानसृजत. सद्यो ह जातो वृषभः कनीनः; इंद्रः पूर्भिदातिरद्दासमर्कैः; इमामू षु प्रभृतिं सातये धाः; इच्छंति त्वा सोम्यासः सखायः; शासद्वह्निर्दुहितुर्नप्त्यं गात्; अभि तष्टेव दीधया मनीषामिति य एक इद्धव्यश्चर्षणीनामिति भरद्वाजो; यस्तिग्मशृंगो वृषभो न भीमः; उदु ब्रह्माण्यैरत श्रवस्येति वसिष्ठो; अस्मा इदु प्रतवसे तुरायेति नोधास्त एते प्रातःसवने षळहस्तोत्रियाच्छस्त्वा माध्यंदिने ऽहीनसूक्तानि शंसंति. तान्येतान्यहीनसूक्तानि. आ सत्यो यातु मघवाँ ऋजीषीति सत्यवन्मैत्रावरुणो. अस्मा इदु प्रतवसे तुराय;इंद्राय ब्रह्माणि राततमा, इंद्र ब्रह्माणि गोतमासो अक्रन्निति ब्रह्मण्वद्ब्राह्मणाच्छंसी.शासद्वह्निर्; जनयंत वह्निमिति वह्निवदच्छावाकस्तदाहुः कस्मादच्छावाको वह्निवदेतत्सूक्तमुभयत्र शंसति पराचिषु चैवाहःस्वभ्यावर्तिषु चेति! वीर्यवान्वा एष बह्वृचो वह्निवदेतत्सूक्तं वहति ह वै वह्निर्धुरो यासु युज्यते. तस्मादच्छावाको वह्निवदेतत्सूक्तमुभयत्र शंसति पराचिषु चैवाहःस्वभ्यावर्तिषु च. तानि पंचस्वहःसु भवंति चतुर्विंशे ऽभिजिति विषुवति विश्वजिति महाव्रते ऽहीनानि ह वा एतान्यहानि न ह्येषु किंचन हीयते पराचीनि ह वा एतान्यहान्यनभ्यावर्तीनि. तस्मादेनान्येतेष्वहःसु शंसंति. यदेनानि शंसंत्यहीनान्स्वर्गो लोकान्सर्वरूपान्सर्वसमृद्धानवाप्नवामेति यदेवैनानि शंसंतींद्रमेवैतैर्निह्वयंते यथऋषभं वाशितायै यद्वेवैनानि शंसंत्यहीनस्य संतत्या अहीनमेव तत्संतन्वंति ॥ १८ ॥

ततो वा एतांस्त्रीन्संपातान्मैत्रावरुणो विपर्यासमेकैकमहरहः शंसति. एवा त्वामिंद्र वज्रिन्नत्रेति प्रथमे ऽहनि ; यत्र इंद्रो जुजुषे

यश्च वष्टीति द्वितीये; कथा महामवृधत्कस्य होतुरिति तृतीये. त्रीनेव संपातान्ब्राह्मणाच्छंसी विपर्यासमेकैकमहरहः शंसति. इंद्रः पूर्भिदातिरद्दासमर्कैरिति प्रथमे ऽहनि; य एक इद्धव्यश्चर्षणीनामिति द्वितीये; यस्तिग्मशृंगो वृषभो न भीम इति तृतीये. त्रीनेव संपातानछावाको विपर्यासमेकैकमहरहः शंसति. इमामू षु प्रभृतिं सातये धा इति प्रथमे ऽहनि; इच्छंति त्वा सोम्यासः सखाय इति द्वितीये. शासद्वन्हिर्दुहितुर्नप्त्यं गादिति तृतीये. तानि वा एतानि नव त्रीणि चाहरहः शस्यानि तानि द्वादश संपद्यंते. द्वादश वै मासाः संवत्सरः; संवत्सरः प्रजापतिः प्रजापतिर्यज्ञस्तत्संवत्सरं प्रजापतिं यज्ञमाप्नुवंति. तत्संवत्सरे प्रजापतौ यज्ञे ऽहरहः प्रतितिष्ठंतो यंति. तान्यंतरेणावपमावपेरन्यूंख्या विराजो वैमदीश्चतुर्थे ऽहनि, पंक्तीः पंचमे, पारुछेपीः षष्ठे; अथ यान्यहानि महास्तोमानि स्युः को अद्य नर्यो देवकाम इति मैत्रावरुण आवपेत. वनेन वायो न्यधायि चाकन्निति ब्राह्मणाच्छंसी. आयाह्यर्वाङुप बंधुरेष्ठा इत्यछावाक. एतानि वा आवपनान्येतैर्वा आवपनैर्देवाः स्वर्गं लोकमजयन्नेतैर्ऋषयस्तथैवैतद्यजमाना एतैरावपनैः स्वर्गं लोकं जयंति ॥१९॥

सद्यो ह जातो वृषभः कनीन इति मैत्रावरुणः पुरस्तात्सूक्तानामहरहः शंसति. तदेतत्सूक्तं स्वर्ग्यमेतेन वै सूक्तेन देवाः स्वर्गं लोकमजयन्नेतेन ऋषयस्तथैवैतद्यजमाना एतेन सूक्तेन स्वर्गं लोकं जयंति. तदु वैश्वामित्रं; विश्वस्य ह वै मित्रं विश्वामित्र आस; विश्वं हास्मै मित्रं भवति य एवं वेद. येषां चैवं विद्वानेतन्मैत्रावरुणः पुरस्तात्सूक्तानामहरहः शंसति. तदृषभवत्पशुमद्भवति पशूनामवरुध्यै. तत्पंचर्चं भवति; पंचपदा पंक्तिः पंक्तिर्वा अन्नमन्ना-

द्यस्यावरुध्या. उदु ब्रह्माण्यैरत श्रवस्येति ब्राह्मणाच्छंसी ब्रह्म-ण्वत्समृद्धं सूक्तमहरहः शंसति. तदेतत्सूक्तं स्वर्ग्यमेते-न वै सूक्तेन देवाः स्वर्गं लोकमजयन्नेतेन ऋषयस्तथैवैतद्यज-माना एतेन सूक्तेन स्वर्गं लोकं जयंति. तदु वासिष्ठमेतेन वै वसिष्ठ इंद्रस्य प्रियं धामोपागच्छत्स परमं लोकमजयदुपेंद्रस्य प्रियं धा-म गच्छति जयति परमं लोकं य एवं वेद. तद्वै षळृचं षड्वा ऋतव ऋतूनामाप्त्यै तदुपरिष्टात्संपातानां शंसत्यासु प्रत्येव तत्स्वर्गे लोके यजमाना अस्मिँल्लोके प्रतितिष्ठंति. अभि तष्टेव दीधया मनीषा-मित्यछावाको ऽहरहः शंसति. अभिवत्तत्यै रूपम्. अभि प्रियाणि मर्मृशत्पराणीति यान्येव पराण्यहानि तानि प्रियाणि तान्येव तदभि-मर्मृशंतो यंत्यभ्यारभमाणाः परो वा अस्माल्लोकात्स्वर्गो लोकस्तमे-व तदभिवदति. कवीँरिच्छामि संदृशे सुमेधा इति ये वै ते न ऋषयः पूर्वे प्रेतास्ते वै कवयस्तानेव तदभ्यतिवदति. तदु वैश्वामित्रं. विश्वस्य ह वै मित्रं विश्वामित्र आस; विश्वं हास्मै मित्रं भवति य एवं वेद. तदनिरुक्तं प्राजापत्यं शंसत्यनिरुक्तो वै प्रजापतिः प्रजापते-राप्त्यै. सकृदिंद्रं निराह तेनैंद्राद्रूपान्न प्रच्यवते. तद्वै दशर्चं; दशाक्षरा विराळन्नं विराळन्नाद्यस्यावरुध्यै यदेव दशर्चा१. दश वै प्राणाः प्राणानेव तदाप्नुवंति प्राणान्त्संदधते. तदुपरिष्टात्संपातानां शंस-त्यासु प्रत्येव तत्स्वर्गे लोके यजमाना अस्मिन् लोके प्रति-तिष्ठंति ॥ २० ॥

कस्तमिंद्र त्वा वसुं, कन्नव्यो अतसीनां, कदू न्वस्या कृतमिति कद्वंतः प्रगाथा आरंभणीया अहरहः शस्यंते. को वै प्रजापतिः प्रजापतेराप्त्यै यदेव कद्वंताः२; अन्नं वै कमन्नाद्यस्यावरुध्यै. यदेव कद्वंताः अहरहर्वा एते शांतान्यहीनसूक्तान्युपयुंजाना यंति तानि

कद्भिः प्रगाथैः शमयंति तान्येभ्यः शांतानि कं भवंति तान्येनांछांता-
तानि स्वर्गं लोकमभिवहंति. त्रिष्टुभः सूक्तप्रतिपदः शंसेयुस्ता
हैके पुरस्तात्प्रगाथानां शंसंति धाय्या इति वदंतस्तत्तथा न
कुर्यात्क्षत्रं वै होता विशो होत्राशंसिनः क्षत्रायैव तद्विशं प्रत्यु-
द्यामिनीं कुर्युः पापवस्यसं. त्रिष्टुभो म इमाः सूक्तप्रतिपद इत्येव
विद्यात्तद्यथा समुद्रं प्रप्लवेरन्नेवं हैव ते प्रप्लवंते ये संवत्सरं द्वादशाहं
वासते तद्यथा सैरावतीं नावं पारकामाः समारोहेयुरेवमेवैता
स्त्रिष्टुभः समारोहंति. न ह वा एतच्छंदो गमयित्वा स्वर्गं लोक-
मुपावर्तते वीर्यवत्तमं हि; तासो न व्यवह्वयति समानं हि
छंदो; ऽथो नेद्धाय्याः करवाणीति यदेनाः शंसंति. प्रजाताभिः
सूक्तप्रतिपद्भिः सूक्तानि समारोहामेति यदेवैनाः शंसंतींद्रमेवै
ताभिर्निह्वयंते यथ ऋषभं वाशितायै यदेवैनाः शंसंत्यही-
नस्य संतत्या अहीनमेव तत्संतन्वंति ॥ २१ ॥

अप प्राच इंद्र विश्वाँ अमित्रानिति मैत्रावरुणः पुरस्तात्सू-
क्तानामहरहः शंसति. अपापाचो अभिभूते नुदस्व अपोदीचो
अप शूराधराच उरौ यथा तव शर्मन्मदेमेत्यभयस्य रूपमभयमिव
हि यन्निच्छति. ब्रह्मणा ते ब्रह्मयुजा युनज्मीति ब्राह्मणाच्छंस्य-
हरहः शंसति. युनज्मीति युक्तवती युक्त इव ह्यहीनो ऽहीनस्य रूपम्.
उरुं नो लोकमनुनेषि विद्वानित्यच्छावाको ऽहरहः शंसत्यनुनेषीत्येतीव
ह्यहीनो ऽहीनस्य रूपं; नेषीति सत्रायणरूपं. ता वा एता अहरहः
शस्यंते समानीभिः परिदध्युरोकःसारी हैषामिंद्रो यज्ञं भवतीति
यथ ऋषभो वाशितां यथा वा गौः प्रजावं गोष्ठमेव हैषामिंद्रो
यज्ञमेव गच्छति. न श्रुने दुर्हीययाहीनस्य परिदध्यात्क्षत्रियो
ह राष्ट्राच्च्यवते यो हैव परो भवति तमभिह्वयति ॥ २२ ॥

अथातो ऽहीनस्य युक्तिश्च विमुक्तिश्च; व्यंतरिक्षमतिरदित्य-हीनं युंक्त; एवेदिंद्रमिति विमुंचति. आहं सरस्वतीवतोर्, नूनं सा त इत्यहीनं युंक्ते; ते स्याम देव वरुण, नू ष्टुत इति विमुंचत्येष ह वा अहीनं. तंतुमर्हति य एनं योक्तुं च विमोक्तुं च वेद तद्यच्चतुर्विंशे ऽहन् युज्यंते सा युक्तिरथ यत्पुरस्तादुदयनीयस्याति-रात्रस्य विमुच्यंते सा विमुक्तिस्तद्यच्चतुर्विंशे ऽहन्नैकाहिकाभिः परिदध्युरत्राहैव यज्ञं संस्थापयेयुर्नाहीनकर्म कुर्युरथ यदहीन परिधानीयाभिः परिदध्यु र्यथा श्रांतो विमुच्यमान उत्कृंत्येतैव यजमाना उत्कृन्त्येरन्नुभयीभिः परिदध्युर्तद्यथा दीर्घाध्व उपविमोकं यायात्तादृक्तत्संततो हैषां यज्ञो भवतीश्व्ह्य्मुंचंत. एकाहे नद्वयोः सवनयोः स्तोममतिशंसेद्दीर्घारण्यानि ह वै भवंति यत्र बह्वीभिः स्तोमो ऽतिशस्यते ऽपरिमिताभिस्तृतीयसवने; ऽपरिमितो वै स्वर्गो लोकः स्वर्गस्य लोकस्याप्त्यै संततो हास्याभ्यारब्धो विस्रस्तो ऽहीनो भवति य एवं विद्वानहीनं तनुते ॥ २३ ॥

देवा वै वले गाः पर्यपश्यंस्ता यज्ञेनैवेप्संस्ता षष्ठेनाहाप्नुवं स्ते प्रातःसवने नभाकेन वलमनभयंस्तं यदनभयाऽन् अश्रथदने वैनं तत्त उ तृतीयसवने वज्रेण वालखिल्याभिर्वाचः कूटेनैकपदया वलं विरुज्य गा उदाजंस्तथैवैतद्यजमानाः प्रातःसवने नभाकेन वलं नभयंति तं यं नभयंतीऽ३श्रथयंत्यवैनं तत्तस्मात्होत्रकाः प्रातश्सवने नाभाकांस्तृचांच्छंसंति. यः ककुभो निधारय इति मित्रावरुणः; पूर्वीष्ट इंद्रोप मातय इति ब्राम्हणाच्छंसी; ता हि मध्यं भराणामित्यच्छावाकस्त उ तृतीयसवने वज्रेण वालखिल्या-भिर्वाचः कूटेनैकपदया वलं विरुज्य गा आप्नुवंत. पच्छः प्रथमं षड्वालखिल्यानां सूक्तानि विहरत्यर्धर्चशो द्वितीयमृक्शस्तृतीयं प्र-

पच्छो विहरन्प्रगाथे प्रगाथ एकैकपदा दध्याद्वाचः कूटस्ता एताः पंचैकपदाश्चतस्रो दशमादह्न एका महाव्रतादष्टाक्षराणि माहानामनानि पदानि तेषां यावद्भिः संपद्येत तावन्ति शंसेत्तन्नस्त्वप्याह्रियेतार्धर्चशो विहरंस्ताश्चैकपदाः शंसेत्तानि चैवाष्टाक्षराणि माहानामनानि पदान्यथ ऋक्शो विहरंस्ताश्चैकपदाः शंसेत्तानि चैवाष्टाक्षराणि माहानामनानि पदानि. स यत्प्रथमं षड् वाल**खिल्यानां सूक्तानि** विहरति प्राणंच तद्वाचं च विहरति. यद् द्वितीयं चक्षुश्च तन्मनश्च विहरति. यत्तृतीयं श्रोत्रं च तदात्मानं च विहरति. तदुपाप्तो विहारे काम उपाप्तो वज्रे वालखिल्यासूपाप्तो वाचः कूट एकपदायामुपाप्तः प्राणकॢप्त्यामविहृतानेव चतुर्थे प्रगाथाञ्छंसति. पशवो **वै प्रगाथाः पशूनामवरुध्यै** नैकपदां न्यवदध्याद्यदेकपदां न्यवदध्याद्वाचः **कूटेन** यजमानस्य पशून्निर्हण्यात्तं चेत्तत्र ब्रूयाद्वाचः कूटेन यजमानस्य पशून्निरवधीरपशुमेनमकरिति शश्वत्तथा स्यात्तस्मान्नैकपदां न्यवदध्याद् द्वयोरुत्तमे सूक्ते पर्यस्यति स एव तत्र विहारस्तदेतत्सौचिवलाय सांदेवोस्विः शशंस. स होवाच भूयिष्ठानहं यजमाने पशून्पर्यग्रहैषमकनिष्ठा उ मा मा गमिष्यंतीति तस्मै ह यथा महद्भ्य ऋत्विग्भ्य एवं निनाय तदेतत्पशव्यंच स्वर्ग्यंच शस्त्रं तस्मादेतच्छंसति ॥ २४ ॥

दूरोहणं रोहति तस्योक्तं ब्राह्मणमैंद्रं पशुकामस्य रोहेदैंद्रा वै पशवस् तज्जागतं स्याज्जागता वै पशवः तन्महासूक्तं स्याद्भूयिष्ठेष्वेव तत्पशुषु यजमानं प्रतिष्ठापयति. वरौ रोहेत्तन्महासूक्तं च जागतं. ऐंद्रावरुणं प्रतिष्ठाकामस्य रोहेदेतद्देवता वा एषा होत्रैतत्प्रतिष्ठा यदैंद्रावरुणा तदेनत्स्वायामेव प्रतिष्ठायामंततः

प्रतिष्ठापयति यदैंद्रावरुणा ३इ. एषा ह वा अत्र निविन्निविदा वै कामा आप्यंते स यद्यैंद्रावरुणे रोहेत्सौपर्णे रोहेत्तदुपाप्त ऐंद्रावरुणे काम उपाप्तः सौपर्णे ॥ २५ ॥

तदाहुः संशंसेत् षष्ठे ऽहा३न् न संशंसे ३त् इति संशंसेदित्याहुः कथमन्येष्वहस्सु संशंसति कथमत्र न संशंसेदित्यथो खल्वाहुर्नैव संशंसेत्स्वर्गो वै लोकः षष्ठमहरसमायी वै स्वर्गो लोकः कश्चिद्वै स्वर्गे लोके समेतीति स यत्संशंसेत्समानं तत्कुर्यादथ यन्न संशंसती३ तत्स्वर्गस्य लोकस्य रूपं. तस्मान्न संशंसेद्यदेव न संशंसती३. आत्मा वै स्तोत्रियः प्राणा वालखिल्या. स यत्संशंसेदेताभ्यां देवताभ्यां यजमानस्य प्राणान्वीयाद्य एनं तत्र ब्रूयादेताभ्यां देवताभ्यां यजमानस्य प्राणान्व्यगात्प्राण एनं हास्यतीति शश्वत्तथा स्यात्तस्मान्न संशंसेत्स यदीक्षेताशंसिषं वालखिल्या ३इ तत्पुरस्ताद्दूरोहणस्य संशंसानीति नो एव तस्याशामियात्तं यदि दर्प एव विंदेदुपरिष्टाद्दूरोहणस्यापि बहूनि शतानि शंसेद्यस्यो तत्कामाय तथा कुर्यादत्रैव तदुपाप्तमैंद्रो वालखिल्यास्तासां द्वादशाक्षराणि पदानि तत्र स काम उपाप्तो य ऐंद्रे जागते ऽथेदमैंद्रावरुणं सूक्तमैंद्रावरुणी परिधानीया. तस्मान्न संशंसेत्तदाहुर्यथा वाव स्तोत्रमेवं शस्त्रं. विहृता वालखिल्याः शस्यंते विहृतास्तोत्रा३२ अविहृता३२ इति विहृतमिति ब्रूयादष्टाक्षरेण द्वादशाक्षरमिति. तदाहुर्यथा वाव शस्त्रमेवं याज्या तिस्रो देवताः शस्यंते. अग्निरिंद्रो वरुण इत्यथैंद्रावरुण्या यजति. कथमग्निरनंतरित इति यो वा अग्निः स वरुणस्तदप्येतदृषिणोक्तं. त्वमग्ने वरुणो जायसे यदिति

ऐतरेयब्राह्मणे षष्ठपंचिका २६,२७, २८. १६१

तद्यदैंद्रावरुण्या यजति. तेनाग्निरनंतरितो ऽनंतरितः ॥ २६ ॥

इत्यैतरेयब्राह्मणे षष्ठपंचिकायां चतुर्थो ऽध्यायः ॥ ४ ॥

शिल्पानि शंसति. देवशिल्पान्येतेषां वै शिल्पानामनुकृतीह शिल्पमधिगम्यते. हस्ती कंसो वासो हिरण्यमश्वतरीरथः शिल्पं शिल्पं हास्मिन्नधिगम्यते य एवं वेद यदेव शिल्पानी३. आत्मसंस्कृतिर्वाव शिल्पानि छंदोमयं वा एतैर्यजमान आत्मानं संस्कुरुते नाभानेदिष्ठं शंसति. रेतो वै नाभानेदिष्ठो रेतस्तत्सिंचति तमनिरुक्तं शंसत्यनिरुक्तं वै रेतो गुहा योन्यां सिच्यते. स रेतो मिश्रो भवति क्ष्मया रेतः संजग्मानो निषिंचदिति रेतः समृध्या एव तं स नाराशंसं शंसति. प्रजा वै नरो वाक् शंसः प्रजास्वेव तद्वाचं दधाति. तस्मादिमाः प्रजा वदन्त्यो जायंते. तं हैके पुरस्ताच्छंसंति पुरस्तादायतना वागिति वदंत उपरिष्टादेक उपरिष्टादायतना वागिति वदंतो मध्य एव शंसेन्मध्यायतना वा इयं वागुपरिष्टान्नेदीयसीवोपरिष्टान्नेदीयसीव वा इयं वाक् होता रेतो भूतं सिक्त्वा मैत्रावरुणाय संप्रयच्छत्येतस्य त्वं प्राणान्कल्पयेति ॥ २७ ॥

वालखिल्याः शंसति. प्राणा वै वालखिल्याः प्राणानेवास्य तत्कल्पयति. ता विहृताः शंसति. विहृता वा इमे प्राणाः प्राणेनापानो ऽपानेन व्यानः. स पच्छः प्रथमे सूक्ते विहरत्यर्धर्चशो द्वितीये ऋक्शस्तृतीये स यत्प्रथमे सूक्ते विहरति प्राणं च तद्वाचं च विहरति. यद् द्वितीये चक्षुश्च तन्मनश्च विहरति. यत्तृतीये श्रोत्रं च तदात्मानं च विहरति. ते हैके सह बृहत्यौ सह सतोबृहत्यौ विहरंति. तदुपाप्तो विहारे कामो नेत्तु प्रगाथाः कल्पंते. ऽतिमर्शमेव विहरेत्तथा वै प्रगाथाः कल्पंते. प्रगाथा वै वाल-

खिल्यास्तस्मादतिमर्शमेव विहरेद्यदेवातिमर्शा॥२॥ आत्मा वै बृहती प्राणाः सतोबृहती. स बृहतीमशंसीत्स आत्मा ऽथ सतोबृहतीं ते प्राणा अथ बृहतीमथ सतोबृहतीं तदात्मानं प्राणैः परिबृहन्नेति तस्मादतिमर्शमेव विहरेद्यदेवातिमर्शा॥३॥ आत्मा वै बृहती पशवः सतोबृहती स बृहतीमशंसीत्स आत्माथ सतोबृहतीं ते पशवो ऽथ बृहतीमथ सतोबृहतीं. तदात्मानं पशुभिः परिबृहन्नेति तस्मादतिमर्शमेव विहरेद् द्वयेवोत्तमे सूक्ते पर्यस्यति. स एव तयोर्विहारस्तस्य मैत्रावरुणः प्राणान्कल्पयित्वा ब्राह्मणाच्छंसिने संमयच्छत्येतं त्वं प्रजनयेति. ॥ २८ ॥

सुकीर्तिं शंसति. देवयोनिर्वै सुकीर्तिस्तद्यज्ञादेवयोन्यै यजमानं प्रजनयति. वृषाकपिं शंसत्यात्मा वै वृषाकपिरात्मानमेवास्य तत्कल्पयति. तन्न्यूंखयत्यन्नं वै न्यूंखस्तदस्मै जाताय ऽन्नाद्यं प्रतिदधाति यथा कुमाराय स्तनं स पांक्तो भवति. पांक्तो ऽयं पुरुषः पंचधा विहितो लोमानि त्वङ् मांसमस्थिमज्जा. स यावानेव पुरुषस्तावंतं यजमानं संस्करोति. ब्राम्हणाच्छंसी जनयित्वा ऽछावाकाय संमयच्छत्येतस्य त्वं प्रतिष्ठां कल्पयेति ॥ २९ ॥

एवयामरुतं शंसति. प्रतिष्ठा वा एवयामरुत्प्रतिष्ठामेवास्य तत्कल्पयति. तन्न्यूंखयत्यन्नं वै न्यूंखो ऽन्नाद्यमेवास्मिंस्तद्दधाति. स जागतो वा ऽतिजागतो वा सर्वं वा इदं जागतं वा ऽतिजागतं वा. स उ मारुत आपो वै मारुत आपो ऽन्नमभिपूर्वमेवास्मिंस्तदन्नाद्यं दधाति. तान्येतानि सहचराणीत्याचक्षते नाभानेदिष्ठं वालखिल्या वृषाकपिमेवयामरुतं. तानि स ह वा शंसेत्स ह वा न शंसेद्यदेनानि नाना शंसेद्यथा पुरुषं वा रेतो वा विछि-

धात्तादूकत्तस्मादेनानि स ह वा शंसेत्स ह वा न शंसेत्स ह बुलिल आश्वतर आश्विर्वैश्वजितो होता सन्नीक्षां चक्र एषां वा एषां शिल्पानां. विश्वजिति सांवत्सरिके द्वे मध्यंदिनमभि-प्रत्येतोर्हैताहमित्थमेवयामरुतं शंसयानीति तद्ध तथा शंसयां चकार. तद्ध तथा शस्यमाने गौश्ल आजगाम. स होवाच होतः कथा ते शस्त्रं विचक्रं प्लवत इति! किं ह्यभूदित्येवया-मरुदयमुत्तरतः शस्यत इति स होवाचेंद्रो वै मध्यंदिनः कथेंद्रं मध्यंदिनान्निनीषसीति नेंद्रं मध्यंदिनान्निनीषामीति होवाच छंदस्त्विदममध्यंदिनसाच्ययं जागतो वा ऽतिजागतो वा. सर्वं वा इदं **जागतं वा** ऽतिजागतं वा. स उ मारुतो मैव शंसिष्टेति स होवाचारमा छावाकेत्यथ **हास्मिन्ननुशासनमोषे स** होशावैंद्रमेव विष्णुं न्यंगं शंसत्वथ त्वमेते होतरुपरिष्टाद्धीधाय्याये पुरस्तान्मारुतस्याप्य स्याथा इति तद्ध तथा शंसयां चकार. तदिदमप्येतर्हि तथैव शस्यते ॥ ३० ॥

तदाहुर्यदास्मिन् विश्वजित्यतिरात्र एवं षष्ठे ऽहनि कल्पते यज्ञः कल्पते यजमानस्य प्रजातिः कथमत्राशस्त एव नाभानेदिष्ठो भवत्यथ मैत्रावरुणो वालखिल्याः शंसति, ते प्राणा रेतो वा अग्रे ऽथ प्राणा, एवं ब्राम्हणाच्छंस्यशस्त एव नाभानेदिष्ठो भवत्यथ वृषाकपिं शंसति. स आत्मा रेतो वा अग्रे ऽथात्मा कथमत्र यज-मानस्य प्रजातिः कथं प्राणा अविक्लृप्ता भवंतीति? यजमानं ह वा एतेन सर्वेण यज्ञक्रतुना संस्कुर्वंति. स यथा गर्भो योन्यामं-तरेवं संभवञ्छेते. नवै सकृदेवाग्रे सर्वः संभवत्येकैकं वा अंगं संभवतः संभवतीति सर्वाणि चेत्समाने ऽहन् क्रियेरन्कल्पत एव यज्ञः कल्पंते यजमानस्य प्रजातिरथैतं होतैवयामरुतं तृतीयसवने

शंसति तद्या ऽस्य प्रतिष्ठा तस्यामेवैनं तदंततः प्रतिष्ठापयति ॥ ३१ ॥

छंदसां वै षष्ठेनान्हाप्तानां रसो ऽत्यनेदत्स प्रजापतिरबिभेत्पराङ्यं छंदसां रसो लोकानत्येष्यतीति तं परस्ताच्छंदोभिः पर्यगृण्हान्नाराशंस्या गायत्र्या रैभ्या त्रिष्टुभः पारिक्षित्या जगत्याः कारव्ययानुष्टुभस्तत्पुनः छंदः सुरसमदधात्सरसैर्हास्य छंदोभिरिष्टं भवति सरसैश्छंदोभिर्यज्ञं तनुते य एवं वेद. नाराशंसीः शंसति प्रजा वै नरो वाक् शंसः प्रजास्वेव तद्वाचं दधाति· तस्मादिमाः प्रजाः वदन्त्यो जायंते य एवं वेद. यदेव नाराशंसीः ३ शंसंतो वै देवाश्च ऋषयश्च स्वर्गं लोकमायंस्तथैवैतद्यजमानाः शंसंत एव स्वर्गं लोकं यंति. ताः प्रग्राहं शंसति यथा वृषाकपिं. वार्षाकपं हि वृषाकपेस्तन्न्यायमेति· तासु न न्यूंखयेन्नीवीव नर्दैत्स हि तासां न्यूंखो· रैभीः शंसति. रेभंतो वै देवाश्च ऋषयश्च स्वर्गं लोकमायंस्तथैवैतद्यजमाना रेभंत एव स्वर्गं लोकं यंति. ताः प्रग्राहं शंसति यथा वृषाकपिं वार्षाकपं हि वृषाकपेस्तन्न्यायमेति· तासु न न्यूंखयेन्नीवीव नर्दैत्स हि तासां न्यूंखः· पारिक्षितीः शंसत्यग्निर्वै परिक्षिद् अग्निर्हीमाः प्रजाः परिक्षेत्यग्निं हीमाः प्रजाः परिक्षियंत्यग्नेरेव सायुज्यं सरूपतां सलोकतामश्नुते य एवं वेद यदेव पारिक्षितीः ३. संवत्सरो वै परिक्षित्संवत्सरो हीमाः प्रजाः परिक्षेति संवत्सरं हीमाः प्रजाः परिक्षियंति, संवत्सरस्यैव सायुज्यं सरूपतां सलोकताम श्नुते य एवं वेद. ताः प्रग्राहं शंसति यथा वृषाकपिं वार्षाकपं हि वृषाकपेस्तन्न्यायमेति. तासु न न्यूंखयेन्नीवीव नर्दैत्स हि तासां न्यूंखः. कारव्याः शंसति. देवा वै यत्किंच कल्याणं कर्माकुर्वस्तत्का-

रव्याभिरवाप्नुवंस्तथैवैतद्यजमानाः यत्किंच कल्याणं कर्म कुर्वंति तत्कारव्याभिराप्नुवंति. ताः यथाह शंसति यथा वृषाकपिं वार्षाकपं हि वृषाकपेस्तथायमेति. तासु न न्यूंखयेन्नीचीव नर्देत्स हि तासां न्यूंखो दिशां क्लृप्तीः शंसति. दिश एव तत्कल्पयति. ताः पंच शंसति. पंच वा इमा दिशश्चतस्रस्तिरश्च एकोर्ध्वा. तासु न न्यूंखयेन्नैव च निनर्देन्नेदिमा दिशो न्यूंखयानीति ता अर्धर्चशः शंसति. प्रतिष्ठाया एव जनकल्पाः शंसति. प्रजा वै जनकल्पा दिश एव तत्कल्पयित्वा तासु प्रजाः प्रतिष्ठापयति. तासु न न्यूंखयेन्नैव च निनर्देन्नेदिमाः प्रजाः न्यूंखयानीति ता अर्धर्चशः शंसति प्रतिष्ठाया एव. इंद्रगाथाः शंसतींद्रगाथाभिर्वै देवा असुरानभिगायाथैनानत्यायंस्तथैवैतद्यजमाना इंद्रगाथाभिरप्रियं भ्रातृव्यमभिगायाथैनमति यंति. ता अर्धर्चशः शंसति प्रतिष्ठाया एव ॥ ३२ ॥

ऐतशप्रलापं शंसत्येतशो ह वै मुनिरग्नेरायुर्ददर्श यज्ञस्यायातयाममिति हैक आहुः सो ऽब्रवीत्पुत्रान्पुत्रका अग्नेरायुरदर्शं तदभिलपिष्यामि यत्किंच वदामि तन्मे मा परिगातेति स प्रत्यपद्यतैता अश्वा आप्लवंते प्रतीपं प्रातिसत्वनमिति. तस्याभ्यग्निरैतशायन एत्याकाले ऽभिहाय मुखमप्यगृण्हाददृपन्नः पितेति तं होवाचापेह्यलसो भूयो मे वाचमवधीः. शतायुगामकरिष्ये सहस्रायुं पुरुषं पापिष्ठां ते प्रजां करोमि यो मेत्थमसक्था इति तस्मादाहुरभ्यग्नय ऐतशायना और्वाणां पापिष्ठा इति. तं हैके भूयांसं शंसंति. स न निषेधेद्यावत्कामं शंसेत्येवं ब्रूयादायुर्वा ऐतशप्रलाप आयुरेव तद्यजमानस्य प्रतारयति य एवं वेद यदेवैतशप्रलापा३ः. छंदसां हैष रसो यदेतशप्रलापः छंदस्स्वेव तद्रसं दधाति. सरसैर्हास्य छंदोभिरिष्टं भवति सरसैश्छंदोभि-

यज्ञं तनुते य एवं वेद यद्वैवैतशमलापा३ः. अयातयामा वा अक्षितिरैतशमलापो ऽयातयामा मे यज्ञे ऽसदक्षितिर्मे यज्ञेऽ सदिति. तं वा एतमैतशमलापं शंसति. यदावग्राहं यथा निविदं तस्योत्तमेन पदेन प्रणौति यथा निविदः प्रवल्हिकाः शंसति. प्रवल्हिकाभिर्वै देवाः असुरान्प्रवल्ह्याथैनानत्यायंस्तथैवैतद्यजमानाः प्रवल्हिकाभिरेवाप्रियं भ्रातृव्यं प्रवल्ह्याथैनमतियंति. ता अर्धर्चशः शंसति. प्रतिष्ठाया एव. आजिज्ञासेन्याः शंसत्याजिज्ञासेन्याभिर्वै देवा असुरानाज्ञायाथैनानत्यायंस्तथैवैतद्यजमाना आजिज्ञासेन्याभिरेवाप्रियं भ्रातृव्यमाज्ञायाथैनमतियंति. ता अर्धर्चशः शंसति प्रतिष्ठाया एव. प्रतिराधं शंसति. प्रतिराधेन वै देवा असुरान्प्रतिराध्याथैनानत्यायंस्तथैवैतद्यजमानाः प्रतिराधेनैवाप्रियं भ्रातृव्यं प्रतिराध्याथैनमतियंति. अतिवादं शंसत्यतिवादेन वै देवा असुरानत्युद्याथैनानत्यायंस्तथैवैतद्यजमाना अतिवादेनैवाप्रियं भ्रातृव्यं अत्युद्याथैनमयंति. तमर्धर्चशः शंसति प्रतिष्ठाया एव ॥ ३३ ॥

देवनीथं शंसत्यादित्याश्च ह वा अंगिरसश्च स्वर्गे लोके स्पर्धंत. वयं पूर्व एष्यामो वयमिति ते हांगिरसः पूर्वे श्वः सुत्यां स्वर्गस्य लोकस्य ददृशुस्ते ऽग्निं प्रजिघ्युरंगिरसां वा एको ऽग्निः परेह्यादित्येभ्यः श्वः सुत्यां स्वर्गस्य लोकस्य प्रब्रूहीति ते हादित्या अग्निमेव दृष्ट्वा सद्यः सुत्यां स्वर्गस्य लोकस्य ददृशुस्तानेत्य ब्रवीच्छ्वः सुत्यां वः स्वर्गस्य लोकस्य प्रब्रूम इति ते होचुः अथ वयं तुभ्यं सद्यः सुत्यां स्वर्गस्य लोकस्य प्रब्रूमस्त्वयैव वयं होत्रा स्वर्गं लोकमेष्याम इति स तथेत्युक्त्वा प्रत्युक्तः पुनराजगाम. ते होचुः प्रावोचा३ः इति प्रावोचमिति होवाचाथो मे प्रति प्रावोचन्निति नो हि न प्रत्यज्ञास्था ३ः इति प्रति वा आज्ञासमिति

होवाच यशसा वा एषो ऽभ्येति य आर्त्विज्येन तं यः प्रतिरुन्धे यशः सं प्रतिरुन्धेत्तस्मान्न प्रत्यरौत्सीति यदि त्वप्रमादेनो ऽभिगच्छेदेवै-नमस्माद्यशोदियात्; यदि स्वयमन्यस्त्वयमपोदितं तस्मात् ॥ ३४ ॥

ते हादित्याश्चाङ्गिरसौ याजयंस्तेभ्यो याजयद्भ्यो इमां पृथिवीं पूर्णां दक्षिणानामददुस्तानियं प्रतिगृहीता तपत्तां न्यवृञ्जन्सा हि सिंहीभूत्वा विजृम्भती; जनानचरत्तस्याः शोचत्या इमे प्रदराः प्रादीर्यन्त ये ऽस्या इमे प्रदराः समेव हैव ततः पुरा. तस्मादाहुर्न निर्वृत्तदक्षिणां प्रतिगृह्णीयादन्यया शुचा विध्या शुचा विध्या-दिति यदि त्वेनां प्रतिगृह्णीयादप्रियायैनां भ्रातृव्याय दद्यात्परा हैव भवत्यथ यो ऽसौ तपति स एषो ऽश्वः श्वेतो रूपं कृत्वा ऽश्वाभि-धान्यपिहितेनात्मना प्रतिचक्रम; इमं वो नयाम इति स एष देवमयो ऽभ्युद्यत. आदित्या ह जरितरङ्गिरोभ्यो दक्षिणामनयन्, तां ह जरितर्न प्रत्यायन्निति न हि त इमां प्रत्यायंस्तामु ह जरितः प्रत्यायन्निति प्रति हि ते ऽमुमायन्नेतां ह जरितर्न प्रत्यगृभ्णन्निति न हि त इमां प्रत्यगृभ्णंस्तामु ह जरितः प्रत्य-गृभ्णन्निति प्रति हि ते ऽमुमगृभ्णन्. अहा नेतसन्नविचेतनानीत्यहानि ह वा अस्य विचेतयिता अहा नेतसन्न पुरोगवास इति दक्षिणा वै यज्ञानां पुरोगवी यथा ह वा इदमनो ऽपुरोगवं रिष्यत्येवं हैव यज्ञो ऽदक्षिणो रिष्यति. तस्मादाहुर्दातव्यैव यज्ञे दक्षिणा भवत्यप्यल्पिकापि; उत श्वेत आशुपत्वा उतो पद्याभिर्जविष्ठः उतेमाशु मानं पिपर्ति; आदित्या रुद्रा वसवस्त्वेळते इदं राधः प्रतिगृभ्णीह्यङ्गिर इति प्रतिग्रहमेव तदाधत्स एतच्च इदं राधो बृहत्पृथु. देवा ददत्वासुरं तद्वो अस्तु सुचेतनं, युष्मे अस्तु दिवे दिवे प्रत्येव गृ-

भायतेति मर्त्यवैनमेतदजग्रभैषं. तं वा एतं देवनीथं शंसति पदावग्राहं यथा निविदं तस्योत्तमेन पदेन प्रणौति यथा निविदः ॥ ३५ ॥

भूतेछदः शंसति. भूतेछाद्भिर्वै देवा असुरानुपासचंतोतैव युद्धेनोतैव मायया तेषां वै देवा असुराणां भूतेछद्भिरेव भूतं छादयित्वा. अथैनानत्यायंस्तथैवैतद्यजमाना भूतेछद्भिरेवाप्रियस्य भ्रातृव्यस्य भूतं छादयित्वाथैनमतियंति. ता अर्धर्चशः शंसति प्रतिष्ठाया एव. आहनस्याः शंसत्याहनस्याद्वै रेतः सिच्यते. रेतसः प्रजाः प्रजायंते प्रजातिमेव तद्दधाति. ता दश शंसति दशाक्षरा विराळन्नं विराळन्नाद्रेतः सिच्यते रेतसः प्रजाः प्रजायंते प्रजातिमेव तद्दधाति. ता न्यूंखयत्यन्नं वै न्यूंखो ऽन्नाद्रेतः सिच्यते रेतसः प्रजाः प्रजायंते प्रजातिमेव तद्दधाति. दधिक्राव्णो अकारिषमिति दाधिक्रीं शंसति. देवपवित्रं वै दाधिक्रा इदं वा इदं व्याहनस्यां वाचमवादीत्तद्देवपवित्रेण वाचं पुनीते. सानुष्टुब् भवति वाग्वा अनुष्टुप् तत्स्वेन छंदसा वाचं पुनीते. सुतासो मधुमत्तमा इति पावमानीः शंसति. देवपवित्रं वै पावमान्य इदं वा इदं व्याहनस्यां वाचमवादीत्तद्देवपवित्रेणैव वाचं पुनीते. ता अनुष्टुभो भवंति वाग्वा अनुष्टुप् तत्स्वेनैव छंदसा वाचं पुनीते. अव द्रप्सो अंशुमतीमतिष्ठदित्यैंद्राबार्हस्पत्यं तृचं शंसति. विशो अदेवीरभ्याचरंतीर् बृहस्पतिनायुजेंद्रः ससाह इत्यसुरविशं ह वै देवानभ्युदाचार्य आसीत्स इंद्रो बृहस्पतिनैव युजासुर्यं वर्णमभिदासं तमपाहंस्तथैवैतद्यजमाना इंद्राबृहस्पतिभ्यामेव युजासुर्यं वर्णमभिदासं तमपघ्नते. तदाहुः संशंसेत् षष्ठेऽहा३न् न संशंसे३त् इति संशंसेदित्याहुः कथमन्येष्वहःसु संशंसति कथमत्र न संशंसेदित्यथो खल्वाहुर्नैव संशंसेत्स्वर्गो वै लोकः षष्ठमहरसमायी

वै स्वर्गो लोकः कश्चिद्वै स्वर्गे लोके समेतीति स यत्संशंसेत्समानं तत्कुर्यादथ यन्न संशंसति५३ तत्स्वर्गस्य लोकस्य रूपं. तस्मान्न संशंसेद्यदेव न संशंसति।३ एतानि वा आत्रोक्थानि नाभानेदिष्ठो वालखिल्या वृषाकपिरेवयामरुत्स यत्संशंसेदपीव स एतेषु कामं राध्नुयादैंद्रो वृषाकपिः सर्वाणि छंदांस्यैतशप्रलापस्तत्र स काम उपाप्तो य ऐंद्रे जागते ऽथैंद्रमैंद्राबार्हस्पत्यं सूक्तमैंद्राबार्हस्पत्या परिधानीया तस्मान्न संशंसेन्न संशंसेत्. ॥ ३६ ॥ इत्यैतरेयब्राह्मणे षष्ठपंचिकायां पंचमोऽध्यायः इति षष्ठपंचिका समाप्ता ॥

अथ सप्तमपंचिकाप्रारंभः ॥ श्रीगणेशाय नमः ॥ ओं ॥ अथातः पशोर्विभक्तिस्तस्य विभागं वक्ष्यामो. हनू सजिह्वे प्रस्तोतुः; श्येनं वक्ष उद्गातुः; कंठः काकुद्रः प्रतिहर्तुः; दक्षिणा श्रोणिर्होतुः, सव्या ब्रह्मणो; दक्षिणं सक्थि मैत्रावरुणस्य, सव्यं ब्राह्मणाच्छंसिनो; दक्षिणं पार्श्वं सांसमध्वर्योः, सव्यमुपगातॄणां; सव्योंसः प्रतिप्रस्थातुर्दक्षिणं दोर्नेष्टुः, सव्यं पोतुर्दक्षिण ऊरुरच्छावाकस्य, सव्य आग्नीध्रस्य; दक्षिणो बाहुरात्रेयस्य, सव्यः सदस्यस्य; सदं चानूकं च गृहपतेर्दक्षिणौ पादौ गृहपतेर्व्रतप्रदस्य, सव्यौ पादौ गृहपतेर्भार्यायै व्रतप्रदस्यौष्ठ एनयोः साधारणो भवति. तं गृहपतिरेव प्रशिष्याज्जाघनीं पत्नीभ्यो हरंति तां ब्राम्हणाय दद्युः स्कंध्याश्च मणिकास्तिस्रश्च कीकसा ग्रावस्तुतस्तिस्रश्चैव कीकसा अर्धं च वैकर्तस्योन्नेतु अर्धं च वैकर्तस्य क्लोमा च शमितुस्तद् ब्राह्मणाय दद्याद्यद्यब्राह्मणः स्याच्छिरः सुब्रह्मण्यायै. यः श्वः सुत्यां प्राह तस्याजिनमिळा सर्वेषां होतुर्वा. ता वा एताः षट्त्रिंशतमेकपदा यज्ञं वहंति; षट्त्रिंशदक्षरा वै बृहती बार्हताः स्वर्गा लोकाः प्राणांश्चैव तत्स्वर्गांश्च

लोकानाप्नुवंति प्राणेषु चैव तत्स्वर्गेषु लोकेषु प्रतितिष्ठंतो यंति. स एष स्वर्ग्यः पशुर्य एनमेवं विभजंत्यथ ये ऽतो ऽन्यथा तद्यथा सेलगा वा पापकृतो वा पशुं विमथ्नीरंस्तादृक्तत्ता वा एतां पशोर्विभक्तिं श्रौत ऋषिर्देवभागो विदां चकार. तामु हाप्रोच्यैवास्माल्लोकादुच्चक्रामत्तामु ह गिरिजाय बाभ्रव्याय ऽमनुष्यः प्रोवाच. ततो हैनामेतदर्वाङ् मनुष्या अधीयते ऽधीयते ॥१॥ इत्यैतरेयब्राह्मणे सप्तमपंचिकायां प्रथमो ऽध्यायः ॥ १ ॥

तदाहुर्य आहिताग्निरुपवसथे म्रियेत कथमस्य यज्ञः स्यादिति ! नैनं याजयेदित्याहुरनभिप्राप्तो हि यज्ञं भवतीति तदाहुर्य आहिताग्निरधिश्रिते ऽग्निहोत्रे सान्नाय्ये वा हविष्षु वा म्रियेत का तत्र प्रायश्चित्तिरित्यग्नावेनान्यनुपर्यादध्यात्तद्यथा सर्वाणि संदह्येरन्त्सा तत्र प्रायश्चित्तिस्तदाहुर्य आहिताग्निरासन्नेषु हविष्षु म्रियेत का तत्र प्रायश्चित्तिरिति ! याभ्य एव तानि देवताभ्यो हवींषि गृहीतानि भवंति ताभ्यः स्वाहेत्यग्नावेनान्याहवनीये सर्वहुंति जुहुयात्सा तत्र प्रायश्चित्तिस्तदाहुर्य आहिताग्निः प्रवसन्म्रियेत कथमस्याग्निहोत्रं स्यादित्यभिवान्यवत्सायाः पयसा जुहुयादन्यदिवैतत्पयो यदभिवान्यवत्साया अन्यदिवैतदग्निहोत्रं यत्प्रेतस्यापि वा यत एव कुतश्च पयसा जुहुयुरथाप्याहुरेवमेवैनानजस्रानजुह्वत इंधीरन्ना शरीराणामाहर्तोरिति यदि शरीराणि न विद्येरन्पर्णशरः षष्टिस्त्रीणि च शतान्याहृत्य तेषां पुरुषरूपकमिव कृत्वा तस्मिंस्तामावृतं कुर्युरथैनाच्छरीरैराहृतैः संस्पर्श्योद्वासयेयुरध्यर्धशतं काये सक्थिनी द्विपंचाशे च विंशे चोरू द्विपंचाविंशे शेषं तु शिरस्युपरिदध्यात्सा तत्र प्रायश्चित्तिः ॥२॥

तदाहुर्यस्याग्निहोत्र्युपावसृष्टा दुह्यमानोपविशेत्का तत्र प्रायश्चि-

त्तिरिति तामभिमंत्रयेत. यस्माद्भीषा निषीदासि ततो नोअभयं कृधि पशून्नः सर्वान् गोपाय नमो रुद्राय मीळ्हुष इति तामुत्थापयेदुदस्था देव्यादितिरायुर्यज्ञपतावधात्; इंद्राय कृण्वती भागं मित्राय वरुणाय चेत्यथास्या उदपात्रमूधसिच मुखेचोपगृण्हीयादथैनां ब्राह्मणाय दद्यात्सा तत्र प्रायश्चित्तिस्तदाहुर्यस्याग्निहोत्र्युपावसृष्टा दुह्यमाना वाश्येत का तत्र प्रायश्चित्तिरित्यशनायां ह वा एषा यजमानस्य प्रतिख्याय वाश्यते तामन्नमप्यादयेच्छांत्यै. शांतिर्वा अन्नं; सूयवसाद्भगवती हि भूया इति सा तत्र प्रायश्चित्तिस्तदाहुर्यस्याग्निहोत्र्युपावसृष्टा दुह्यमाना स्यंदेत का तत्र प्रायश्चित्तिरिति! सा यत्तत्र स्कंदयेत्तदभिमृश्य जपेद्यदद्य दुग्धं पृथिवीमसृप्त यदोषधीरत्यसृपद्यदापः पयो गृहेषु पयो अघ्न्यायां पयो वत्सेषु पयो अस्तु तन्मयीति तत्र यत्परिशिष्टं स्यात्तेन जुहुयाद्यद्यलं होमाय स्याद् यद्यु वै सर्वं सिक्तं स्यादथान्यामाहूय तां दुग्ध्वा तेन जुहुयादात्वेव श्रद्धायै होतव्यं सा तत्र प्रायश्चित्तिः ॥ ३ ॥

तदाहुर्यस्य सायं दुग्धं सान्नाय्यं दुष्येद्वा अपहरेद्वा का तत्र प्रायश्चित्तिरिति! प्रातर्दुग्धं द्वैधं कृत्वा तस्यान्यतरां भक्तिमातच्य तेन यजेत सा तत्र प्रायश्चित्तिस्तदाहुर्यस्य प्रातर्दुग्धं सान्नाय्यं दुष्येद्वा अपहरेद्वा का तत्र प्रायश्चित्तिरित्यैंद्रं वा माहेंद्रं वा पुरोळाशं तस्य स्थाने निरुप्य तेन यजेत सा तत्र प्रायश्चित्तिस्तदाहुर्यस्य सर्वमेव सान्नाय्यं दुष्येद्वा अपहरेद्वा का तत्र प्रायश्चित्तिरित्यैंद्रं वा माहेंद्रं वेति समानं सा तत्र प्रायश्चित्तिस्तदाहुर्यस्य सर्वाण्येव हवींषि दुष्येयुर्वा अपहरेयुर्वा का तत्र प्रायश्चित्तिरित्याज्यस्यैनानि यथादेवतं परिकल्प्य तयाज्यहविषेष्ट्या यजेतातो अन्यामिष्टिमनुल्बणां तन्वीत यज्ञो यज्ञस्य प्रायश्चित्तिः ॥ ४ ॥

तदाहुर्यस्याग्निहोत्रमधिश्रितममेध्यमापद्येत का तत्र प्रायश्चित्ति-रिति सर्वमेवैनत्स्रुच्यभिपर्यासिच्य प्राङुदेत्याहवनीये हैतां समिध-मभ्यादधात्यथोत्तरत आहवनीयस्योष्णं भस्म निरूह्य जुहुयान्म-नसा वा प्राजापत्यया वर्चा तद्धुतंचाहुतं च स यद्येकस्मिन्नुन्नीते यदि द्वयोरेष एव कल्पस्तच्चेद् व्यपनयितुं शक्नुयान्निश्च्यैतदुष्टम-दुष्टमभिपर्यासिच्य तस्य यथोन्नीती स्यात्तथा जुहुयात्सा तत्र प्रायश्चित्तिस्तदाहुर्यस्याग्निहोत्रमधिश्रितं स्कंदति वा विष्यंदते वा का तत्र प्रायश्चित्तिरिति तदद्भिरुपनिनयेच्छान्त्यै शान्तिर्वा आपो ऽथैनद्दक्षिणेन पाणिना ऽभिमृश्य जपति. दिवं तृतीयं देवान्यज्ञो गात्ततो मा द्रविणमाष्टांतरिक्षं तृतीयं पितॄन् यज्ञो गात्ततो मा द्रविणमाष्ट. पृ-थिवीं तृतीयं मनुष्यान् यज्ञो गात्ततो मा द्रविणमाष्ट. ययोरोजसा स्कभिता रजांसीति वैष्णुवारुणीमृचं जपति. विष्णुर्वै यज्ञस्य दुरिष्टं पाति वरुणः स्विष्टं तयोरुभयोरेव शान्त्यै सा तत्र प्रायश्चित्तिस्तदा-हुर्यस्याग्निहोत्रमधिश्रितं प्राङुदायन्स्खलते वा ऽपि वा भ्रंशते का तत्र प्रायश्चित्तिः स यद्युपनिवर्तयेत्स्वर्गाल्लोकाद्यजमानमावर्तयेदत्रैवा-स्मा उपविष्टायैतमग्निहोत्रपरिशेषमाहरेयुस्तस्य यथोन्नीती स्यात्तथा जुहुयात्सा तत्र प्रायश्चित्तिस्तदाहुरथ यदि स्रुग्भिद्येत का तत्र प्रायश्चित्तिरित्यन्यां स्रुचमाहृत्य जुहुयादथैतां स्रुचं भिन्नामाहवनीये ऽभ्यादध्यात्प्राग्दंडां प्रत्यक्पुष्करां सा तत्र प्रायश्चित्तिस्तदाहुर्यस्या-हवनीये हाग्निर्विद्येताथ गार्हपत्य उपशाम्येत्का तत्र प्रायश्चित्तिरिति। स यदि प्रांचमुद्धरेत्प्रायतनाच्च्यवेत यत्प्रत्यंचमसुरवद्यज्ञं तन्वीत यन्मंथेद् भ्रातृव्यं यजमानस्य जनयेद्यदनुगमयेत्प्राणो यजमानं जह्यात्सर्वमेवैनं सहभस्मानं समोप्य गार्हपत्यायतने निधायाथ प्रांचमाहवनीयमुद्धरेत्सा तत्र प्रायश्चित्तिः ॥ ५ ॥

तदाहुर्यस्याग्नावग्निमुद्धरेयुः का तत्र प्रायश्चित्तिरिति स यद्यनुपश्येदुद्धृत्य पूर्वमपरं निदध्याद्यद्यनानुपश्येत्सोऽग्नये ऽग्निवतेऽष्टाकपालं पुरोळाशं निर्वपेत्तस्य याज्यानुवाक्ये, अग्निनाग्निः समिध्यते, त्वं ह्यग्ने अग्निनेत्याहुतिं वाहवनीये जुहुयादग्नयेऽग्निवते स्वाहेति सा तत्र प्रायश्चित्तिस्तदाहुर्यस्य गार्हपत्याहवनीयौ मिथः संसृज्येयातां का तत्र प्रायश्चित्तिरिति? सोऽग्नये वीतयेऽष्टाकपालं पुरोळाशं निर्वपेत्तस्य याज्यानुवाक्ये, अग्न आयाहि वीतये, यो अग्निं देववीतय इत्याहुतिं वाहवनीये जुहुयादग्नये वीतये स्वाहेति सा तत्र प्रायश्चित्तिस्तदाहुर्यस्य सर्व एवाग्नयो मिथः संसृज्येरन्का तत्र प्रायश्चित्तिरिति? सोऽग्नये विविचयेऽष्टाकपालं पुरोळाशं निर्वपेत्तस्य याज्यानुवाक्ये, स्वर्ण वस्तोरुषसामरोचि, त्वामग्ने मानुषीरीळते विश इत्याहुतिं वाहवनीये जुहुयादग्नये विविचये स्वाहेति सा तत्र प्रायश्चित्तिस्तदाहुर्यस्याग्नयोऽन्यैरग्निभिः संसृज्येरन्का तत्र प्रायश्चित्तिरिति? सोऽग्नये क्षामवतेऽष्टाकपालं पुरोळाशं निर्वपेत्तस्य याज्यानुवाक्ये, अक्रन्ददग्निस्तनयन्निव द्यौः, अधा यथा नः पितरः परास इत्याहुतिं वाहवनीये जुहुयादग्नये क्षामवते स्वाहेति सा तत्र प्रायश्चित्तिः ॥ ६ ॥

तदाहुर्यस्याग्नयो ग्राम्येणाग्निना संदह्येरन्का तत्र प्रायश्चित्तिरिति? सोऽग्नये संवर्गायाष्टाकपालं पुरोळाशं निर्वपेत्तस्य याज्यानुवाक्ये, कुवित्सु नो गविष्टये, मा नो अस्मिन्महाधन इत्याहुतिं वाहवनीये जुहुयादग्नये संवर्गाय स्वाहेति सा तत्र प्रायश्चित्तिस्तदाहुर्यस्याग्नयो दिव्येनाग्निना संसृज्येरन्का तत्र प्रायश्चित्तिरिति? सोऽग्नयेऽप्सुमतेऽष्टाकपालं पुरोळाशं निर्वपेत्तस्य याज्यानुवाक्ये, अप्स्वग्ने सधिष्टव, मयो दधे मेधिरः

पूतदक्ष इत्याहुतिं वाहवनीये जुहुयादग्नये ऽप्सुमते स्वाहेति सा तत्र प्रायश्चित्तिस्तदाहुर्यस्याग्नयः शवाग्निना संसृज्येरन् का तत्र प्रायश्चित्तिरिति ? सो ऽग्नये शुचये ऽष्टाकपालं पुरोळाशं निर्वपेत्तस्य याज्यानुवाक्ये, अग्निः शुचिव्रततम, उदग्ने शुचयस्तवेत्याहुतिं वाहवनीये जुहुयादग्नये शुचये स्वाहेति सा तत्र प्रायश्चित्तिस्तदाहुर्यस्याग्नय आरण्येनाग्निना संदह्येरन् का तत्र प्रायश्चित्तिरिति ? समेवारोपयेदरणी वोल्मुकं वा प्रोक्षयेद्यद्याहवनीयाद्यदि गार्हपत्याद्यदि न शक्नुयात्सो ऽग्नये संवर्गायाष्टाकपालं पुरोळाशं निर्वपेत्तस्योक्ते याज्यानुवाक्ये आहुतिं वाहवनीये जुहुयादग्नये संवर्गाय स्वाहेति सा तत्र प्रायश्चित्तिः ॥ ७ ॥

तदाहुर्य आहिताग्निरुपवसथे ऽश्रु कुर्वीत का तत्र प्रायश्चित्तिरिति ? सो ऽग्नये व्रतभृते ऽष्टाकपालं पुरोळाशं निर्वपेत्तस्य याज्यानुवाक्ये, त्वमग्ने व्रतभृच्छुचिर्, व्रतानि बिभ्रद् व्रतपा अदब्ध इत्याहुतिं वाहवनीये जुहुयादग्नये व्रतभृते स्वाहेति सा तत्र प्रायश्चित्तिस्तदाहुर्य आहिताग्निरुपवसथे ऽव्रत्यमापद्येत का तत्र प्रायश्चित्तिरिति? सो ऽग्नये व्रतपतये ऽष्टाकपालं पुरोळाशं निर्वपेत्तस्य याज्यानुवाक्ये, त्वमग्ने व्रतपा असि, यद्वो वयं प्रमिनाम व्रतानीत्याहुतिं वाहवनीये जुहुयादग्नये व्रतपतये स्वाहेति सा तत्र प्रायश्चित्तिस्तदाहुर्य आहिताग्निरमावास्यां पौर्णमासीं वा ऽतीयात्का तत्र प्रायश्चित्तिरिति ? सो ऽग्नये पथिकृते ऽष्टाकपालं पुरोळाशं निर्वपेत्तस्य याज्यानुवाक्ये, वेत्था हि वेधो अध्वन, आ देवानामपि पंथामगन्मेत्याहुतिं वाहवनीये जुहुयादग्नये पथिकृते स्वाहेति सा तत्र प्रायश्चित्तिस्तदाहुर्यस्य सर्व एवाग्नय उपशाम्येरन् का तत्र प्रायश्चित्तिरिति ? सो ऽग्नये तपस्वते जन-

द्वते पावकवते ऽष्टाकपालं पुरोळाशं निर्वपेत्तस्य याज्यानुवाक्ये, आयाहि तपसा जनेषु, आ नो याहि तपसा जनेष्वित्याहुतिं वाहवनीये जुहुयादग्नये तपस्वते जनद्वते पावकवते स्वाहेति सा तत्र प्रायश्चित्तिः ॥ ८ ॥

तदाहुर्य आहिताग्निराग्रयणेनानिष्ट्वा नवान्नं प्राश्नीयात्का तत्र प्रायश्चित्तिरिति ? सो ऽग्नये वैश्वानराय द्वादशकपालं पुरोळाशं निर्वपेत्तस्य याज्यानुवाक्ये, वैश्वानरो अजीजनत्, पृष्टो दिवि पृष्टो अग्निः पृथिव्यामित्याहुतिं वाहवनीये जुहुयादग्नये वैश्वानराय स्वाहेति सा तत्र प्रायश्चित्तिस्तदाहुर्य आहिताग्निर्यदि कपालं नश्येत्का तत्र प्रायश्चित्तिरिति ? सो ऽश्विभ्यां द्विकपालं पुरोळाशं निर्वपेत्तस्य याज्यानुवाक्ये, अश्विना वर्तिरस्मद्, आ गोमता नासत्या रथेनेत्याहुतिं वाहवनीये जुहुयादश्विभ्यां स्वाहेति सा तत्र प्रायश्चित्तिस्तदाहुर्य आहिताग्निर्यदि पवित्रं नश्येत् का तत्र प्रायश्चित्तिरिति ? सो ऽग्नये पवित्रवते ऽष्टाकपालं पुरोळाशं निर्वपेत्तस्य याज्यानुवाक्ये, पवित्रं ते विततं ब्रह्मणस्पते, तपोष्पवित्रं विततं दिवस्पद इत्याहुतिं वाहवनीये जुहुयादग्नये पवित्रवते स्वाहेति सा तत्र प्रायश्चित्तिस्तदाहुर्य आहिताग्निर्यदि हिरण्यं नश्येत्का तत्र प्रायश्चित्तिरिति ? सो ऽग्नये हिरण्यवते ऽष्टाकपालं पुरोळाशं निर्वपेत्तस्य याज्यानुवाक्ये, हिरण्यकेशो रजसो विसारे, आ ते सुपर्णा अमिनंतँ एवैरित्याहुतिं वाहवनीये जुहुयादग्नये हिरण्यवते स्वाहेति सा तत्र प्रायश्चित्तिस्तदाहुर्य आहिताग्निर्यदि प्रातस्स्नातो ऽग्निहोत्रं जुहुयात् का तत्र प्रायश्चित्तिरिति ? सो ऽग्नये वरुणायाष्टाकपालं पुरोळाशं निर्वपेत्तस्य याज्यानुवाक्ये, त्वं नो अग्ने वरुणस्य विद्वान्, स त्वं नो अग्ने ऽवमो भवोतीत्याहुतिं वाहवनीये

जुहुयादग्नये वरुणाय स्वाहेति सा तत्र प्रायश्चित्तिस्तदाहुर्य आहिताग्निर्यदि सूतकान्नं प्राश्नीयात्का तत्र प्रायश्चित्तिरिति ! सोऽग्नये तंतुमते ऽष्टाकपालं पुरोळाशं निर्वपेत्तस्य याज्यानुवाक्ये, तंतुं तन्वन्रजसो भानुमन्विहि, अक्षानहो नह्यतनोत सोम्या इत्याहुतिं वाहवनीये जुहुयादग्नये तंतुमते स्वाहेति सा तत्र प्रायश्चित्तिस्तदाहुर्य आहिताग्निर्जीवे मृतशब्दं श्रुत्वा का तत्र प्रायश्चित्तिरिति ! सोऽग्नये सुरभिमते ऽष्टाकपालं पुरोळाशं निर्वपेत्तस्य याज्यानुवाक्ये, अग्निर्होता न्यसीदद्यजीयान्, साध्वीमकर्देववीतिं नो अद्येत्याहुतिं वाहवनीये जुहुयादग्नये सुरभिमते स्वाहेति सा तत्र प्रायश्चित्तिस्तदाहुर्य आहिताग्निर्यस्य भार्या गौर्वा यमौ जनयेत्का तत्र प्रायश्चित्तिरिति ! सोऽग्नये मरुत्वते त्रयोदशकपालं पुरोळाशं निर्वपेत्तस्य याज्यानुवाक्ये, मरुतो यस्य हि क्षये, अरा इवेदचरमा अहेवेत्याहुतिं वाहवनीये जुहुयादग्नये मरुत्वते स्वाहेति सा तत्र प्रायश्चित्तिस्तदाहुरपत्नीकोऽप्यग्निहोत्रमाहरे३त् नाहरे३त् इति आहरेदित्याहुर्यदि नाहरेदनद्धापुरुषः को ऽनद्धापुरुष इति ! न देवान्न पितॄन्न मनुष्या इति तस्मादपत्नीको ऽप्यग्निहोत्रमाहरेत्तदेषाभियज्ञगाथा गीयते. यजेत्सौत्रामण्यामपत्नीको ऽप्यसोमपः; मातापितृभ्यामनृणार्थाद्यजेति वचनाच्छ्रुतिरिति तस्मात्सौम्यं याजयेत्. ॥ ९ ॥

तदाहुर्याचा ऽपत्नीको ऽग्निहोत्रं कथमेव जुहोति निविष्टे मृता पत्नी; नष्टावाग्निहोत्रं कथमग्निहोत्रं जुहोति ! पुत्रान्पौत्रान्नप्तॄनित्याहुरस्मिंश्च लोके ऽमुष्मिंश्चास्मिन् लोके ऽयं स्वर्गो स्वर्गेण स्वर्गं लोकमारुरोहेत्यमुष्यैव लोकस्य संततिं धारयति यस्यैषा पत्नी नैछेत्तस्मादपत्नीकस्याधानं कुर्वन्यपत्नीको ऽग्निहोत्रं कथमग्निहोत्रं जुहोति! श्रद्धा पत्नी

सत्यं यजमानः श्रद्धा सत्यं तदित्युत्तमं मिथुनं; श्रद्धया सत्येन मिथुनेन स्वर्गा लोका जयंतीति ॥ १० ॥

तदाहुर्यद्दर्शपूर्णमासयोरुपवसति न ह वा अव्रतस्य देवा हविरश्नंति. तस्मादुपवसत्युत मे देवा हविरश्नीयुरिति पूर्वां पौर्णमासीमुपवसेदिति पैंग्यमुत्तरामिति कौषीतकं. या पूर्वा पौर्णमासी सानुमतिर्योत्तरा सा राका; या पूर्वामावास्या सा सिनीवाली; योत्तरा सा कुहूर्या पर्यस्तमियादभ्युदियादिति सा तिथिः पूर्वां पौर्णमासीमुपवसेदनिर्ज्ञाय पुरस्तादमावास्यायां चंद्रमसं यदुपैति यद्यजते तेन सोमं क्रीणंति. तेनोत्तरमुत्तरामुपवसेदुत्तराणि ह वै सोमो यजते सोममनु दैवतमेतद्वै देवसोमं यच्चंद्रमास्तस्मात्तस्मादुत्तरामुपवसेत् ॥ ११ ॥

तदाहुर्यस्याग्निमनुद्धृतमादित्यो ऽभ्युदियाद्वा ऽभ्यस्तमियाद्वा प्रणीतो वा प्राग्घोमादुपशाम्येत्का तत्र प्रायश्चित्तिरिति ? हिरण्यं पुरस्कृत्य सायं उद्धरेज्ज्योतिर्वै शुक्रं हिरण्यं ज्योतिः शुक्रमसौ तदेव तज्ज्योतिः शुक्रं पश्यन्नुद्धरति. रजतमंतर्धाय प्रातरुद्धरेदेतद्रात्रिरूपं पुरा संभेदा छायानामाहवनीयमुद्धरेन्मृत्युर्वै तमश्छाया तेनैव तज्ज्योतिषा मृत्युं तमश्छायां तरति सा तत्र प्रायश्चित्तिस्तदाहुर्यस्य गार्हपत्याहवनीयावंतरेणा नो वा रथो वा ऽश्वा वा प्रतिपद्येत का तत्र प्रायश्चित्तिरिति ! नेनन्मनसि कुर्यादित्याहुरात्मन्यस्य हिता भवंतीति तच्चेन्मनसि कुर्वीत गार्हपत्यादविछिन्नामुदकधारां हरेत्, तंतुं तन्वन्रजसो भानुमन्विहीत्याहवनीयात्सा तत्र प्रायश्चित्तिस्तदाहुः कथमग्नीनन्वादधानो ऽन्वाहार्यपचनमाहरये ३ न्नाहारये ३ दिति आहारयेदित्याहुः प्राणान्वा एषो ऽभ्यात्मं धत्ते यो ऽग्नीनाधत्ते तेषामेषो ऽन्नादतमो भवति यदन्वाहार्यपचन-

स्तस्मिन्नेतामाहुतिं जुहोत्यग्नये ऽन्नादायान्नपतये स्वाहेति अन्नादो हान्नपतिर्भवत्यश्नुते प्रजयान्नाद्यं य एवं वेद. अंतरेण गार्हपत्याहवनीयौ होष्यंत्संचरेतैतेन ह वा एनं संचरमाणमग्नयो विदुरयमस्मासु होष्यतीत्येतेन ह वा अस्य संचरमाणस्य गार्हपत्याहवनीयौ पाप्मानमपहतः सो ऽपहतपाप्मोर्ध्वः स्वर्गं लोकमेतीति वै ब्राह्मणमुदाहरंति. तदाहुः कथमग्नीन्प्रवत्स्यन्नुपतिष्ठेत प्रोष्य वा प्रत्येत्याहरहर्वेति तूष्णीमित्याहुः तूष्णीं वै श्रेयस आकांक्षंते ऽथाप्याहुरहरहर्वा एते यजमानस्याश्नस्यतोद्वासनात्प्रवसनाद्बिभ्यति. तानुपतिष्ठेतैवाभयं वो ऽभयं मे ऽस्त्वित्यभयं हैवास्मै भवत्यभयं हैवास्मै भवति ॥ १२ ॥ इत्यैतरेयब्राह्मणे सप्तमपंचिकायां द्वितीयो ऽध्यायः ॥ २ ॥

हरिश्चंद्रो ह वैधस ऐक्ष्वाको राजा ऽपुत्र आस. तस्य ह शतं जाया बभूवुः तासु पुत्रं न लेभे. तस्य ह पर्वतनारदौ गृह ऊषतुः स ह नारदं पप्रच्छ. यन्विमं पुत्रमिच्छंति ये विजानंति येच न; किंस्वित्पुत्रेण विंदते तन्म आचक्ष्व नारदेति स एकया पृष्टो दशभिः प्रत्युवाच. ऋणमस्मिन्संनयत्यमृतत्वंच गच्छति; पिता पुत्रस्य जातस्य पश्येच्चेज्जीवतो मुखं. यावंतः पृथिव्यां भोगा यावंतो जातवेदसि; यावंतो अप्सु प्राणिनां भूयान्पुत्रे पितुस्ततः. शश्वत्पुत्रेण पितरो ऽत्यायन्बहुलं तमः; आत्मा हि जज्ञ आत्मनः स इरावत्यतितारिणी. किंनु मलं किमजिनं किमु श्मश्रूणि किं तपः; पुत्रं ब्रह्माण इच्छध्वं स वै लोको ऽवदावदः. अन्नं ह प्राणः शरणं ह वासो रूपं हिरण्यं पशवो विवाहाः; सखा ह जाया कृपणं ह दुहिता ज्योतिर्ह पुत्रः परमे व्योमन्. पतिर्जायां प्रविशति गर्भो भूत्वा स मातरं; तस्यां पुनर्नवो भूत्वा दशमे मासि जायते.

तज्जाया जाया भवति यदस्यां जायते पुनः; आभूतिरेषा भूति र्बीजमेतन्निधीयते. देवाश्चैतामृषयश्च तेजः समभरन्महत्; देवा मनुष्यानब्रुवन्नेषा वो जननी पुनः. नापुत्रस्य लोकोऽस्तीतितत्सर्वे पशवो विदुः; तस्मात्तु पुत्रो मातरं स्वसारं चाधिरोहति. एष पंथा उरुगायः सुशेवो यं पुत्रिण आक्रमंते विशोकाः; तं पश्यंति पशवो वयांसिच तस्मात्ते मात्रापि मिथुनीभवंतीति ह स्मा आख्याय ॥ १३ ॥

अथैनमुवाच वरुणं राजानमुपधाव पुत्रो मे जायतां तेन त्वा यजा इति तथेति. स वरुणं राजानमुपससार पुत्रो मे जायतां तेन त्वा यजा इति तथेति. तस्य ह पुत्रो जज्ञे रोहितो नाम तं होवाचाजनि ते वै पुत्रो यजस्व मानेनेति स होवाच यदा वै पशुर्निर्दशो भवत्यथ स मेध्यो भवति. निर्दशो न्वस्त्वथ त्वा यजा इति तथेति स ह निर्दश आस. तं होवाच निर्दशो न्वभूद्य-जस्व मानेनेति स होवाच यदा वै पशोर्दंता जायंते ऽथ स मेध्यो भवति. दंता न्वस्य जायंतामथ त्वा यजा इति तथेति. तस्य ह दंता जज्ञिरे. तं होवाचाज्ञतवा अस्य दंता यजस्व मानेनेति स होवाच. यदा वै पशोर्दंताः पद्यंते ऽथ स मेध्यो भवति. दंता न्वस्य पद्यंतामथ त्वा यजा इति तथेति तस्य ह दंताः पेदिरे. तं होवाचापत्स्तवा अस्य दंता यजस्व मानेनेति स होवाच. यदा वै पशोर्दंताः पुनर्जायंते ऽथ स मेध्यो भवति. दंता न्वस्य पुनर्जायंतामथ त्वा यजा इति तथेति. तस्य ह दंताः पुनर्जज्ञिरे. तं होवाचाज्ञतवा अस्य पुनर्दंता यजस्व मानेनेति स होवाच यदा वै क्षत्रियः सान्नाहुको भवत्यथ स मेध्यो भवति सन्नाहन्नु प्राप्नोत्वथ त्वा यजा इति तथेति. स ह सन्नाहं प्रापत्तं होवाच सन्नाहन्नु प्रापोद्यजस्व माने

नेति स तथेत्युक्त्वा पुत्रमामंत्रयामास ततायं वै मह्यं त्वामददादंत त्वयाहमिमं यजा इति स ह नेत्युक्त्वा धनुरादायारण्यमपातस्थौ स संवत्सरमरण्ये चचार ॥ १४ ॥

अथ हैक्ष्वाकं वरुणो जग्राह तस्य होदरं जज्ञे तदु ह रोहितः शुश्राव. सो ऽरण्याद् ग्राममेयाय तमिंद्रः पुरुषरूपेण पर्येत्योवाच. नाना श्रांताय श्रीरस्तीति रोहित शुश्रुम; पापो नृषद्वरो जन इंद्र इच्चरतः सखा चरैवेति चरैवेति वै मा ब्राम्हणो वोचदिति ह. द्वितीयं संवत्सरमरण्ये चचार सो ऽरण्याद् ग्राममेयाय तमिंद्रः पुरुषरूपेण पर्येत्योवाच, पुष्पिण्यौ चरतो जंघे भूष्णुरात्मा फलग्रहिः; शेरे ऽस्य सर्वे पाप्मानः श्रमेण प्रपथे हताश्चरैवेति चरैवेति वै मा ब्राम्हणो वोचदिति ह तृतीयं संवत्सरमरण्ये चचार. सो ऽरण्याद् ग्राममेयाय, तमिंद्रः पुरुषरूपेण पर्येत्योवाच, आस्ते भग आसीनस्योर्ध्वस्तिष्ठति तिष्ठतः; शेते निपद्यमानस्य चराति चरतो भगश्चरैवेति चरैवेति वै मा ब्राम्हणो वोचदिति ह. चतुर्थं संवत्सरमरण्ये चचार. सो ऽरण्याद् ग्राममेयाय तमिंद्रः पुरुषरूपेण पर्येत्योवाच, कलिः शयानो भवति संजिहानस्तु द्वापरः; उत्तिष्ठंस्त्रेता भवति कृतं संपद्यते चरन्; चरैवेति चरैवेति वै मा ब्राम्हणो वोचदिति ह पंचमं संवत्सरमरण्ये चचार. सो ऽरण्याद् ग्राममेयाय. तमिंद्रः पुरुषरूपेणं पर्येत्योवाच, चरन्वै मधु विंदति चरन्स्वादुमुदुंबरं; सूर्यस्य पश्य श्रेमाणं यो न तंद्रयते चरंश्चरैवेति चरैवेति वै मा ब्राह्मणो वोचदिति ह षष्ठं संवत्सरमरण्ये चचार. सोऽजीगर्तं सौयवसिमृषिमशनया परीतमरण्य उपेयाय. तस्य ह त्रयः पुत्रा आसुः. शुनःपुच्छः शुनःशेपः शुनोलांगूल इति तं होवाच ऋषे ऽहं ते शतं ददाम्यहमेषामेकेनात्मानं निष्क्रीणा इति

स ज्येष्ठं पुत्रं निगृण्हान उवाच, नन्विममिति नो एवेममिति कनिष्ठं माता. तौ ह मध्यमे संपादयां चक्रतुः शुनःशेपे. तस्य ह शतं दत्वा स तमादाय सो ऽरण्याद् ग्राममेयाय. स पितरमेत्योवाच तत हंताहमनेनात्मानं निष्क्रीणा इति स वरुणं राजानमुपससारानेन त्वा यजा इति तथेति भूयान्वै ब्राम्हणः क्षत्रियादिति वरुण उवाच. तस्मा एतं राजसूयं यज्ञक्रतुं प्रोवाच. तमेतमभिषेचनीये पुरुषं पशुमालेभे ॥ १५ ॥

तस्य ह विश्वामित्रो होतासीज्जमदग्निरध्वर्युर्वसिष्ठो ब्रह्मायास्य उद्गाता. तस्मा उपाकृताय नियोक्तारं न विविदुः. स होवाचाजीगर्तः सौयवसिर्मह्यमपरं शतं दत्ताहमेनं नियोक्ष्यामीति तस्मा अपरं शतं ददुस्तं स निनियोज. तस्मा उपाकृताय नियुक्तायाप्रीताय पर्यग्निकृताय विशसितारं न विविदुः. स होवाचाजीगर्तः सौयवसिर्मह्यमपरं शतं दत्ताहमेनं विशसिष्यामीति तस्मा अपरं शतं ददुः. सो ऽसिं निःशान एयायाथ ह शुनःशेप ईक्षां चक्रे ऽमानुषमिव वै मा विशसिष्यंति. हंताहं देवता उपधावामीति स प्रजापतिमेव प्रथमं देवतानामुपससार, कस्य नूनं कतमस्यामृतानामित्येतयर्चा. तं प्रजापतिरुवाचाग्निर्वै देवानां नेदिष्ठस्तमेवोपधावेति सो ऽग्निमुपससार, अग्नेर्वयं प्रथमस्यामृतानामित्येतयर्चा. तमग्निरुवाच. सविता वै प्रसवानामीशे, तमेवोपधावेति स सवितारमुपससार, अभि त्वा देव सवितरित्येतेन तृचेन. तं सवितोवाच वरुणाय वै राज्ञे नियुक्तो ऽसीति तमेवोपधावेति स वरुणं राजानमुपससारात उत्तराभिरेकत्रिंशता. तं वरुण उवाचाग्निर्वै देवानां मुखं सुहृदयतमस्तं नु स्तुह्यथ त्वोत्स्रक्ष्याम इति सो ऽग्निं तुष्टावात उत्तराभिर्द्वाविंशत्या. तमग्निरुवाच विश्वान्नु देवान् स्तुह्यथ त्वोत्स्रक्ष्याम इति स विश्वान्देवांस्तुष्टाव नमो महद्भ्यो

नमो अर्भकेभ्यो नमो इत्येतयर्चा. तं विश्वेदेवा ऊचुरिंद्रो वै देवाना मोजिष्ठो बलिष्ठः सहिष्ठः सत्तमः पारयिष्णुतमस्तन्नु स्तुह्यथ त्वोत्स्रक्ष्याम इति स इंद्रं तुष्टाव, यच्चिद्धि सत्य सोमपा इति चैतेन सूक्तेनोत्तरस्य पंचदशभिस्तस्मा इंद्रः स्तूयमानः प्रीतो मनसा हिरण्य रथं ददौ. तमेतया प्रतीयाय, शश्वदिंद्र इति तमिंद्र उवाचाश्विनौ नु स्तुह्यथ त्वोत्स्रक्ष्याम इति सो ऽश्विनौ तुष्टावात उत्तरेण तृचेन. तमश्विना ऊचतुरुषसं नु स्तुह्यथ त्वोत्स्रक्ष्याम इति स उषसं तुष्टावात उत्तरेण तृचेन. तस्य ह स्मर्च्यृच्युक्तायां विपाशो मुमुचे कनीय ऐक्ष्वाकस्योदरं भवत्युत्तमस्यामेवर्च्युक्तायां विपाशो मुमुचे-ऽगद ऐक्ष्वाक आस ॥ १६ ॥

तमृत्विज ऊचुस्त्वमेव नो ऽस्यान्हः संस्थामधिगच्छेत्यथ हैतं शुनःशेपो ऽंजःसवं ददर्श तमेताभिश्चतसृभिरभिसुषाव यच्चिद्धि त्वं गृहे गृह इत्यथैनं द्रोणकलशमभ्यवनिनाय, उच्छिष्टं चम्वोर्भरेत्येत-यर्चा ऽथ हास्मिन्नन्वारब्धे पूर्वाभिश्चतसृभिःस स्वाहाकाराभिर्जुहवां चकाराथैनमवभृथमभ्यवनिनाय, त्वं नो अग्ने वरुणस्य विद्वानित्येताभ्या मथैनमत ऊर्ध्वमग्निमाहवनीयमुपस्थापयां चकार, शुनश्चिच्छेपं निदितं सहस्रादित्यथ ह शुनःशेपो विश्वामित्रस्यांकमाससाद. स होवा-चाजीगर्तः सौयवसिर्ऋषे पुनर्मे पुत्रं देहीति नेति होवाच. वि-श्वामित्रो देवा वा इमं मह्यमरासतेति स ह देवरातो वैश्वामि-त्र आस. तस्यैते कापिलेयबाभ्रवाः स होवाचाजीगर्तः सौय-वसिस्त्वं वेहि विव्हयावहा इति स होवाचाजीगर्तः सौयवसिरा-ङ्गिरसो जन्मनास्याजीगर्तिः श्रुतः कविः; ऋषे पैतामहात्तंतोर्मा ऽपगाः पुनरेहि मामिति स होवाच शुनःशेपो दर्शुस्त्वा शासहस्तं न य-च्छूद्रेष्वलप्सत; गवां त्रीणि शतानि त्वमवृणीथा मदंगिर इति

स होवाचाजीगर्तः सौयवसिस्तद्वै मा तात तपति पापं कर्म मया कृतं, तदहं निन्हवे तुभ्यं प्रतियंतु शता गवामिति स होवाच शुनःशेपो यः सकृत्पापकं कुर्यात्कुर्यादेनत्ततो ऽपरं; नापागाः शौद्रान्न्यायादसंधेयं त्वया कृतमित्यसंधेयमिति ह विश्वामित्र उपपपाद. स होवाच विश्वामित्रो, भीम एव सौयवसिः शासेन विशिशासिषुः; अस्थान्मैतस्य पुत्रो भूर्ममैवोपेहि पुत्रतामिति सहोवाच शुनःशेपः, स वै यथा नो ज्ञपया राजपुत्र तथा वद; यथैवांगिरसः सन्नुपेयां तव पुत्रतामिति स होवाच विश्वामित्रो ज्येष्ठो मे त्वं पुत्राणां स्यास्तव श्रेष्ठा प्रजा स्यात्, उपेया दैवं मे दायं तेन वै त्वोपमंत्रय इति स होवाच शुनःशेपः, संज्ञानानेषु वै ब्रूयात्सौहार्दाय मे श्रियै, यथा ऽहं भरत ऋषभोपेयां तव पुत्रतामित्यथ ह विश्वामित्रः पुत्रानामंत्रयामास, मधुछंदाः शृणोतन ऋषभो रेणुरष्टकः ये केच भ्रातरः स्थ नास्मै ज्यैष्ठ्याय कल्पध्वमिति ॥ १७ ॥

तस्य ह विश्वामित्रस्यैकशतं पुत्रा आसुः. पंचाशदेव ज्यायांसो मधुछंदसः पंचाशत्कनीयांसस्तद्ये ज्यायांसो न ते कुशलं मेनिरे.ताननुव्याजहारांतान्वः प्रजा भक्षीष्टेति त एतेंध्राः पुंड्राः शबराः पुलिंदा मूतिबा इत्युदंत्या बहवो भवंति वैश्वामित्रा दस्यूनां भूयिष्ठाः. स होवाच मधुछंदः पंचशता सार्धं, यन्नः पिता संजानीते तस्मिंस्तिष्ठामहे वयं; पुरस्त्वां सर्वे कुर्महे त्वामन्वंचो वयं स्मसीत्यथ ह विश्वामित्रः प्रतीतः पुत्रांस्तुष्टाव. ते वै पुत्राः पशुमंतो वीरवंतो भविष्यथ ये मानं मे ऽनु गृह्णन्तो वीरवंतमकर्त मा. पुर एत्रा वीरवंतो देवरातेन गाथिनाः. सर्वे राध्याः स्थ पुत्रा एष वः सद्विवाचनं एष वः कुशिका वीरो देवरातस्तमन्वित. युष्मांश्च दायं म उपेता विद्यां यामु च विद्मसि. ते सम्यंचो वैश्वामित्राः सर्वे साकं सरातयः;

देवराताय तस्थिरे धृत्यै श्रैष्ठ्याय गाथिनाः. अधीयत देवरातो रिक्थयोरुभयो ऋषिः; जन्हूनां चाधिपत्ये दैवे वेदे च गाथिनां. तदेतत्पर ऋक्शतगाथं शौनःशेपमाख्यानं तध्दोता राज्ञे अभिषिक्तायाचष्टे हिरण्यकशिपावासीन आचष्टे. हिरण्यकशिपावासीनः प्रतिगृणाति. यशो वै हिरण्यं यशसैवैनं तत्समर्धयत्योमित्यृचः प्रतिगर एवं तथेति गाथाया ओमिति वै दैवं तथेति मानुषं. दैवेन चैवैनं तन्मानुषेण च पापादेनसः प्रमुंचति. तस्माद्यो राजा विजिती स्यादप्ययजमान आख्यापयेतैवैतच्छौनःशेपमाख्यानं न हास्मिन्नल्पं च नैनः परिशिष्यते. सहस्रमाख्यात्रे दद्याच्छतं प्रतिगरित्र एते चैवासने श्वेतश्चाश्वतरीरथो होतुः. पुत्रकामा हाप्याख्यापयेरं लभंते ह पुत्रान् लभंते ह पुत्रान् ॥ १८ ॥ इत्यैतरेयब्राम्हणे सप्तमपंचिकायां तृतीयोऽध्यायः ॥ ३ ॥

प्रजापतिर्यज्ञमसृजत यज्ञं सृष्टमनु ब्रम्हक्षत्रे असृज्येतां. ब्रम्हक्षत्रे अनु द्वय्यः प्रजा असृज्यंत हुतादश्चाहुतादश्च. ब्रम्हैवानु हुतादः क्षत्रमन्वहुताद एता वै प्रजा हुतादो यद् ब्राम्हणा. अथैता अहुतादो यद्राजन्यो वैश्यःशूद्रस्ताभ्यो यज्ञ उदक्रामत्तं ब्रम्हक्षत्रे अन्वैतां यान्येव ब्रम्हण आयुधानि तै र्ब्रह्मान्वैद्यानि क्षत्रस्य तं क्षत्रमेतानि वै ब्रह्मण आयुधानि. यद्यज्ञायुधान्यथैतानि क्षत्रस्यायुधानि. यदश्वरथः कवच इषुधन्व तं क्षत्रमनन्वाप्य न्यवर्त्तताग्रुधेभ्यो ह स्मास्य विजमानः पराङेवैत्यथैनं ब्रह्मान्वैत्तमाप्नोत्तमाप्त्वा परस्तान्निरुध्यातिष्ठत्स आप्तः परस्तान्निरुध्दीस्तिष्ठं ज्ञात्वा स्वान्यायुधानि ब्रह्मोपावर्त्तत. तस्माद्धाप्येतर्हि यज्ञो ब्रह्मण्येव ब्राह्मणेषु प्रतिष्ठितोऽथैनत्क्षत्रमन्वागच्छत्तदब्रवीदुप माऽस्मिन् यज्ञे ह्वयस्वेति तत्तथेत्यब्रवीत्तद्वै निधाय स्वान्यायुधानि ब्रम्हण

एवायुधैर्ब्रम्हणो रूपेण ब्रम्हभूत्वा यज्ञमुपावर्त्तस्वेति तथेति तत्क्षत्रं निधाय स्वान्यायुधानि ब्रम्हण एवायुधैर्ब्रम्हणो रूपेण ब्रम्हभूत्वा यज्ञमुपावर्तत. तस्माध्याप्येतर्हि क्षत्रियो यजमानो निधायैव स्वान्यायुधानि ब्रम्हण एवायुधैर्ब्रम्हणो रूपेण ब्रह्मभूत्वा यज्ञमुपावर्तते ॥ १९ ॥

अथातो देवयजनस्यैव याच्ञयस्तदाहुर्यद् ब्राह्मणो राजन्यो वैश्यादीक्षिष्यमाणःक्षत्रियं देवयजनंयाचति कं क्षत्रियो याचे दिति ! दिवं क्षत्रं याचेदित्याहुरादित्यो वै दैवं क्षत्रमादित्य एषां भूतानामधिपतिः स यदहर्दीक्षिष्यमाणो भवति, तदहः पूर्वाण्ह एवोद्यंतमादित्यमुपतिष्ठेत. इदं श्रेष्टं ज्योतिषां ज्योतिरुत्तमं,देवसवितर्देवयजनं मे देहि देवयाज्याया इति देवयजनं याचति. स यत्तत्र याचित उत्तरां सर्पत्यों तथा ददामीति हैव तदाह तस्य ह नकाचन रिष्टिर्भवति देवेन सवित्रा प्रसूतस्योत्तरोत्तरिर्णी ह श्रियमश्नुतेऽश्नुते ह प्रजानामैश्वर्यमाधिपत्यं य एवमुपस्थाय याचित्वा देवयजनमध्यवसाय दीक्षते क्षत्रियः सन् ॥ २० ॥

अथात इष्टापूर्तस्यापरिज्यानिः क्षत्रियस्य यजमानस्य. स पुरस्तादीक्षाया आहुतिं जुहुयाच्चतुर्गृहीतमाज्यमाहवनीय इष्टापूर्तस्यापरिज्यान्यै पुनर्न इंद्रो मघवा ददातु. ब्रम्हपुनरिष्टं पूर्तं दात्स्वाहेत्यथानूबंध्यायै समिष्टयजुषामुपरिष्टात्पुनर्नो अग्निर्जातवेदा ददातु, क्षत्रं पुनरिष्टं पूर्त्तं दात्स्वाहेति सैषेष्टापूर्तस्यापरिज्यानिः क्षत्रियस्य यजमानस्य यदेते आहुती तस्मादेते होतव्ये ॥ २१ ॥

तदु ह स्माह सौजात आराह्ळिरजीतपुनर्वण्यं वा एतद्यदेते आहुती इति यथा ह कामयेत तथैते कुर्याद्य इतो नु शासनं कुर्यादितीमे त्वेव जुहुयाद् ब्रम्ह मपद्ये ब्रम्ह मा क्षत्रात् गोपायतु

ब्रम्हणे स्वाहेति तत्तदिती३ ब्रम्ह वा एष प्रपद्यते यो यज्ञं प्रप- द्यते ब्रम्ह वै यज्ञो; यज्ञादु ह वा एष पुनर्जायते यो दीक्षते. तं ब्रम्ह प्रपन्नं क्षत्रं न परिजिनाति. ब्रह्म मा क्षत्राद्गोपायत्वित्याह यथैनं ब्रम्ह क्षत्राद्गोपायेद् ब्रह्मणे स्वाहेति तदेनत्प्रीणाति तदेनत्प्रीतं क्षत्राद्गोपायत्यथानूबंध्यायै समिष्टयजुषामुपरिष्टात्क्षत्रं प्रपद्ये क्षत्रं मा ब्रम्हणो गोपायतु क्षत्राय स्वाहेति तत्तदिती३ क्षत्रं वा एष प्रपद्यते यो राष्ट्रं प्रपद्यते. क्षत्रं हि राष्ट्रं. तं क्षत्रं प्रपन्नं ब्रम्ह न परिजिनाति. क्षत्रं मा ब्रम्हणो गोपायत्वित्याह यथैनं क्षत्रं ब्रम्हणो गोपायेत्क्षत्राय स्वाहेति तदेनत्प्रीणाति. तदेनत्प्रीतं ब्रम्हणो गोपायति सैषेष्टापूर्तस्यैवापरिज्यानिः क्षत्रियस्य यजमानस्य यदेते आहुती तस्मादेते एव होतव्ये ॥ २२ ॥

अथैंद्रो वै देवतया क्षत्रियो भवति त्रैष्टुभश्छंदसा पंचदश स्तो- मेन सौमो राज्येन राजन्यो बंधुना. स ह दीक्षमाण एव ब्राम्हणताम- भ्युपैति यत्कृष्णाजिनमध्यूहति यद्दीक्षितव्रतं चरति यदेनं ब्राम्हणा अभि संगच्छंते. तस्य ह दीक्षमाणस्येंद्र एवेंद्रियमादत्ते त्रिष्टुब्वीर्यं पंचदशस्तोम आयुः सोमो राज्यं पितरो यशस्कीर्तिमन्यो वा अयमस्मद्भवति. ब्रम्ह वा अयं भवति ब्रम्ह वा अयमुपावर्तत इति वदंतः. स पुरस्ताद्दीक्षाया आहुतिं हुत्वाहवनीयमुपतिष्ठेत नेंद्राद्देवताया एमि न त्रिष्टुभश्छंदसो न पंचदशात्स्तोमान्न सोमाद्राज्ञो न पित्र्याद्बंधोर्मा म इंद्र इंद्रियमादित मा त्रिष्टुब्वीर्यं मा पंचदशःस्तोम आयुर्मा सोमो राज्यं मा पितरो यशस्कीर्तिं. स इंद्रियेण वीर्येणायुषा राज्येन यशसा बंधुनाग्निं देवतामुपैमि; गायत्रीं छंद- स्त्रिवृतं स्तोमं सोमं राजानं ब्रम्ह प्रपद्ये; ब्राम्हणो भवामीति तस्य ह नेंद्र इंद्रियमादत्ते न त्रिष्टुब्वीर्यं न पंचदशस्तोम आयुर्न सोमो

राज्यं न पितरो यशस्कीर्ति य एवं एतामाहुतिं हुत्वाहवनीयमुपस्थाय दीक्षते क्षत्रियः सन् ॥ २३ ॥

अथामेयो वै देवतयाक्षत्रियो दीक्षितो भवति गायत्रश्छंदसा त्रिवृत्स्तोमेन ब्राम्हणो बंधुना. स होदवस्यन्नेव क्षत्रियतामभ्युपैति. तस्य होदवस्यतो ऽग्निरेव तेज आदत्ते गायत्री वीर्यं त्रिवृत्स्तोम आयुर्ब्राह्मणा ब्रह्म यशस्कीर्तिमन्यो वा अयमस्मद्भवति.क्षत्रं वा अयं भवति क्षत्रं वा अयमुपावर्तत इति वदंतः सो ऽनुबंध्यायै समिष्टयजुषामुपरिष्टाद्धुत्वाहुतिमाहवनीयमुपतिष्ठेत; नाग्नेर्देवतायाः एमि न गायत्र्याश्छंदसो न त्रिवृतस्स्तोमान्न ब्रह्मणो बंधोर्मा मे ऽग्निस्तेज आदित मा गायत्री वीर्यं मा त्रिवृत्स्तोम आयुर्मा ब्राह्मणा यशस्कीर्तिं. स ह तेजसा वीर्येणायुषा ब्रम्हणा यशसा कीर्त्येंद्रं देवतामुपैमि त्रिष्टुभं छंदः पंचदशं स्तोमं सोमं राजानं क्षत्रं प्रपद्ये क्षत्रियो भवामि. देवाः पितरः पितरो देवा यो ऽस्मि स सन्यजे स्वं म इदमिष्टं स्वं पूर्तं स्वं श्रांतं स्वं हुतं तस्य मे यमग्निरुपद्रष्टायं वायुरुपश्रोतासावादित्यो ऽनुख्यातेदमहं य एवास्मि सो ऽस्मीति तस्य ह नाग्निस्तेज आदत्ते न गायत्री वीर्यं न त्रिवृत्स्तोम आयुर्न्राह्मणा ब्रम्ह यशस्कीर्ति य एवमेतामाहुतिं हुत्वाहवनीयमुपस्थायोदवस्यति क्षत्रियः सन् ॥ २४ ॥

अथातो दीक्षाया आवेदनस्यैव तदाहुर्यद् ब्राम्हणस्य दीक्षितस्य ब्राम्हणो दीक्षिष्टेति दीक्षामावेदयंति कथं क्षत्रियस्यआवेदयेदिति यथैवैतद् ब्राम्हणस्य दीक्षितस्य ब्राम्हणो दीक्षिष्टेति दीक्षामावेदयंत्येवमेवैतत्क्षत्रियस्यावेदयेत्पुरोहितस्यार्षेयेणेति तत्तदिती३ निधाय वा एष स्वान्यायुधानि ब्रम्हण एवायुधैर्ब्रम्हणो रूपेण ब्रम्ह भूत्वा यज्ञमुपावर्तत. तस्मात्तस्य पुरोहितस्यार्षेयेण दीक्षामावेदयेयुः पुरोहितस्यार्षेयेण प्रवरं प्रवृणीरन् ॥ २५ ॥

अथातो यजमानभागस्यैव तदाहुः प्राश्नीयात्क्षत्रियो यजमानभा-
गाँ३ न प्राश्नीयात्३ इति यत्प्राश्नीयादहुताद्धुतं प्राश्य पापीयान्स्या-
द्यन्न प्राश्नीयाद्यज्ञादात्मानमंतरियाद्यज्ञो वै यजमानभागः स ब्रम्हणे
परिहृत्यः पुरोहितायतनं वा एतत्क्षत्रियस्य यद् ब्रम्हार्धात्मो
ह वा एष क्षत्रियस्य यत्पुरोहित उपाह परोक्षेणैव प्राशितरूपमा-
प्नोति. नास्य प्रत्यक्ष भक्षितो भवति. यज्ञ उ ह वा एष प्रत्यक्षं यद्
ब्रम्हा ब्रम्हणि हि सर्वो यज्ञः प्रतिष्ठितो यज्ञे यजमानो यज्ञ एव तद्य-
ज्ञमप्यत्यर्जति यथा ऽप्स्वापो यथाग्नावग्निं तद्वै नातिरिच्यते तदेनं न हि-
नस्ति. तस्मात्स ब्रम्हणे परिहृत्यो ऽग्नौ हैके जुव्हति प्रजापतेर्विभान्नाम
लोकस्तस्मिंस्त्वा दधामि. स ह यजमानेन स्वाहेति तत्तथा न कुर्या
द्यजमानो वै यजमानभागो यजमानं ह सो ऽग्नौ प्रवृणक्ति य एनं तत्र
ब्रूयाद्यजमानमग्नौ प्रावार्क्षीः प्रास्याग्निः प्राणं धक्ष्यति मरिष्यति
यजमानइति शश्वत्तथा स्यात्तस्मात्तस्याशान्नियादाशान्नियात्॥२६॥
इत्यैतरेयब्राम्हणे सप्तमपंचिकायां चतुर्थो ऽध्यायः ॥ ४ ॥

विश्वंतरो ह सौषद्मनः श्यापर्णान् परिचक्षाणो विश्यापर्णं यज्ञमा-
जन्हे तत्धानुबुध्य श्यापर्णास्तं यज्ञमाजग्मुस्ते ह तदंतर्वेद्यासां चक्रिरे.
तान्ह दृष्ट्वोवाच पापस्य वा इमं कर्मणः कर्तार आसते ऽपूताये
वाचो वदितारो यच्छ्यापर्णा इमानुत्थापयतेमे मेंतर्वेदिमासि-
षतेति तथेति तानुत्थापयां चक्रुस्ते होत्थाप्यमाना रुरुविरे; ये
तेभ्यो भूतवीरेभ्यो ऽसितमृगाः कश्यपानां सोमपीथमभिजिग्युः
पारिक्षितस्य जनमेजयस्य विकश्यपे यज्ञे तैस्ते तत्र वीरवंत आसुः
कः स्वित्सो ऽस्माकास्ति वीरो य इमं सोमपीथमभिजेष्यतीत्ययमह-
मस्मि वो वीर इति होवाच रामो मार्गवेयो रामो हास मार्गवे
यो ऽनूचानः श्यापर्णीयस्तेषां होत्तिष्ठतामुवाचापि नु राजन्नित्थं

विदं वेदेरुत्थापयंतीति यस्त्वं कथं वेत्थ ब्रम्हबंधविति ॥ २७ ॥

यत्रेंद्रं देवताः पर्यवृंजन्विश्वरूपं त्वाष्ट्रमभ्यमंस्त· वृत्रमस्तृत यतीं त्सालावृकेभ्यः मादादरुर्मघानवधीद् बृहस्पतेः मत्यवधीदिति तत्रेंद्रः सोमपीथेन व्यार्ध्यतेंद्रस्यानुव्यृध्नि क्षत्रं सोमपीथेन व्यार्ध्यतापींद्रः सोमपीथे भवत् त्वष्टुरामुष्य सोमं तद् व्यृत्थमेवाद्यापि क्षत्रं सोमपीथेन. स यस्तं भक्षं विद्यायः क्षत्रस्य सोमपीथेन व्यृध्दस्य येन क्षत्रं समृध्यते कथं तं वेदेरुत्थापयंतीति वेत्थ ब्राम्हण त्वं तं भक्षां? वेद हीति तं वै नो ब्राम्हण ब्रूहीति तस्मै वै ते राजन्निति होवाच ॥ २८ ॥

त्रयाणां भक्षाणामेकमाहरिष्यंति सोमं वा दधि वाऽपो वा· स यदि सोमं, ब्राम्हणानां स भक्षो, ब्राम्हणांस्तेन भक्षेण जिन्विष्यसि. ब्राम्हणकल्पस्ते प्रजायामाजनिष्यत आदाय्यापाय्यावसायी यथा कामं मयाप्यो· यदा वै क्षत्रियाय पापं भवति ब्राम्हणकल्पो ऽस्य प्रजायामाजायत ईश्वरो हास्मा द्वितीयो वा तृतीयो वा ब्राम्हणतामभ्युपैतोः स ब्रम्हबंधवे न जिज्यूषितो. ऽथ यदि दधि वैश्यानां स भक्षो वैश्यांस्तेन भक्षेण जिन्विष्यसि· वैश्यकल्पस्ते प्रजायामाजनिष्यते ऽन्यस्य बलिकृदन्यस्याद्यो यथाकाम ज्येयो. यदा वै क्षत्रियाय पापं भवति वैश्यकल्पो ऽस्य प्रजायामाजायत ईश्वरो हास्मा द्वितीयो वा तृतीयो वा वैश्यतामभ्युपैतोः स वैश्यतया जिज्यूषितो. अथ यद्यपः, शूद्राणां स भक्षो शूद्रांस्तेन भक्षेण जिन्विष्यसि. शूद्रकल्पस्ते प्रजायामाजनिष्यते ऽन्यस्य प्रेष्यः कामोत्थाप्यो यथाकाम वध्यो यदा वै क्षत्रियाय पापं भवति शूद्रकल्पो ऽस्य प्रजायामाजायत ईश्वरो हास्मा द्वितीयो वा तृतीयो वा शूद्रतामभ्युपैतोः स शूद्रतया जिज्यूषितः ॥ २९ ॥

एते वै ते त्रयो भक्षा राजन्निति होवाच येषामाशान्नेयात्क्षत्रियो यजमानोऽथास्यैष स्वो भक्षो न्यग्रोधस्यावरोधाश्च फलानि चौदुंबराण्याश्वत्थानि प्लाक्षाण्यभिषुणुयात्तानि भक्षयेत्सो ऽस्य स्वो भक्षो यतो वा अधि देवा यज्ञेनेष्ट्वा स्वर्गं लोकमायंस्तत्रैताश्चमसा न्युब्जंस्ते न्यग्रोधा अभवन् न्युब्जा इति हाप्येनानेतर्ह्याचक्षते कुरुक्षेत्रे ते ह प्रथमजा न्यग्रोधानां तेभ्यो हान्ये ऽधिजातास्ते यन्न्यंचो रोहंस्तस्मान्यङ् रोहति न्यग्रोहो न्यग्रोहो वैं नाम तन्न्यग्रोहं संतं न्यग्रोध इत्याचक्षते परोक्षेण. परोक्षप्रिया इव हि देवाः ॥ ३० ॥

तेषां यश्चमसानां रसो ऽवाङैत्ते ऽवरोधा अभवन्नथ य ऊर्ध्वस्तानि फलान्येष ह वा ऽत्र क्षत्रियः स्वाद्भक्षान्नैति यो न्यग्रोधस्यावरोधांश्च फलानि च भक्षयत्युपाह परोक्षेणैव सोमपीथमाप्नोति. नास्य प्रत्यक्षं भक्षितो भवति परोक्षमिव ह वा एष सोमो राजा यन्न्यग्रोधः. परोक्षमिवैष ब्रम्हणो रूपमुपनिगच्छति यत्क्षत्रियः पुरोधयैव दीक्षयैव प्रवरेणैव. क्षत्रं वा एतद्वनस्पतीनां यन्न्यग्रोधः; क्षत्रं राजन्यो नितत एव हीह क्षत्रियो राष्ट्रे वसन् भवति प्रतिष्ठित इव; नितत इव न्यग्रोधो ऽवरोधैर्भूम्यां प्रतिष्ठित इव. तद्यत्क्षत्रियो यजमानो न्यग्रोधस्यावरोधांश्च फलानिच भक्षयत्यात्मन्येव तत्क्षत्रं वनस्पतीनां प्रतिष्ठापयति क्षत्र आत्मानं; क्षत्रे ह वै स आत्मनि क्षत्रं वनस्पतीनां प्रतिष्ठापयति. न्यग्रोध इवावरोधैर्भूम्यां प्रति राष्ट्रे तिष्ठत्युग्रं हास्य राष्ट्रमव्यथ्यं भवति य एवमेतं भक्षं भक्षयति क्षत्रियो यजमानः ॥ ३१ ॥

अथ यदौदुंबराण्यूर्जो वा एषो ऽन्नाद्याद्वनस्पतिरजायत यदुदुंबरो. भौज्यं वा एतद्वनस्पतीनामूर्जमेवास्मिंस्तदन्नाद्यं भौज्यंच

वनस्पतीनां क्षत्रे दधात्यथ यदाश्वत्थानि तेजसो वा एष वनस्पतिरजायत यदश्वत्थः साम्राज्यं वा एतद्वनस्पतीनां तेज एवास्मिंस्तत्साम्राज्यं च वनस्पतीनां क्षत्रे दधात्यथ यत्प्लाक्षाणि यशसो वा एष वनस्पतिरजायत यत्प्लक्षः स्वाराज्यंच ह वा एतद्वैराज्यंच वनस्पतीनां यश एवास्मिंस्तत्स्वाराज्यवैराज्येच वनस्पतीनां क्षत्रे दधात्येतान्यस्य पुरस्तादुपक्लृप्तानि भवंत्यथ सोमं राजानं क्रीणंति. ते राज्ञ एवावृतोपवसथात्प्रतिवेशेश्वरं त्यथौपवसथ्यमहरेतान्यध्वर्युः पुरस्तादुपकल्पयेताधिषवणं चर्माधिषवणे फलके द्रोणकलशं दशापवित्रमद्रीन् पूतभृतं चाधवनीयं च स्थालीमुदंचनं चमसंच तद्यदेतद्राजानं मातरभिषुण्वंति तदेनानि द्वेधा विगृण्हीयादभ्यन्यानि सुनुयान्माध्यंदिनायान्यानि परिशिंष्यात् ॥ ३२ ॥

तद्यत्रैतांश्चमसानुन्नयेयुस्तदेतं यजमानचमसमुन्नयेत्तस्मिं द्वे दर्भतरुणके मास्ते स्यातां; तयोर्वषट्कृते अंतःपरिधि पूर्वं मास्येद्, दधिक्राव्णो अकारिषमित्येतयर्चा सः स्वाहाकारयानुवषट्कृते; परम्, आ दधिक्राः शवसा पंचकृष्टीरिति तद्यत्रैतांश्चमसानाहरेयुस्तदेतं यजमानचमसमाहरेत्तान्यत्रोद्गृण्हीयुस्तदेनमुपोद्गृण्हीयात्तद्यदेळां होतोपव्हयेत, यदा चमसं भक्षयेदथैनमेतया भक्षयेद्, यदत्र शिष्टं रसिनः सुतस्य यदिंद्रो अपिबच्छचीभिः; इदं तदस्य मनसा शिवेन सोमं राजानमिह भक्षयामीति. शिवो ह वा अस्मा एष वानस्पत्यः शिवेन मनसा भक्षितो भवत्युग्रं हास्य राष्ट्रमव्यथ्यं भवति य एवमेतं भक्षं भक्षयति क्षत्रियो यजमानः शं न एधि हृदे पीतः प्र ण आयुर्जीवसे सोम तारीरित्यात्मनः प्रत्यभिमर्शः ईश्वरो ह वा एषो ऽप्रत्यभिमृष्टो मनुष्यस्यायुः प्रत्यवहर्तोरनर्हन्मा भक्षयतीति तद्यदेतेनात्मानमभिमृशत्यायुरेव तत्प्रतिरत; आप्यायस्व समेतु .

ते; सं ते पयांसि समयंतु वाजा इति चमसमाप्याययत्यभिरूपाभ्यां. यद्यज्ञे ऽभिरूपं तत्समृद्धं ॥ ३३ ॥

तद्यत् प्रैताश्चमसान्सादयेयुस्तदेतं यजमानचमसं सादयेत्तान्यत्र प्रकंपयेयुस्तदेनमनु प्रकंपयेदथैनमाहृतं भक्षयेन्, नराशंसपीतस्य देव सोम ते मतिविद ऊमैः पितृभिर्भक्षितस्य भक्षयामीति प्रातःसवने नाराशंसो भक्ष; ऊर्वैरिति माध्यंदिने काव्यैरिति तृतीयसवने. ऊमा वै पितरः प्रातस्सवने ऊर्वा माध्यंदिने काव्यास्तृतीयसवने. तदेतत्पितॄनेवामृतांत्सवनभाजः करोति. सर्वो हैव सो ऽमृत इति ह स्माह प्रियव्रतः सोमापो यः कश्च सवनभागित्यमृता ह वा अस्य पितरः सवनभाजो भवंत्युग्रं हास्य राष्ट्रमव्यथ्यं भवति य एवमेतं भक्षं भक्षयति क्षत्रियो यजमानः समान आत्मनः प्रत्यभिमर्शः समानमाप्यायनं चमसस्य. प्रातःसवनस्यैवावृता प्रातस्सवने चरेयुर्माध्यंदिनस्य माध्यंदिने तृतीयसवनस्य तृतीयसवने. तमेवमेतं भक्षं प्रोवाच रामो मार्गवेयो विश्वंतराय सौषद्मनाय. तस्मिन्होवाच प्रोक्ते सहस्रमु ह ब्राह्मण तुभ्यं दद्मः सश्यापर्ण उ मे यज्ञ इत्येतमु हैव प्रोवाच तुरः कावषेयो जनमेजयाय पारिक्षितायैतमु हैव प्रोचतुः पर्वतनारदौ सोमकाय साहदेव्याय सहदेवाय सार्ञ्जयाय बभ्रवे दैवावृधाय भीमाय वैदर्भाय नग्नजित गांधारायैतमु हैव प्रोवाचाग्निः सनश्रुतायारिंदमाय क्रतुविदे जानकय; एतमु हैव प्रोवाच वसिष्ठः सुदासे पैजवनाय. ते ह ते सर्वे एव महज्जग्मुरेतं भक्षं भक्षयित्वा सर्वे हैव महाराजा आसुरादित्य इव ह स्म श्रियां प्रतिष्ठितास्तपंति; सर्वाभ्यो दिग्भ्यो बलिमावहंत आदित्य इव ह वै श्रियां प्रतिष्ठितस्तपति सर्वाभ्यो दिग्भ्यो

यन्निमात्वहत्युग्रं हास्य राष्ट्रमव्यथ्यं भवति य एवमेतं भक्षं भक्षयति क्षत्रियो यजमानो यजमानः ॥ ३४ ॥ इत्यैतरेयब्राह्मणे सप्तमपंचिकाया पंचमोऽध्यायः ५. इति सप्तमपंचिका समाप्ता.

॥अथाष्टमपंचिकाप्रारंभः श्रीगणेशाय नमः॥ ओं ॥ अथातः स्तुतशस्त्रयोरैकाहिकं प्रातःसवनमैकाहिकं तृतीयसवनमेते वै शांते क्लृप्ते प्रतिष्ठिते सवने यदैकाहिकं शांत्यै क्लृप्त्यै प्रतिष्ठित्या अप्रच्युत्या उक्तो माध्यंदिनः पवमानो य उभयसाम्नो बृहत्पृष्ठस्योभे हि सामनी क्रियेते. आ त्वा रथं यथोतय, इदं वसो सुतमंध इति राथंतरी प्रतिपद्राथंतरो अनुचरः पवमानोक्थं वा एतद्यन्मरुत्वतीयं पवमाने वा अत्र रथंतरं कुर्वंति. बृहत्पृष्ठं सर्वविधतायै तदिदं रथंतरं स्तुतमाभ्यां प्रतिपदनुचराभ्यामनुशंसत्यथो ब्रम्ह वै रथंतरं क्षत्रं बृहद् ब्रम्ह खलु वै क्षत्रात्पूर्वं. ब्रम्ह पुरस्तान्म उग्रं राष्ट्रमव्यथ्यमसदित्यथान्नं वै रथंतरमन्नमेवास्मै तत्पुरस्तात्कल्पयत्यथेयं वै पृथिवी रथंतरमियं खलु वै प्रतिष्ठा प्रतिष्ठामेवास्मै तत्पुरस्तात्कल्पयति. समान इंद्रनिहवो ऽविभक्तः सोऽन्नामुद्वान्ब्राम्हणस्पत्य उभयसाम्नो रूपमुभे हि सामनी क्रियेते; समान्यो धाय्या अविभक्तास्ता अन्हामैकाहिको मरुत्वतीयः प्रगाथः ॥ १ ॥

जनिष्ठा उग्रः सहसे तुरायेति सूक्तमुग्रवत्सहस्वत्तत्क्षत्रस्य रूपं. मंद्र ओजिष्ठ इत्योजस्वत्तत्क्षत्रस्य रूपं. बहुलाभिमान इत्यभिवदभिभूत्यै रूपं. तदेकादशर्चं भवत्येकादशाक्षरा वै त्रिष्टुप्.

त्रैष्टुभो वै राजन्य ओजो वा इंद्रियं; वीर्यं त्रिष्टुबोजः क्षत्रं; वीर्यं राजन्यस्तदेनमोजसा क्षत्रेण वीर्येण समर्धयति. तद्गौरिवीतं भवत्येतद्वै मरुत्वतीयं समृद्धं यद्गौरिवीतं तस्योक्तं ब्राम्हणं. त्वामिद्धि हवामह इति बृहत्पृष्ठं भवति. क्षत्रं वै बृहत्क्षत्रेणैव तत्क्षत्रं समर्धयत्यथो क्षत्रं वै बृहदात्मा यजमानस्य निष्केवल्यं तद्यद् बृहत्पृष्ठं भवति. क्षत्रं वै बृहत्क्षत्रेणैवैनं तत्समर्धयत्यथो ज्यैष्ठ्यं वै बृहज्ज्यैष्ठ्येनैवैनं तत्समर्धयत्यथो श्रैष्ठ्यं वै बृहच्छ्रैष्ठ्येनैवैनं तत्समर्धयति. अभि त्वा शूर नोनुम इति रथंतरमनुरूपं कुर्वंत्ययं वै लोको रथंतरमसौ लोको बृहदस्य वै लोकस्यासौ लोको ऽनुरूपो ऽमुष्यलोकस्यायं लोको ऽनुरूपस्तद्यद्रथंतरमनुरूपं कुर्वंत्युभावेव तल्लोकौ यजमानाय संभोगिनौ कुर्वंत्यथो ब्रह्म वै रथंतरं क्षत्रं बृहद् ब्रम्हणि खलु वै क्षत्रं प्रतिष्ठितं क्षत्रे ब्रम्हाथो साम्न एव सयोनितायै. यद्वावानेति धाय्या तस्या उक्तं ब्राम्हणं; उभयं शृणवच्चन इति सामप्रगाथ उभयसाम्नो रूपमुभे हि सामनी क्रियेते. ॥ २ ॥

तमु ष्टुहि यो अभिभूत्योजा इति सूक्तमभिवदभिभूत्यै रूपम्. अषाळ्हमुग्रं सहमानमाभिरित्युग्रवत्सहमानवत्तत्क्षत्रस्य रूपं. पंचदशर्चं भवत्योजो वा इंद्रियं वीर्यं पंचदश; ओजः क्षत्रं वीर्यं राजन्यस्तदेनमोजसा क्षत्रेण वीर्येण समर्धयति. तद्भारद्वाजं भवति. भारद्वाजं वै बृहदार्षेयेण सलोमैष ह वाव क्षत्रिययज्ञः समृद्धो यो बृहत्पृष्ठस्तस्माद्यत्र क्व च क्षत्रियो यजेत बृहदेव तत्र पृष्ठं स्यात्तत्समृद्धं ॥ ३ ॥

ऐकाहिका होत्रा एता वै शांताः कॢप्ताः प्रतिष्ठिता होत्रा यदैकाहिकाः शांत्यै कॢप्त्यै प्रतिष्ठित्या अप्रच्युत्यै ताः सर्वरूपा भवंति सर्वसमृद्धाः सर्वरूपतायै सर्वसमृद्ध्यै. सर्वरूपाभिर्होत्राभिः

सर्वैस्समृद्धाभिः सर्वान्कामानवाप्नवामेति तस्माद्यत्र क्वचैकाहः अस-र्वस्तोमा असर्वपृष्ठा ऐकाहिका एव तत्र होत्रा स्युस्तत्समृद्धमुक्थ्य एवायं पंचदशः स्यादित्याहुरोजो वा इंद्रियं वीर्यं पंचदश; ओजः क्षत्रं वीर्यं राजन्यस्तदेनमोजसा क्षत्रेण वीर्येण समर्धयति. तस्य त्रिंशस्तुतशस्त्राणि भवंति. त्रिंशदक्षरा वै विराड्; विराळन्नाद्यं विराज्ये वैनं तदन्नाद्ये प्रतिष्ठापयति. तस्मात्तदुक्थ्यः पंचदशः स्या-दित्याहुर्ज्योतिष्टोम एवाग्निष्टोमः स्याद्; ब्रम्ह वै स्तोमानां त्रिवृत्क्ष-त्रं पंचदशो. ब्रम्ह खलु वै क्षत्रात्पूर्वं ब्रम्ह पुरस्तान्म उग्रं राष्ट्रमव्यथ्यमसदिति. विशः सप्तदशः शौद्रो वर्ण एकविंशो; विशं-चैवास्मै तच्छौद्रं च वर्णमनुवर्त्मानौ कुर्वंत्यथो तेजो वै स्तोमानां त्रिवृद्वीर्यं पंचदशः प्रजातिः सप्तदशः प्रतिष्ठैकविंशस्तदेनं तेजसा वीर्येण प्रजात्या प्रतिष्ठया ततः समर्धयति. तस्माज्ज्योतिष्टोमः स्यात्तस्य चतुर्विंशति स्तुतशस्त्राणि भवंति. चतुर्विंशत्यर्धमासो वै संवत्सरः; संवत्सरे कृत्स्नमन्नाद्यं कृत्स्न एवैनं तदन्नाद्ये प्रतिष्ठाप-यति. तस्माज्ज्योतिष्टोम एवाग्निष्टोमः स्यादग्निष्टोमः स्यात् ॥ ४ ॥

इत्यैतरेयब्राह्मणे ऽष्टमपंचिकायां प्रथमो ऽध्यायः ॥ १ ॥

अथातः पुनरभिषेकस्यैव सूयते ह वा अस्य क्षत्रं यो दीक्षते क्षत्रियः सन्त्स यदा ऽवभृथादुदेत्यानुबंध्ययेष्ट्वोदवस्यत्यथैन-मुदवसानीयायां संस्थितायां पुनरभिषिंचति. तस्यैते पुरस्तादेव संभारा उपक्लृप्ता भवंत्यौदुंबर्यासंदी तस्यै प्रादेशमात्राः पादाः स्युररत्निमात्राणि शीर्षण्यानूच्यानि मौंजं विवयनं व्याघ्रचर्मास्तरण-मौदुंबरश्चमस उदुंबरशाखा तस्मिन्नेतस्मिंश्चमसे ऽष्टातयानि निषुतानि भवंति, दधि मधु सर्पिरातपवर्ष्या आपः शष्पाणिच तोक्मानिच सुरा दूर्वा· तद्येषा दक्षिणा स्फ्यवर्तनिर्वेदेर्भवति, तत्रैतां

प्राचीमासंदीं प्रतिष्ठापयति. तस्या अंतर्वेदि द्वौ पादौ भवतो;
बहिर्वेदि द्वावियं वै श्रीस्तस्या एतत्परिमितं रूपं यदंतर्वेद्यथै-
ष भूमाऽपरिमितो यो बहिर्वेदि तद्यदस्या अंतर्वेदि द्वौ पादौ भवतो;
बहिर्वेदि द्वा उभयोः कामयोरुपाप्त्यै यश्चांतर्वेदि यश्च बहि-
र्वेदि॥ ५ ॥

व्याघ्रचर्मणास्तृणात्युत्तरलोम्ना प्राचीनग्रीवेण. क्षत्रं वा एत-
दारण्यानां पशूनां यद्व्याघ्रः क्षत्रं राजन्यः क्षत्रेणैव तत्क्षत्रं समर्धय-
ति. तां पश्चात्प्राङुपविश्याच्य जानु दक्षिणमभिमंत्रयत उभाभ्यां पा-
णिभ्यामालभ्य. अग्निष्ट्वा गायत्र्या सयुक् छंदसा रोहतु; सवितोष्णि-
हा सोमो ऽनुष्टुभा बृहस्पतिर्बृहत्या मित्रावरुणौ पंक्त्येंद्रस्त्रिष्टुभा
विश्वे देवा जगत्या तानहमनु राज्याय साम्राज्याय भौज्याय
स्वाराज्याय वैराज्याय पारमेष्ठ्याय राज्याय माहाराज्यायाधिपत्याय
स्वावश्यायातिष्ठायारोहामीत्येतामासंदीमारोहेद्दक्षिणेनाग्रे जानुनाथ
सव्येन तत्तदितीं. चतुरुत्तरैर्वै देवाश्छंदोभिः सयुग्भूत्वैतां श्रिय-
मारोहन्यस्यामेत एतर्हि प्रतिष्ठिता अग्निर्गायत्र्या सवितोष्णिहा
सोमो ऽनुष्टुभा बृहस्पतिर्बृहत्या मित्रावरुणौ पंक्त्येंद्रस्त्रिष्टुभा
विश्वे देवा जगत्या. त एते अभ्यनूच्यंते अग्नेर्गायत्र्यभवत्सयु-
ग्वेति. कल्पते ह वा अस्मै योगक्षेम उत्तरोत्तरिणीं ह श्रियमश्नुते
ऽश्नुते ह प्रजानामैश्वर्यमाधिपत्यं य एवमेता अनु देवता एतामासं
दीमारोहति क्षत्रियः सन्नथैनमभिषेक्ष्यन् अपां शांतिं वाचयति.
शिवेन मा चक्षुषा पश्यतापः शिवया तन्वोपस्पृशत त्वचं मे;
सर्वाँ अग्नीँरप्सुषदो हुवे वो मयि वर्चो बलमोजो निधत्तेति.
नेतस्याभिषिषिचानस्याशांता आपो वीर्यं निर्हणन्निति ॥ ६ ॥

अथैनमुदुंबरशाखामंतर्धायाभिषिंचतीमा आपः शिवतमा इमाः

सर्वस्य भेषजीः; इमा राष्ट्रस्य वर्धनीरिमा राष्ट्रभृतो ऽमृताः; याभिरिंद्रमभ्यषिंचत्प्रजापतिः सोमं राजानं वरुणं यमं मनुं ताभिरद्भिरभिषिंचामि त्वामहं. राज्ञां त्वमधिराजो भवेह; महांतं त्वा महीनां सम्राजं चर्षणीनां देवी जनित्र्यजीजनद् भद्रा जनित्र्यजीजनद्. देवस्य त्वा सवितुः प्रसवे ऽश्विनोर्बाहुभ्यां पूष्णो हस्ताभ्यामग्नेस्तेजसा सूर्यस्य वर्चसेंद्रस्येंद्रियेणाभिषिंचामि बलाय श्रियै यशसे ऽन्नाद्याय. भूरिति य इच्छेदिममेव प्रत्यन्नमद्यादित्यथ य इच्छेद् द्विपुरुषं भूर्भुव इत्यथ य इच्छेत्त्रिपुरुषं वा ऽप्रतिमं वा भूर्भुवः स्वरिति तद्धैक आहुः, सर्वाप्तिर्वा एषा यदेता व्याहृतयो ऽतिसर्वेण हास्य परस्मै कृतं भवतीति तमेतेनाभिषिंचेद्देवस्य त्वा सवितुः प्रसवे ऽश्विनोर्बाहुभ्यां पूष्णो हस्ताभ्यामग्नेस्तेजसा सूर्यस्य वर्चसेंद्रस्येंद्रियेणाभिषिंचामि बलाय श्रियै यशसे ऽन्नाद्यायेति. तदु पुनः परिचक्षते यदसर्वेण वाचो ऽभिषिक्तो भवतीश्वरो ह तु पुरायुषः प्रैतोरिति ह स्माह सत्यकामो जाबालो यमेताभिर्व्याहृतिभिर्नाभिषिंचतीतीश्वरो ह सर्वमायुरैतोः. सर्वमाप्नोद्विजयेनेत्यु ह स्माहोद्दालक आरुणिर्यमेताभिर्व्याहृतिभिरभिषिंचतीति. तमेतेनैवाभिषिंचेद्देवस्य त्वा सवितुः प्रसवे ऽश्विनोर्बाहुभ्यां पूष्णो हस्ताभ्यामग्नेस्तेजसा सूर्यस्य वर्चसेंद्रस्येंद्रियेणाभिषिंचामि बलाय श्रियै यशसे ऽन्नाद्याय भूर्भुवः स्वरित्यथैतानि ह वै क्षत्रियादीजानाद् व्युत्क्रांतानि भवंति. ब्रह्म क्षत्रं ऊर्गन्नाद्यमपामोषधीनां रसो ब्रम्हवर्चसमिरा पुष्टिः प्रजातिः क्षत्ररूपं. तदथो अन्नस्य रस ओषधीनां क्षत्रं प्रतिष्ठा तद्यदेवामू पुरस्तादाहुती जुहोति तदस्मिन्ब्रम्ह क्षत्रे दधाति ॥ ७ ॥

अथ यदौदुंबर्यासंदी भवत्यौदुंबरश्चमस उदुंबरशाखोर्ग्वा

अन्नाद्यमुदुंबर ऊर्जमेवास्मिंस्तदन्नाद्यं दधात्यथ यद्दधि मधु घृतं भवत्यपां स ओषधीनां रसो रसमेवास्मिंस्तदोषधीनां रसं दधात्यथ यदातपवर्ष्या आपो भवंति. तेजश्च ह वै ब्रम्हवर्चसं चातपवर्ष्या आपस्तेज एवास्मिंस्तद्ब्रम्हवर्चसं च दधात्यथ यच्छष्पाणि च तोक्मानि च भवंतीरायै तत्पुष्ट्यै रूपमथो प्रजात्या इरामेवास्मिंस्तत्पुष्टिं दधात्यथो प्रजातिमथ यत्सुरा भवति क्षत्ररूपं; तदथो अन्नस्य रसः क्षत्ररूपमेवास्मिंस्तद्दधात्यथो अन्नस्य रसमथ यद्दूर्वा भवति क्षत्रं वा एतदोषधीनां यद्दूर्वा क्षत्रं राजन्यो नितत इव हीह क्षत्रियो राष्ट्रे वसन् भवति प्रतिष्ठित इव निततेव दूर्वावरोधैर्भूम्यां प्रतिष्ठितेव तद्यद्दूर्वा भवत्योषधीनामेवास्मिंस्तत्क्षत्रं दधात्यथो प्रतिष्ठामेतानि ह वै यान्यस्मादीजानाद् व्युत्क्रांतानि भवंति, न्येवास्मिंस्तद्दधाति. तैरेवैनं तत्समर्धयत्यथास्मै सुराकंसं हस्त आदधाति. स्वादिष्ठया मदिष्ठया पवस्व सोम धारया इंद्राय पातवे सुत इत्याधाय शांतिं वाचयति. नाना हि वां देवहितं सदस्कृतं मा संसृक्षाथां परमे व्योमनि. सुरा त्वमसि शुष्मिणी सोम एष राजा मैनं हिंसिष्टं. स्वां योनिमाविशंताविति सोमपीथस्य चैषा सुरापीथस्य च व्यावृत्तिः पीत्वायं राति मन्येत तस्मा एनां प्रयच्छेत्तद्धि मित्रस्य रूपं. मित्र एवैनां तदंततः प्रतिष्ठापयति तथा हि मित्रे प्रतितिष्ठति प्रतितिष्ठति य एवं वेद ॥ ८ ॥

अथोदुंबरशाखामभिप्रत्यवरोहत्यूर्ग्वा अन्नाद्यमुदुंबर ऊर्जमेव तदन्नाद्यमभिप्रत्यवरोहत्युपरीवासीनो भूमौ पादौ प्रतिष्ठाप्य प्रत्यवरोहमाह, प्रतितिष्ठामि द्यावापृथिव्योः, प्रतितिष्ठामि प्राणापानयोः, प्रतितिष्ठाम्यहोरात्रयोः, प्रतितिष्ठाम्यन्नपानयोः, प्रति ब्रम्हन्प्रति क्षत्रे एतेषु त्रिषु लोकेषु तिष्ठामीत्यंततः सर्वेणात्मना

प्रतितिष्ठति. सर्वस्मिन् ह वा एतस्मिन्प्रतितिष्ठत्युत्तरोत्तरिणीं ह श्रियमश्नुते अश्नुते ह प्रजानामैश्वर्यमाधिपत्यं य एवमेतेन पुनरभिषेकेणाभिषिक्तः क्षत्रियः प्रत्यवरोहत्येतेन प्रत्यवरोहेण. प्रत्यवरुह्योपस्थं कृत्वा प्राङासीनो; नमो ब्रम्हणे नमो ब्रम्हणे नमो ब्रम्हण इति त्रिष्कृत्वो ब्रम्हणे नमस्कृत्य वरं ददामि. जित्या अभिजित्यै विजित्यै संजित्या इति वाचं विसृजते. स यन्नमो ब्रम्हणे नमो ब्रम्हणे नमो ब्रम्हण इति त्रिष्कृत्वो ब्रम्हणे नमस्करोति ब्रम्हण एव तत्क्षत्रं वशमेति तद्यत्र वै ब्रम्हणः क्षत्रं वशमेति तद्राष्ट्रं समृद्धं तद्वीरवदाहास्मिन् वीरो जायते. अथ यद्वरं ददामि जित्या अभिजित्यै विजित्यै संजित्या इति वाचं विसृजते. एतद्वै वाचो जितं यद्ददामीत्याह यदेव वाचो जिता३ तन्म इदमनुकर्म संतिष्ठाता इति विसृज्य वाचमुपोत्थायाहवनीये समिधमभ्यादधाति· समिदसि समेंद्धमिंद्रियेण वीर्येण स्वाहेतींद्रियेणैव तद्वीर्येणात्मानमंततः समर्धयत्याधाय समिधं त्रीणि पदानि प्राङुदङ्ङभ्युत्क्रामति· कृमिरसि दिशां मयि देवेभ्यः कल्पत, कल्पतां मे योगक्षेमो अभयं मे अस्त्वित्यपराजितां दिशमुपतिष्ठते जितस्यैवा पुनः पराजयाय तत्तदिनी१२ ॥ ९॥

देवासुरा वा एषु लोकेषु संयेतिरे. त एतस्यां प्राच्यां दिशि येतिरे तांस्ततो असुरा अजयंस्ते दक्षिणस्यां दिशि येतिरे. तांस्ततो असुरा अजयंस्ते प्रतीच्यां दिशि येतिरे तांस्ततो असुरा अजयंस्त उदीच्यां दिशि येतिरे. तांस्ततो असुरा अजयंस्त एतस्मिन्नवांतरदेशे येतिरे य एष प्राङुदङ् ते ह ततो जिग्युस्तं यादे क्षत्रिय उपधावेत्सेनयोः समायत्योस्तथा मे कुरु यथाहमिमां सेनां जयानीति स यदि तथेति ब्रूयाद् वनस्पते वीड्वंगो हि भूया

इत्यस्य रथोपस्थमभिमृश्याथैनं ब्रूयादातिष्ठस्वैतां ते दिशमभिमुखः सन्नश्वो रथो ऽभिप्रवर्तता. स उदङ् स प्रत्यङ् स दक्षिणा स प्राङ् सो ऽप्यमित्रमिति; अभीवर्तेन हविषेत्यंवैनमावर्तयेदथैनमन्वीक्षेता प्रतिरथेन शासेन सौपर्णेनेति. जयति ह तां सेनां यद्यु वा एनमुपधावेत्संग्रामं संयतिष्यमाणस्तथा मे कुरु यथा ऽहमिमं संग्रामं संजयानीत्येतस्यामेवैनं दिशि यातयेज्जयति ह तं संग्रामं यद्यु वा एनमुपधावेद्राष्ट्रादपरुध्यमानस्तथा मे कुरु यथा ऽहमिदं राष्ट्रं पुनरवगच्छानीत्येतामेवैनं दिशमुपनिष्क्रमयेत्तथा ह राष्ट्रं पुनरवगच्छत्युपस्थायामित्राणां व्यप्नुत्ति ब्रुवन् गृहानभ्येत्य. अप प्राच इंद्र विश्वाँ अमित्रानिति सर्वतो हास्म अनमित्रमभयं भवत्युत्तरोत्तरिणीं ह श्रियमश्नुते ऽश्नुते ह प्रजानामैश्वर्यमाधिपत्यं य एवमेतामित्राणां व्यप्नुत्ति ब्रुवन् गृहानभ्येत्येत्य गृहान् पश्चाद्गृहस्याग्नेरुपविष्टायान्वारब्धाय ऋत्विगंततः कंसेन चतुर्गृहीतास्तिस्र आज्याहुतीरैंद्रीः प्रपदं जुहोत्यनार्त्यो अरिष्ट्या अज्यान्या अभयाय ॥ १० ॥

पर्यूषु प्रधन्व वाजसातये परिवृत्राणि सक्षणिर्ब्रह्म णाममृतं प्रपद्यते, ऽयमसौ शर्म वर्माभयं स्वस्तये; सह प्रजया सह पशुभिर्णि सक्षणिर्द्विषस्तरध्या ऋणया न ईयसे स्वाहा. अनु हि त्वा सुतं सोममदामसि महे समर्यराज्ये ब्रम्ह णाममृतं प्रपद्यते ऽयमसौ शर्म वर्माभयं स्वस्तये सह प्रजया सह पशुभिर्य राज्ये वाजाँ अभि पवमान प्रगाहसे स्वाहा. अजीजनो हि पवमान सूर्यं विधारे श स्वर्ब्रम्ह णाममृतं प्रपद्यते ऽयमसौ शर्म वर्माभयं स्वस्तये. सह प्रजया सह पशुभिः क्मना पयो गोजीरया रंहमाणः पुरंध्या स्वाहेत्यनार्त्यो ह वा अरिष्टो ऽजीतः सर्वतो गुप्तस्त्रय्यै विद्यायै रूपेण सर्वा दिशो ऽनु संचरत्यैंद्रे लोके प्रतिष्ठितो. यस्मा एता ऋत्विगंततः

कसन चतुर्गृहीतास्त्विस्त्र आज्याहुतीरैंद्रीः प्रपदं जुहोत्यथाततः प्रजातिमाशास्ते गवामश्वानां पुरुषाणामिह गावः प्रजायध्वमिहाश्वा इह पुरुषाः; इहो सहस्रदक्षिणो वीररत्नाता निषीदत्विति बहुरह वै प्रजया पशुभिर्भवति य एवमेतामंततः प्रजातिमाशास्ते गवामश्वानां पुरुषाणामेष ह वाव क्षत्रियो विकृष्टो यमेवंविदो याजयंत्यथ हतं न्येव कर्षते यथा ह वा इदं निषादा वा सेलगा वा पापकृतो वा वित्तवंतं पुरुषमरण्ये गृहीत्वा कर्त्तमन्वस्य वित्तमादाय द्रवंत्येवमेव त ऋत्विजो यजमानं कर्त्तमन्वस्य वित्तमादाय द्रवंति. यमेनेवंविदो याजयंत्येतद्ध स्म वै तद्विद्वानाह जनमेजयः पारिक्षित एवंविदं हि वै मामेवंविदो याजयंति. तस्मादहं जयाम्यभीत्वरीं सेनां जयाम्यभीत्वर्या सेनया न मा दिव्या न मानुष्य इषव ऋच्छंत्येष्यामि सर्वमायुः सर्वभूमिर्भविष्यामीति न ह वा एनं दिव्या न मानुष्य इषव ऋच्छंत्येति सर्वमायुः सर्वभूमिर्भवति यमेवंविदो याजयंति याजयंति ॥११॥ इत्यैतरेयब्राह्मणेऽष्टमपंचिकायां द्वितीयो ऽध्यायः ॥ २ ॥

अथात ऐंद्रो महाभिषेकस्ते देवा अब्रुवन्त्सप्रजापतिका, अयं वै देवानामोजिष्ठो बलिष्ठः सहिष्ठः सत्तमः पारयिष्णुतम इममेवाभिषिंचामहा इति तथेति तद्वैतदिंद्रमेव तस्मा एतामासंदीं समभरन्नृचं नाम तस्यै बृहच्च रथंतरंच पूर्वौ पादावकुर्वन्वैरूपं च वैराजं चापरौ शाक्वररैवते शीर्षण्ये; नौधसंच कालेयं चानूच्ये; ऋचः प्राचीनातानान्सामानि तिरश्चीनवायान्यजूंष्यतीकाशान्यश आस्तरणं श्रियमुपबर्हणं. तस्यै सविता च बृहस्पतिश्च पूर्वौ पादावधारयतां. वायुश्च पूषाचापरौ मित्रावरुणौ शीर्षण्ये आश्विनावनूच्ये. स एतामासंदीमारोहदिंद्रवसवस्त्वा गायत्रेण छंदसा त्रिवृता स्तोमेन

रथंतरेण साम्ना रोहंतु; तानन्वारोहामि साम्राज्याय; रुद्रास्त्वा त्रैष्टुभेन छंदसा पंचदशेन स्तोमेन बृहता साम्ना रोहंतु. तानन्वारोहामि भौज्यायादित्यास्त्वा जागतेन छंदसा सप्तदशेन स्तोमेन वैरूपेण साम्ना रोहंतु. तानन्वारोहामि स्वाराज्याय विश्वे त्वा देवा आनुष्टुभेन छंदसैकविंशेन स्तोमेन वैराजेन साम्ना रोहंतु तानन्वारोहामि वैराज्याय. साध्या त्वाप्त्याश्च देवाः पांक्तेन छंदसा त्रिणवेन स्तोमेन शाक्वरेण साम्ना रोहंतु. तानन्वारोहामि राज्याय. मरुतश्च त्वांगिरसश्च देवा अतिछंदसा छंदसा त्रयस्त्रिंशेन स्तोमेन रैवतेन साम्ना रोहंतु. तानन्वारोहामि पारमेष्ठ्याय माहाराज्यायाधिपत्याय स्वावश्यायातिष्ठायारोहामीत्येतामासंदीमारोहत्तमेतस्यामासंद्यामासीनं विश्वे देवा अब्रुवन्न वा अनभ्युत्क्रुष्ट इंद्रो वीर्यं कर्तुमर्हत्य भ्येनमुत्क्रोशामेति तथेति. तं विश्वे देवा अभ्युदक्रोशन्निमं देवा अभ्युदक्रोशत सम्राजं साम्राज्यं भोजं भोजपितरं स्वराजं स्वाराज्यं विराजं वैराज्यं राजानं राजपितरं परमेष्ठिनं पारमेष्ठ्यं. क्षत्रमजनि क्षत्रियोऽजनि विश्वस्य भूतस्याधिपतिरजनि विशामत्ताऽजनि पुरां भेत्ताऽजन्यसुराणां हंताऽजनि ब्रह्मणो गोप्ताऽजनि धर्मस्य गोप्ताऽजनीति तमभ्युत्क्रुष्टं प्रजापतिरभिषेक्ष्यन्नेतयर्चाभिमंत्रयत ॥१२॥

निषसाद धृतव्रतो वरुणः पस्त्यास्वा साम्राज्याय भौज्याय स्वाराज्याय वैराज्याय पारमेष्ठ्याय राज्याय माहाराज्यायाधिपत्याय स्वावश्यायातिष्ठाय सुक्रतुरिति तमेतस्यामासंद्यामासीनं प्रजापतिः पुरस्तात्तिष्ठन्प्रत्यङ्मुख औदुंबर्यार्द्रया शाखया सपलाशया जातरूपमयेन च पवित्रेणांतर्धायाभ्यषिंचद्; इमा आपः शिवतमा इत्येतेन तृचेन. देवस्य त्वेति च यजुषा भूर्भुवः स्वरित्येताभिश्च व्याहृतिभिः ॥ १३ ॥

अथैनं प्राच्यां दिशि वसवो देवा षड्भिश्चैव पंचविंशैरहो-
भिरभ्यषिंचन्नेतेन च तृचेनैतेन च यजुषा एताभिश्च व्याहृतिभिः
साम्राज्याय. तस्मादेतस्यां प्राच्यां दिशि ये केच प्राच्यानां राजानः
साम्राज्यायैव ते ऽभिषिच्यंते सम्राळित्येनानभिषिक्तानाचक्षते
एतामेव देवानां विहितिमन्वथैनं दक्षिणस्यां दिशि रुद्रा देवा
षड्भिश्चैव पंचविंशैरहोभिरभ्यषिंचन्नेतेन च तृचेनैतेनच
यजुषैताभिश्च व्याहृतिभिर्भोज्याय. तस्मादेतस्यां दक्षिणस्यां दिशि
ये केच सत्वतां राजानो भौज्यायैव ते ऽभिषिच्यंते भोजेत्ये-
नानभिषिक्तानाचक्षत एतामेव देवानां विहितिमन्वथैनं प्रतीच्यां दिश्या-
दित्या देवाः षड्भिश्चैव पंचविंशैरहोभिरभ्यषिंचन्नेतेन च तृचेनैतेन
च यजुषैताभिश्च व्याहृतिभिः स्वाराज्याय. तस्मादेतस्यां प्रती-
च्यां दिशि ये केच नीच्यानां राजानो ये ऽपाच्यानां स्वाराज्या-
यैव ते ऽभिषिच्यंते स्वराळित्येनानभिषिक्तानाचक्षत. एतामेव देवानां
विहितिमन्वथैनमुदीच्यां दिशि विश्वे देवाः षड्भिश्चैव पंचविंशैरहो
भिरभ्यषिंचन्नेतेन च तृचेनैतेन च यजुषैताभिश्च व्याहृतिभिर्वैराज्याय
तस्मादेतस्यामुदीच्यां दिशि ये केच परेण हिमवंतं जन-
पदा उत्तरकुरव उत्तरमद्रा इति वैराज्यायैव ते ऽभिषिच्यंते.
विराळित्येनानभिषिक्तानाचक्षत एतामेव देवानां विहितिमन्वथै-
नमस्यां ध्रुवायां मध्यमायां प्रतिष्ठायां दिशि साध्याश्चाप्त्याश्च
देवाः षड्भिश्चैव पंचविंशैरहोभिरभ्यषिंचन्नेतेन तृचेनैतेन च
यजुषैताभिश्च व्याहृतिभी राज्याय. तस्मादस्यां ध्रुवायां मध्यमायां
प्रतिष्ठायां दिशि ये केच कुरुपंचालानां राजानः सवशोशी-
नराणां राज्यायैव ते ऽभिषिच्यंते. राजेत्येनानभिषिक्तानाच-
क्षत एतामेव देवानां विहितिमन्वथैनमूर्ध्वायां दिशि मरुत-

श्चांगिरसश्च देवाः षड्भिश्चैव पंचविंशैरहोभिरभ्यषिंचन्नेते-
नच तृचेनैतेनच यजुषैताभिश्च व्याहृतिभिः पारमेष्ठ्याय
माहाराज्यायाधिपत्याय स्वावश्यायातिष्ठायेति. स परमेष्ठी प्राजापत्यो
भवत्स एतेन महाभिषेकेणाभिषिक्त इंद्रः सर्वा जितीरजयत्सर्वान्
लोकानविंदत्सर्वेषां देवानां श्रैष्ठ्यमतिष्ठां परमतामगच्छत्साम्राज्यं
भौज्यं स्वाराज्यं वैराज्यं पारमेष्ठ्यं राज्यं माहाराज्यमाधिपत्यं
जित्वास्मिँल्लोके स्वयंभूः स्वराळमृतो ऽमुष्मिन्स्वर्गे लोके
सर्वान्कामानाप्त्वा ऽमृतः समभवत्समभवत् ॥१४॥ इत्यैतरेयब्राह्मणे
ऽष्टमपंचिकायां तृतीयो ऽध्यायः ॥ ३ ॥

स य इच्छेदेवंवित्क्षत्रियमयं सर्वा जितीर्जयेतायं सर्वाँल्लो-
कान्विंदेतायं सर्वेषां राज्ञां श्रैष्ठ्यमतिष्ठां परमतां गच्छेत साम्राज्यं
भौज्यं स्वाराज्यं वैराज्यं पारमेष्ठ्यं राज्यं माहाराज्यमाधिपत्यमयं
समंतपर्यायी स्यात्सार्वभौमः सार्वायुष आंतादापरार्धात्पृथिव्यै
समुद्रपर्यंताया एकराळिति तमेतेनैंद्रेण महाभिषेकेण क्षत्रियं
शापयित्वा ऽभिषिंचेद्यांच रात्रीमजायेथा यांच प्रेतासि तदुभय-
मंतरेणेष्टापूर्तं ते लोकं सुकृतमायुः प्रजां वृंजीयं यदि मे द्रुह्येरिति स
य इच्छेदेवंवित्क्षत्रियो ऽहं सर्वा जितीर्जयेयमहं सर्वान्
लोकान्विंदेयमहं सर्वेषां राज्ञां श्रैष्ठ्यमतिष्ठां परमतां गच्छेयं
साम्राज्यं भौज्यं स्वाराज्यं वैराज्यं पारमेष्ठ्यं राज्यं
माहाराज्यमाधिपत्यमहं समंतपर्यायी स्यां सार्वभौमः सार्वायुष
आंतादापरार्धात्पृथिव्यै समुद्रपर्यंताया एकराळिति स न
विचिकित्सेत्स ब्रूयात्सह श्रद्धया यां च रात्रीमजाये ऽहं यां च प्रेता-
स्मि तदुभयमंतरेणेष्टापूर्तं मे लोकं सुकृतमायुः प्रजां
वृंजीथा यदि ते द्रुह्येयमिति ॥ १५ ॥

अथ ततो ब्रूयाच्चतुष्टयानि वानस्पत्यानि संभरत नैयग्रोधान्यौदुंबराण्याश्वत्थानि प्लाक्षाणीति क्षत्रं वा एतद्वनस्पतीनां यन्न्यग्रोधो. यन्नैयग्रोधानि संभरंति, क्षत्रमेवास्मिंस्तद्दधाति. भौज्यं वा एतद्वनस्पतीनां यदुदुंबरो. यदौदुंबराणि संभरंति भौज्यमेवास्मिंस्तद्दधाति. साम्राज्यं वा एतद्वनस्पतीनां यदश्वत्थो; यदाश्वत्थानि संभरंति साम्राज्यमेवास्मिंस्तद्दधाति. स्वाराज्यं च ह वा एतद्वैराज्यं च वनस्पतीनां यत्प्लक्षो. यत्प्लाक्षाणि संभरंति स्वाराज्यवैराज्ये एवास्मिंस्तद्दधात्यथ ततो ब्रूयाच्चतुष्टयान्यौषधानि संभरत तोक्मकृतानि व्रीहीणां महाव्रीहीणां प्रियंगूनां यवानामिति क्षत्रं वा एतदोषधीनां यद् व्रीहयो. यद् व्रीहीणां तोक्म संभरंति क्षत्रमेवास्मिंस्तद्दधाति. साम्राज्यं वा एतदोषधीनां यन्महाव्रीहयो. यन्महाव्रीहीणां तोक्म संभरंति साम्राज्यमेवास्मिंस्तद्दधाति. भौज्यं वा एतदोषधीनां यत्प्रियंगवो. यत्प्रियंगूनां तोक्म संभरंति भौज्यमेवास्मिंस्तद्दधाति. सैनान्यं वा एतदोषधीनां यद्यवा यद्यवानां तोक्म संभरंति सैनान्यमेवास्मिंस्तद्दधाति ॥ १६ ॥

अथास्मा औदुंबरीमासंदीं संभरंति. तस्या उक्तं ब्राम्हणमौदुंबरश्चमसो वा पात्री वोदुंबरशाखा तानेतान्त्संभारान्त्संभृत्यौदुंबर्यां पात्र्यां वा चमसे वा समावपेयुरतेषु समोप्तेषु दधि मधु सर्पिरातपवर्ष्या आपोऽभ्यानीय प्रतिष्ठाप्यैतामासंदीमभिमंत्रयेत; बृहच्च ते रथंतरंच पूर्वौ पादौ भवतां; वैरूपंच वैराजं चापरौ; शाक्वररैवते शीर्षण्ये; नौधसंच कालेयं चानूच्ये. ऋचः प्राचीनातानाः सामानि तिरश्चीनवाया यजूंष्यतीकाशा यश आस्तरणं श्रीरुपबर्हणं; सविता च ते बृहस्पतिश्च पूर्वौ पादौ धारयतां; वायुश्च पूषा चापरौ मित्रावरुणौ शीर्षण्ये अश्विनावनूच्ये इत्यथैनमेतामासंदीमारोहयेद्वसवस्त्वा

गायत्रेण छंदसा त्रिवृता स्तोमेन रथंतरेण साम्ना रोहंतु; तानन्वारोह साम्राज्याय. रुद्रास्त्वा त्रैष्टुभेन छंदसा पंचदशेन स्तोमेन बृहता साम्ना रोहंतु तानन्वारोह भौज्याय. आदित्यास्त्वा जागतेन छंदसा सप्तदशेन स्तोमेन वैरूपेण साम्ना रोहंतु तानन्वारोह स्वाराज्याय. विश्वे त्वा देवा आनुष्टुभेन छंदसैकविंशेन स्तोमेन वैराजेन साम्ना रोहंतु तानन्वारोह वैराज्याय. मरुतश्च त्वांगिरसश्च देवा अतिछंदसा छंदसा त्रयस्त्रिंशेन स्तोमेन रैवतेन साम्ना रोहंतु तानन्वारोह पारमेष्ठ्याय. साध्याश्च त्वाप्याश्च देवाः पाङ्क्तेन छंदसा त्रिणवेन स्तोमेन शाक्वरेण साम्ना रोहंतु तानन्वारोह राज्याय माहाराज्यायाधिपत्याय स्वावश्यायातिष्ठायारोहेत्येतामासंदीमारोहयेत्तमेतस्यामासंद्यामासीनं राजकर्तारो ब्रूयुर्न वा अनभ्युत्क्रुष्टः क्षत्रियो वीर्यं कर्तुमर्हत्यभ्येनमुत्क्रोशामेति तथेति तं राजकर्तारो ऽभ्युत्क्रोशंतीमं जना अभ्युत्क्रोशत सम्राजं साम्राज्यं भोजं भोजपितरं स्वराजं स्वाराज्यं विराजं वैराज्यं परमेष्ठिनं पारमेष्ठ्यं राजानं राजपितरं. क्षत्रमजनि क्षत्रियो ऽजनि विश्वस्य भूतस्याधिपतिरजनि विशामत्ताऽजन्यमित्राणां हंताऽजनि ब्राह्मणानां गोप्ता ऽजनि धर्मस्य गोप्ता ऽजनीति तमभ्युत्क्रुष्टमेवंविदभिषेक्ष्यन्नेतयर्चाऽभिमंत्रयेत ॥ १७ ॥

निषसाद धृतव्रतो वरुणः पस्त्यास्वा साम्राज्याय भौज्याय स्वाराज्याय वैराज्याय पारमेष्ठ्याय राज्याय माहाराज्यायाधिपत्याय स्वावश्यायातिष्ठाय सुक्रतुरिति तमेतस्यामासीनमेवंवित्पुरस्तात्तिष्ठन्प्रत्यङ्मुख औदुंबर्यार्द्रया शाखया सपलाशया जातरूपमयेन च पवित्रेणांतर्धायाभिषिंचतीमा आपः शिवतमा इत्येतेन तृचेन देवस्य त्वेति च यजुषा भूर्भुवः स्वरित्येताभिश्च व्याहृतिभिः ॥१८॥

प्राच्यां त्वा दिशि वसवो देवा षड्भिश्चैव पंचविंशैरहोभिरभिषिंचंत्वेतेन च तृचेनैतेन च यजुषैताभिश्च व्याहृतिभिः साम्राज्याय. दक्षिणस्यां त्वा दिशि रुद्रा देवा षड्भिश्चैव पंचविंशैरहोभिरभिषिंचंत्वेतेन च तृचेनैतेन च यजुषैताभिश्च व्याहृतिभिर्भौज्याय. प्रतीच्यां त्वा दिश्यादित्या देवाः षड्भिश्चैव पंचविंशैरहोभिरभिषिंचंत्वेतेन च तृचेनैतेन च यजुषैताभिश्च व्याहृतिभिः स्वाराज्यायोदीच्यां त्वा दिशि विश्वे देवाः षड्भिश्चैव पंचविंशैरहोभिरभिषिंचंत्वेतेन च तृचेनैतेन च यजुषैताभिश्च व्याहृतिभिर्वैराज्यायोर्ध्वायां त्वा दिशि मरुतश्चांगिरसश्च देवाः षड्भिश्चैव पंचविंशैरहोभिरभिषिंचंत्वेतेन च तृचेनैतेन च यजुषैताभिश्च व्याहृतिभिः पारमेष्ठ्यायास्यां त्वा ध्रुवायां मध्यमायां प्रतिष्ठायां दिशि साध्याश्चाप्त्याश्च देवाःषड्भिश्चैव पंचविंशैरहोभिरभिषिंचंत्वेतेनच तृचेनैतेनच यजुषैताभिश्च व्याहृतिभी राज्याय माहाराज्यायाधिपत्याय स्वावश्यायातिष्ठायेति स परमेष्ठी प्राजापत्यो भवति स एतेनैंद्रेण महाभिषेकेणाभिषिक्तः क्षत्रियः सर्वा जितीर्जयति सर्वान् लोकान्विंदति सर्वेषां राज्ञां श्रैष्ठ्यमतिष्ठां परमतां गच्छति साम्राज्यं भौज्यं स्वाराज्यं वैराज्यं पारमेष्ठ्यं राज्यं माहाराज्यमाधिपत्यं जित्वास्मिंल्लोके स्वयंभूः स्वराळमृतो ऽमुष्मिन्स्वर्गे लोके सर्वान्कामानाप्त्वा ऽमृतः संभवति यमेतेनैंद्रेण महाभिषेकेण क्षत्रियं शापयित्वा ऽभिषिंचति ॥ १९ ॥

इंद्रियं वा एतदस्मिन् लोके यद्दधि यद्दध्ना ऽभिषिंचति इंद्रियमेवास्मिंस्तद्दधाति. रसो वा एष ओषधिवनस्पतिषु यन्मधु यन्मध्वाभिषिंचति रसमेवास्मिंस्तद्दधाति. तेजो वा एतत्पशूनां यद् घृतं यद् घृतेनाभिषिंचति तेज एवास्मिंस्तद्दधात्यमृतं वा एतदस्मिन् लोके यदापो यदद्भिरभिषिंचत्यमृतत्वमे-

वासिंमस्तदधाति. सो अभिषिक्तो अभिषेक्त्रे ब्राह्मणाय हिरण्यं दद्यात्सहस्रं दद्यात्क्षेत्रं चतुष्पाद्दद्यादथाप्याहुरसंख्यातमेवाप-रिमितं दद्यादपरिमितो वै क्षत्रियो अपरिमितस्यावरुध्या इत्य-थास्मै सुराकंसं हस्त आदधाति. स्वादिष्ठया मदिष्ठया पवस्व सोमधारया इंद्राय पातवे सुत इति; तां पिबेद्यदत्र शिष्टं रसिनः सुतस्य यदिंद्रो अपिबच्छचीभिः इदं तदस्य मनसा शिवेन सोमं राजानमिह भक्षयामि. अभि त्वा वृषभा सुते सुतं सृजामि पीतये तृंपा व्यश्नुही मदमिति यो ह वाव सोमपीथः सुरायां प्र-विष्टः सहैव तेनैंद्रेण महाभिषेकेणाभिषिक्तस्य क्षत्रियस्य भक्षितो भवति न सुरा तां पीत्वा अभिमंत्रयेतापाम सोमं शन्नो भवेति तद्यथैवादः प्रियः पुत्रः पितरं प्रिया वा जाया पतिं सुखं शिवमुपस्पृशत्याविस्रस एवं हैवैतेनैंद्रेण महाभिषेकेणाभिषि-क्तस्य क्षत्रियस्य सुरा वा सोमो वा अन्यद्वान्नाद्यं सुखं शिवमुप-स्पृशत्याविस्रसः ॥ २० ॥

एतेन ह वा ऐंद्रेण महाभिषेकेण तुरः कावषेयो जनमेजयं पारि-क्षितमभिषिषेच. तस्मादु जनमेजयः पारिक्षितः समंतं सर्वतः पृथिवीं जयन् परीयायाश्वेनच मेध्येनेजे, तदेषाभियज्ञगाथा गीयते. आसंदीवति धान्यादं रुक्मिणं हरितस्रजं, अश्वं बबंध सारंगं देवेभ्यो जनमेजय इत्येतेन ह वा ऐंद्रेण महाभिषेकेण च्यवनो भार्गवः शार्यातं मानवमभिषिषेच. तस्मादु शार्यातो मानवः समंतं सर्वतः पृथिवीं जयन्परीयायाश्वेन च मेध्येनेजे. देवानां हापि सत्रे गृहपतिरासैतेन ह वा ऐंद्रेण महाभिषेकेण सोम-शुष्मा वाजरत्नायनः शतानीकं सात्राजितमभिषिषेच. तस्मादु शतानीकः सात्राजितः समंतं सर्वतः पृथिवीं जयन्परीयायाश्वेन

च मेध्येनेज. एतेन ह वा ऐंद्रेण महाभिषेकेण पर्वतनारदावांबाष्ठ्यमभिषिषिचतुस्तस्मादांबाष्ठ्यः समंतं सर्वतः पृथिवीं जयन्परीयायाश्वेन च मेध्येनेज एतेन ह वा ऐंद्रेण महाभिषेकेण पर्वतनारदौ युधांश्रौष्टिमौग्रसैन्यमभिषिषिचतुस्तस्माद् युधांश्रौष्टिरौग्रसैन्यः समंतं सर्वतः पृथिवीं जयन् परीयायाश्वेन च मेध्येनेज. एतेन ह वा ऐंद्रेण महाभिषेकेण कश्यपो विश्वकर्माणं भौवनमभिषिषेच. तस्माद् विश्वकर्मा भौवनः समंतं सर्वतः पृथिवीं जयन्परीयायाश्वेन च मेध्येनेजे. भूमिर्ह जगाविस्युदाहरंति. न मा मर्त्यः कश्चन दातुमर्हति विश्वकर्मन् भौवन मा दिदासिथ; निमंक्ष्ये अहं सलिलस्य मध्ये, मोघस्त एष कश्यपायास संगर इत्येतेन ह वा ऐंद्रेण महाभिषेकेण वसिष्ठः सुदासं पैजवनमभिषिषेच. तस्माद् सुदाः पैजवनः समंतं सर्वतः पृथिवीं जयन्परीयायाश्वेन च मेध्येनेज. एतेन ह वा ऐंद्रेण महाभिषेकेण संवर्त आंगिरसो मरुत्तमाविक्षितमभिषिषेच. तस्माद् मरुत्त आविक्षितः समंतं सर्वतः पृथिवीं जयन् परीयायाश्वेनच मेध्येनेजे. तदप्येष श्लोको ऽभिगीतो, मरुतः परिवेष्टारो मरुत्तस्यावसन् गृहे आविक्षितस्य कामप्रेर्विश्वे देवाः सभासद इति ॥ २१ ॥

एतेन ह वा ऐंद्रेण महाभिषेकेणोदमय आत्रेयोंऽगमभिषिषेच. तस्मादंगः समंतं सर्वतः पृथिवीं जयन्परीयायाश्वेन च मेध्येनेजे. स होवाचालोपांगो दशनागसहस्राणि दशदासीसहस्राणि ददामि ते ब्राम्हणोप मा ऽस्मिन् यज्ञे ह्वयस्वेति तदप्येते श्लोका अभिगीताः. याभिर्गोभिरुदमयं प्रैयमेधा अयाजयन्; द्वे द्वे सहस्रे बद्धानामात्रेयो मध्यतो ददात्. अष्टाशीति सहस्राणि श्वेतान्वैरोचनो हयान्; मष्टी

निश्चृत्य प्रायच्छद्यजमाने पुरोहिते. देशाद्देशात्समोव्हानां सर्वासामाढ्यदुहितॄणां; दशाददात्सहस्राण्यात्रेयो निष्ककंठ्यः. दशनागसहस्राणि दत्वात्रेयो वचत्नुके; श्रांतः पारिकुटान्प्रैप्सद्दानेनांगस्य ब्राम्हणः. शतं तुभ्यं शतं तुभ्यमिति स्मैव प्रताम्यति; सहस्रं तुभ्यमित्युक्त्वा प्राणान्स्म प्रतिपद्यत इति ॥ २२ ॥

एतेन ह वा ऐंद्रेण महाभिषेकेण दीर्घतमा मामतेयो भरतं दौष्यंतिमभिषिषेच. तस्मादु भरतो दौष्यंतिः समंतं सर्वतः पृथिवीं जयन्परीयायाश्वैरुच मेध्यैरीजे तदप्येते श्लोका अभिगीताः हिरण्येन परीवृतान्कृष्णान् शुक्लदतो मृगान्; मष्णारे भरतो ददाच्छतं बद्वानि सप्त च. भरतस्यैष दौष्यंतेरग्निः साचिगुणे चितः; यस्मिन्त्सहस्रं ब्राम्हणा बद्वशो गावि भेजिरे. अष्टासप्ततिं भरतो दौष्यंतिर्यमुनामनु; गंगायां वृत्रघ्ने बध्नात्पंचपंचाशतं हयान्. त्रयस्त्रिंशच्छतं राजाऽश्वान् बध्वाय मेध्यान्; दौष्यंतिरत्यगाद्राज्ञो माया मायावत्तरः. महा कर्म भरतस्य न पूर्वे नापरे जनाः; दिवं मर्त्य इव हस्ताभ्यां नोदापुः पंच मानवा इत्येतं ह वा ऐंद्रं महाभिषेकं बृहदुक्थ ऋषिर्दुर्मुखाय पांचालाय प्रोवाच. तस्मादु दुर्मुखः पांचालोऽराजा सन्विद्यया समंतं सर्वतः पृथिवीं जयन्परीयायैतं ह वा ऐंद्रं महाभिषेकं वासिष्ठः सात्यहव्योऽत्यरातये जानंतपये प्रोवाच. तस्मादत्यरातिर्जानंतपिरराजा सन्विद्यया समंतं सर्वतः पृथिवीं जयन्परीयाय. स होवाच वासिष्ठः सात्यहव्यो जैषीर्वै समंतं सर्वतः पृथिवीं महन्मा गमयेति स होवाचात्यरातिर्जानंतपिर्यदा ब्राम्हणोत्तरकुरून् जयेयमथ त्वमु हैव पृथिव्यै राजा स्याः सेनापतिरेव तेऽहं स्यामिति स होवाच वासिष्ठः सात्यहव्यो देवक्षेत्रं वै तन्न वैतन्मर्त्यो जेतुमर्हत्यद्रुक्षो वै म आऽतः इदं दद इति ततो हात्य-

रातिं जानंतीमामात्तवीर्यं निःशुक्रममित्रतपनः शुष्मिणः शैब्यो राजा जघान. तस्मादेवंविदुषे ब्राम्हणायैवंचक्रुषे न क्षत्रियो द्रुह्ये-न्नेद्राष्ट्रादवपद्येयन्नेद्वा प्राणो जहदिति जहदिति ॥ २३ ॥ इत्यैतरेयब्राम्हणे ऽष्टमपंचिकायां चतुर्थो ऽध्यायः ॥ ४ ॥

अथातः पुरोधाया एव न ह वा अपुरोहितस्य राज्ञो देवा अन्नमदंति. तस्माद्राजा ऽयक्ष्यमाणो ब्राम्हणं पुरोदधीत. देवा मे ऽन्नमदन्निति यमीन्वा एष स्वर्ग्यान् राजोत्स्वरते यत्पुरोहितं. तस्य पुरोहित एवाहवनीयो भवति, जाया गार्हपत्यः, पुत्रो ऽन्वाहार्यपचनः, स यत्पुरोहिताय करोत्याहवनीय एव तज्जुहोत्यथ यज्जायायै करोति गार्हपत्य एव तज्जुहोत्यथ यत्पुत्राय करोत्यन्वाहार्यपचन एव तज्जुहोति. त एनं शांततनवो ऽभिहुता अभिप्रीताः स्वर्गं लोकमभिवहंति क्षत्रं च बलं च राष्ट्रं च विशं च. त एवैनमशांततनवो ऽनभिहुता अनभिप्रीताः स्वर्गाल्लोकान्नुदंते क्षत्राच्च बलाच्च राष्ट्राच्च विशश्चाग्निर्वा एष वैश्वानरः पंचमेनिर्यत्पुरोहितस्तस्य वाच्येवैका मेनिर्भवति पादयोरेका त्वच्येका हृदय एकोपस्थ एका ताभिर्ज्वलंतीभिर्दीप्यमानाभिरुपोदेति राजानं. स यदाह क्व भगवो ऽवात्सीस्तृणान्यस्मा आहरतेति तेनास्य तां शमयति या ऽस्य वाचि मेनिर्भवत्यथ यदस्मा उदकमानयंति पाद्यं तेनास्य तां शमयति या ऽस्य पादयोर्मेनिर्भवत्यथ यदेनमलंकुर्वंति, तेनास्य तां शमयति या ऽस्य त्वचि मेनिर्भवत्यथ यदेनं तर्पयंति तेनास्य तां शमयति या ऽस्य हृदये मेनिर्भवत्यथ यदस्यानारुद्धो वेश्मसु वसति तेनास्य तां शमयति या ऽस्योपस्थे मेनिर्भवति. स एनं शांततनुरभिहुत अभिप्रीतः स्वर्गं लोकमभिवहति क्षत्रं च बलं च राष्ट्रं च विशं

च स एवैनमशांततनुरनभिहुतो ऽनभिप्रीतः स्वर्गाल्लोकान्नुदते क्षत्राच्च बलाच्च राष्ट्राच्च विशश्च ॥ २४ ॥

अग्निर्वा एष वैश्वानरः पंचमेनिर्यत्पुरोहितस्ताभी राजानं परिगृह्य तिष्ठति समुद्र इव भूमिमयुक्तमार्यस्य राष्ट्रं भवति. नैनं पुरायुषः प्राणो जहात्याजरसं जीवति सर्वमायुरेति न पुनर्म्रियते यस्यैवं विद्वान् ब्राम्हणो राष्ट्रगोपः पुरोहितः क्षत्रेण क्षत्रं जयति बलेन बलमश्नुते यस्यैवं विद्वान् ब्राह्मणो राष्ट्रगोपः पुरोहितस्तस्मै विशः संजानते संमुखा एकमनसो यस्यैवं विद्वान् ब्राह्मणो राष्ट्रगोपः पुरोहितः ॥ २५ ॥

तदप्येतदृषिणोक्तं. स इद्राजा प्रतिजन्यानि विश्वा शुष्मेण तस्थावभिवीर्येणेति सपत्ना वै द्विषंतो भ्रातृव्या जन्यानि तानेव तच्छुष्मेण वीर्येणाधितिष्ठति; बृहस्पतिं यः सुभृतं बिभर्तीति बृहस्पतिर्ह वै देवानां पुरोहितस्तमन्वन्ये मनुष्यराज्ञां पुरोहिता बृहस्पतिं यः सुभृतं बिभर्तीति यदाह पुरोहितं यः सुभृतं बिभर्तीत्येव तदाह वल्गूयति वंदते पूर्वभाजमित्यपचितिमेवास्मा एतदाह स इत्क्षेति सुधित ओकसि स्व इति गृहा वा ओकःस्वेष्वेव तद्गृहेषु सुहितो वसति. तस्मा इळा पिन्वते विश्वदानीमित्यन्नं वा इळान्नमेवास्मा एतदूर्जस्वच्छश्वद्भवति. तस्मै विशः स्वयमेवानमत इति राष्ट्राणि वै विशो राष्ट्राण्येवैनं तत्स्वयमुपनमंति यस्मिन्ब्रम्हा राजनि पूर्व एतीति पुरोहितमेवैतदाह. अप्रतीतो जयति स धनानीति राष्ट्राणि वै धनानि तान्यप्रतीतो जयति. प्रतिजन्यान्युत या सजन्येति सपत्ना वै द्विषंतो भ्रातृव्या जन्यानि तानप्रतीतो जयति. अवस्यवे यो वरिवः कृणोति इति यदाहावसीयसे यो ऽवसीयः करोतीत्येव

तदाह. ब्रम्हणे राजा तमवंति देवा इति पुरोहितमेवैतदभिवदति ॥ २६ ॥

यो ह वै त्रीन्पुरोहितांस्त्रीन् पुरोधातॄन्वेदस ब्राह्मणः पुरोहितः स वदेत पुरोधाया. अग्निर्वाव पुरोहितः पृथिवी पुरोधाता; वायुर्वाव पुरोहितोऽन्तरिक्षं पुरोधातादित्यो वाव पुरोहितो द्यौः पुरोधातैष ह वै पुरोहितो य एवं वेदाथ स तिरोहितो य एवं न वेद. तस्य राजा मित्रं भवति द्विषंतमपबाधते यस्यैवंविद्वान्ब्राह्मणो राष्ट्रगोपः पुरोहितः क्षत्रेण क्षत्रं जयति. बलेन बलमश्नुते यस्यैवंविद्वान्ब्राह्मणो राष्ट्रगोपः पुरोहितस्तस्मै विशः संजानते संमुखा एकमनसो यस्यैवंविद्वान्ब्राह्मणो राष्ट्रगोपः पुरोहितो. भूर्भुवः स्वरोममोऽहमस्मि स त्वं स त्वमस्यमोऽहं द्यौरहं पृथिवी त्वं सामाहमृक्त्वं ताविह संवहावहै पुराण्यस्मान्महाभयात् तनूरसि, तन्वं मे पाहि. या ओषधीः सोमराज्ञीर्बह्वीः शतविचक्षणाः; ता मह्यमस्मिन्नासनेऽच्छिद्रं शर्म यच्छत. या ओषधीः सोमराज्ञीर्विष्ठिताः पृथिवीमनु; ता मह्यमस्मिन्नासनेऽच्छिद्रं शर्म यच्छत. अस्मिन्राष्ट्रे श्रियमावेशयाम्यतो देवीः प्रतिपश्याम्यापः; दक्षिणं पादमवनेनिजेऽस्मिन् राष्ट्र इंद्रियं दधामि; सव्यं पादमवनेनिजेऽस्मिन् राष्ट्र इंद्रियं वर्धयामि. पूर्वमन्यमपरमन्यं पादाववनेनिजे देवा राष्ट्रस्य गुप्त्या अभयस्यावरुध्यै. आपः पादावनेजनीर्द्विषंतं निर्दहंतु मे ॥ २७ ॥

अथातो ब्रह्मणः परिमरो. यो ह वै ब्रह्मणः परिमरं वेद पर्येनं द्विषंतो भ्रातृव्याः परिसपत्ना म्रियंते. यं वै ब्रह्म यो ऽयं पवते तमेताः पंच देवताः परिम्रियंते विद्युद्वृष्टिश्चंद्रमा आदित्यो- ऽग्निर्विद्युद्वै विद्युत्यवृष्टिमनुप्रविशति सांतर्धीयते. तान्न निर्जानंति यदा वै म्रियते ऽथांतर्धीयते ऽथैनं न निर्जानंति. स ब्रूयाद्विद्युतो

मरणे द्विषन्मे म्रियतां सोऽंतर्धीयतां तं मा निर्ज्ञासिषुरिति क्षिप्रं हैवैनं न निर्जानंति. वृष्टिर्वै वृष्ट्वा चंद्रमसमनुप्रविशति सांतर्धीयते तान्न निर्जानंति यदा वै म्रियतेऽथांतर्धीयतेऽथैनं न निर्जानंति. स ब्रूयाद्वृष्टेर्मरणे द्विषन्मे म्रियतां सोऽंतर्धीयतां तं मा निर्ज्ञासिषुरिति क्षिप्रं हैवैनं न निर्जानंति. चंद्रमा वा अमावास्यायामादित्यमनुप्रविशति सोऽंतर्धीयते तन्न निर्जानंति. यदा वै म्रियतेऽथांतर्धीयतेऽथैनं न निर्जानंति स ब्रूयाच्चंद्रमसो मरणे द्विषन्मे म्रियतां सोऽंतर्धीयतां तं मा निर्ज्ञासिषुरिति क्षिप्रं हैवैनं न निर्जानंत्यादित्यो वा अस्तं यन्नग्निमनुप्रविशति. सोऽंतर्धीयते तन्न निर्जानंति यदा वै म्रियतेऽथांतर्धीयतेऽथैनं न निर्जानंति. स ब्रूयादादित्यस्य मरणे द्विषन्मे म्रियतां सोऽंतर्धीयतां तं मा निर्ज्ञासिषुरिति क्षिप्रं हैवैनं न निर्जानंत्यग्निर्वा उद्वान्वायुमनुप्रविशति. सोऽंतर्धीयते तन्न निर्जानंति. यदा वै म्रियतेऽथांतर्धीयतेऽथैनं न निर्जानंति स ब्रूयादग्नेर्मरणे द्विषन्मे म्रियतां सोऽंतर्धीयतां तं मा निर्ज्ञासिषुरिति क्षिप्रं हैवैनं न निर्जानंति. ता वा एता देवता अत एव पुनर्जायंते वायोरग्निर्जायते प्राणाद्धि बलान्मथ्यमानोऽग्निर्जायते. तं दृष्ट्वा ब्रूयादग्निर्जायतां मा मे द्विषन् जन्यत एव पराङ् प्रजिष्यत्वित्यतो हैव पराङ् प्रजिष्यत्यग्नेर्वा आदित्यो जायते. तं दृष्ट्वा ब्रूयादादित्यो जायतां मा मे द्विषन् जन्यत एव पराङ् प्रजिष्यत्वित्यतो हैव पराङ् प्रजिष्यत्यादित्याद्वै चंद्रमा जायते. तं दृष्ट्वा ब्रूयाच्चंद्रमा जायतां मा मे द्विषन् जन्यत एव पराङ् प्रजिष्यत्वित्यतो हैव पराङ् प्रजिष्यति चंद्रमसो वै वृष्टिर्जायते तां दृष्ट्वा ब्रूयाद्वृष्टिर्जायतां मा मे द्विषन् जन्यत एव पराङ् प्रजिष्यत्वित्यतो हैव पराङ् प्रजिष्यति वृष्टेर्वै विद्युज्जायते तां दृष्ट्वा ब्रूयाद्विद्युज्जायतां मा मे द्विषन् जन्यत एव

पराङ् मज्जिष्यत्वित्यतो हैव पराङ् मज्जिष्यति. स एष ब्रह्मणः परिमरस्तमेतं ब्रह्मणः परिमरं मैत्रेयः कौषारवः सुत्वने कैरिशये भार्गायणाय राज्ञे प्रोवाच. तं ह पंच राजानः परिमम्रुस्ततः सुत्वा महज्जगाम. तस्य व्रतं न द्विषतः पूर्व उपविशेद्यदि तिष्ठंतं मन्येत तिष्ठेतैव न द्विषतः पूर्वः संविशेद्यद्यासीनं मन्येतासीतैव न द्विषतः पूर्वः प्रस्वप्याद्यदि जाग्रतं मन्येत जागृयादेवापि ह यद्यस्याश्म मूर्धा द्विषन् भवति क्षिप्रं हैवैनं स्तृणुते स्तृणुते ॥२८॥ इत्यैतरेयब्राह्मणेऽष्टमपंचिकायां पंचमोऽध्यायः ॥५॥

इत्यष्टमपंचिका समाप्ता शुभं भवतु ॥

CORRIGENDA.

Page	line	read	instead of
६१	7	संपद्यते	सं पद्यते
६२	5	पापिष्ठो	पापिष्टो
६३	3	वैछंस्तं	वे छंस्तं
„	5	वात्र न	बा वन
„	10	एव स्वापयो	इव स्वपयो
„	18	किंचनास्तुतं	किंचना स्तुतं
६५	11	निवित्ता	निविता
„	23	पाश्चादि	पाश्चानि
६६	23	पृष्ठं	पृष्टं
६७	3,11	वावाता	वा वाता
„	13	अर्धान्त्तिष्ठं	अर्धास्तिष्ठं
६८	2	सामोपा°	सामोया°
६९	16	भूयोर्धाद°	भूयोर्ध्वाद°
७०	24	शक्नोत्	शक्नो
७१	9,10	सत्तत्र°	स तत्र
„	23	उपरिष्टाद	उपरिष्ठाद
७२	9	°तेवासास्	°ते वासास्
„	24	°नानामु°	नाना मु°

Page	line	read	instead of
७३	10	प्रतिष्ठाया	प्रतिष्ठा या
"	20	°सुषु°	°सुष°
७४	2	अपश्यन्नकृतं	अपश्यं न कृतं
"	9	°पतत्तमे°	°पततमे°
"	24	वास्तुह°	वा स्तुह°
७६	5	°देवाज्ञु°	°देवा ज्ञु°
"	10	समानोदर्या	समानोदर्याः
७७	6	°रोजसा	राजसा
७८	3	ऽनुमित्	नु मित्
८०	8	°गच्छन्नेक°	°गच्छन्नक°
८१	9	यदाभ्येत्य	यदाभ्यत्य
"	24	दृष्टावातमे°	दृष्टावा तमे
८२	9	देवता	देवतो
"	10	°सख्येऽहन्य°	सख्येह न्य°
"	19	वा मे द° वा मा वृ°	वामेद° वामावृ°
८४	24	एधू	धू
८६	24	ऽविहतासु	विहतासु
८७	7	ऽयं ते	यंते
८९	13	अपिशार्वराणां	अपि शार्वराणा°
"	17	यज्ञेऽभिरूपं	यज्ञेभिरूपं
९०	8,9	अतिशंसति	अति शंसति
"	15	इद	इदं.
"	18	यो न	योन

CORRIGENDA.

Page	line	read	instead of
९०	20	गृहपतिः	गृत्पातः
९१	18	अश्वतरीरथ॰	अश्वतरी रथ॰
,,	19	उषस्याग॰	उषस्यग॰
९२	10	अतिशस्यो	अति शस्यो
,,	16	सयोनित्वाय	स योनित्वाय
,,	18	अहर्वै	अहव
९३	3	देवी मृ॰ न यारोषाति न	देवीमृ॰ नयारोषिातन
,,	16	वीरवान्वयं	वीर॰
,,	17	अति य॰	अतिय॰
,,	18	उ गीव वा॰	उतीववा॰
९४	16,20	अहःश	अहश
,,	21	समृद्धं	समृद्ध
९५	23	अतिरात्रो वा	अतिरात्रो उा.
९६	9	षळ्हेन यं॰	षळहेनयं॰
,,	12	वै वर्तम॰	वैवर्तम॰
९७	17	यथा खु॰	यथाखु॰
१००	4	समष्ट्यै	समष्टयै
१०१	2	भुंजते अथ	भुंजतेथ
१०३	2	हतपा॰	हत पा॰
१०४	16	सन्युप्य	स न्युप्य
१०५	8	ऊषानसाव॰	ऊषान सावे॰
,,	20-21	पृष्ठानि	पृष्ठानि
१०८	12	वश्तानि	वनस्पति

Page	line	read	instead of
१८१	8	ब्रह्म	ब्रहम
१८२	14	सस्वाहाका°	स स्वाहाका°
१८४	17	क्षत्रस्य तैः	क्षत्रस्य तं
१८८	10	सह यज्ञ°	स ह यज्ञ°
१८९	15	ब्रह्मबन्धवेन	ब्रह्मबन्धवेन
१९०	4	चमसान् न्यु°	चमसा न्यु°
१९५	12	मतिष्ठया|ततः	मतिष्टया ततः
१९७	20	ब्रह्मक्षत्रे	ब्रह्म क्षत्रे
१९८	12	तान्येव°	न्येिव°
२०२	12,13	अभ्युत्क्रोशात	अभ्युदक्रोशात
२१०	11	गा निर्मेजिरे	गावि मे°
२१३	5	स तिरोहितो	सति रोहितो
२१५		अश्ममूर्धा	अश्म मूर्धा

On page १८९, line 12-15 and १९१, line 3, is the reading यत्र.चैतांश्चमसान् doubtful. I have adopted it upon the authority of one manuscript only. The two others (as well as Sâyaṇa) read यत्रैतांश्चम॰ (*yatra etâñs' chamasán*). But it is open to objection. For there is nothing in the preceding to which the demonstrative *etâñs'* might be referred. The rare word *traita* (see my note on page 490 of the translation) appears to have been very early misunderstood.

The list of small errors in the text is, notwithstanding the great pains I took in correcting, greater than I expected. Those who use the text are requested to correct their copies according to this list. In the three forms, from page 61-96 the stopping is not quite correct. I had first followed the stopping of one of my manuscripts, but afterwards abandoned it. The first 60 pages have been reprinted, and the principle of stopping carried out in the latter part (from 97-215) been adopted. In a second edition it will be easy to make all uniform and quite correct. If any doubt should arise, the translation will give help.